KB160894

서울시민 인권헌장

문경란·홍성수 편

경인문화사

기억을 기록으로

안 경 환

(서울시민 인권헌장 제정 시민위원회 위원장)

'소크라테스의 두려움'이라는 말이 있다. 소크라테스는 문자를 불신했다고 한다. 살아있는 언어가 문자로 기록되는 순간, 생명력이 사라지고 진의가 왜곡될 위험이 크다고 생각한 것이다.

한 자리에서 마주한 사람끼리 주고받은 대화라야만 사물의 본질에 대한 성찰이 가능하다고 믿었을 것이다. 미국 로스쿨의 교수법을 '소크라테스 식' 강의라고 부른다. 근래 들어 우리나라에서도 확산되고 있다. 선생의 질문에 대한 학생의 대답, 그 대답에 새로운 질문, 끝없는 대화를 통해 스스로의 깨달음으로 인도한다는 이른바 진리의 '산파술'이다. 법리의 기계적인 암기가 아니라 '법률가처럼 생각하는 법'을 훈련한다. 인간사가 모두 그렇다. 왜? 라는 의문을 품지 않으면 답을 만들어낼 수 없다. 인권은 더욱더 그러하다. 왜 사람은 다른가? 다르다는 이유로 사람을 차별할 수 있는가? 물음과 답, 끝없는 대화와 토론이 필요하다.

그러나 아무리 진리와 본질을 파고드는 대화라도 기록 없이는 후세에 전승될 수 없다. 소크라테스의 대화도 플라톤의 기록을 통해서 비로소 우리에게 전해온다. 역사는 기록과 기억을 두고 벌이는 싸움이다. 그래서 역사에서 기록이 소중한 것이다. 1787년, 신생 국가 아메리카의 임시수도 필라델피아에서 헌법회의가 열렸다. 11

년 전, 대서양 건너의 구체제로부터 독립을 선언한 13개 주의 대표
단들이 모여 새로운 국가를 건설하는 공동의 지혜를 모았다. 앞서
서둘러 만들었던 최초의 헌법을 보완할 목적으로 소집했으나 열띤
토론의 결과 새 헌법을 제정하자는 데 의견이 모아졌다. 제임스 메
디슨이라는 청년대표가 전 과정을 성실한 기록을 남겼기에 오늘날
까지도 소중한 사료로 쓰고 있다.

2014년 8월 6일, 190명의 서울시민이 한자리에 모였다. 갑작스런
일은 아니었다. 상당한 준비가 선행되었음은 물론이다. 1천만 시민
의 대표자로 뽑힌 시민위원, 그 한 사람 한 사람의 손에 박원순 시
장이 위촉장을 건넸다. 세계사에 유례없는 일, 시민 스스로의 손으
로 인권헌장을 만든다는 자부심과 사명감에 넘쳤다. 127일 동안 간
단없이 이어진 무수한 모임에서 풍성한 대화의 향연이 열렸고, 결
실을 알리는 문서가 탄생했다. '서울시민 인권헌장'이다. 비록 당초
의 기대대로 시장의 입을 통해 공식 선포되지는 못했지만 시민의
이름으로 제정된 엄연한 역사의 문서다.

흔히들 인권의 역사는 피와 한숨의 역사라고 한다. 한때 즐겨
외치던 구호가 있었다. '민주주의 나무는 피를 먹고 자란다.' 다행
스럽게 우리는 더 이상 그런 비장한 수사가 현실이던 시대를 넘어
섰다. 앞서 흘린 피의 대가로 일상의 자유를 누리는 셈이다. 이제
핵심은 피가 아니라, 눈물과 한숨이다. 힘없는 자의 눈물, 소외된
사람의 한숨을 달래어 품어주지 않는 정부는 제대로 된 정부가 아
니다.

'2014 서울시민 인권헌장'은 1천만 시민의 삶에 눈물과 한숨을 지
우려는 다짐이자 요구다. 이는 시민의 권리이자 시정부의 책무다.
인권은 사람 사이에 높낮이를 재지 않는다. 나와 다르다고 해서 내
치지도 않는다. 인권의 길에는 종착역도, 정답도 없다. 시대의 흐름
에 따라 끊임없이 발전하고, 또 발전하는 것이 인권이다. 2014년, 서

울시민 인권헌장 제정 시민위원회는 나름대로 당대의 기준에서 '최선의 문서'를 만들려고 애썼다. 그러나 더욱 발전할 장래의 삶과 인권을 유념했다. 이 책은 침착하고도 치열했던 2014년 인권여정을 이끈 190명의 집단기억을 담은 기록으로 앞날의 판단에 바치기 위해 남긴다. 또한 여기에는 인권과 정치가 동반하는 세상에 대한 절실한 염원이 담겨있다. 역사는 정치와 인권이 동지도, 적도 될 수 있다는 교훈을 가르쳐 주었다. 둘이 동지가 되면 나라도 사람도 행복하지만, 적이 되면 모두가 불행해진다. 잠시 소원해졌던 정치와 인권이 동반자가 될 때 역사는 발전하는 것이다.

책이 나오기까지

2014년 12월 초의 어느 날 밤으로 기억됩니다. 시민이 만든 서울시민 인권헌장을 서울시가 무산된 것으로 본다는 발표를 한 뒤 2~3일 후쯤 이었습니다. 자정도 훌쩍 넘겨 사방이 고요했는데 갑자기 스마트폰의 대화방 알림 소리가 쉴 새 없이 울려대기 시작했습니다. 누군가가 "서울시가 인권헌장을 선포하지 않는다면 우리가 선포합시다"라고 글을 올리자 순식간에 여러 개의 답 글이 이어졌던 것입니다. "좋아요. 동참하겠습니다" "휴가를 내서라도 참석하겠습니다" "선포식은 남겨두고 대신 낭독식을 합시다". 마치 기다리고 있었던 사람들처럼 너도 나도 앞 다투어 동참의사를 밝혔습니다. 논의는 일사천리로 진행되었지요. 십시일반으로 일을 나눠서 하자는 제안이 있자 곧바로 행사준비와 홍보, 조직팀이 구성됐고 각자가 원하는 대로 역할분담까지 되었습니다. 서울시민 인권헌장을 만들면서 길러졌던 제정위원들의 자발성과 주체성이 여지없이 발휘되는 순간이었습니다.

당초 서울시가 선포식을 열기로 예정했던 2014년 12월 10일. 세계인권선언의 날이기도 한 이날 정오에 서울광장에서는 〈서울시민 인권헌장 낭독식〉이 열렸습니다. 대형 플래카드가 펼쳐졌고 시민위원들은 한 조항 한 조항 인권헌장을 낭독하였습니다. 소문을 듣고 달려온 시민들과 인근 직장인들도 박수를 함께 쳐주었습니다.

인권헌장을 만드는 동안 시민위원들의 얼굴에서는 빛이 나고 생기가 돌았습니다. 인권이 뭘까? 존엄한 삶이란 어떻게 사는 것일까? 나의 권리와 이웃의 권리는 제로섬(zero-sum) 게임일까 아니면 윈윈(win-win)하는 것일까? 골똘히 생각하고 메모해 보기도 하고 조심스레 주장해보기도 하면서 시민위원들은 한 걸음씩 인권에 대한 생각을 진전시켜갔으며 자신감이 붙기 시작했습니다. 인터넷을 뒤져 인권을 공부해 보았다는 분도, 처음으로 헌법을 읽어보았다는 분도 있었습니다. 학교나 직장에서 곧바로 토론장으로 달려왔지만 피로는 잠시 잊은 채 3~4시간씩 회의는 계속되었습니다. 이런 토론이 6~7차례 이어졌습니다. 몸은 힘들어도 귀갓길 시민위원들의 얼굴에는 웃음이 가득했습니다. 시민이 서울의 주인이며 서울이란 도시 공간은 시민이 함께 만들어가는 공동체라는 것. 시민이 스스로 인권헌장을 만드는 작업은 바로 그 같은 의미를 깨닫고 가슴에 새기는 과정이었습니다. 인권은 하늘에서 뚝 떨어지는 것이 아니라 시민의 각성된 인권의식과 주장을 통해 하나 하나 만들어진다는 것을 배워가는 과정이기도 했습니다.

인권에 대한 거부감이나 편견이 없었던 것은 아니었습니다. 특히 성소수자의 존재 자체를 부정하거나 성소수자의 인권보장을 강하게 반대하는 분도 있었습니다. 때문에 의견이 충돌하고 토론 자체가 휘청거리기도 했습니다. 팽팽한 긴장감을 견디지 못해 조용히 시민위원을 그만둔 분도 생겨났습니다. 시민들의 의견을 경청하려는 공청회장이 성소수자를 혐오하는 사람들에 의해 아수라장이 되기도 했습니다.

급기야 인권헌장을 최종 결정하는 마지막 시민위원회에서 서울시는 폭탄선언을 했습니다. 만장일치로 인권헌장을 채택하지 않는 경우 이를 인정할 수 없다는 것이었습니다. 격론이 오간 끝에 시민들은 스스로의 뜻에 따라 민주적인 절차를 거쳐 서울시민 인권헌장을 최종 결정했습니다. 토론과 토론, 성찰과 고민이 낳은 숙의민주주의의 결실이자 시민이 역사의 주인공으로 등장하는 순간이었습니다. 올해로 800주년을 맞는 마그나 카르타로부터 1948년 세계인권선언과 2000년대 이후 각종 인권도시헌장까지 수많은 인권문서가 있지만 시민이 직접 만든 인권헌장이 첫 탄생하는 순간이기도 했습니다. 이는 또한 비전문가인 시민들이 전문성을 요구하는 인권문서를 과연 만들 수 있을까?라는 의구심을 날려버린 순간이기도 했습니다. 이제까지 시민들은 기회가 없었을 뿐 멍석을 깔아주고 환경을 만들어주니 스스로의 힘으로 멋진 무대를 만들어냈습니다.

안타깝게도 서울시는 인권헌장을 선포하지 않고 인권헌장의 무산을 선포했습니다. 인권의 역사를 되돌아보면 어쩌면 수도 없이 겪었을 여정이었지만 그것을 직접 감당하는 일은 결코 쉬운 일이 아니었습니다. 한밤중에 잠을 이루지 못하고 있던 시민위원들이 너도 나도 낭독식이라도 하자고 잠자리를 떨치고 일어나 대화방에 참여했던 것도, 낭독식 당일 유난히 매서웠던 초겨울 날씨에도 불구하고 시민들이 찾아와 함께 인권헌장을 낭독했던 것도 허탈함과 황당함을 떨쳐내기 위한 작은 몸짓이었던 것 같습니다.

낭독식은 잘 치렀지만 인권헌장이 이렇게 역사 속에 묻힌다는 것을 순순히 인정하기 어려웠습니다. 이렇게 끝낼 수는 없다는 안타까운 마음과 역사의 한 자락에 이 기록을 남겨놔야 다음 단계로 나아갈 수 있다는 절박함으로 후속작업을 기획했습니다. 그래서 2015년 2월 25일 서울대학교에서 〈심포지엄 - 서울시민 인권헌장 제정, 무엇을 남겼나?〉를 열었습니다. 예상 외로 많은 분들이 모여서 객석을 꽉 채웠던 기억이 생생합니다. 심포지엄이 끝나고 서울대 공익인권법센터 소장이신 조국 교수와 서울대 인권센터장이신 정진성 교수께서 단행본 출간을 제안하고 주선해주신 덕분에 이렇게 단행본으로 발간하게 되었습니다.

책에는 인권헌장 제정의 전체 과정을 소상히 소개하고 세부 쟁점에 대한 평가까지 포괄적으로 담아 보려고 노력했습니다. 이 시민참여형 인권행정이 남긴 여러 가지 과제들은 관련 공무원이나 시민사회 활동가, 그리고 연구자들에게도 유의미한 교훈이 될 것으로 기대해 봅니다. 그런 취지에서 관련 자료도 최대한 많이 담아 보았습니다.

책 발간은 많은 분들의 수고와 동참으로 이루어졌습니다. 인권현장의 전 과정을 사진으로 생생하게 기록하고 영상물까지 만들어주신 막심(김이연심) 님, 자료 정리에 수고해주신 서울대 인권센터의 이주영 박사님, 그리고 힘든 교정작업을 기꺼이 맡아준 이하나 님과 여러분께 감사드립니다. 눈앞의 성과를 내지 못했다 해도 제정의 전 과정에서 아낌없이 노력한 서울시 인권담당관 과의 모든 직원들에게도 감사드립니다. 인권헌장 제정의 전 과정은 변상우 주무관의 능력과 노력에 힘입은 바가 큽니다. 헌장 선포를 앞두고 임옥상 화백은 시민위원들이 직접 만드는 인권헌장 조형물을 기획·제작했으나 끝내 발표하지 못했습니다. 임화백께 송구스러움과 함께 깊은 감사를 표합니다. 인권헌장의 기획에서부터 후속과정까지 열정어린 지혜를 모아준 서울시 인권위원회의 동료 위원 여러분께도 감사드립니다.

마지막으로 가장 큰 위로와 감사의 말씀을 전해야 할 분들은 무엇보다도 헌장 제정을 위해 고생하신 시민위원들입니다. 생업을 제쳐 두고 야심한 밤까지 머리를 맞대고 '시민의 작품'을 만들기 위해 분투했던 그 눈빛을 잊을 수가 없습니다. 이 책을 읽으면서 그 눈빛과 정성을 공감할 수 있기를 바랍니다.

2015년 11월
문경란·홍성수

차 례

제4장 서울시민 인권헌장 제정 관련 자료

제1장 서울시민 인권헌장 :

제정 과정과 쟁점

서울시민 인권헌장은 어떻게 만들어졌나?

문 경 란*

I. 들어가는 말

"서울은 우리에게 단순히 주어진 공간이 아니다. 서울은 우리가 함께 나날이 만들어 가는 생활공간이다. 서울의 모든 구성원은 이 도시의 공동 창조자이자 예술가라는 자부심을 가져야 한다. 그러므로 우리는 공공성과 공동선에 기반하여 모든 거주민이 차별없이 인간적 존엄을 보장받으며 지속가능한 발전을 지향하는 것이 인권도시 서울의 기본방향이 되어야 한다고 믿는다."〈서울시민 인권헌장 전문 중에서〉

설레임, 막막함, 그리고 희열.

서울시민 인권헌장(이하 인권헌장)을 제정하는 과정에서 느꼈던 감정의 물결이다. '우리에게 이런 권리가 있소!'라며 시민들이 당당히 외치는 인권선언이 만들어진다는 것은 생각만으로도 가슴 설레는 일이 아닐 수 없었다. 인간은 누구나 존엄한 존재이며 존엄하게 살아갈 수 있도록 인권이 보장되어야 한다는 언설은 흔히 자명한 것으로 받아들여진다. 하지만 사람이 사람답게 산다는 것의 그 '사

---

*서울시민 인권헌장 제정 시민위원회 부위원장, 서울시 인권위원회 위원장

람답게'에 대한 규정은 제각각 다르고, 사회적 토론과 공감의 과정 없이는 쉽사리 동의되고 인정받기 어렵다. 국민의 기본권을 명시한 헌법이 있고 한국이 가입하고 비준한 국제인권조약이 있다. 하지만 도전받지 않은 권리는 삶의 구체적 현장에서 살아서 약동하지 못하기 십상이다. 지난하고도 격렬한 정치적 사회적 과정을 거치면서 인권을 한 자 한 자 채워나갈 때야 비로소 살아있는 인권으로 작동한다.

인권헌장 제정 작업은 규범적이고 추상적인 인권을 나의 권리로 구체화하고 확인하는 작업이며, 공동체에서 보편적 권리를 보장받지 못하는 사람들에 대한 연대를 경험해 보는 과정이었다. 기나긴 사회적 토론을 통해 기존의 합의에 의문을 제기하고 인권의 의미를 함께 새기고 공감하는 시간이었으며, 이를 통해 인권과 민주주의를 몸으로 익혀나가는 생동하는 인권교육의 현장이었다. 시혜의 대상이 아니라, 당당한 권리의 주체로 거듭나는 일에의 동참은 시종일관 설렜고 흥분됐으며 흥미진진했다.

매일 매일의 삶의 현장에서 보장되는 인간의 존엄성과 인권을 확인하는 작업을 하려했으니 시민이 주체가 되는 게 당연했다. 자연스럽게 인권헌장은 서울시민의 손으로 만들어졌다. 전 세계 많은 인권도시 헌장들이 있지만 모든 과정에 시민이 직접 참여하고 주도하여 만든 헌장을 찾아보기는 힘들다. 인권헌장 제정이 일찍이 그 유례를 찾아보기 어려운 일대 사건으로 평가되는 이유다. 전례가 없었기에 인권헌장을 만들어 가는 과정은 막막하고 심지어 불안했으며 멀고도 험했다. 주어진 길이 아니라 새로운 길을 찾아가는 여정이 언제나 그렇듯이 말이다. 주어진 매뉴얼도 공인된 방식도 없었다. 한 걸음 한 과정이 모두 진정으로 시민이 주체가 되어 주도하는 방식으로 설계되어야 했는데 그렇다고 참여자 모두가 한마음 한뜻인 것도 아니었다.

그럼에도 불구하고 그 모든 과정에는 의욕이 넘치고 열정이 부딪혔으며 뿌듯함과 책임감이 교차하는 가운데 차이를 인정하고 이웃을 걱정하는 공동체 의식이 무르익어갔다. 불꽃 튀는 공방과 토론으로 때론 비틀거려도 결국에는 공감과 합의로 수렴되는 희열을 맛볼 수 있었다. 수차례의 토론은 매번 위기와 절정의 극적 반전을 연출했고, 그 전체 과정 또한 드라마적 극적 단계를 밟았으니 인권의 역사에 기록되고 기억될 극적인 한 장면을 연기한 느낌이라고나 할까?

연이어 서울시는 인권헌장 제정을 부인하고 인권헌장 제정이 무산됐다고 선포했다. 한순간에 그 뜨겁던 열기와 감동에 찬물을 끼얹은 것이다. 당황스러웠고 무참했고 분노가 치밀어 올랐지만 되돌아보면 그 또한 수없이 반복되어온 인권의 역사의 다른 모습이 아니다. 인권은 하늘로부터 주어진 것이 아니라 현실정치와 끊임없이 씨름하며 쟁취해야 한다는 것, 그리고 그 투쟁의 한가운데는 민주주의와 권리의식으로 무장한 시민이라는 주체가 없이는 단 걸음도 나아갈 수 없다는 점을 뼈저리게 각인시켜 주었다고나 할까.

이 글은 인권헌장이 시민의 손으로 만들어지기까지 걸어간 과정에 대한 기록이다. 인권헌장이 기획되던 때부터 인권헌장이 발표되는 시점까지, 시민이 인권의 주체로서 우뚝 서기까지 누가 무엇을 어떻게 왜 했는지에 대해 가능한 상세하게 기술하고자 한다. 인권헌장은 서울시의 이름으로 선포되지는 못했지만 그 과정은 한순간도 빠짐없이 소중하고 귀한 경험이었다. 인권헌장 제정이 멀지 않은 미래에 정당한 평가를 받을 것을 기대하며 그 평가의 기초자료로 이 글이 활용되길 바란다.

II. 서울시민 인권헌장의 준비작업

"서울시민은 타인의 권리를 존중하며, 모든 이들이 더불어 살아가는 관용의 도시 서울을 만들기 위해 노력한다."〈서울시민 인권헌장 제 5조〉

1. 시민참여방식의 제안

127일.

인권헌장 제정에 걸린 시간이다. 2014. 8. 6. 서울시민 인권헌장 제정 시민위원회(이하 시민위원회)가 발족된 때부터 2014. 12. 10. 시민들이 인권헌장을 선포한 시점까지다. 실질적으로는 이보다 훨씬 긴 시간이 준비 작업에 소요됐다. 시민위원회 발족보다 1년도 훨씬 더 이전인 2013. 5. 서울시 인권위원회 (이하 인권위) 회의[1]에서 서울시가 자문을 받으면서부터 실질적인 작업은 시작되었다.

일부에서는 시민단체나 인권위가 인권헌장 제정을 제안한 것으로 오해하기도 하지만 인권헌장 제정은 박원순 서울시장 후보의 2011년 출마 당시 공약 중의 하나였다. 박 시장은 취임 후 약속대로 〈서울특별시 인권기본조례〉를 제정했고, 이 조례에 인권헌장의 제정 및 선포를 명시했다.[2] 서울시에서 인권관련 업무를 담당하는 인권담당관[3] 과로서는 반드시 이행해야할 주요한 업무가 아닐 수 없

---

1) 2013. 5. 30. 개최된 인권위 2013년 제2차 정기회.
2) 〈서울특별시 인권기본조례〉 제12조(서울시민 인권헌장), "시장은 인권을 존중하는 가치를 구현하고 지속가능한 인권도시를 만들기 위해 서울시민 인권헌장을 제정하여 선포한다."
3) 인권담당관은 서울시에서 인권업무를 담당하는 과 단위의 행정조직이며 〈서울특별시 인권기본조례〉에서 설치토록 규정하고 있는 인권센터의 역할을 겸하고 있다.

었고 지방자치단체장 선거가 1년 앞으로 다가오면서 마음이 조급해졌던 것 같다. 선거법을 준수하자면 아무리 늦어도 2014년 3월 이전까지는 인권헌장을 제정해 공포해야 했다. 이를 감안한 빠듯한 일정과 전문가 중심의 제정방법이 인권위 회의에 보고되었다.

인권위원들의 생각은 달랐다. 군이 인권헌장을 만들 필요가 있는가? 라는 근원적인 회의를 갖는 위원도 있었지만 대체로 제정 자체는 환영했다. 하지만 무엇보다 중요한 것은 명실공히 '시민의 인권헌장'이 되도록 하는 것이다. 그날 회의에서 인권위원들은 "인권헌장의 내용만큼이나 만들어가는 과정이 중요하다. 시민이 만들도록 하자. 그것도 형식적인 참여나 들러리가 아니라 실질적으로 주도하도록 하자. SNS(Social Network Services) 등도 적극 활용하면서 재미있게 만들도록 하자"고 제안했다.

위로부터 주어진 권리가 시민의 진정한 인권으로 작동할 수 있을까? 자칫 집권자의 치적의 하나로 간주되거나 인권옹호의 알리바이성 문서로 남을 위험이 크다. 전문가의 손으로 만들어지는 것은 어떤가? 인권 특유의 전문성을 살리면서 신속하고 멋지게 만들 수 있겠지만 '그들만의 잔치'가 되기 십상이며 정작 시민이 원하는 바를 제대로 담을 수 있을지도 의문이다. 하지만 우리의 교육과 제도, 문화는 시민을 여전히 드라마의 배우가 아니고 관객처럼 취급해왔다.

인권헌장 제정의 목적 중 하나는 시민이 스스로 인권의 주체임을 확인하고 자각하는 일이다. 그러려면 시민이 주체가 되어 인권헌장 제정에 참여하고 그 과정을 주도해야 한다. 시민들이 자신의 삶을 규정하는 정책에 일정한 목소리를 내는 일은 그 자체로 존엄한 삶의 핵심 요소이다.[4] 사람은 자신이 참여해 목소리를 낸 일에 대해서는 더욱 헌신적으로 관여하고 각별하게 책임지고 행동한다.

---

4) 마사 누스바움, 공부를 넘어 교육으로, 궁리, 2011, 56쪽.

자기주장을 통해 인간이 내면의 잠재력을 활짝 꽃피우는 자력화 (empowerment)를 실현해나가는 것은 인권이행이 추구하는 목표이다. 인권에 기반한 접근(Rights-Based Approach) 방식의 원칙[5] 중 첫째가 참여(participation)인 것도 바로 이러한 이유 때문이리라. 여기에 덧붙여 시민의 입소문을 통해 시민의 관심을 촉발시키자는 의도도 인권위원들이 시민참여와 시민 주도를 고집한 현실적 이유였다.

문제는 시간이었다. 비전문가인 시민이 인권헌장을 제대로 만들기 위해서는 충분한 시간이 요구된다. 선거에 임박해 선포하면 선거운동이라고 공격받을 소지가 다분하고 선거보다 훨씬 전에 선포하기에는 시간이 턱없이 부족했다. 인권위는 3차례에 걸친 논의 끝에[6] 두 가지 방안을 제시하고 서울시장으로부터 방침을 받아올 것을 요구했다. 즉 공약이행을 위해 선거 전에 속전속결로 제정할 것인가? 아니면 충분한 준비작업과 예산, 그리고 시간적 여유를 갖고 선거 후에 인권헌장을 만들 것인가?

서울시 인권담당관은 박 시장에게 보고[7] 후 ▸시민참여모델을 개발해 축제 형식으로 인권헌장을 제정하고 ▸'도시인권' 개념을 도입

---

5) 인권에 기반한 실행 방식의 원칙으로는 팬더(PANTHER)원칙 또는 패널 (PANEL)원칙이 있다. 팬더는 1. 참여 (Participation) 2. 조직의 책무성 (Accountability) 3. 차별없음 (Nondiscrimination) 4. 투명성 (Transparency) 5. 인간 존엄 (Human dignity) 6. 자력화 (Empowerment) 7. 법의 지배 (Rule of law)의 줄임말이며 패널은 1. 참여 (Participation) 2. 조직의 책무성 (Accountability) 3. 차별없음 (Nondiscrimination) 4. 자력화 (Empowerment) 5. 국제기준에 부합 (Linked with global principle)의 줄임말이다.

6) 인권헌장 제정에 관해 자문한 3차례의 회의는 다음과 같다. ①2013년 제2차 정기회의 (2013. 5. 30.) ②인권헌장 소위(2013. 6. 21) ③ 2013년 제5차 임시회의 (2013. 6. 21). 이후 인권헌장 제정 방식에 관한 인권위 회의는 3차례 더 있었다. ④2013년 제6차 임시회의 (2013. 7. 19) ⑤2013년 제4차 정기회의 (2013. 12. 5) ⑥2014년 1차 임시회의 (2014. 1. 28)

7) 2013. 7. 11. 보고되었다.

해 시민생활과 직결되는 헌장을 추진하며 ▶불필요한 논란을 피하기 위해 지방선거 이후 본격 추진하겠다고 방침을 정한 뒤 이를 인권위에 보고했다.[8] 이에 따라 예산이 처음 계획보다 3배 이상 증액되었으며[9] 인력도 보충되었다. 이후 인권헌장 제정 과정에서 예산과 인력이 절대적으로 부족해 언제나 허덕였지만 그 정도만 해도 서울시로서는 대단한 성의와 의지를 보인 셈이었다.

2. 인권헌장 제정의 로드맵 설계

2014년 3월부터 준비 작업에 속도가 붙기 시작했다. 2013년 6월 구성되었던 인권위 내의 인권헌장 소위원회가 시동을 걸었다. 김형완, 조효제, 홍성수 세 인권위원이 주축이 되어 인권헌장 제정을 위한 준비를 서둘렀다. 2주일에 한번 꼴로 회의가 개최되면서 인권헌장 제정 준비위원 인선, 기초자료 정리, 그리고 제반 기획 작업에 가속도가 붙기 시작했다. 첫 번째 작업은 '세계인권선언'에서부터 '몬트리올 권리와 책임헌장', '도시에 대한 권리 세계헌장', '광주인권헌장'과 '성북주민인권선언문', '서울시민권리선언문' 등 총 19개의 전 세계 주요 인권헌장과 인권선언문을 한 곳에 모아 자료집을 만드는 것이었다. 이어 국내외 7개 주요 인권헌장과 권리선언[10]을 키워드와 내용을 중심으로 분석해 표로 정리함으로써 주요 도시 인권헌장이 담고 있는 내용과 체계, 장단점이 한 눈에 비교되었다.

---

8) 2013. 7. 19. 개최된 2013년 제6차 임시회 보고안건.
9) 인권헌장 제정 예산은 2013년 말에 1억9300만원으로 책정되었다.
10) '몬트리올 권리와 책임 헌장', '광주인권헌장', '도시에서의 인권보호를 위한 유럽헌장', '서울시민 권리선언', '호주 빅토리아주의 2006 인권과 책임의 헌장', '도시에 대한 권리 세계헌장', '세계인권선언' 이 포함됐다.

이를 통해 인권헌장이 조응해야 할 보편적인 도시헌장 체계가 파악되었으며 또한 서울의 역사성과 특수성을 담보한 특징적인 권리 항목을 어떻게 반영할 것인지를 논의할 수 있는 기초자료가 확보되었다.

소위원회의 두 번째 작업은 인권헌장 제정 절차에 대한 로드맵을 제시하는 것이었다. 먼저 인권위원과 인권관련 외부 전문가가 결합한 '서울시민 인권헌장제정 준비위원회'를 구성하고 지방선거가 끝난 직후에 '서울시민 인권헌장제정 시민위원회'를 구성하는 방안이 제시됐다. 시민위원회의 구성과 운영은 준비위에서 결정하기로 했다.

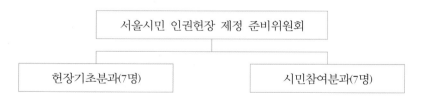

2014년 3~4월 총 4차례의 인권헌장 소위가 열렸고 그 결과는 수시로 인권위에 보고되어 함께 논의하는 과정을 거쳤다. 서울시의 역사성과 특수성을 인권헌장 전문에 어느 정도나 구체적으로 반영할 것인지, 예상되는 쟁점에 대한 경우의 수를 나열하고 그것들의 장단점에 대해 검토하기, 각 개별 권리 항목에 대해 서울시의 이행 방안과 의무 범위를 어떻게 정할 것인지 등에 대한 토론이 이어졌다. 인권헌장의 내용을 다듬고 보완할 기초분과 위원들 외에 시민위원들을 어떻게 선발하고 참여하도록 할 것인가를 고민할 시민참여 분과를 별도로 구성할 것이 제안되었다. 준비위원회 위원장은 초기 준비 작업부터 관여해 온 문경란 서울시 인권위원회 위원장이 겸임하기로 했다.

2014. 6. 12. 서울시민 인권헌장 제정 준비위원회(이하 준비위)가 발족되었다. 준비위원 인선은 인권위와 인권시민사회의 추천을 받아 서울시가 최종 결정했다. 인권 전문성은 기본이고 여기에 헌신적이면서 참신한 기획력을 갖춘 연구자나 활동가로 구성이 됐다. 헌장 제정 사무국이 별도로 만들어지지 않는데다 상근 위원도 없는 상황이라 준비위원들은 단순한 자문활동이 아닌 헌장 제정 과정에 대한 기획과 실무작업을 직접 담당하는 고된 과제를 떠맡았다. 전 세계적으로 여러 인권도시헌장이 있었지만 시민들이 직접 만든 경우는 전례를 찾아보기 어려웠다. 때문에 머리를 맞대고 고심해서 헌장 제정 과정과 방식, 예상되는 모든 문제를 파악하고 대책을 마련해야했다.

시민위원들이 스스로 인권헌장을 잘 만들 수 있도록 기초자료를 만들고 뒷바라지 하는 일은 준비위원이 직접 인권헌장을 만드는 일보다 몇 배의 시간을 들이고 감정노동을 해야 하는 힘든 일이었다. 준비위원들은 시민위원회가 발족 될 때 모두 전문위원이 되어 활동을 이어갔으므로 거의 1년 가까이 헌장제정 작업에 헌신한 셈이다. 각자의 일터에서 일을 하면서 동시에 시간을 쪼개 엄청난 작업을 해야 했으므로 웬만한 열정과 에너지 없이는 불가능한 일이었다. 일부 위원들은 "직장에서 잘리게 될 판"이라고 비명을 질렀지만 엄살이나 과장만은 아니었다. 현대사회에서 전문가가 갖는 사회적 영향력이나 이에 대한 사회적 대가 등을 감안하면 인권헌장 제정 과정에서 전문가들은 기득권을 철저히 내려놓으려했다. 시민이 주인이 되는 방안을 고안했을 뿐 아니라 시민위원들을 대하는 태도나 말에도 매우 신경을 썼다. 실제로 부족한 점이 있고 반성할 점을 남겨놓았다 하더라도 그 자체로 평가받을 만 했다. 준비위원 현황은 다음과 같다.

준비위원 현황

구분	연번	성명	분야	현 직
위원장		문경란	인권일반 및 여성	서울시 인권위원회 위원장
헌장 기초 분과	1	김형완	인권일반	인권정책연구소 소장, 서울시 인권위원
	2	염형국	사회적 약자	공익인권법재단 공감 상임이사
	3	이정은	문화권, 한국인권사	성공회대 동아시아연구소 연구교수
	4	이주영	사회권	서울대 인권센터 전문위원
	5[11]	임재홍	인권법	한국방송통신대학교 법학과 교수
	6	조효제	인권일반	성공회대 사회과학부 교수, 서울시 인권위원
	7	홍성수	사회적약자, 인권법	숙명여대 법학과 교수, 서울시 인권위원
시민 참여 분과	1	박래군	인권단체	인권재단 사람 상임이사, 서울시 인권위원
	2	박홍순	마을공동체	금천마을지원센터장
	3	배복주	사회적 약자	사단법인 장애여성공감 대표
	4	윤지현	인권단체	국제엠네스티 한국지부 캠페인 실장
	5	이창림	시민참여 전문가	풀뿌리 자치연구소 이음 운영위원
	6	장상미	뉴미디어, 시민참여 전문가	어쩌면사무소 대표
	7	한대희	뉴미디어 전문가	파일원 뉴미디어 파트장

준비위의 역할은 ▸인권헌장 제정의 의의와 필요성 정리 ▸시민위원 선발 및 구성과 운영방안 ▸인권헌장 체계에 대한 기초 안 예시 ▸인권헌장 해설서 집필 제안 ▸인권헌장 홍보방안 등에 관한 것이었

---

11) 2014년 4~5월에는 김재철 광주발전연구원 문화사회정책 연구실장과 홍인옥 도시사회연구소 소장이 헌장기초분과 위원으로 활동하였으나 사임하고 6월 이후부터 임재홍교수가 합류했다.

다. 2014년 8월 6일 시민위가 발족되기까지 준비위는 총 15차례 회의를 가졌다.[12] 회의는 기초분과와 참여분과가 별도로 열리기도 하고 두 분과가 함께 하는 전체 회의가 열리기도 했다.

인권헌장 시민위 발족 이전까지 인권소위 및 준비위 회의 일정

구분	개요	자문 내용	비고
1차	·일시 : '13.6.21(금) 11:30~13:30 ·장소 : 신청사 8층 간담회장	·헌장 제정 방식 : 시민참여	헌장 소위
2차	·일시 : '14. 3.6(목) 12:00~14:00 ·장소 : 서소문1동 7층 인권센터 회의실	·인권헌장제정 준비단 구성·운영 등	헌장 소위
3차	·일시 : '14. 3.20(목) 11:00~13:30 ·장소 : 신청사 2층 공용회의실	·헌장 제정의 절차와 일정 등 논의	헌장 소위
4차	·일시 : '14.4.3(목) 11:00~13:30 ·장소 : 신청사 2층 공용회의실	·국내외 주요 인권헌장 분류 검토 등	헌장 소위
5차	·일시 : '14. 4.17(목) 11:00~12:30 ·장소 : 신청사 2층 공용회의실	·인권헌장 제정 준비 위원회 구성 등	헌장 소위
6차	·일시 : '14. 4.30(목) 10:00~12:00 ·장소 : 신청사 3층 소회의실1	·서울 인권의 역사성 및 인권헌장 구성 체계	헌장기초 분과
7차	·일시 : '14. 5.14(수) 11:00~13:30 ·장소 : 신청사 9층 공용회의실	·시민의견수렴방안 및 홍보방안 논의	시민참여 분과
8차	·일시 : '14. 5.15(목) 12:00~15:00 ·장소 : 신청사 간담회장2	·전문, 권리구성 체계, 본문 구성 논의 ·헌장 집필 관련 논의	헌장기초 분과
9차	·일시 : '14. 5.26(월) 16:00~18:40 ·장소 : 서소문1동 7층 인권센터 회의실	·인권헌장 시민위원회 공모 계획안 검토	시민참여 분과
10차	·일시 : '14. 5.29(목) 12:00~14:00 ·장소 : 신청사 10층 공용회의실	·전문구성 키워드, 시민위원 공모계획안, 분과구성 관련 논의	헌장기초 분과
11차	·일시 : '14. 6.12(목) 11:00~14:00 ·장소 : 신청사 8층 간담회장	·전문구성 키워드, 권리 구성 체계, 권역별 토론회 시민참여 조직화 등	전체회의

12) 준비위원회가 구성되기에 앞서 인권헌장 준비 모임으로 서울시 인권위원회의 인권헌장 소위원회 회의가 2013년 6월 ~ 2014년 4월 총 5차례 열렸다.

12차	·일시 : '14. 6.26(목) 10:00~12:00 ·장소 : 신청사 2층 공용회의실	·인권헌장 홍보전략 논의	시민참여 분과
13차	·일시 : '14. 6.26(목) 13:00~15:00 ·장소 : 서소문1동 7층 인권센터 회의실	·인권헌장 전문위원 추가, 위 촉식과 워크숍 계획 검토	헌장기초 분과
14차	·일시 : '14. 7.8(화) 14:30~17:30 ·장소 : 신청사 3층 소회의실2	·인권헌장 권리구성체계, 시 민위원 추첨 방안 논의	헌장기초 분과
15차	·일시 : '14. 7.9(수) 11:00~12:30 ·장소 : 신청사 2층 공용회의실	·인권헌장 홍보방안(다음아고 라, 공모전, 조형물 등) 논의 ·권역별토론회 개최 검토	시민참여 분과
16차	·일시 : '14. 7.18(금) 8:30~10:30 ·장소 : 신청사 2층 공용회의실	·인권헌장 권리구성 체계 및 전문위원 역할 등	헌장기초 분과
17차	·일시 : '14.7.24(목) 09:00~12:30 ·장소 : 서소문1동 7층 인권센터 회의실	·시민위원 위촉식 개최계획 검토	시민참여 분과
18차	·일시 : '14.7.30(수) 10:00~12:00 ·장소 : 신청사 2층 인권담당관	·인권헌장 홍보 포스터 제작 을 위한 아이디어 수집, 대 표 메세지 및 주요 컨텐츠 확정	홍보전문 회의
19차	·일시 : '14. 8.5(수) 09:30~10:00 ·장소 : 신청사 6층 기획상황실	·시민위원회 1차 회의 운영 방안 검토	헌장기초 분과
20차	·일시 : '14. 8.5(수) 10:00~12:00 ·장소 : 신청사 6층 기획상황실	·인권헌장제정 시민위원회 전문위원 역할	전체 회의

3. 인권헌장 제정의 필요성

인권헌장은 왜 만들어야 할까? 서울특별시 인권기본조례에 인권헌장을 제정하도록 규정하고 있고, 그것이 또한 서울시장의 공약일지라도 그 자체만으로는 인권헌장이 꼭 제정되어야 할 필요충분조건이 되지 못한다. 이후 인권헌장 제정 여부를 놓고 사회적으로 논란이 되자 조례만큼의 구속력도 갖지 못하는 인권헌장을 왜 만든다고 해서 이렇게 분란을 일으키느냐는 비판이 있었다. 일부 인권시민사회에서도 시장의 업적 쌓기에 들러리 서는 것 아니냐는 시선을 보내기도 했다.

　근대시민혁명을 겪지 않은 한국 사회에서 권리의식은 상대적으로 취약하다. 권위주의 정권하에서 민주화를 위한 치열한 투쟁이 전개되고 그 덕에 군부독재정권은 물리칠 수 있었지만 일상의 민주화와 인권이 보장되기 위해서는 여전히 많은 숙제가 남아있다. 인권의 내용과 가치에 대해 치열한 사회적 논의를 한 적이 별로 없었으므로 사회적 공감과 동의를 통해 인권의 정당성을 획득하기도 어려웠다. 인권의 바이블이라 불리는 세계인권선언도, 국민의 기본권을 명시한 헌법도, 한국에서는 교육과정에서 잘 다뤄지지 않아 다수의 시민들에게는 생소하다. 갈수록 이념적으로 양극화되면서 인권은 반독재투쟁의 이념 또는 사회 안정과 안보를 위협하는 불온한 사상으로 간주되는가 하면, 다른 한쪽에서는 배려나 양보, 희생 등의 인도주의적 자비심의 발로 정도로 여겨지기도 한다.

　인권헌장은 2014년 서울에서 살아가는 시민들에게 인권이 무엇이며, 어떻게 살아가는 것이 존엄하게 살아가는 것인가? 라는 근원적인 질문을 던지고 스스로 답하며 함께 논의하고 공감하는 시간을 가져볼 수 있는 좋은 기회라 생각했다. 대한민국 헌법 제 10조는 "모든 국민은 인간으로서의 존엄과 가치를 가지며 행복을 추구할 권리를 가진다"고 규정하고 있다. 어떤 상황과 조건이 인간의 존엄에 부응하는가? 막상 따지고 들면 제각각 생각이 달라 동의하기도 쉽지 않다. 결국 논의는 최소한 어떠한 한계상황은 허용되어서는 안 된다는 점에서 출발할 수밖에 없게 되고 그 논의를 이어가다 보면 사회적 약자와 소수자를 돌보는 일이 인권과 인간 존엄의 제일 우선된 명령임을 깨달을 수 있다면 좋겠다고 생각했다. 존엄한 삶 없이 인간의 행복이 있을 수 없으며 행복 없는 존엄도 없다는 인간의 존엄과 행복추구의 총체성을 깨달을 수 있다면, 그 결과 공동체의 근간을 이루는 토대에 인권이 작동해야 한다는 점을 인식할 수 있다면, 이보다 더 좋은 인권교육의 현장은 없다고 생각했다.

18세기 대중소설인 서간소설에서 인권 탄생의 기원을 찾는 역사학자 린 헌트는 대중의 공감능력과 개인의 감정이 인권을 자명한 것으로 받아들이게 됐다는 중요한 통찰력을 제시했다. 인권헌장 제정은 시민의 공감을 형성해가는 사회적 과정이라고 생각했다. 인권헌장 제정과 관련한 언론 인터뷰를 할 경우 "꼭 굳이 인권헌장을 만들어야 하는냐?"는 질문이 제기되는 경우가 많았는데 나는 이런 비유로 답하곤 했다. "인권헌장은 마을 주민 모두가 다함께 모여 그리는 마을 공동벽화 같은 것이다. 유명한 화가도 좋겠지만 마을주민이 함께 신나게 얘기하면서 마음을 모아 그린 그림은 형태와 색깔 하나 하나에 의미가 부여되고 더욱 애정이 가지 않겠는가" 라고.

인권헌장 제정의 또다른 의미는 과정 그 자체가 민주시민으로 성장해가는 살아있는 인권교육의 장이 된다는 것이다. 다양한 시민이 자발적으로 참여해 상대방의 말을 귀담아 듣고 자신의 의견을 개진하면서 때로는 충돌하고 때로는 공동의 목소리를 발견하는 가운데 자신들에게 보장되어야 하는 인권의 목록들을 하나하나 정해가는 과정은 그 자체가 권리의 주체이자 민주시민으로 성장해 가는 과정이다. 헌법 제10조는 "국가는 국민이 가지는 불가침의 기본적 인권을 확인하고 이를 보장할 의무를 진다"라고 명시하고 있음에도 불구하고 인권보장의 의무자로서의 국가에 대한 인식은 주권의식보다 더 취약하다. 이런 상황에서 시민이 주권자로서 인권헌장을 만들고, 시민의 인권을 보장하고 증진할 의무가 있는 지방자치단체가 이를 받아들이는 것은 인권의 역사에서 획기적인 일이 아닐 수 없다고 생각했다.

기초분과 위원들은 인권헌장을 서울시민과 서울시 사이에 맺어진 인권에 대한 약속으로 규정하고 인권헌장 제정의 의의와 필요성을 다음과 같이 정리했다. 첫째, 서울시와 서울시민 사이의 '약속'

인 인권헌장은 서울시민과 서울시가 함께 지키고 보호하여야 할 인권적 가치와 규범을 마련하는 일이며 둘째, 시민의 자발적 참여와 논의를 통해 인권가치를 재확인하고 실천하는 계기를 마련하는 일이며 셋째, 서울시민의 인권이 충분히 보장되고 있는지에 대한 근본적 성찰을 통해 지속가능한 인권도시 서울을 구현하기 위한 것이라고. 비록 이행의 강제력은 없지만 인권헌장 제정은 서울이 인권도시로 거듭나기 위한 토대를 마련하고 그 과정에서 시민들은 보다 성숙한 민주시민으로 성장해나가는 기회가 된다는 점에서 시장의 공약 사항 이행이라는 표면적 의미 그 이상을 담고 있었다.

서울시민인권헌장 제정 목적[13]

4. 인권헌장의 밑그림

인권헌장은 어떤 체계 속에 무슨 내용을 담아야 할까? 비유하자면 인권헌장이라는 건축물을 짓는데 한옥으로 지을지 양옥으로 지을지, 통나무로 지을지 대리석으로 지을지, 방을 여러 개 만들지, 마당을 크게 확보할 지는 순전히 시민위원들이 결정할 몫이다. 하

---

13) 서울시민인권헌장 공청회 자료

지만 집을 지어 본 경험이 별로 없는 시민위원들이 제한된 시간에 맘에 드는 좋은 집을 짓기 위해서는 전문가의 도움이 필요할 수밖에 없다. 전문가들이 만든 몇 가지 설계도를 보면 완성된 건축물을 머릿속으로 그려볼 수도 있을 것이고 자신의 철학과 욕구를 반영하기도 쉬울 것이다.

　전문위원들은 시민위원들이 원하는 인권헌장이 어떤 모습일지를 상상하며 인권헌장의 밑그림을 몇 가지 형태로 그려봤다. 미국의 비영리단체인 사회발전조사기구가 발표한 사회발전지수(Social Progress Index, SPI)[14]를 참고하기도 하고, 여타 도시헌장의 체계를 분석하기

---

14) 사회발전지수(Social Progress Index, SPI)

구 분	항 목	세부항목
사람의 가장 기본적인 욕구를 충족시켜주는가	영양 및 기본의료 지원	영양부족, 식량결핍, 산모 사망률, 사산율, 아동 사망률, 전염병으로 인한 사망
	물과 위생	식수 접근성, 식수 접근성에 관한 도시와 농촌지역 간 형평성, 깨끗한 위생시설 접근 가능성
	주거	적당한 주거의 획득 가능성, 전기공급률, 공급된 전기의 품질, 내부오염에 의한 치사율
	개인 안전	살인률, 폭력적 범죄의 수준, 사회 범죄율, 정치공포, 교통사고 사망률
복지의 토대가 마련되어 있는가	기초 교육 제공	성인의 식자율, 초 중 고등학교 등록률, 중등교육 성별 격차
	정보 및 통신 제공	휴대전화 가입률, 인터넷 사용자 수, 언론의 자유 지수
	건강과 보건	기대수명, 30~70세 사이의 비전염병 사망률, 비만 비율, 대기오염에 의한 치사율, 자살률
	지속가능한 생태계	온실가스 배출율, 취수 비율, 생물다양성과 주거
충분하고 평등한 기회를 제공하나	개인의 권리	자유의 대가, 정치적 권리, 표현의 자유, 집회/모임의 자유, 이동의 자유, 개인 재산권
	자유권과 선택권	종교의 자유, 현대 노예제, 인신매매, 아동

도 했다. 최종적으로 염형국 위원이 만든 안과 김형완 위원의 안을 놓고 수정작업을 계속했다.

▸권리를 중심으로 분류할 것인가 아니면 그 같은 권리가 구현된 서울의 미래상을 중심으로 분류할 것인가 ▸인권헌장의 일반원칙 및 사회적 약자에 관한 장(章)을 별도로 둘 것인가 아니면 조항으로 처리할 것인가? ▸도시에 관한 권리는 어떤 조항으로 어떤 장에 반영되는게 적절할까? ▸헌장의 전문에는 어떤 내용을 담을 것인가 등이 고려해야 할 주요한 변수였다.

전체적인 방향으로는 첫째, 자유권은 최대한 간략하게 서술하되 도시생활에서 누려야 할 기본적인 경제·사회·문화적 권리를 중심으로 서술하고, 둘째, 여성·노인·성소수자 등 대상별 권리보다 건강권·환경권 등 분야별 권리에 초점을 맞추기로 했다. 헌장기초분과의 7차례에 걸친 논의 끝에 시민위에 제시될 구성체계(안)으로 다음과 같이 세 가지의 안이 마련되었다.

인권헌장 구성체계(안)[15]

제1안(염형국 위원)	제2안(김형완 위원)	3안(통합안)
전문	전문	전문
자유롭게 소통하고 참여하는 서울	사람이 중심인 서울, 기본적 안전망 구축을 위한 시민의 권리	일반원칙 〈인권, 평등, 반차별, 민주주의(참여), 도시에 대한 권리〉

	관용과 사회통합	여성 존중, 이민자에 대한 관용, 동성애자에 대한 관용, 소수자 대상 차별과 폭력금지, 종교적 관용, 공동체 사회안전망
	고등교육 기회 제공	고등교육 기간, 여성의 평균 교육기간, 사회 불평등에 기인한 교육성과의 손실, 전 세계적으로 유명한 대학 수

15) 구체적인 내용은 이 책 제 4장 관련자료 참조.

공정하고 행복한 삶을 실현하는 서울	사람이 행복한 서울, 더 나은 미래를 꿈꾸는 시민의 권리	참여하여 함께 만들어가는 서울
건강하고 안전한 서울	따뜻한 도시공동체 서울, 누구나 존엄하고 평등한 시민의 권리	기본적 복지와 안전을 실현하는 서울
사회적 약자가 소외되지 않는 서울	헌장의 이행을 위한 약속	사회적 약자가 소외되지 않는 서울
문화를 향유하고 존중하는 서울		쾌적한 환경과 문화를 누리는 서울
헌장의 이행		더 나은 미래를 꿈꾸는 서울
		헌장의 이행

5. 시민위원의 대표성 확보와 선발

그렇다면 어떤 시민이 인권헌장을 만들 것인가? 시민위원의 선발과 구성은 대표성 확보와 직결되어 있다. 시민위원이 특정 계층이나 특정 정치적 성향을 가진 사람들로 편중된다면 시민참여의 의미는 퇴색될 수밖에 없다. 처음에는 막막했다. 난상토론을 하니 온갖 방안이 제시되었다. 상징성을 띤 숫자로 '100명'을 선발하자는 안, 리서치회사를 통해 무작위로 선발하자는 안, 지원자를 모집해서 그 중 무작위 추첨방식으로 선발하자는 의견 등이 제시되었다. 최종적으로 시민위원을 공개모집하되 다양한 의견 수렴을 위해 지원자를 성별, 지역, 연령별로 분류한 뒤 무작위추첨을 통해 150명을 선발하기로 했다. 서울시 인터넷 메인 홈페이지를 통해 25일간 시민위원 후보를 공개모집했으며 그밖에 자치구 소식지, 서울시내 전광판, 포스터, 교통방송 등을 통해서도 공개모집을 알렸다. 신청자격은 인권헌장제정에 참여하고 싶은 만 10세 이상 서울시민으로, 서울 거주자에만 한정하지 않고 서울에 있는 직장 또는 학교에 다니는 사람이면 누구나 서울시민으로 간주했다.

이후 인권헌장 제정을 반대하는 측에서는 시민위원의 대표성에 대해 많은 문제제기를 했다. 고작 150명은 대표성을 갖기에는 너무 적은 숫자이며 특히 특정 시민단체 출신의 시민위원들을 선발해서 인권헌장을 원래 정해진 각본대로 만들려고 했다고 턱없는 비난과 공격을 해댔다. 준비위도 시민위원의 숫자를 놓고 고심하지 않은 것은 아니었다. 논의 과정에서 '100' 또는 '500' 같은 숫자가 제시되었지만 특별히 상징하는 바는 없었다. 지역과 성별과 연령을 감안해서 골고루 선발하려하자 150이라는 숫자가 나왔다. 한국의 인구 분포는 ▸35세 미만 ▸35~49세 ▸50세 이상으로 분류할 때 딱 1/3씩 분포되어 있다고 한다. 25개 구청에서 연령대별로 남녀를 각각 한명씩 뽑으면 총 150명이 된다. 각종 설문조사가 5천만 명 인구 중 500명 정도를 조사해 대표성을 확보하는 것을 감안할 때 인구 1천만 명의 서울에서 150명 정도면 확률 상으로도 대표성을 확보한다는 판단이었다.

문제는 정작 얼마나 많은 시민들이 관심을 갖고 지원할 지 여부였다. 서울시와 준비위원들은 마음을 졸였다. 혹여나 지원자가 턱없이 적을 경우 대표성에 흠결이 나거니와 제정 과정 자체가 힘을 받기가 어렵다. 인권헌장은 시민의 헌장이 되어야 하는데 시민 전체의 관심을 받지 못하면 제정 의미까지 퇴색되기 십상이었다. 하지만 이는 기우에 불과했다. 무려 1,570명이 시민위원에 지원했다. 시민위원으로 선발되기 위해서는 10.5대 1의 치열한 경쟁을 뚫어야만 했다. 서울시 관계자들의 얼굴에 화색이 돌고 준비위원회 회의에 기운이 넘쳤다. 시민들의 관심이 이 정도면 한번 해 볼만 하다는 생각이 들었다. 하지만 나중에 시민위원회가 진행되면서 이같은 열기의 이면에는 특정한 관심사와 목적을 가진 그룹의 일원들이 일부 몰려온 결과도 한 몫 했다는 점을 알게 돼 씁쓰레했다.

물론 이를 예상하지 않은 것은 아니었다. 다수 시민의 참여는

민주주의를 발전시키고 시민의 권리의식을 고양시키나 반면 중구
난방이고 비전문적이며 합리성이 결여돼 혼란과 무질서, 불합리성
을 야기할 위험도 크다. 특히 시대에 반하는 반인권적인 움직임은
역사적으로 언제나 있었으며 그들의 저항은 적극적이고 극렬하기
까지 했다는 점을 되돌아봐도 충분히 예견되는 일이었다. 일정 정
도의 인권의식이 있는 시민만을 시민위원으로 선발해야 한다는 의
견이 제시되기도 했지만 그럴 수는 없는 일이며 그럴 경우 '그들만
의 리그'로 전락해버릴 위험이 크다. 시민의 인권헌장이 되기 위해
서는 모든 시민들에게 인권헌장 제정의 기회의 문을 활짝 열어야
했다. 이에 수반되는 그늘과 위험은 감수할 수밖에 없으며 궁극적
으로는 시민들이 스스로 잘 해결해나가리라 믿었다. 일부에서는
그 믿음이 너무 순진했다고 하지만 시민을 믿지 않고서는 단 한
발자국도 나아갈 수 없다고 생각했다. 그 믿음은 틀리지 않았으며
앞으로도 그렇게 믿고 싶다. 한편 시민위원 응모 현황은 다음과 같
았다.

성별·연령별 응모현황 (경쟁률 10.5 : 1)

계	성 별		연령별		
	남	여	만 34세 이하	만 35~49세	만 50세 이상
1,570	900(57.3%)	670(42.7%)	511(32.6%)	582(37.1%)	477(30.3%)

자치구별 응모현황

계	종로	중	용산	성동	광진	동대문	중랑	성북	강북	도봉	노원	은평
1,570	51	34	55	34	56	57	46	84	33	62	84	88
서대문	마포	양천	강서	구로	금천	영등포	동작	관악	서초	강남	송파	강동
69	88	56	83	46	33	60	67	90	79	72	88	55

2014. 7. 16. 오후2시 서울시청 신청사 3층 대회의실에서 시민위원 추첨이 있었다. 교통방송 정연주 아나운서의 사회로 인권헌장 준비위원 등이 추첨을 했고 전 과정은 서울시 소셜 방송인 〈라이브 서울〉로 생중계 되었다. 선발된 시민위원 중에는 16세 소녀에서부터 78세의 어르신까지 연령대가 다양했다.[16] 응모를 받을 때부터 직업이나 학력, 재산정도, 정치적 성향, 인권에 대한 관심 등에 대해 일절 조사하지 않았고 이후 어떠한 개인정보도 파악하지 않아 시민위원들의 신상에 대해 아는 게 없었다. 다만 시민위원회가 여러차례 진행되면서 아이를 데리고 온 주부, 대학입시에 수시 합격했다고 밝힌 고3수험생, 독일에 간호사로 일하다 귀국했다는 멋진 할머니, 인기강사로 더 유명한 택시기사님 등이 참가한 줄을 알게 되었다. 인권활동가들을 시민위원에 대거 투입했다고 비난한 특정 그룹의 주장은 흑색선전일 뿐이었다.

선발된 시민위원들을 연령대별로 분석하면 다음과 같다. 시민위원은 자진사퇴하거나 또는 3회 이상 연속 회의에 불참하고 소명사유를 제출하지 않은 경우 해촉 되었는데 2014. 11. 19. 현재 총 26명이 해촉되었다. 따라서 마지막 시민위원회인 제6차 회의 시점에서는 총 124명의 시민위원이 있었다.

선발자 연령대별 분석

계	19세 이하		20대		30대		40대		50대		60세 이상	
	남	여	남	여	남	여	남	여	남	여	남	여
150	2	7	14	12	16	13	17	18	14	22	12	3

---

16) 최연소 및 최고령자 시민위원은 모두 회의에 3회 이상 연속 불참하고 소명사유를 제출하지 않은 이유로 해촉되어 마지막까지 남은 시민위원 중 최고령 및 최연소자는 72세 및 18세였다.

인권헌장 제정 작업에는 150명의 시민위원 외에 40명의 전문위원이 합류했다. 전문위원에는 준비단의 전문위원 전원을 포함해 인권단체 활동가, 연구자, 그리고 서울시 명예부시장, 서울시 의회의원 등이 포함됐다. 전문위원은 명망가보다는 실무형으로 구성됐다. 인권전문성을 기본적으로 갖추되 30차례가 넘는 회의에 참석해 각종 기획과 문서작업을 담당해야 했기 때문이었다. 전문위원 구성은 준비단과 인권단체의 추천을 받아 서울시가 선정했다. 인권 연구분야에서 손꼽아주는 학자들이 참석했고 인권 현장을 누벼온 인권활동가들도 결합했다. 사회적 약자와 함께 해 온 변호사, 인권정책·인권교육 분야에서 내로라하는 전문가들이 인권헌장 제정에 흔쾌히 동참했다. 인권분야 전문가만 있는 게 아니었다. 마을만들기 활동가, 홍보전문가, 인권캠페인 전문가, 시민참여전문가 등 다양했다. 특히 인권관련 연구를 이제 막 시작한 신진 연구자들이 대거 참여했는데 회의를 기록하고 정리하는 간사역할을 성실하게 잘 수행해 시민위원회가 순조롭게 진행되도록 하는 디딤돌 역할을 톡톡히 했다. 시의회의 관심과 지지를 받아야 한다는 문제의식에서 시의회 의원의 영입을 적극 추진했으나 지방자치선거 직후여서 상임위 배정 등의 문제로 원래 계획보다 시의원 영입이 부진했으며 일정 등의 이유로 활동도 적극적이지 못했다.

시민위원회 위원장은 위원들이 일차로 추천하고 이 중 박원순 서울시장이 안경환 전 국가인권위원회 위원장(서울대 법학전문대학원 명예교수)을 위촉하였다. 준비위원장을 맡았던 문경란 서울시 인권위원회 위원장은 시민위원회 부위원장으로 위촉되었다. 시민위원회의 전문위원 명단은 다음과 같다.

인권헌장 제정 시민위원회 전문위원 명단

이름	분야	현직	주요경력
안경환	인권일반	공익인권법재단 공감 이사장 국제인권법률가협회 위원	국가인권위원회 위원장 서울대 법학전문대학원 교수
문경란	인권일반 여성	서울시 인권위원회 위원장	국가인권위원회 상임위원 중앙일보 여성전문기자 겸 논설위원
고연옥	인권일반	성공회대 사회학과 박사과정	중등교사
김강원	사회적 약자 (장애인)	장애우권익문제연구소 인권팀장	장애우권익문제연구소 인권팀장
김경자	시의회	서울시 의회 의원 (양천구)	서울시의회 행정자치위원회 위원 전 양천녹색가게 운영위원
김광수	시의회	서울시 의회 의원 (도봉구)	서울시의회 행정자치위원회 위원장
김은정	아동권	세이브더칠드런 권리옹호부장	한국여성정책연구원 가족성평등 연구실 위촉연구원
김인식	교육권	서울학생인권 조례제정 운동본부	서울시 교육청 학생인권위 위원
김인호	시의회	서울시 의회 의원 (동대문구)	서울시의회 부의장 서울시의회 행정자치위원회 위원
김형완	인권일반	인권정책연구소 소장	서울시 인권위원회 위원 국가인권위 정책과장
노승현	인권일반	서울시민 인권보호관	진실화해위원회 조사관 대통령소속 의문사진상규명위원회 조사관
노진석	인권일반	고려대 박사과정 수료	서울시 인권교육 모니터링 평가단 국립한경대 법학과 강사
노현수	인권법	영남대 공익법센터 연구원	한국방송통신대 법학과 튜터
박래군	사회권	인권중심사람 소장	서울시 인권위원회 위원 전 인권운동사랑방 상임활동가
박홍순	마을 공동체	마을만들기 전국네트워크 운영위원장	열린사회시민연합 대표 금천구 마을지원센터장
배경내	인권교육	인권교육센터 들 상임활동가	서울시학생인권위원회 부위원장
배미영	사회적	장애인배움터	성북구 인권도시성북 추진위원

	약자 (장애인)	너른마당 대표	성북구 주민참여예산위원
배복주	사회적 약자 (여성·장 애인)	(사)장애여성공감 대표	국가인권위 장애인차별전문위원 공익인권변호사모임 '희망을 만드는 법' 자문위원
배융호	사회적 약자	서울시 장애인 명예부시장	(사)장애물없는 생활환경시민연대 사무 총장
손민호	인권법	고려대 법학연구원 연구원	성북구 인권증진기본계획 연구용역 공 동연구원
염규홍	인권일반	서울시민 인권보호관	국방부 과거사진상규명위원회 과장 주식회사 인디플러그 이사
염형국	사회적 약자	공익인권법 재단 공감 상임이사	국가인권위 정신장애인 전문위원 민변 소수자인권위 위원장
우필호	도시인권	인권도시연구소 소장	서울시 인권보호팀장
윤지현	인권 캠페인	국제앰네스티 캠페인 실장	(재)아름다운재단 운영관리팀장
이윤상	사회적 약자 (여성)	서울시민 인권보호관	한국성폭력 상담소 소장 서울대 여성연구소 객원연구원
이정은	문화권	성공회대 동아시아 연구소 연구교수	국가인권위 인권정책국 사회학 박사
이주영	사회권	서울대 인권센터 전문위원	국제인권법 박사
이창림	시민참여	풀뿌리자치연구소 이음 운영위원	도봉마을 신문N 발행인 씽크카페 활동가
이해응	사회적 약자 (이주민)	서울시 외국인 명예부시장	이화여대 여성학 강사 한국이주여성인권센터 활동가
이호영	인권법	건국대 법학과 강사	인하대 법학연구소 상임연구원
임재홍	자유권	한국방송통신대 법학과 교수	민주주의 법학연구회 편집위원 영남대 법학연구소장
장상미	시민참여 ·홍보	어쩌면 사무소 대표	씽크카페 활동가 함께하는 시민행동 미디어팀장
정다영	인권법	고려대 법학연구원 연구원	성북구 인권증진기본계획 연구용역공 동연구원
조백기	교육권	서울시 교육청 인권교육센터장	천주교 인권위원회 상임활동가 법학박사

조효제	인권일반	성공회대 사회과학부 교수	서울시 인권위원회 위원 광주인권헌장 기초위원회 위원
최성윤	사회적 약자 (장애인)	장애물없는 생활환경 시민연대 정책교육 팀장	성공회대학교 대학원 사회학과 전공
추신강	관광	서울시 광관인 명예부시장	중화동남아여행업협회장 한국여행업회 이사 및 부회장
한대희	뉴미디어	피알원 뉴미디어 파트장	키위 커뮤니케이션즈 기획팀 과장 방송통신위원회 연구원
홍성수	인권법	숙명여대법학부 교수	서울시 인권위원회 위원 서울시 어린이·청소년 인권위원회위원
홍혜란	환경권	서울시 환경인 명예부시장	에너지시민연대 사무총장 환경운동연합, 환경재단 사무총장

6. 시민위원회의 출범

2014. 8. 6. 드디어 시민위원회가 발족되었다. 인권헌장 제정의 공식적인 활동이 시작된 셈이다. 위촉식장인 서울시청 신청사 대회의실은 호기심과 기대로 출렁거렸다. 위촉식장에 들어서는 시민위원들의 표정은 상기되어 있었다. 위촉식은 시민위원들이 최대한 존중받고 주인이라는 느낌이 들도록 준비하려 했다. 그 첫 번째로 준비된 것이 '동반자 카드'였다. 행사장 입구에서 시민위원들에게 '서울시장 박원순과 000의 동반자카드'라고 적혀있는 카드를 나눠주고 인권헌장에 대한 의지와 기대와 시장에 대한 바램, 그리고 본인의 다짐 등을 쓴 뒤 식장 한쪽 벽면에 전시했다. 이후 박 시장은 시민위원이 적은 동반자카드에 일일이 응답을 적어 본인에게 되돌려주었다. 위촉장 전달도 달리 해보려했다. 당초에는 시장이 시민위원들이 앉아있는 자리로 찾아가 위촉장을 전달할 계획이었으나 협소한 장소 때문에 이행되지는 못했다. 그래도 시민을 주인으로 모시고 인권헌장을 만들어보겠다는 서울시의 진정성은 전달되는 듯 했다.

　위촉식 후반부에는 '국내외 인권헌장제정 운동의 흐름과 인권헌장 사례'을 주제로 김형완 전문위원이 강의를 했다. 질의응답시간에 질문이 쏟아져 나왔는데 정작 강의 내용보다 다른 데 관심이 많았다. 다수의 질문은 "우리가 들러리가 아니고 정말 주인이 되어 인권헌장을 만드는 것이냐"는 것이었다. "말은 그렇게 하지만 실제로는 다 짜놓은 각본이 있는 게 아니냐?" "우리가 인권전문가도 아닌데 어떻게 인권헌장을 만들 수 있겠나. 그동안 서울시가 준비해온 안(案)이 있으면 그냥 박수치고 통과시키자"는 말도 나왔다. 그동안 역사라는 드라마 속에서 주연배우가 되지 못하고 관객으로만 살아온 까닭이었을까. 아니면 박 시장이라면 여느 정치인과는 달리 시민을 진정한 주인으로 섬길 것이라는 기대를 재삼 확인하기 위해서였을까? 나는 "시민이 진정한 주인이 될 것인지 들러리로 전락할 것인지는 모든 것이 시민위원들의 손에 달려있다. 한번 해 보자"고 격려했다. 보다 세심하고 주도면밀한 준비가 필요하다는 생각이 들면서 어깨가 한층 더 무겁게 느껴졌다.

　"의견이 대립되면 어떻게 결정하나?"라는 질문도 있었는데 사실 그 당시로서는 별다른 해답을 갖고 있지는 않았다. 이후 인권헌장이 파행을 겪은 뒤 왜 처음부터 인권헌장을 어떻게 최종 결정할 것인지를 정하지 않았는가 하는 비판도 있었다. 하지만 다양한 정체성을 가진 시민위원들이 처음 모인 자리에서 아무런 토론 없이 최종결정 방법부터 정할 수는 없는 일이었다. 어떻게 결정할 것인지를 정하는 것 또한 시민위원들이 스스로 결정할 일이었고, 시민위원들은 그렇게 했다.

Ⅲ. 시민위원회의 활동과 경과

"서울은 시민이 함께 만들어가는 공동체이며, 시민은 서울의 주인이다."〈서울시민 인권헌장 제 1조〉

1. 여섯 차례의 대장정

인권헌장이 만들어지기까지는 총 여섯 차례[17]의 시민위원회가 개최되었다. 기획단계에서 다섯 차례가 계획되었으나 시민위원회가 진행되면서 충분한 논의를 위해 한번 더 추가되었다. 그럼에도 '복지와 안전' 분과와 '더 나은 미래' 분과는 별도로 1회를 더해 총 일곱 차례의 토론을 했다. 토론에는 보통 3~4시간이 소요되었다. 시민위원회는 인권헌장 제정을 위한 모든 것을 논의하고 결정했다. 인권헌장의 제정 취지와 방향을 설정하고 이에 가장 부합되는 논의방식과 헌장의 분류체계를 결정했다. 인권헌장 제정을 집짓는데 비유하자면 시민위원들은 멋진 집을 짓기 위해 자재(인권의 목록)를 결정하고 설계를 하며(분류체계)를 하며 역할 분담(시민위원의 분과별 구성)을 통해 방을 만들고 구석구석을 단장했다(분과별 검토 및 주문작업). 마지막으로는 감리(반인권적 요소 걸러내기)를 통해 부실함은 없는지, 집을 사용할 때 문제가 없는지를 점검했다. 한 집에서 살아갈 구성원들 간에 집 내부 설계를 놓고 갈등이 생기기도 했다. 저마다 다른 생각, 다른 욕구가 충돌하는 현장이었다. 때로는 설득하고 때로는 대립하면서 각자의 경험과 연륜을 반영해 집을 지어갔다.

---

17) '복지와 안전'과 '더 나은 미래'분과는 자체적으로 한 차례씩 회의를 더 해 총 7번의 회의를 했다.

　시민위원들이 대표성을 확보했다 하더라도 더 많은 서울시민의
의견을 최대한 수렴하기 위한 토론회 및 공청회가 마련되었다. 시
민위원이 아니어도 서울시민이라면 누구나 참여해 인권헌장 제정
에 의견을 내고 토론할 수 있도록 강남권 및 강북권역 토론회가 각
각 1회씩 2회 개최되었다. 강남·북 권역별 토론회가 인권헌장 제정
중에 의견이 반영될 수 있도록 하기 위해 열렸다면, 공청회는 인권
헌장의 골격과 내용이 채워진 상태에서 최종적으로 일반시민의 의
사를 수렴하기 위한 것이었다.

　다른 한편 시민위원들의 전문성을 보완하고 사회적 약자 그룹의
현안과 과제를 집중적으로 알아보기 위해 인권단체 활동가나 연구
자들의 의견을 수렴했다. ▶여성 ▶어르신 ▶새터민 ▶아동·청소년 ▶장
애인 ▶성소수자 ▶동성애 반대 ▶이주민·외국인 ▶기타 인권단체 등 9
개 분야로 나눠 간담회를 갖고 의견을 종합했다.[18] 당초에는 동성

---

18) 분야별 회의 일정은 다음과 같다.

9개 분야 114개단체, 127명

연번	분 야	진 행	일시(시간)/장소	참석단체
1	여성	배복주 (사)장애여성 공감 대표	10.13(월), 10:00 10층 공용회의실	서울YWCA 등 9개 단체 12명
2	어르신	박홍순 마을만들기 전국네트워크 운영위원장	10.15(수), 14:00 11층 공용회의실	한국시니어연합 회 등 12개 단체 14명
3	새터민	박홍순 마을만들기 전국네트워크 운영위원장	10.16(목), 10:00 서울 글로벌센터 404호	북한인권정보센 터 등 8개 단체 9명
4	아동· 청소년	홍성수 숙명여대 법학과교수	10.17(금), 09:00 2층 공용회의실	월드비전 등 15개 단체 18명
5	장애인	배융호 장애인 명예부시장	10.20(월), 14:00 10층 공용회의실	장애여성공감 등 12개 단체 12명
6	성 소수자 (반대)	박숙미 서울시 인권보호팀장	10.21(화), 09:00 2층 공용회의실	서울시권자연 맹 등 24개 단체 24명

애반대 단체들의 의견을 들을 계획이 없었으나 이들 단체의 강력한 항의에 서울시가 추가적으로 기회를 마련했다. 단체들의 의견은 제 4차 시민위원회 때 시민위원들에게 제공되었다.

오프라인(off-line) 뿐 아니라 온라인(on-line) 상으로 의견을 수렴하기 위해 다음 아고라와 서울시 제안사이트 천만상상 오아시스, 정책고객관리시스템인 PCRM(Public Customer Relationship Management)을 활용한 이메일 홍보, 슬로건과 인권수기 등 공모전 개최, 서울시 온라인 신문 '서울톡톡'과 교통방송을 통한 홍보, 인권콘서트 개최 등 생각할 수 있는 모든 방법을 다 동원했다.

시민위원회의 일정을 정리해보면 다음과 같다.

서울시민인권헌장 제정 시민위원회 개최 일정 및 활동상황

인권헌장 제정 시민위원 위촉식 (8.6.)	- 시민위원 150명 전문위원 40명 위촉

⇩

제1차 시민위원회 (8.13.)	- 헌장에 담을 인권목록 논의 - 총 515개 권리 목록 작성

⇩　⇦　다음 아고라 1차 의견 수렴
인권수기, 슬로건 셀카 공모전(8.8~9.19)

7	성 소수자	배복주 (사)장애여성 공감 대표	10.21(화), 16:00 서울 글로벌센터 405호	동성애자인권연 대 등 6개 단체 7명
8	종합	박래군 서울시 인권위원회 부위원장	10.22(수), 10:00 2층 공용회의실	재단법인 동천 등 11개 단체 13명
9	이주민· 외국인	양혜우 전 이주인권연대 대표	10.22(수), 16:00 서울 글로벌센터 405호	한국이주여성인 권센터 등 17개 단체 18명

제2차 시민위원회 (9.2.)	- 권리목록 추가 및 장별 분류체계 마련 - 전문/일반분과/참여 및 소통/복지와 안전/ 환경과 문화/더 나은 미래/헌장의 이행

⇩ ⇦ 시민위원 대상 인권강화 2회 (9.16.9.22)
※ 7개 일간지 인권헌장 비난 광고 (9.25)

제3차 시민위원회 (9.26.)	- 장별 분류와 연계한 시민위원 6개 분과 구성 - 인권목록과 장별 분류 안을 토대로 분과별 검토 및 조정

⇩ ⇦ 강남권역 토론회 (9.30.)
※ 2차 인권헌장 비난 신문광고 (10.6)
※ 박원순시장 샌프란시스코발언 보도 (10.13)
강북권역 토론회 (10.17)
9개 분야 인권단체 간담회 (10.13~10.22)

제4차 시민위원회 (10.25.)	⇦ - 분과별 초안 작성 및 목록 조정 ※ 총무단 미합의 사항 처리방법 결정

⇩ ⇦ 인권 콘서트 (11.1)

제5차 시민위원회 (11. 13.)	- 분과별 문항 다듬고 합의하기 - 합의 및 미합의 사항 분류

⇩ ⇦ 인권헌장 공청회 (11.20)

제6차 시민위원회 (11.28.)	- 50개 조항 인권헌장 최종 확정

⇩ ⇦ ※ 성소수자단체 시청 점거농성 (12.6.~11.)

서울시민인권헌장 낭독식 기자회견 (12.10.)	- 서울광장에서 인권헌장 낭독 및 축하

제1차 시민위원회

2. 촉진자, 나무구슬, 그리고 모래시계

위촉식과 시민위원회를 준비하면서 머릿속을 맴돌았던 단어는 '섬세한 보살핌'이었다. 어떻게 하면 시민위원들이 편안한 환경에서 존중받는다는 느낌을 가지며 자유롭고 활발하게 토론할 수 있을까? 전문위원들과 서울시 공무원들은 이 문제를 놓고 회의를 거듭했다. 회의장 환경과 자리 배치, 회의 진행 방식 및 과정 모두 기존 방식을 탈피하고 인권친화적으로 재구성되어야 한다. 어떻게 해야 인권친화적인 회의장이 되고 시민이 주체가 되는 회의를 할 수 있을까? 신선한 방식을 고안해야했고 세밀한 보살핌이 필요했다.

제 1차 시민위원회가 개최된 8월 13일 오후 7시. 서울시청 신청사 8층 다목적홀에는 대형 원탁 13개가 마련됐다. 인권친화적인 회의장을 마련하기 위한 첫 번째 조치였다. 가장 앞자리를 중심으로 서열순 또는 나이순으로 앉게 되는 사각테이블은 그 자체가 권위적이며 위계적이고 자칫 딱딱한 느낌을 줄 수 있다. 반면 원탁은 누구나 중심이 될 수 있고 우열이 없으며 각자의 거리를 존중하는 평등한 공간배치를 할 수 있다. 멀리 떨어져서 목소리가 들리지 않는 문제도 없거니와 회의장 분위기도 부드럽게 해 시민위원들의 부담도 덜어줄 수 있다. 진행자를 위한 원탁 1개를 제외하고 12개의 테이블 마다 10~12명의 시민위원과 전문위원들이 둘러앉았다. 참석자들의 얼굴에 기대와 긴장감이 교차하고 있었다.

시민위원회는 보통 한번에 3~4시간 동안 진행되었다. 짧지 않은 시간이지만 테이블당 10명 이상이 참석하는데다 앞 뒤 전체 진행시간을 빼고나면 실제로 개개인 시민위원들이 토론할 시간이 넉넉하다고 할 수도 없었다. 토론에 익숙지 않은 시민위원은 발언 기회를 충분히 갖고 요령있게 말하기 힘든 문제가 있다. 반면 발언을 독점하는 빅마우스(big mouth)는 적절히 견제해야 한다. 사회는 전문위원들이 맡는데 사회자가 발언을 독점할 수 있으며, 아무래도 전문성의 차이 때문에 자연스레 사회자나 전문위원의 의견에 경도될 수도 있다. 무엇보다 참가자 모두에게 발언기회를 골고루 주되 자유롭게 자신의 의사를 개진할 수 있도록 회의를 잘 진행하는 것이 중요했다. 이를 위해 전문위원들은 시민위원회 개최를 앞두고 토론/회의 전문가를 초빙하여 촉진자(facilitator)교육을 받았다. 활발하게 토론이 잘 되지 않을 때 이야기를 끌어내는 방법, 모든 참석자들에게 눈길까지 똑같이 던져 소외감을 느끼지 않도록 하는 법, 발언자가 의제에서 비껴나거나 사소한 얘기를 할 경우 무안하지 않도록 발언을 슬쩍 다음으로 미루는 방법 등 요긴하고 지혜로운 촉진자 기법을 배울 수 있었다. 무엇보다도 매회 회의의 목표를 분명하게 설정해서 토론이 샛길로 빠지지 않도록 하는 것, 회의가 수평적으로 소통되도록 하고 혼란과 갈등을 줄일 수 있도록 원칙을 담은 그 라운드 룰을 만들도록 한 것 등은 효과적인 회의진행에서 명심할 사항들이었다. 그라운드 룰은 인쇄해 원탁에 배치했는데 총 9개 항목은 다음과 같다.

그라운드 룰

1. 모든 의견은 동등하다
2. 상대의 발언을 경청한다. 회의 중 큰 소리를 내거나 원탁에서 전화를 받지 않는다
3. 회의에 적극 참여 한다
4. 회의 목적에 집중하되 소수 의견을 존중한다. 상대방의 의견을 끝까지 경청 한 후 나의 의견을 제시 한다
5. 중요한 내용을 먼저, 보충설명을 나중에 말한다
6. 발언 횟수, 시간 등을 고르게 나눈다
7. 메모한다. 메모 후 발언하면 일목요연하게 말할 수 있고 시간도 줄어든다. 게다가 기록도 남길 수 있다
8. 반 인권적 언행을 하지 않는다
9. 인권감수성을 갖고 자신의 발언에 책임을 진다

각 테이블마다 촉진자와 간사가 배치되었고, 전문위원들 중 일부가 그 역할을 맡았다. 시민위원들이 공평한 발언 기회를 가질 수 있도록 하기 위해 몇 가지 도구가 마련됐다. 시민위원 1인당 나무구슬 3개씩을 지급한 뒤 발언할 때마다 하나씩 내도록 했고 모래시계를 활용해 1회 발언 시간을 3분 정도로 제한했다. 발언 전에 포스트잇에 자신이 말할 핵심단어를 적어 발언할 때 참고한 뒤 큰 종이에 붙여 토론 이후 발표 시간에 테이블의 의견을 종합하는데 이용했다.

  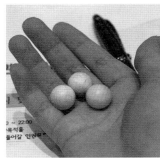

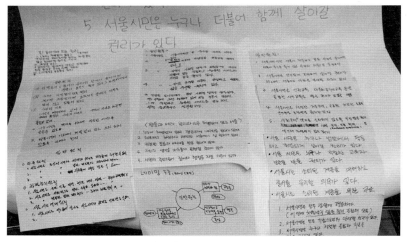

민주적 토론의 소도구들

포스트잇은 회의 시간을 단축하고 발언을 요령있게 하며 분과별 시민위원들의 의견을 취합하는데 매우 유용했다. 작은 도구 몇 개가 회의를 민주적으로 운영하고 소외된 참석자가 없도록 하는데 크게 기여했다. 어느 한 전문위원이 "포스트잇은 인권헌장 제정에 가장 큰 기여를 한 인류의 위대한 발명품"이라고 농했는데 결코 과장이 아니라는 생각이 들었다.

3. 쏟아져 나온 인권의 목록들

인권에 대해 문외한인 시민위원들이 과연 인권헌장을 만들 수 있을까? 어떤 발언들이 쏟아져 나올까? 과연 활발한 토론이 될까? 처음엔 걱정 반 기대 반이었는데 시민위원회가 다가오자 걱정이 커져갔다. 하지만 의구심은 기우에 불과했다. 토론은 진지하고 활발했다. 때로는 불꽃이 뛰었다. 운동장처럼 넓은 대형 홀에서 원탁에 둘러앉아 말하고 경청하고 메모하는 모습은 한마디로 장관이었다. 마치 권리에 굶주렸던 사람들처럼, 시민위원들은 인권헌장에 담기를 희망하는 인권의 목록들을 쏟아냈다.

전문위원들이 토론에 활용하도록 제시한 인권의 목록은 개괄적이고 추상적이었지만 시민위원들은 이를 참고해 피부로 절실하게 느끼는 구체적인 인권의 목록들을 찾아냈다. 먹거리 평등, 품위와 자존감을 갖고 여생을 보내기, 아르바이트생들이 CCTV가 설치된 곳에서 옷을 갈아입는 문제, 미디어나 공적서류에서 외모나 지역 등으로 차별받지 않을 권리, 선유도 공원개발이나 남대문 복원 등 문화재나 도시재생 과정에서 시민들이 참여할 권리, 복장의 자유와 복장으로 인해 차별받지 않기, 동사무소에 사회적 약자를 위한 창구 개설, 공공기관의 비정규직 차별 폐지, 열악한 환경에 있는 저소득층 아동들의 안전의 문제 등등 크고 작은 권리의 목록들이 줄줄이 사탕처럼 엮여 나왔다. 인권이라기보다는 민원해소용 또는 생활밀착형 정책제안이라 서울시에 전달하고 싶은 의견도 많았다.

인권에 부합하지 않는 주장 또한 없을 리 없었다. 인권교육을 반대할 권리, 사상의 자유가 너무 포괄적이므로 제약하자는 의견 등은 시민위원회 마지막까지 끈질기게 제기되었다. 제2차 시민위원회 때는 성소수자나 이주민이 왜 특별하게 안전보장을 받아야하는가 라는 의문이 제기됐고, 다문화정책이 오히려 역차별이라고 주

포스트잇에 쓴 의견을 분류하는 시민위원들

장했다. 청소년 인권조례 등이 있는데 굳이 청소년을 지원할 필요
가 없다는 의견도 나왔다. 시민위원들이 참 대단하다는 생각이 들
면서도 다른 한편 걱정을 감추기도 어려웠다.

　　매번 마무리 시간에는 테이블 별로 발표자가 앞에 나와 토론내
용을 소개하며 전체 위원들과 공유하는 시간을 가졌다. 100여 명의
시민들이 한자리에 둘러앉아 열띤 토론을 하는 모습도 장관이었지
만 토론내용을 발표하며 공유하는 모습도 감동적이었다. 인권의 주
체로서의 뿌듯함과 당당함, 아울러 더 커진 책임감 등으로 목청도
얼굴도 상기되어 있었다. 토론 중에는 다른 생각, 다른 주장으로 설
혹 낯을 붉히는 일이 있어도 발표 때는 모두 힘을 모아 자신들이
만들어낸 결과를 알리는데 열중했다. 갈등과 충돌, 소통과 합의의
과정을 거쳐 온 일종의 공동체로서의 연대감이라고나 할까. 토론의
내용 및 결과와 무관하게 그 자체가 소중하고 귀한 경험이었다. 분
과별 연대감과 단합은 일부 분과에서 몇 가지 조항 때문에 갈등이
표면화되면서 대결국면으로 변질되기도 했지만 말이다.

　　1차 시민위원회에서 시민위원들이 인권헌장에 담고자 제안한
권리의 목록은 총 319개. 2차 시민위원회 때 추가된 196개 권리목록

열띤 토론 후 기념촬영

까지 합치면 총 515개이다. 이를 영역별, 주요개념 별로 분류해보면
다음과 같다.

인권헌장제정 시민위원 제안 권리목록 : 총 515개(1차 319개, 2차 196개)

계	515개				
전 문	13개				
일반원칙	소계	평등, 차별금지	배려, 질서존중	인권 보호, 증진 의무	기 타 (청렴 등)
	44개	13개	9개	12개	10개
참여, 소통, 개인정보	소계	참여, 소통	개인정보	기 타 (내부고발자 보호 등)	
	51개	38개	7개	6개	
안전, 건강 사회보장	소계	안전, 건강	적절한 주거	사회보장	기 타 (출산, 육아 등)
	83개	47개	13개	14개	9개
사회적 약 자	소계	사회적 약자 일반	사회적 약자 : 특정계층		
	83개	23개	60개		

문화, 환경, 지속가능 발전	소계	문화, 체육	환 경	도시계획, 건축, 교통	기 타 (동물과 함께 살 권리 등)
	60개	19개	21개	13개	7개
교육, 일	소계	교 육	일과 여가	기 타	
	98개	53개	37개	8개	
헌장의 이 행	소계	구 제	기 타 (개정, 효력 등)		
	12개	3개	9개		
기 타	소계	운영 관련	헌장 형식	권리목록 분류 어려운 사항	
	22개	2개	5개	15개	
인권정의	49개				

6차례에 걸친 시민위원회 회의는 크게 봐서 앞의 2차례는 발산 (diverge), 뒤의 4차례는 수렴(converge)의 과정이라 할 수 있다. 1~2차 시민위원회가 시민위원들이 인권헌장에 담고 싶은 모든 항목을 발산하는 과정이라면 3~5차는 그것을 가려내고, 분류하고, 이름을 붙이고, 마지막으로 완결된 문장으로 만들어 일목요연하게 종합하는 수렴의 과정이었다. 그리고 마지막 6차 시민위원회에서는 인권헌장을 최종적으로 결정했다. 발산의 과정에서 삶의 구체적이고 일상적인 문제들이 제기되는 것은 당연하다. 시민들이 제안한 515개 권리의 목록에는 개별 시민위원의 가치와 경험, 처지와 바램이 담겨 있었다. 그렇다고 이를 몽땅 인권헌장에 나열하거나 담을 수는 없는 법이다. 수많은 의견을 수렴하기 위해서는 개개인이 제안한 권리 목록의 구체성을 줄이고 추상화해야한다. '자율과 규제'처럼 서로 경합하는 가치는 적절한 수준에서 조율해야 하고, 비슷한 것끼리는 추상수준을 높여 포괄해야 한다. 대립하거나 충돌하는 주장은

쉽게 양보할 리 없으니 신경전도 벌여야했다. 다수의 시민위원들이 자신의 제안이 제대로 반영되지 않았다고 불만스러워하는 것은 어찌 보면 당연하다고 할 수 있다. 3차 이후의 시민위원회 분위기가 1~2차 때와 달리 팽팽하고 날카로워진 것은 여러 요인이 있겠지만 불가피한 것이기도 했다.

제2차 시민위원회의 후반부에서는 인권헌장의 장(章)별 분류체계를 나누고 이름을 붙이는 작업이 진행됐다. 인권헌장의 체계를 잡는 일은 쉽지 않은 작업이라 전문위원들이 조사한 각국의 헌장 체계와 몇 가지 분류 안이 참고자료로 제시되었다.[19] 제2차 시민위원회에서 조별로 분류한 헌장의 체계를 요약하면 다음과 같다.

시민위원회 조별 헌장체계 분류 안 요약

1조	2조	3조	4조	5조	6조
전 문	전 문	전 문	서 문	전 문	전 문
사람이 행복한 서울, 누구나 존엄하고 평등한 서울	일반원칙	일반원칙	소통과 참여로 만들어 가는 서울	서울이라는 도시	일반원칙
참여하여 함께 만들어 가는 서울	사람 : 사람이 중심인 서울	기본적 복지를 실현하는 서울	건강과 안전을 실현하는 서울	서울이라는 사회	노동이 보장되는 서울
사람이 중심인 서울, 기본적 안전을 위한 시민의 권리	시민 : 시민이 행복한 서울	사회적약자가 보호받는 서울	존엄과 평등이 보장되는 서울	서울이라는 사람	교육권을 보장하는 서울
헌장의 이행을 위한 약속	이웃 : 따뜻한 도시공동체 서울	참여하며 소통하고 함께 만들어 가는 서울	쾌적한 환경과 문화를 누리는 서울	서울이라는 생활	주거/문화/환경을 보장하는 서울

19) 앞에서 제시한 인권헌장 구성체계(안)과 같은 내용임

	헌장의 이행	안전하고 쾌적한 환경과 문화를 누리는 서울	더 나은 미래를 꿈꾸는 서울	서울이라는 공동체	안전이 보장되는 서울
		꿈이 실현되는 서울	헌장의 이행 (약속하고 실천하는 서울)	헌장의 이행(서울시의 의무)	사회적 소수자, 사회적 약자가 차별받지 않는 서울
					사회보장이 실현되는 서울
					참여와 소통을 보장하는 서울
					헌장의 이행

7조	8조	9조	10조	11조	12조
전 문	전 문	전 문	전 문	서울시민의 꿈(전문)	소통이 가능한 서울
자유롭게 소통하고 참여하는 가운데 시민이 주인인 서울	일반원칙	자유롭게 소통하고 참여하는 서울	사람이 중심인 서울, 기본적 안전을 위한 시민의 권리	소통이 자유로운 서울	안전(생존권 포함) 보장
행복한 삶을 실현하며 미래가 있는 서울	소통하고 참여하는 서울	공정하고 행복한 삶을 만드는 서울	사람이 행복한 서울, 더 나은 꿈을 꾸는 시민의 권리	건강하고 안전한 서울	인권이 자유로운 서울
건강하고 안전한 서울	기본적 복지와 안전을	건강하고 안전한 서울	따뜻한 도시공동체 서울, 누구나	누구나 행복한 서울	문화와 공간이 어우러지는

	실현하는 서울		존엄하고 평등한 시민의 권리		서울
사회적약자와 함께 하는 따뜻한 서울	사회적 약자를 배려하는 서울	사회적 약자와 함께 하는 서울	헌장의 이행을 향한 약속	문화가 살아숨쉬는 서울	따로 또 같이 서울
문화를 향유하고 존중하며 계승 발전시키는 서울	쾌적한 환경과 문화를 누리는 서울	문화를 향유하고 존중하는 서울		서울시민의 약속(헌장의 이행)	
헌장의 이행	행복한 미래를 꿈꾸는 서울	헌장의 이행			
	헌장의 이행				

 시민위원들이 제시한 분류체계 안은 복잡했지만 공통점을 찾아내고 유사항목을 통·폐합하니 어느 정도 갈래가 잡혔다. 서울시가 1차적으로 정리한 것을 놓고 전문위원들이 두 차례에 걸친 토론 끝에 ▶전문 ▶일반원칙 ▶참여와 소통 ▶복지와 안전 ▶환경과 문화 ▶더 나은 미래 ▶헌장의 이행으로 체계를 잡기로 했다. '사회적 약자' 파트를 별도로 둘 것인가 아니면 다른 장에 녹여낼 것인가에 대해서는 오랜 시간 토론이 있었다. 시민위원의 의견 중 별도로 두지말자는 쪽이 근소하게 더 많아 이 의견에 따르기로 했는데 이에 대한 비판이 후에 시민사회로부터 제기되기도 했다. 최종적으로 결정된 인권헌장의 장별 제목은 다음과 같다.

서울시민인권헌장의 장별 제목

> 전문
> 제1장 일반원칙
> 제2장 시민이 참여하고 소통하며 함께 만들어가는 서울
> 제3장 안전한 서울, 건강한 서울, 살기 좋은 서울
> 제4장 쾌적한 환경과 문화를 누리는 서울
> 제5장 더 나은 미래를 꿈꾸는 서울
> 제6장 헌장을 실천하는 서울

　　전문을 제외하고 인권헌장이 6개의 장으로 골격이 잡힘에 따라 이를 보다 구체적으로 논의하기 위해 시민위원 또한 6개 분과로 새롭게 배치했다. 먼저 시민위원이 원하는 분과를 파악해 배치하되 몰리거나 부족한 분과에는 추첨을 통해 배정했다. 시민위원들의 관심이나 선호를 최대한 존중하기 위해서였는데 결과적으로 이 방식은 악용되는 병폐도 있었다. 일부 시민위원들이 성소수자 인권이나 인권교육과 같은 특정 인권문제에 반대하거나 찬성하기 위해 전략적으로 해당 분과에 몰려가는 사태가 생겨난 것이었다. 이 때문에 그 분과에서는 끝이 보이지 않는 지루한 공방이 이어졌다. 가장 민주적인 제도로 상찬되는 아테네식 직접 민주주의가 군대를 통솔하는 직책을 제외하고는 모든 주요 공직을 제비뽑기로 충원했던 이유를 새삼 깨닫게 되는 지점이었다. 시민위원들이 분과 배치를 악용한 결과는 1~2개 분과 회의가 휘청거릴 정도로 두고두고 문제가 되었다. 사후 교훈으로 삼아 이후 일반 시민들의 의견을 듣는 강북지역 토론회 때는 참가 시민들로 하여금 제비뽑기를 통해 토론 주제를 정하도록 했다. 인권헌장을 무산시키기 위해 계획적으로 토론회에 참석했던 사람들이 제법 많았는데 이들은 토론에 앞서 자신이 원하는 주제에 배치되지 않았다고 거세게 항의했다. '제비

뽑기가 가장 민주적 방식'이라는 것을 역설적으로 확인시켜준 현장
이었다.

4. 인권교육과 민주시민의 학습장된 시민위원회

　제3차 시민위원회부터는 시민위원들이 장별로 배정된 분과에서
토론했다. 시민위원이 제안한 515개 권리목록 중 자신이 속한 분과
에 해당되는 권리목록을 분류하고 조정하는 작업이 첫 번째 과제
였다. 효율적 토론을 위해 우선 전문위원들이 515개 권리목록을 주
제별로 분류하고 이 기초자료를 토대로 분과별 주제에 해당되는
권리목록을 빼거나 더하는 조정작업을 했다. 그리고 각 분과가 다루
는 핵심주제를 중심으로 장별 제목을 붙였다. 예컨대 '소통과 참여'
분과는 자신들이 만들어갈 인권헌장의 제2장의 제목을 '시민이 참여
하고 소통하며 함께 만들어가는 서울'로 만들어냈다. 그리고 3차 시
민위원회에서는 분과별로 2명의 총무를 선출했다. 총무에게는 분과
에서 미합의된 사항이 나올 경우 시민위원 전체를 대신해 이를 최
종적으로 어떻게 결정할 것인지를 결정하는 역할이 부여됐다.
　1~2차 시민위원회가 흥분과 열기로 넘쳤다면 3차 이후부터는 보
이지 않는 팽팽함이 표면화되기 시작했다. 분과별로 분위기가 달랐
다. '일반원칙' 분과와 '헌장의 이행' 분과에서 특히 날선 목소리가
오갔다. '일반원칙' 분과에는 가장 문제가 됐던 차별금지 조항이 포
함돼 있었고, '헌장의 이행' 분과에는 인권교육 실시와 헌장 이행의
방법 등에 시비가 걸렸다. 이 두 개의 분과에서는 일방적인 주장과
공격만 되풀이될 뿐 토론이 잘 되지 않았다. 상대방의 의견에 귀를
기울이려 하지 않았고 간혹 혐오적인 발언이나 인신공격 수준의
발언도 나왔다. 특정인이 지속적으로 발언해 다른 시민위원들을 지

치게 하거나 촉진자를 곤혹스럽게 하기도 했다. 이 같은 분위기는 이후 4~5차 시민위원회까지 크게 변하지 않고 지속되었다.

반면 다른 분과는 좀 달랐다. '더 나은 미래' 분과나 '소통과 참여' 분과는 큰 쟁점 없이 대체로 순조롭게 토론이 진행되는 편이었다. 이에 비해 '복지와 안전' 분과나 '환경과 문화' 분과는 열띤 공방을 벌이면서도 자체적으로 조율을 잘 해 나갔다. 제4차 시민위원회 때 '환경과 문화' 분과에서 몇몇 시민위원이 전문위원의 발언을 문제 삼는 바람에 토론이 진전되지 않는 상황도 있었지만 다른 위원들의 인내와 관용, 무언의 압력 등이 작용하면서 이같은 상황을 잘 헤쳐 나갔다. 자신의 이해관계나 관심사를 지나치게 고집하는 경우도 있었고 타인의 발언을 못마땅하게 여겨 감정을 적나라하게 표출하는 경우도 있었다.

그래도 시민위원들은 다른 사람들의 말을 귀담아 듣고 자신의 생각을 분명하게 말했다. 마음을 열고 서로간의 다른 생각을 확인했으며 차이보다 더 많은 것을 공유하고 있다는 점도 확인했다. 낯선 사람의 삶을 상상하면서 장애인과 노약자, 이주자와 성소수자, 노숙인과 도시빈민들의 삶에 대한 공감을 심화시켜나갔고 자연스럽게 생각을 바꿔나가기도 했다. 그렇게 토론하고 배우고 조율하면서 인권헌장의 한 조항 한 조항을 만들어갔다. 시민위원 개개인이 갖고 있는 무한한 잠재력이 백분 발휘되는 순간들이었으며 민주시민으로서 갖춰야할 시민적 자질을 연마해 가는 과정이었다.

일부 시민위원의 경우 팽팽한 긴장과 갈등의 분위기를 못마땅해하거나 못견뎌하기도 했다. 아무런 설명없이 회의에 계속 빠지고 이로 인해 자동 해촉된 위원들 중 일부는 이같은 이유가 작용했으리라 짐작된다. 하지만 민주주의란 어느 정도 혼란이라는 양념이 들어갈 수 밖에 없다. 민주주의는 깔끔할 수도, 정돈된 것일 수도, 조용한 것일 수도 없다.[20] 전체주의 사회만이 갈등을 허용하지 않

는 법이다. 민주주의의 토대가 되는 인권을 논의하는 자리에 긴장
과 갈등이 없었다면 참된 자유가 보장되었다고 할 수 없을 것이다.
다만 긴장과 갈등에서 생겨난 에너지를 파국으로 치닫게 할 것인
가 아니면 창조적인 에너지로 승화시킬 것인가가 관건이다. 시민위
원들은 그 에너지를 인권헌장 제정의 원동력으로 삼아 갈등의 고
비 고비를 잘 넘어갔다.

　토론을 하다보니 정작 인권이 무엇인가 라는 근원적인 질문이
제기되었다. 인권을 불쌍한 사람을 도와주는 시혜나 배려 정도로
착각하기도 하고 자신의 사적 이익이나 민원에 걸맞는 행정조치를
인권이라고 주장하는 경우 등도 있었다. 특히 동성애를 반대한다는
일부 시민위원들의 경우 자신의 의사 표명 또한 표현의 자유의 일
환이며 자신들의 의견이 소수이니 자신들이 소수자라며 우겼다. 시
민위원들의 혼란스러워하는 기색이 역력했다. 예컨대 흡연권 또한
인권이라고 주장하거나 각 가정의 주차장을 서울시가 마련해야 한
다는 일부 시민위원의 주장에 대해 다른 시민위원들이 뭔가 아닌
것 같은데 딱 부러지게 반박하지 못했다. 2차 시민위원회가 끝날
무렵 일부 시민위원들이 '인권이란 무엇인가?' 개념부터 정확하게
알려주는 인권교육이 필요하다고 요청해왔다. 시민위원들은 회의
를 하거나 준비하는 과정에서 인권에 대해 깊이 생각하기 시작했
는데 자료나 책을 찾아봐도 잘 모르겠다는 것이었다.

　충분히 예상한 문제였고 준비도 하고 있었지만 정작 시민위원들
이 필요성을 느끼고 요청해오길 기다리고 있었던 참이었다. 2차 및
3차 시민위원회 사이에 두 차례의 강의가 있었다. 질의응답 시간에
는 질문이 쏟아져 나와 시민위원들의 관심사와 궁금증이 얼마나

---

20) Moly Ivins, "You Got to Dance with Them What Brung You" New York: Vintage
　　Books, 1999, p.81, 파커파머, 비통한 자들을 위한 정치학, 글항아리, 2012,
　　47쪽에서 재인용

컸는지 알 수 있었다. 인권의 ABC라 할 만한 내용을 정리한 인권 Q&A도 만들어 시민위원들이 익히도록 했다. 시민위원들은 인간의 존엄과 자유와 평등에 대해 깊이 생각하기 시작했고, 인권의 책무자가 국가라는 점, 사적인 이익이 공동체적 이익과 지향을 갖고 정당성을 인정받을 때 인권이 된다는 것 등에 대해 하나하나씩 배워가기 시작했다. 물론 두 번의 강의와 6차례의 시민위원회 회의만으로 인권을 확실하게 알기는 어려웠을 터이고 일부 시민위원은 위원회가 끝난 이후에도 혼란스러움을 호소하기도 했다. 하지만 시민위원들은 서울이라는 공동체의 미래를 인권의 관점에서 고민하기 시작했다. 복잡다단한 현대 사회에서 서로 상충하는 이해관계와 관심사들의 복합적인 국면들을 사려깊게 비판적으로 생각하고 판단하는 훈련을 쌓는 것만큼 좋은 교육의 기회가 있겠는가. 시민위원회 과정 전체가 한마디로 말해 바람직한 인권교육의 현장이자 민주주주의 실현 과정이었다. 시민들이 잘 할 수 있을까라는 의구심은 그야말로 의구심에 불과했다. 시민들은 기회가 없었을 뿐 멍석을 깔아주니 곧바로 주인공이 되어 온갖 능력을 유감없이 발휘했다. 대의제 민주주의의 한계를 극복하는 참여민주주의의 전형이자, '시민이 시장'이라는 박원순표 시정의 캐치프레이즈에 걸맞는 시민참여형 모델이라 할 만 했다.

5. 인권헌장은 시민성과 전문성의 합작품

시민이 인권헌장의 실질적인 주체가 되고 전 과정을 주도할 수 있도록 방안을 모색하는 일은 인권헌장 제정 과정 내내 전문위원들에게 주어진 숙제였다. 전문위원의 첫 번째 역할은 시민위원들이 잘 토론하고 결정할 수 있도록 관련 자료를 제공하는 것이었다. 시민위원회에는 각국의 인권헌장을 비교분석한 자료, 인권헌장의 분류체계를 예시한 자료 등이 제공되었는데 이 모든 것이 전문위원들의 수고의 결과물이었다. 자료는 구체적인 모범답안을 제공한다기보다 다소 추상적이고 개괄적인 수준을 유지해 참고자료로 활용될 수 있도록 했다. 시민위원들이 참고자료를 얼마나 실질적으로 활용했는지는 자세히 모른다. 각국의 도시헌장을 소개하고 비교분석한 자료는 내용이 방대해서 제한된 회의 시간 중에 활용하기 어려웠을 지도 모른다. 다만 전문위원들은 시민위원 스스로가 하고 있는 작업이 전 지구적 차원에서 어떤 맥락에 있으며 어떻게 연결되어 있는지 어렴풋하게나마 짐작하는데 도움이 되길 바랬다. 그래서 인권헌장 제정 작업이 비틀거릴지라도 결국에는 방향을 잡아가는데 등대역할 같은 것이 되길 희망했다.

둘째, 전문위원들은 매번 시민위원들이 토론한 내용을 상세히 기록하고 정리한 뒤 인권적 관점에서 해석을 붙여 다음 번 시민위원회 때 토론 자료로 제공했다. 우선 세계인권선언, 헌법, 국제인권조약, 각종 도시인권헌장 등에 부합하지 않는 항목을 걸러냈다. 시민위원들이 제기한 인권의 목록이 인권문서에서 어떻게 반영되고 명시되어 있는지 근거를 제시하고 해설을 달아 시민위원들이 정확하게 판단할 수 있도록 도왔다. 또한 시민위원들이 만든 인권헌장의 항목들을 내용이 훼손되지 않는 범위 내에서 명료하게 손질하고, 비슷한 내용은 묶고, 잘못 분류된 항목의 분류체계를 재정리하는 한편, 개별 항목마다 추상수준을 균형 있게 맞추는 등의 역할을 감당했다. 이같은 작업은 시민위원회가 끝나고 난 뒤 전문위원회를 별도로 열어 토론하고 그 결과에 따라 개별 위원들이 작업을 나눠서 진행했다. 그리고 개별 작업은 다른 위원들이 동의를 거쳐 확정했기 때문에 시간과 에너지가 적지 않게 투입되어야 했다.

셋째, 인권헌장의 개략적인 설명과 역사적 맥락, 목적, 방향성 등을 담은 인권헌장 전문의 작성은 전문위원의 몫이었다. 내용적으로나 방법적으로 시민위원들 보다는 전문위원이 담당하는 것이 적절하다는 판단에서였다. 기초분과 전문위원들이 전문에 들어갈 내용에 대해 여러 차례 토론한 뒤 조효제위원이 대표 집필했다.

　시민위원회가 발족된 이후 개최된 전문위원회는 총 21차례. 준비단 시절과 인권헌장 소위까지 포함하면 총 41회에 이른다. 여기에 6차례의 시민위원회와 권역별 토론회, 공청회 등까지, 전문위원들은 50회에 이르는 잦고 긴 회의와 과중한 역할에 시달렸다. 그래도 회의 때마다 평균 3분의 2 이상이 참여하는 출석률과 열정을 보여주었다. 일부 위원은 개인생활을 포기하고 인권헌장 제정 작업의 뒷바라지에 전념했다. 그렇다고 어려움이 없는 건 아니었다. 인권헌장 제정 작업이 4개월이 넘게 지속되는 장거리 마라톤인데다 분과별로 상황이 달라 맞춤형 지원을 하려면 전문위원들이 시종일관 상황을 정확하게 파악하고 공유해야 했다. 탑다운(Top-Down) 방식이 아니라 회의와 회의를 통해 집단적으로 민주적으로 문제를 해결해가는 인권헌장 제정의 과정에서는 들쭉날쭉 회의에 빠지는 전문위원들과 호흡을 맞추고 정보를 공유하는 일도 결코 쉬운 일이 아니었다. 전문위원 숫자를 위촉식 때 30명으로 정했다가 나중에 40명까지 늘어나게 된 것도 그런 연유에서였다. 생업이 있는 전문위원들이 불가피하게 한 두 번씩 빠지고 회의 진행을 맡은 위원과 위원장단이 빠지고 나면 개별 분과 당 촉진자와 간사를 제외하고 전문가 1명이 참여하기도 어려웠다. 시민위원회 발족 이후 개최된 전문위원회 및 전문가 자문회의의 일정은 다음과 같다.[21]

---

21) 차수는 시민위원회 발족 이전 회의에 이어서 계산함.

시민위 발족 이후 전문위원회 및 자문회의 일정

구분	개요	자문 내용	비 고
21차	·일시 : '14. 8.7(월) 15:00~17:00 ·장소 : 신청사 3층 소회의실	·인권헌장 홍보 포스터 관련	홍보 전 문 회의
22차	·일시 : '14. 8.11(월) 10:00~12:00 ·장소 : 신청사 3층 소회의실①	·헌장제정 시민위원회 그라운드 룰 마련, 퍼실리테이터, 간사 지정 및 역할 설명 ·1차 회의 개최계획 및 준비사항 공유	전체 회의
23차	·일시 : '14. 8.18(월) 9:30~12:00 ·장소 : 신청사 4층 공용회의실	·시민위원회 1차회의 결과 보고 및 토의 ·시민위원회 2차회의 개최계획	전체 회의
24차	·일시 : '14. 8.21(월) 13:30~15:30 ·장소 : 신청사 5층 공용회의실	·인권헌장 전체회의·토론회·각 종 행사 등 단계별 집중 홍보전 략 수립	홍보 전 문 회의
25차	·일시 : '14.8.28.(목) 16:30~18:40 ·장소 : 신청사 2층 인권담당관실	·강남북 권역별 토론회 토크쇼 및 프로그램 구성, 행사 사전 준비	전문가 자문 회의
26차	·일시 : '14.9.5(수) 14:00~16:10 ·장소 : 신청사 3층 공용회의실	·인권목록 권리별 분류 조정안 마련 및 권리별 조정안에 인권 목록 배치 ·분과구성 관련 및 인권헌장 Q&A 등	전체 회의
27차	·일시 : '14. 9.11(목) 09:30~11:50 ·장소 : 신청사 2층 공용회의실	·시민위 2차 회의 인권목록 결과 보고 및 권리별 분류 조정 ·권리별 퍼실리테이터 및 간사 확정 ·시민위원회 3차회의 개최 계획 등	전체 회의
28차	·일시 : '14. 9.18(목) 14:00~16:10 ·장소 : 서소문1동 7층 인권센터 회의실	·인권헌장 이행 및 도시에 대한 권리 반영 방안	전체 회의
29차	·일시 : '14.9.26.(금) 17:00~18:30 ·장소 : 신청사 2층 인권담당관실	·강남권역 토론회 개최계획 보완	전문가 자문 회의
30차	·일시 : '14. 10.1(수) 9:30~12:00 ·장소 : 신청사 2층 공용회의실	·의사결정구조 정립의 필요성 공유 및 방안 논의 ·퍼실리테이터와 간사의 역할 범위, 그 외 전문가의 역할 등	전체 회의

31차	·일시 : '14. 10.1(수) 13:30~15:30 ·장소 : 신청사 2층 공용회의실	·도시에 대한 권리 반영 방안	전체 회의
32차	·일시 : '14.10.8.(수) 9:20~12:00 ·장소 : 신청사 5층 공용회의실	·강북권역 토론회 개최계획	전문가 자문 회의
33차	·일시 : '14.10.16(목) 15:00~17:00 ·장소 : 서울시의원회관 2층 대 회의실	·퍼실리테이터 및 간사 선정, 역할범위, 전문위원 분과 배정 관련	전체 회의
34차	·일시 : '14. 10.31(금) 15:30~17:30 ·장소 : 서울시 인권센터 회의실	·공청회, 선포식 및 관련 문화행 사 개최 자문	홍보 전 문 회의
35차	·일시 : '14.10.30(목) 17:00~19:20 ·장소 : 신청사 9층 공용회의실	·시민위원회 5차회의 계획 및 진 행 방법	전체 회의
36차	·일시 : '14. 10.31(금) 15:30~17:30 ·장소 : 서울시 인권센터 회의실	·공청회, 선포식 및 관련 문화행 사 개최 자문	홍보 전 문 회의
37차	·일시: '14.11.3.(월) 19:00~21:00 ·장소 : 신청사 2층 공용회의실	·분과별 미합의사항 결정방법 논의	분과별 총무 합의체 회의
38차	·일시 : '14.11.10.(금) 10:00~12:00 ·장소 : 신청사 2층 공용회의실	·선포식 및 세계인권선언 문화 행사 자문	홍보 전 문 회의
39차	·일시 : '14.11.10(월) 14:00~21:00 ·장소 : 뉴국제호텔 두메라룸 (15층)	·서울시민 인권헌장 분과별 초 안에 대한 전문위원 의견제시 및 보완	워크숍
40차	·일시 : '14.11.19(수) 15:30~17:00 ·장소 : 서울시 의원회관 2층 대 회의실	·인권헌장 조형물 제작 및 선포 실 자문	홍보 전 문 회의
41차	·일시 : '14.11.19(수) 17:00~19:00 ·장소 : 서울시의원회관 2층 대 회의실	·시민위원회 6차 회의 준비	전체 회의

셋째, 전문위원들은 회의에서 촉진자와 간사, 자문역할을 맡았다. 촉진자가 어떤 역할을 하느냐에 대해서는 전문위원은 물론 시민위원들도 제각각 생각이 다르고 실제로 역할도 달랐다. 전문위원회 회의에서도 이 문제를 두고 몇 차례 논의가 됐는데 전문위원 중

에서도 일부는 시민이 만드는 인권헌장을 표방하는 이상 전문위원의 발언과 의견개진은 삼가야 한다는 의견이 제시되기도 했다. 전문위원들은 시민위원들이 근거가 없거나 왜곡된 내용을 토대로 발언을 할 경우, 설명을 하거나 반대의견을 제시함으로써 토론이 방향성을 잃지 않도록 역할을 했다. 그런데 이 경우 일부는 전문위원들이 자신의 의견을 무시하거나 각본대로 인권헌장을 만들려고 한다고 비난을 하거나, 자신들에게 충분한 발언의 기회를 주지 않는다고 항의해 전문위원을 곤혹스럽게 했다.

이같은 논란에 시민위원회 안경환 위원장은 시민위원과 전문위원을 상징적으로 '지역구 의원과 비례대표 의원'이라고 정의했다. 시민위원들의 전문성을 보충하고 인권헌장이 자칫 아마추어리즘에 빠져버릴 위험을 견제하기 위해 전문가의 역할은 중요했다. 인권헌장이 나아가야 할 방향을 제시한 조타수역할을 했다고나 할까. 성소수자에 대한 혐오발언을 한 일부 시민위원들이 전문위원들의 입을 막고 역할을 배제하려고 끊임없이 공격을 했던 것이 전문위원들의 중요성의 반증이라고나 할까. 생업에 종사하는 시민위원들이 회의시간 이외에 활동할 수 없다는 현실적인 이유만으로도 전문가의 역할은 반드시 필요한 것이었다. 5차 시민위원회가 개최되었을 때 나는 인권헌장 제정이 '시민성과 전문성의 결합'을 통한 결실이라고 설명했다. 시민위원들도 공감하는 분위기였다. 진즉 이런 설명과 동의과정을 밟았다면 좋았겠다 싶었지만 사실 이같은 생각도 제정과정에서 얻어진 깨달음이었고 교훈이었다. 처음부터 전문위원과 시민위원과의 역할과 관계를 정밀하게 설정하고 시작하기는 어려웠다. 시민참여의 경험이 부족한 탓이었지만 다음 기회라 해도 현장에서는 언제나 숙제로 남을 만한 과제라는 생각이 든다.

IV. 서울시민 인권헌장의 제정과 파장

"서울에 살거나 머무는 모든 사람은 존엄한 시민으로서 권리를 갖는다"
〈서울시민 인권헌장 제 3조〉

1. 아수라장된 공청회장

인권헌장과 성소수자 차별금지 조항에 대한 반대가 사회적 이슈로 떠오른 것은 9. 25. 도하 7개 신문지면에 '박원순 시장님, 서울시민 대다수는 동성애 차별금지 조항이 서울시민 인권헌장에 포함되는 것을 절대 반대합니다'라는 제목의 전면 광고가 일제히 실리면서부터였다. 광고는 참교육어머니전국모임, 나라사랑학부모회 등 244개 시민단체 일동의 명의로 동성애 합법화조항 반대 기자회견을 하는 한편 박원순 시장과 안경환 위원장, 문경란 부위원장에 대한 항의 방문을 하겠다고 밝혔다. 신문지면 1개 면 전체를 도배한 광고에는 1~2차 시민위원회 회의 결과를 정리한 것 중 성소수자와 관련된 내용을 상세히 소개하면서 인권헌장은 동성애 조항을 넣기 위해 기획된 작품이라고 터무니없는 왜곡을 했다. 또한 안 위원장과 문 부위원장이 각각 위원장과 상임위원으로 일했던 국가인권위원회가 동성애에 대해 심각한 옹호활동을 했다는 것과 박원순 시장이 동성애를 편들고 지원하고 있다고 공격했다.

왜곡된 정보를 진실인양 적어 독자를 호도하는 내용도 많았다. 동성애가 에이즈 감염의 주요원인이기 때문에 에이즈 치료비용을 100% 국민세금으로 지원함으로써 국민들이 세금폭탄을 맞게 될 것이라는 것, 차별금지법안이 제정된 이후 동성애에 대해 부정적인 발언이나 반대 입장을 표명하면 징역에 처하는 등 엄벌한다는 것,

학교에서는 동성애에 대해 가르쳐야 하며 교육에 항의하는 부모가 수갑에 채워져 감옥에 보내졌다는 등의 아무런 근거없는 정보를 유포했다. 황당하기 짝이 없는 내용이었지만 유력 일간지 여러 개에 전면으로 실렸기 때문에 그 악영향이 얼마나 클지 걱정하지 않을 수 없었다. 지인들도 함께 걱정하면서 연락해오기 시작했다. 워낙 어처구니없는 내용이어서 믿기는 어렵겠지만 같은 내용이 카톡 등을 통해서도 급속도로 전파되면서 다수의 국민들에게 그릇된 생각을 심어줄 위험도 크다는 것이었다.

이같은 내용은 이후 시민위원회와 권역별 토론회, 공청회장, 그리고 동성애 혐오자 관련 단체들의 홈페이지 등을 통해서도 일관되게 주장되었다. 광고는 10. 6. 조선일보 등에 또다시 실렸다. '박원순시장의 〈서울시민인권헌장〉과 인권정책의 허상에 속지 마십시오'라는 제목의 광고는 박시장과 인권헌장을 겨냥해 비난을 해댔다. 한 번에 수천만 원에 이르는 유력 일간지 신문광고를 한 두 개도 아니고 일곱 개 신문에다 연속적으로 광고를 낼 수 있을 정도의 재력을 가졌다면 얼마나 조직적이며 집단적으로 이 문제에 개입하는지 짐작이 되었다. 그럴수록 인권헌장은 반드시 잘 만들어져야 한다는 생각이 더욱 굳건하게 자리잡았다. 성소수자를 차별하고 혐오하는 언동이 있는 한 인권헌장 제정의 필요성은 더 두드러졌기 때문이었다.

첫 번째 광고가 실린 바로 다음날인 9. 26. 제3차 시민위원회가 열렸다. 이때부터 분과별로 토론이 진행되었는데 성소수자 차별금지 조항이 속해있는 '일반원칙' 분과의 분위기가 심상찮았다. 성소수자 문제만을 지속적으로 제기하고 신경을 곤두세우거나 목청을 높이는 특정 시민위원이 돌출되어 보이기 시작했다. 다른 사람들의 발언을 경청하면서 토론하고 소통할 생각 자체가 없어보였다. 어떻게 해서든 동성애를 반대하고 관련 조항을 인권헌장에 넣어서는 안된다는 의도가 분명해보였다. 발언을 독점하거나 언성을 높여 토론분위기가 얼음판을 딛는 것 같아 보였다.

심상찮은 분위기는 3차 시민위원회가 개최된 지 나흘 후인 9. 30. 서울시 대방동 서울여성플라자에서 열린 강남권역 토론회에서 한층 격렬해졌다. 100여 명의 참석자 중 대다수는 토론회의 초반부터 행사를 방해했다. 토론회장은 아수라장 같았다. 다수의 참석자들은 주최 측의 토론회 진행 자체를 방해하려는 듯 했다. 정해진 순서와 상관없이 여기저기서 일제히 손을 들고 소리를 질러 토론회장을 난장판으로 만들었다. 삼삼오오 짝을 지어 눈짓을 주고받으며 야유를 하거나 소리를 지르고 박수를 쳤다. 겨우 진정시켜 토론을 하도록 했지만 참가한 목적대로 발언하기 시작했다. '에이즈는 동성애로 인해 확산되며 일반시민은 세금부담이 증가된다' '인권헌장은 차별금지법을 통과시키기 위한 사전작업 아닌가' '탈 동성애자의 인권없이 성소수자의 인권은 없다' '대한민국은 동성애자에 대한 탄압이나 법적 제재를 가한 일이 없다' '사상의 자유의 범위를 제한해야한다. 지금도 이미 할 말 다하고 있다' 는 등을 목청 높여 주장했다. 신문광고에서 제기된 주장과 같은 말이 앵무새처럼 되풀이됐다. 이날 토론에는 대학생 인권동아리 회원들이 회의내용을 기록하는 간사역할을 했는데 그 중 일부는 토론회에서 나온 거친 발언내용과 행동에 충격을 받아 울음을 터트리기도 했다. 참담하고 참담했다.

이 와중에 박원순 시장이 샌프란시스코에 출장가서 현지 언론과 인터뷰 한 기사가 10. 13. 국내에 소개되면서 상황이 급속도로 나빠졌다. 언론보도에 따르면 박 시장은 그곳 현지 언론과 인터뷰를 하면서 "한국이 아시아에서 동성 결혼을 합법화하는 최초의 국가가 되길 바란다"고 했다는 것이다. 국내 언론의 잇따른 보도와 기자들의 문의 전화에 서울시가 발칵 뒤집혔고, 인권헌장 담당 부서인 인

권담당관 과에 비상이 걸렸다. 서울시는 즉각 오보라며 해명 보도
자료를 냈다. 며칠 뒤인 10. 17. 서울 상암동 난빛축제 오찬회에서
박 시장은 목사들이 "단도직입적으로 동성애를 지지하느냐"는 질
문에 "안한다"고 대답했다.[22] 하지만 박 시장의 발언은 울려는 아이
뺨때려준 격이었고 잦아들던 불에 기름을 붓는 격이었다. 기다렸다
는 듯이 비난과 항의가 쇄도해 꺼질 줄을 몰랐다. 이후 인권담당관
과는 시장의 동성애지지 발언에 대한 항의와 인권헌장 제정을 반
대하는 전화로 몸살을 앓았다. 심할 경우 한 직원이 하루에 50통 이
상의 전화에 시달려야했다. 서울시 인터넷 홈페이지 또한 항의 댓
글로 도배가 되었는데, 그 내용도 짜맞춘 듯 했다.

　10월 한 달 내내 이 같은 상황이 계속되었다. 10. 17. 서울시 성북
구청에서 강북권역 토론회가 열렸는데 회의장 주변은 마치 전운이
감도는 듯 했다. 행사장 건물 주변에는 성소수자단체를 포함한 인
권단체들이 내 건 10여개의 플래카드가 펄럭였고 행사장에는 동성
애 반대자와 성소수자 지지자들이 줄지어 몰려들었다. 이날 토론회
도 파행의 연속이었다. 동성애자 반대세력들이 자리배치를 문제삼
으면서 여기저기서 소리를 지르는 통에 금방 아수라장이 되었다.
참석자들로 하여금 토론장에 입장하면서 제비뽑기를 하고 이에 따
라 좌석을 배치했는데 본인이 원하는 주제의 탁자에 앉을 수 없다
고 소리를 질러댔다. 토론이 제대로 될 리 만무했다. 동성애에 대
한 혐오발언도 거침없이 나왔다. 사회를 보는 전문위원에게 삿대질
을 하고 덤벼들기까지 했다. 그 난장판에는 시민위원회에서 동성애
반대를 일삼던 일부 시민위원도 눈에 띄었다. 이날 공청회장을 방
문했던 한 장애운동 활동가가 페이스북에 남긴 다음과 같은 글이
현장의 모습과 그것이 남긴 상처를 생생히 전해준다.

---

22) 김은지, "차별하지 말랬지 합법화하랬나", 시사인 378호, 2014. 12. 12.

아수라장된 공청회, 방해에 맞선 간절함

"동성애 혐오에 대한 말들은 사람에 대한 말이 아니었다. 공포스러웠
다. 사람에 대한 예의라는 말도 사치였다. …인권헌장에 동성애만이 아닌
다른 소수자들에 대한 인권은 논의조차 할 수가 없었다. 인권도시에서 장
애인은 어떤 권리가 보장되어야 하는가는 전혀 얘기할 수가 없었다. 사람
의 말을 듣지 않고 온 몸에 힘을 주고 거칠게 소리지르며 그의 입에서 나
오는 말들이 사람을 죽이고 있었다. 잔인했다. 무서웠다. 그렇게 당하면서
도 말 한마디 못하고 그 자리를 떠나지 않은 성소수자들…. 미안하고 … 아
프고… 나도 장애인이라고 순식간에 멸시와 차별 혐오를 당해봤었지만 이
렇게까지는…. 사람이 무섭다. 사람의 집단이 무섭다. 사람의 말이 무섭다.
사람의 신념 같은 행동이 무섭다. 사람의 당당함이 무섭다. 이 무서움을
일상처럼 매일 겪는 사람들이 있다면…. 트라우마에 시달리는 이들을 보냈
다."

동성애 혐오세력의 폭력적인 언동은 11. 20. 서울시청 서소문별
관 후생동에서 개최된 공청회[23]에서 극에 달했다. 공청회는 오후 2

시부터 예정돼 있었는데 방해세력들은 이날 오전부터 서소문별관 주변에서 동성애와 인권헌장 반대 집회를 열었다. 그리고 그 기세를 몰아 12시가 좀 넘자 200여명이 공청회 장의 문을 힘으로 밀치고 들어와 행사장을 점거했다. 당일 서울시에다 경찰을 요청할 것과 행사 시작 30분 전부터 입장시키도록 할 것 등을 당부해놓았지만 다 소용이 없었다. 행사장을 점거한 방해세력들은 이날 사회자로 내정된 박래군 전문위원이 국가보안법 철폐를 주장하는 사람이며 세월호대책본부에 관계한다는 점을 트집잡아 사회자를 교체하라는 구호를 외쳐대기 시작했다. '동성애 OUT' 'STOP 동성애옹호 서울인권헌장'과 같은 팻말을 들고 연단에 선 자의 구령에 맞춰 "에이즈 아웃" "빨갱이는 물러가라" "동성애 옹호하는 박원순은 물러가라" 등을 연호하며 연단에 놓인 탁자와 마이크 등을 내팽개치는 폭력도 서슴지 않았다. 공청회장은 시작되기도 전에 쑥대밭이 되어버렸다.

　시간이 되어 사회자와 발표자 등이 행사장에 들어가 공청회를 시작하려고 했으나 반대 시민들이 단상으로 몰려와 박 위원의 멱살을 잡았고 장내 질서를 호소하는 필자의 마이크를 뺏고 몸을 밀쳤다. 단상에는 취재진과 방해세력, 그리고 인권단체 활동가 등이 뒤엉켜 일부 시민이 넘어지는 등 자칫 부상자가 속출할 상황까지 됐다.

　마치 힘없는 양떼들이 울타리도 목자도 없이 들판에 내팽개쳐진 것 같았다. 연단 아래에서는 동성애 반대세력들이 거친 구호와 고함, 혐오발언과 욕설을 쏟아냈고, 피켓을 들고 이에 맞서던 성소수자단체와 인권단체 활동가들은 온 몸으로 고스란히 이를 견뎌야했

---

23) 공청회의 예정된 발제자와 토론자는 다음과 같다. 발제자 : 김형완(전문위원, 인권정책연구소장), 박호순(전문위원, 마을만들기 전국네트워크 운영위원장) 토론자 : 김덕진(천주교인권위원회 사무국장), 김형태(전 서울시의원), 박신홍(중앙일보 사회부문 차장), 양희송(청어람ARMC 대표), 유성희(YWCA연합회 사무총장), 은우근(광주대학교 신문방송학과 교수, 정춘숙(한국여성의전화 상임대표)

다. 이는 소수자들의 아프고 절망적인 마음에 깊고 쓰라린 상흔으로 아로새겨졌다. 인권헌장제정을 통해 지키려던 존엄성과 인권이 어이없이 훼손되고 무너지는 순간이었다. 그 와중에도 인권활동가들과 소수자 당사자들은 품위를 잃지 않고 당당한 모습을 견지하느라 안간힘을 쓰는 것 같았다. 안타깝고 죄송하고 참담했다.

　이같은 사태에도 서울시는 아무런 조치도 취하지 않았다. 신변보호를 위해 요청한 경찰은 오지 않았고 시청사 방호원들은 담당 업무가 아니라며 손사래를 쳤다. 인권담당관 과의 직원 몇 명이 온 몸을 다해 폭력을 뜯어말리는 정도였다. 전문위원과 발표자 등이 "이럴 수는 없다"며 분개했지만 서울시는 어떤 적극적 조치를 취하지 않았다. 결국 안전문제로 공청회를 더 이상 지속할 수 없다며 취소를 선언할 수밖에 없었다. 그러나 방해세력들은 한 시간 넘게 공청회장을 점거한 채 근거도 없는 왜곡발언을 이어갔다. 시민위원회는 서울시의 미온적 조치에 항의하면서 즉각 방해세력을 공무집행방해죄로 고소하라고 요구했지만 서울시는 보도자료를 통해 유감만 표시했다. 공청회 다음날 서울시 인권위원회는 입장 발표문을[24] 통해 "공청회가 폭력과 위력이 난무하는 가운데 무산된 것은 인권과 민주주의에 대한 중대한 도전"이라고 규정하고 "공무집행방해죄로 엄정한 법적 대응을 할 것"을 요구했다. 그래도 서울시는 묵묵부답이었다.

　더 문제가 되는 것은 우리 사회 소수자들의 존재를 부인하고 차별하라고 요구하는 집단의 혐오발언과 차별을 선동하는 행위를 서울시가 용인하고 방치했다는 점이었다. 서울시는 이들의 발언도 시민의 의견이므로 막을 수가 없다는 애매한 입장을 보였다. 표현의 자유는 기본권 중의 기본권으로 간주되지만, 동시에 다른 사람의

---

24) 전문은 이 책 제 4장 관련 자료 참조.

존엄성을 훼손하지 않고, 평등권을 침해하지 않으며, 특히 소수자를 보호하는 범위 내에서 보장되는 것이다.[25] 세계인권선언[26]과 시민적 및 정치적 권리에 관한 국제규약,[27] 경제적 사회적 및 문화적 권리에 관한 국제규약[28] 및 인종차별철폐협약[29] 등 국제법과 유럽인권재판소 판례 등은 소수자의 존엄성을 공격하고 차별하는 언동

---

25) 이주영, '혐오표현에 대한 국제인권법적 고찰: 증오선동을 중심으로' 참조, 국제법학회논총 제60권3호, 2015.9.

26) 제1조, "모든 사람은 태어날 때부터 자유롭고, 존엄성과 권리에 있어서 평등하다. 사람은 이성과 양심을 부여받았으며 서로에게 형제의 정신으로 대하여야 한다." 제2조, "모든 사람은 인종, 피부색, 성, 언어, 종교, 정치적 또는 그 밖의 견해, 민족적 또는 사회적 출신, 재산, 출생, 기타의 지위 등에 따른 어떠한 종류의 구별도 없이, 이 선언에 제시된 모든 권리와 자유를 누릴 자격이 있다." 제7조, "모든 사람은 법 앞에 평등하고, 어떠한 차별도 없이 법의 평등한 보호를 받을 권리를 가진다."

27) 제2조 1항, "이 규약의 각 당사국은 자국의 영토 내에 있으며, 그 관할권 하에 있는 모든 개인에 대하여 인종, 피부색, 성, 언어, 종교, 정치적 또는 기타의 의견, 민족적 또는 사회적 출신, 재산, 출생 또는 기타의 신분 등에 의한 어떠한 종류의 차별도 없이 이 규약에서 인정되는 권리들을 존중하고 확보할 것을 약속한다." 제20조 2항, "차별, 적의 또는 폭력의 선동이 될 민족적, 인종적 또는 종교적 증오의 고취는 법률에 의하여 금지된다." 제26조, "모든 사람은 법 앞에 평등하고 어떠한 차별도 없이 법의 평등한 보호를 받을 권리를 가진다. 이를 위하여 법률은 모든 차별을 금지하고, 인종, 피부색, 성, 언어, 종교, 정치적 또는 기타의 의견, 민족적 또는 사회적 출신, 재산, 출생 또는 기타의 신분 등의 어떠한 이유에 의한 차별에 대하여도 평등하고 효과적인 보호를 모든 사람에게 보장한다."

28) 제2조 2항, "이 규약의 당사국은 이 규약에서 선언된 권리들이 인종, 피부색, 성, 언어, 종교, 정치적 또는 기타의 의견, 민족적 또는 사회적 출신, 재산, 출생 또는 기타의 신분 등에 의한 어떠한 종류의 차별도 없이 행사되도록 보장할 것을 약속한다."

29) 제4조 (a), "인종적 우월성이나 증오, 인종차별에 대한 고무에 근거를 둔 모든 관념의 보급 그리고 피부색이나 또는 종족의 기원이 상이한 인종이나 또는 인간의 집단에 대한 폭력행위나 폭력행위에 대한 고무를 의법처벌해야 하는 범죄로 선언하고 또한 재정적 지원을 포함하여 인종주의자의 활동에 대한 어떠한 원조의 제공도 의법처벌해야 하는 범죄로 선언한다."

뿐 아니라 소수집단에 대한 적의를 품게 하는 증오선동(incitement to hatred)까지도 금지하고 있으며 국가가 의무적으로 법적규제를 할 것을 명시하고 있다.[30] 또한 유엔인권최고대표사무소,[31] 자유권위원회,[32] 장애인권리위원회,[33] 아동권리위원회[34] 등 다양한 유엔기구들은 성적지향 및 성별정체성, 장애 등을 이유로 한 증오선동의 금지를 명시적으로 권고하고 있다. 그럼에도 불구하고 서울시는 아무런 대응을 하지 않았다. 소수자에 대한 혐오가 공적인 자리에서 조차 활개를 쳐도 아무런 제재나 처벌을 받지 않을 수 있다는 잘못된 관행이 만들어지고 인권의 역사가 어처구니없이 뒷걸음질 치는 순간이었다.

---

30) 자유권 규약 제20조 2항은 출신 국가/민족, 인종, 종교와 관련된 증오 선동을 금지한다. 이렇게 사유가 한정된 것은 자유권규약이 협상되고 채택된 시기의 맥락이 반영된 것이다. 이주영에 따르면 "오늘날 국제인권규약은 현실의 차별 실태를 반영한 확장된 사유를 근거로 해석, 적용"하고 있으며 유럽인권재판소와 미주인권재판소 또한 "국제인권법은 '시간에 따른 변화'와 '현재의 조건'을 고려하여 '살아있는 문서'로서 조약을 해석해야 한다"는데 견해를 같이 하고 있다. 이 견해에 따르면 성적 지향 및 성별정체성 또한 증오선동 금지 사유로 해석 또는 적용할 수 있을 것이다. (이주영, 앞의 논문, 217쪽)

31) OHCHR, Report on Discrimination and Violence against Individuals based on Their Sexual Oritation and Gender Identity, 4 May 2015. A/HRC/29/23, para 78. "성소수자들에 대한 폭력에 대응하기 위한 조치의 일환으로 (d) 성적지향 및 성별정체성을 이유로 한 증오와 폭력 선동을 금지하고 관련된 혐오표현의 당사자들에게 책임을 물을 것"을 권고했다. 이주영, 앞의 논문, 217쪽에서 재인용

32) Human Rights Committee, *Concluding Observations on Poland*, CCPR/C/POL/CO/6, 27 October 2010. 이주영, 앞의 논문, 217쪽에서 재인용

33) CRPD, *Concluding Observations on the Intial Report of New Zealand*, 31 October 2014. paras. 5-6 이주영, 앞의 논문, 217쪽에서 재인용

34) CRC, *Concluding Observations on the Combined Second to Fourth Periodic Report of Switzerland*, 26 February 2015, paras, 24-25 이주영, 앞의 논문, 217쪽에서 재인용

2. 차별금지조항, 어떻게?

인권헌장에 차별금지 조항을 어떻게 명시 할 것인가? 이는 인권헌장 제정 작업 초기부터 가장 큰 고민거리였다. 이미 2007년 차별금지법 제정추진 때부터 논란이 벌어졌고 반대세력의 격렬한 공격을 받았다. '성적 지향(sexual orientation)'을 포함해 학력 및 병력, 언어, 범죄전력, 가족 형태 및 가족상황 등의 차별금지 사유가 문제가 되어 결국 차별금지법 제정이 무산되는 사태를 겪었다. 이후에도 같은 이유로 번번이 차별금지법 제정 작업이 좌절되었는데 특히 '성적지향'을 차별금지 사유로 넣는 것에 일부 종교계가 격렬히 반대했다. 2014년 들어서는 몇몇 국회의원이 인권교육법을 발의하자 동성애 반대세력이 의원실에 항의전화를 하는 등 압박을 가해 의원 스스로가 법안을 철회하는 사태도 생겨났다. 인권교육법안에 동성애 차별금지가 들어갈 것이라는 게 반대 이유였다.

쟁점이 됐던 차별금지 조항을 명시하는 방법은 두 가지로 제시된다. 국가인권위원회법에 명시된 것처럼 '성적지향을 포함해 19가지 차별금지 사유를 열거하자는 안과 차별금지 사유를 일일이 나열하지 않고 차별은 금지되어야 한다고 포괄적으로 명문화 하는 안이다. 열거하자는 안은 ▸국가인권위원회법 제2조 4 ▸형의 집행 및 수용자의 처우에 관한 법률 5조 ▸군에서의 형의 집행 및 군 수용자의 처우에 관한 법률 6조에 있는 그대로 "성별, 종교, 장애, 나이, 사회적 신분, 출신지역, 출신국가, 출신민족, 용모 등 신체조건, 기혼·미혼·별거·이혼·사별·재혼·사실혼 등 혼인여부, 임신 또는 출산, 가족형태 또는 가족상황, 인종, 피부색, 사상 또는 정치적 의견, 형의 효력이 실효된 전과, 성적(性的)지향, 학력, 병력(病歷) 등"을 차별금지사유로 나열하자는 안이다. 포괄적 규정은 "서울시민은 누구나 차별받지 않을 권리가 있다"고 명시하는 것이다. 열거든 포괄적 규정이든 두 안 모두 차별금지라는 원칙에서는 일치하는데 굳이 논란을 일으킬 이유가 있을까라는 생각이 얼핏 들 수도 있다.

전문위원회에서도 이 문제를 놓고 심각하게 논의한 적이 있는데 포괄적 규정으로 가자는 의견이 제법 많았다. 차별금지법과 인권교육법 등 주요 법안이 번번이 좌절되는 것을 보면서 일단 무엇보다도 인권헌장이 제정되고 이를 통해 시민들의 인권감수성을 높이면서 성소수자 인권 문제도 풀어나가는 게 좋겠다는 생각을 조심스럽게 털어놓았다. 물론 일부 위원들은 국가인권위원회법에도 차별사유가 열거되어 있는 마당에 포괄적 차별금지규정은 퇴보라며 기존방식대로 차별금지 사유를 열거하자고 주장했다.

그러나 동성애 반대세력들이 신문광고를 내고 권역별 토론회장과 공청회장을 뒤엎고 폭력적인 언사와 행동을 해대는 것을 보고 전문위원들은 생각을 달리하기 시작했다. 성소수자 앞에서 혐오발언을 공공연히 해대고 왜곡된 정보를 사이버공간을 통해 유포할 뿐만 아니라, 사회자의 멱살을 잡거나 마이크를 빼앗는 등의 행위는 증오선동[35]에 해당할 만한 것이었다. 그런 주장에 동조하는 시민위원들이 "성소수자들을 차별하자고 하는 것은 아니지만 차별금지 사유로 성적지향이란 단어가 열거되는 것은 반대한다"고 주장한다면 그 말은 의미를 새겨볼 필요가 있다. '텍스트는 컨텍스트(맥락)와 함께 읽어야한다'는 말이 있지 않은가. 똑같은 말이라도 그말이 어떤 맥락에서 제기되고 표현된 말인지를 가려봐야 한다는 말일 게다. 그렇지 않을 경우 악의적인 왜곡에 이용당할 위험이 크다. 현행법에 열거되어 있는 조항을 굳이 삭제하자는 것은 후퇴임

---

35) 증오선동은 불특정 혹은 다수의 청자를 상대로 특정 집단에 대한 적의, 차별, 폭력을 조장하는 것을 주요 속성으로 하며, 이것이 야기하는 잠재적 해악은 표적이 된 집단 구성원 개개인에 미치는 정신적 영향 뿐 아니라 그 집단의 사회적 배제와 소외, 폭력, 사회 구성원들 간 평화로운 관계에 대한 위협 등 사회적 영향까지 포함한다. 이주영, 앞의 논문, 200~201쪽

이 분명하다. 동성애를 반대하는 집단이 신문광고[36]를 계속내면서 성적지향을 차별금지 사유로 열거한 광주인권헌장과 광주학생인권조례에서 관련 조항을 삭제하라고 요구하는 것을 보면 그 의미는 확실했다. 차별금지 사유로 명시되어 있는데도 동성애에 대한 폭력적인 언행을 공공연하게 해대는 것을 감안하면 인권헌장에 차별금지 조항이 포괄적으로 규정될 때 차별을 제멋대로 해석하고 정당화할 위험은 불 보듯 뻔했다. 명확하게 규정해도 폭력과 혐오가 판치는 마당에 그 규정조차 빼자는 얘기는 아예 문제도 삼지 말고 차별임을 주장하지도 말라는 것과 다름이 아니다. 인권헌장 제정 과정의 권역별 토론회나 공청회장에서 성소수자들이 겪어야했던 차별과 정체성의 부정 등의 인권유린 상황이 바로 차별금지 사유가 명시되어야 할 이유를 입증한 것이기도 했다. 그리고 차별금지 사유로 명시되느냐 되지 않느냐는 사법적 판단이나 사람들의 인식에 중대한 영향을 미친다. 모든 것은 시민위원들이 결정할 일이지만 전문위원들의 문제의식과 걱정은 갈수록 커져갔다.

　동성애 혐오세력들이 겨냥한 것은 동성애 반대만은 아니었던 것 같다. 인권헌장은 헌법이 보장하고 있는 성소수자에 대한 차별을 금지하자는 것인데도 불구하고 동성애를 합법화하는 것이라고 호도했다. 또한 인권헌장 제정이 차별금지법 제정을 위한 전초작업이라는 주장을 폈다. 인권헌장을 잘못 이해해서라기보다 여론을 악화시켜 인권헌장 제정을 막고 다른 한편 인권에 대한 부정적 이미지를 덧씌우기 위한 흑색선전 같았다. 여기서 좀 더 나아가 성소수자뿐 아니라 이주자, 장애인, 노숙인과 같은 사회적 약자 누구에게든 방향을 돌려 차별을 합법화하고, 더 나아가서는 차별금지 사유를 명시한 국가인권위원회 법 개정 운동까지 파죽지세로 나아갈 기세

---

36) 2014. 11. 27. 조선일보 32면 광고

였다. 인권헌장을 반대하고 공격하는 인터넷 공간에서는 서울시가 새롭게 추진하고 있던 도시계획헌장을 인권헌장에 이어 깨부수자는 구호가 공공연하게 나오기 시작했다. 나아가 인권헌장을 제정하는 서울시장을 정치적으로 공격하는 수단으로 삼고자 하는 것 같았다. 인권진영이 혐오세력에 의해 한번 주저앉으면 다시 일어서기 힘들 것 같다는 위기의식이 점점 커지기 시작했다. 반인권적 혐오세력과 아주 큰 싸움에서 최전방에 서있다는 느낌이 들었다.

시민위원 중에는 동성애 혐오세력과 유사한 주장을 펼치는 사람들도 있었다. 이 중 일부는 성소수자 당사자를 면전에 두고 모욕적인 말과 왜곡된 주장을 폈다. 회의에서는 끈질기게 물고 늘어져 회의 진행을 방해했는데 마치 고속도로 길을 닦는데 고의적으로 방해하는 알박기 같은 것으로 비유할 만 했다. 이들의 주장은 다른 시민위원들의 공감을 크게 얻지는 못한 듯싶었다. 제6차 시민위원회에서 차별금지 사유를 열거하는 안을 최종 선택한 결과를 보면 오히려 반감만 더 키운 게 아닌가 싶다. 혐오세력에 의한 동성애반대가 기승을 부리고 언론에도 인권헌장이 마치 동성애헌장이라도 되듯 성소수자 차별 문제만을 부각시키자 다수의 시민위원들이 동요하면서 피로감을 표출했다. 다른 한편 폭력의 전염성에 감염된 듯 서울시와 전문위원들에게 무례하게 대하거나 목청을 높이는 일부 시민위원들이 나타나기도 했다. 그래도 대다수의 시민위원들은 인내심을 갖고 동요되지 않은 채 토론을 이어갔다. 성소수자 문제에 전혀 관심 없이 지내다 이번 기회에 깊이 생각하게 되었다거나, 전문위원을 찾아와서 굳이 다수 시민들이 반대하는 조항을 넣을 필요가 있는가라는 말을 남기고 가기도 했다. 다만 폭력적인 언행에 대해서는 눈살을 찌푸리거나 거부감을 드러냈다.

제4~5차 시민위원회에서는 분과별로 인권헌장에 담길 조문을 다듬고 다듬었다. 넣을 것, 뺄 것, 합칠 것 등에 대해 구체적으로 논의하느라 진도가 쉽게 나가지 않았다. 4차 시민위원회 때까지 논의한 내용을 토대로 전문위원들이 문장을 다듬고 해설을 곁들여 토론 자료를 만들고 이를 제 5차 시민위원회에 제공했다. 이를 토대로 한 조항 한 조항씩 논의를 한 결과 분과별로 합의할 수 있는 한 최대한 합의를 해 나갔다. 이렇게 해서 최종적으로 총 50개 조항 중 45개 조항에 대해서는 분과에서 시민위원들이 100% 합의를 했다. 합의되지 못한 조항은 다음과 같이 총 5개로 일반원칙 분과에서 1개 조항, 나머지 4개 조항은 헌장의 이행분과에 속해있다. 일반원칙 분과의 차별금지조항은 처음부터 갈등이 예견된 항목이었음에 반해 헌장의 이행 분과에서 4개 조항이나 합의에 이르지 못한 것은 잘 납득이 되지 않았다. 4개 조항 모두 같은 위원 몇 명이 동의하지 않아 생긴 결과였다.

특히 미합의된 조항 중 인권교육을 실시해서는 안된다는 주장은 다수의 다른 위원들로부터 빈축을 샀다. 인권교육을 통해 인권헌장을 널리 알리고 서울시의 정책과 행정을 통해 구현되어야 한다는 의견은 시민위원회 초기부터 다수의 시민위원들이 제시했다. 더구나 시민들은 인권교육을 통해 자신들의 잠재적인 역량을 스스로 증진시키고 이를 통해 인권이 일상의 삶과 공동체 속에서 구현되도록 지키고 실천할 책임이 있다.

또다른 반대 조항은 제42조, "인권헌장에서 제시된 권리는 헌법과 대한민국이 가입하고 비준한 국제인권조약 및 국제관습법에 근거한다"는 내용 중 국제관습법을 삭제해야 한다는 것이었다. 최고 법인 헌법에도 명시된 조항을 삭제하자고 하는데는 달리 설득할 의욕조차 생기기 않았다. 전문위원들이 여러 차례 설명해도 소용이 없었다. 인권헌장을 만들기 위해 시민위원이 된 것이 아니라 인권헌장을 만들지 못하게 하기 위해 시민위원이 된 것 같다는 생각마저 들었다.

미합의된 조항

분과	내 용
일반 원칙	제4조 : 차별금지사유 규정 방식 ○ 1안 : 구체적으로 예시하여 규정 - 서울시민은 성별, 종교, 장애, 자이, 사회적 신분, 출신지역, 출신 국가, 출신민족, 용모 등 신체조건, 혼인여부, 임신·출산, 가족형 태·상황, 인종, 피부색, 양심과 사상, 정치적 의견, 형의 효력이 실 효된 전과, 성적지향 및 성별정체성, 학력, 병력 등 헌법과 법률이 금지하는 차별을 받지않을 권리가 있다 ○ 2안 : 포괄적으로 규정 - 서울 시민은 누구나 차별을 받지 않을 권리가 있다
헌장의 이행	제42조 : 헌장의 이행 주체와 책임 조항 관련 "이 헌장에 제시된 권리는「대한민국 헌법」및 법률에서 보장하거나 대한민국이 가입·비준한 국제인권조약 및 국제관습법에 근거하여 실천되어야 한다"는 원안 중 - 일부위원이 "대한민국이 가입·비준한 국제인권조약 및 국제관습 법에 근거하여 실천되어야 한다" 는 내용을 삭제하여야 한다고 주 장. 그 이유는 국제인권조약이나 국제관습법의 경우 우리나라의 실정과 문화에 맞지 않을 수 있기 때문이라는 것. 제45조 : 헌장의 이행 주체와 책임 조항 관련 "시는 헌장의 이행을 위해 필요한 규범과 기구 등 제도를 마련하고, 인권실태조사를 통하여 종합적인 인권정책을 수립하고 시행한다"는 원안 관련, - 일부 위원은 규범과 기구 등 제도와 관련해서는 이미 인권조례, 시행규칙에 규정되어 있으므로 내용이 중복됨. 따라서 이와 관련 된 내용은 삭제되어야 한다는 의견 제시 제 46조 : 헌장의 이행 주체와 책임 조항 관련 "서울시민은 스스로 인권을 지키고, 인권친화적 삶을 지속하기 위해 노력하며, 인권교육을 받을 권리를 가진다. 시는 헌장의 권리를 적 극 알리고, 인권친화적인 문화 확산을 위한 다양한 방식으로 인권교 육 및 홍보를 시행한다"와 관련, - 일부위원은 '인권교육' 실시에 대해 인권조례에 규정된 관련 조항 과 중복되어 삭제 의견 제시 제50조 ; 헌장의 개정 조항 관련 "헌장은 민주적 절차와 시민의 합의를 거쳐 개정할 수 있다"는 원안

> 과 관련,
> - 일부 위원은 "헌장의 개정은 시민인권 제정위원의 과반수 출석과
>   3분의 2의 찬성으로 정하고, 인권헌장 개정 운영위원회를 운영한
>   다"로 수정제의

3. 치열한 논의와 통과의 순간들

11월 28일 오후 7시. 드디어 클라이맥스인 제 6차 회의가 열렸다. 그날 서울시청 신청사 주변은 팽팽한 긴장감으로 둘러싸였다. 오후가 되면서 동성애를 반대하는 몇몇 단체들이 신청사를 에워싸고 '동성애 OUT'과 '인권헌장 반대'를 외치고 있었다. 길 건너 덕수궁 대한문 앞에서는 성소수자단체들이 그에 맞서 촛불문화제를 진행하고 있었다. 주룩 주룩 비가 내려 을씨년스러움과 착잡함을 더했다. 회의장 입구에는 몇몇 언론사 기자들이 대기하며 인권헌장의 결과에 촉각을 곤두세우고 있었고 서울시 관계자들은 혹여나 외부인이 들어올까 참가자의 신원을 일일이 확인했다. 일찍 회의장에 온 시민위원들끼리 마지막 회의라며 반가움과 아쉬움의 정을 나누었다. 회의 시간이 다가오자 서울시와 전문위원들을 비난하는 유인물이 일부 시민위원에 의해 배포되었다. 지속적으로 성소수자 차별금지 조항에 반대하고 인권헌장 제정을 반대해오던 분들이었다.

회의는 필자의 사회로 진행되었다. 우선 분과별로 미합의된 조항에 대한 토론을 벌인 결과 헌장의 이행 분과에서 제 50조를 원안대로 받아들이기로 새롭게 합의했다. 반면 '복지와 안전' 분과에서 제 15조에 대해 일부 위원들이 이의를 제기함으로써 새롭게 미합의 사항이 생겨났다. 제15조는 폭력으로부터 안전하게 보호받을 권리를 규정하면서 특히 폭력에 노출되기 쉬운 약자로 성소수자가 포함되는 있는 조항이었다. 시민위원회는 제 4조, 제 15조, 제 42조, 제

45조, 제 46조를 제외한, 나머지 분과별로 합의한 조항을 먼저 처리하기로 했다. 분과별로 충분한 논의를 거쳐 합의했으니 이를 타 분과위원들께서 인정하고 받아들이겠냐는 사회자의 말에 시민위원들은 일제히 힘찬 박수로 찬성했다. 그렇다면 분과에서 합의하지 못한 조항을 어떻게 처리할 것인가? 제4차 시민위원회 이후 11. 3. 분과별 총무단 회의에서는 미합의 조항을 어떻게 처리할 것인지에 대해 토론한 결과, "전문위원들이 설명과 의견을 덧붙여 시민위원에게 제공하고 이를 참고해 시민위원들이 전체회의에서 결정하기"로 한 바가 있었다. 그럼 이제 미합의 사항을 어떻게 처리하고 결론지을 것인가?

회의에 앞서 서울시는 미합의 사항을 처리하기 전에 발언할 기회를 달라고 했고 사회자는 시민위원들의 동의를 구한 뒤 인권담당관에게 발언할 기회를 줬다. 인권담당관이 준비해온 발표문을 꺼내 읽어가기 시작했다.

"먼저 서울시민 인권헌장 제정에 참여해 주신 180인의 서울시민 인권헌장 제정위원님께 진심으로 감사를 드립니다. 여러위원님의 열정과 헌신에 힘입어 서울시민인권헌장(안)이 제정되고 있습니다. 그동안 2차례 권역별 토론회, 공청회, 9차례의 시민단체 간담회, 인권콘서트, 그리고 다음-아고라, 서울시 홈페이지 등 온라인 게시판을 통해 다양한 시민의견을 수렴하였으며 이를 통해 시민이 공감하고 합의할 수 있는 인권헌장을 제정하려고 노력해 왔습니다.

그럼에도 불구하고 공청회가 무산되고 강남북 토론회가 비정상적으로 개최되는 등 현재 헌장의 일부 미합의사항에 대한 사회적 논란과 갈등이 번져가고 있는 실정입니다. 서울시는 공청회 과정에서 벌어진 극단 행동에 대한 유감을 표한 바 있으며, 공청회 파행 과정에 대한 책임을 절감하고 있습니다.

여러분 모두 잘 아시다시피, 서울시민인권헌장은 서울시민대표인 여러분이 만드는 사회적 약속이자 협약입니다. 서울시는 인권헌장이 시민의 축제처럼 만들어지고 공표되기를 희망하고 있습니다. 하지만 안타깝게도 사회적 갈등이 확산되어, 시민의 삶 속에서 헌장의 가치가 공유되어 수용성을 높여야 하는 헌장 제정 목적이 실현되기 어려운 상황에 직면하고 있습니다. 따라서 서울시는 오늘 마지막 6차 회의를 통해 표결방식이 아닌 시민위원님들의 합의를 통해 헌장안이 도출되길 간절히 바라고 있습니다. 표결방식은 헌장의 정신과 취지에 어긋나고 또 다른 갈등의 시작이라고 생각하기 때문입니다.

오늘 6차 회의에서 합의안이 만들어지길 간절히 희망하며 만일 오늘 합의안이 도출되지 않을 경우엔 12월 10일로 예정된 선포식을 연기하고 향후 시민사회의 다양한 의견을 더욱 광범위하게 경청해 나갈 예정입니다. 서울시는 어떠한 경우에도 합의된 사항에 대한 이행계획을 수립해나가고, 그동안의 과정을 충실히 기록하여 우리의 현재를 확인하는 등의 노력을 해나갈 것입니다. 오늘 마지막까지 최종 합의안이 나오도록 최선을 다해 주시리라 믿고 그동안 보내주신 열정과 헌신적인 노력에 다시한번 감사드립니다."

회의장에 정적이 감돌았다. 이게 무슨 말인가? 이게 무슨 의미지? 시민위원들은 귀를 의심하는 듯 같았다. 미합의 조항을 투표로 최종 결정할 경우 서울시가 인권헌장을 받아들일 수 없다고 했다고 사회자가 재차 설명하자 장내가 웅성거리기 시작했다. 이어 앞다투어 발언이 이어졌다. 이제까지 열과 성의를 다해 인권헌장을 만들어온 시민위원들을 무시하는 처사라며 서울시를 성토하는 목소리가 많았지만 서울시의 뜻에 따르자는 주장도 나왔다. 그러면 어떻게 할 것인가? 서울시의 요구대로 만장일치에 의한 합의가 도출될 수 있도록 회의를 진행하고, 끝까지 합의가 안되면 시민사회

"우리가 들러리나" 거센 항의

의 다양한 의견을 경청하겠다는 서울시의 말을 믿고 이대로 회의
를 끝내야 하나?

시민들은 녹록지가 않았다. "왜 우리가 서울시 의견에 좌지우지
되어야 하나?" 미합의 사항을 어떻게 최종 결정할 것인지를 우리가
결정하면 되지 않는가?" 라는 주장이 나왔다. "먼저 만장일치가 아
니면 받아들일 수 없다는 서울시의 입장을 받아들일 것인지 아닌
지 부터 결정하자"는 의견이 나오면서 앞 테이블에 앉아있던 서울
시 관계자들의 안색이 변하기 시작했다. 발언권을 얻어 서울시 혁
신기획관이 시민위원들을 설득했지만 장내의 분위기는 반감만 더
해 가는 듯 했다. 서울시는 이날 회의에서 총 6차례 발언했지만 시
민위원들을 설득하거나 공감을 얻기는커녕 갈수록 거부감만 더했
던 것 같다. 서울시가 당황하고 초조해하자 안경환 위원장이 서울
시를 대신해 시민위원들을 설득하기도 했지만 이 조차도 별다른
효과를 거두지 못했다. 그만큼 서울시의 발언은 충격적이었고 시민
위원들의 분노는 컸다.

　　결국 시민위원들은 자신들이 스스로 인권헌장을 결정할 것인가 말 것인가를 놓고 거수로 투표를 할 수 밖에 없었다. 압도적인 표 차로 시민위원들은 스스로 결정하겠다고 선택했다. 그럼 누가 언제 어떻게 결정할 것인가? 6차 시민위원회에서 결정할 것인가, 합의가 될 때까지 논의를 계속할 것인가를 놓고 투표한 결과 당일 회의에 서 결정하자는 의견이 다수였다.

　　그렇다면 당일 결정은 또 어떤 방식으로 할 것인가? ▸표결 ▸대화 와 토론을 통한 제 3의 수정안 도출 ▸미합의 사항을 삭제한 뒤 표결 세 가지 방안을 놓고 투표를 했고 그 결과 '표결'이 압도적인 표를 얻었다.

　　투표 방법에 대해서도 세 가지 방안이 제시되었다. ▸즉각 투표 ▸대표 토론 2인이 발언한 뒤 투표 ▸미합의 조항이 있는 분과에서 대표토론 후 투표 등이 제시되었는데 각각 골고루 표를 얻었다. 이 에 어느 전문위원이 2인의 대표토론을 하되 반드시 1인은 미합의 조항이 있는 분과의 위원이 하자는 안을 제시했고 이 제안이 채택 되었다.

　　미합의 조항은 총 5개였지만 주로 차별금지 사유를 나열할 것인 지 포괄적으로 규정할 것인지가 주요 관심사였기 때문에 주로 이 문제를 중심으로 대표 토론이 있었다. 대표 토론 후 투표에 들어가 려던 찰나에 갑자기 인권담당관이 사회자의 마이크를 빼앗는 충격 적인 사태가 발생했다. 어떻게 해서든지 투표를 막아야 한다는 절 박감 때문에 이것저것 가릴 게재가 아니었던 것 같다. 마이크를 빼 앗는 순간 시민위원과 전문위원 여러 명이 회의장 앞으로 뛰쳐나 오고 마이크를 놓고 실랑이가 있었지만 회의는 계속되었다.

　　헌장의 이행과 관련된 제 42조, 제 45조, 제 46조에 대한 투표는 쉽게 결정되었다. 워낙 반대의견의 명분이 취약했던 터라 원안이 압도적으로 지지를 받았다. 이로써 ▸인권헌장에 제시된 권리는 헌

법과 국제인권조약 및 국제관습법에 근거한다는 것 ▸시는 헌장의
이행을 위해 규범과 기구 등 제도를 마련한다는 것 ▸인권교육을 시
행한다는 조항이 확정되었다.

　이어 차별금지 조항과 관련한 제 4조 및 제 15조에 대해 투표하
는데 서울시의 졸렬한 방해작업이 계속되었다. 투표결과를 컴퓨터
에 입력하지 않고 지연시키는 바람에 스크린 화면에 투표결과가
뜨지 않아 세 번씩이나 투표를 해야 했다. 그럼에도 불구하고 드디
어 스크린 화면에 60 대 17이라는 숫자가 기록되었다. 차별금지 사
유를 열거하자는 안이 포괄적으로 차별금지를 규정하자는 안에 비
해 압도적인 지지를 받은 것이다. 제4조와 제 15조에 차별금지 사유
를 열거하는 조항이 채택되었다는 사회자의 선언이 이어졌다. 드디
어 시민의 손으로 만든 '서울시민 인권헌장'이 탄생하는 순간이었
고 성소수자의 인권을 지켜낸 순간이었다. 감격스런 순간이었다.
하지만 그 감격을 제대로 느끼지도 못할 만큼 제 6차 시민위원회는
긴장됐고 격렬했으며 모든 참석자에게 힘들었다. 서로 얼싸안거나
악수를 건네거나 기념촬영을 하는 시민위원들이 눈에 띄었지만 마
냥 내놓고 기뻐할 수만은 없는, 길고도 긴장된 시간이었다. 장내가
어수선한 가운데 서울시는 또다시 정족수가 채워지지 않았으므로
회의를 인정할 수 없다는 일방적인 선언을 해 빈축을 샀다. 오후 7
시에 시작된 회의는 11시가 넘어 끝났다. 그날만 해도 무려 4시간,
6차례에 걸친 총 20시간의 장거리 마라톤 회의는 그렇게 끝이 났다.

　그런데 회의가 끝난 지 30분 쯤 지나자 '서울인권헌장, 성소수자
차별금지 논란으로 합의 무산' '인권헌장 제정 끝내 무산'과 같은 기
사가 인터넷에 뜨기 시작했다. 나중에 안 일이지만 토론장 바깥에
서 기다리던 기자들에게 전문위원들의 접근을 막은 뒤 서울시 간
부가 일방적으로 회의결과를 전달한 결과였다.

　만장일치가 아니라 표결에 의해 인권헌장이 결정되었다는 점을

들어 서울시는 이후에도 지속적으로 인권헌장이 합의에 이르지 못했다고 주장하고 있다. 1년에 걸친 준비과정이 있었고 4개월 동안 시민들은 절차적으로 충실하게 합의과정을 밟아왔다. 느닷없이 회의를 열어 표결을 한 것도 아니고 무려 6~7번의 회의를 통해 혼신의 힘을 다해 열정적으로 토론하고 합의를 도출해왔다. 절차적 정당성에 흠결이 있을 리 없다. 특히 성소수자 차별금지 사항을 빼자고 주장하는 시민위원들의 경우 아무리 대화를 해도 합의에 이르는 것은 불가능해 보였다. 그런데도 만장일치의 합의를 하라는 것은 인권헌장을 만들지 말라는 뜻이거나, 아니면 반인권적이고 폭력적인 혐오세력의 요구를 사회적 합의라는 명분으로 받아들이라는 것과 다르지 않은 것이다.

1787년 미국제헌의회에서도 참석한 55명의 대의원 중 39명만이 최종 문서에 서명했다. 가장 보편적 인권규범으로 인정되는 세계인권선언도 최종 결정은 투표로 했는데 2개국이 불참하고 48개국이 찬성했으며, 소비에트연방국가 및 이슬람 국가 등 8개국[37]이 기권표를 던지는 바람에 만장일치로 통과되지 않았다. 사회 구성원 모두가 찬성하는 인권헌장이라면 굳이 인권헌장을 만들 필요조차도 없을 것이다. 사회적 약자와 소수자에 대한 차별과 편견에 맞서 이들을 보호하고 존중하는 인권헌장이라야 인권을 한걸음이라도 진전시킬 수 있다. 이 경우 논쟁과 갈등은 불가피하다 할 것이다.

더 근원적으로는 성소수자를 차별하지 말라는 조항이 과연 합의

---

37) 8개국 명단은 다음과 같다. 소련, 벨라루스, 체코슬로바키아, 우크라이나, 폴란드, 유고슬라비아, 남아프리카공화국, 사우디아라비아. 이 중 동구권 국가는 정치적·시민적 권리의 지나친 강조에 대한 반발로, 남아프리카공화국은 당시 백인우월정책을 펴고 있어 보편적 인간평등에 대해 동의할 수 없었으며, 사우디아라비아는 남녀평등 등 서구적 가치를 너무 강조하고 이슬람에 적대적이라는 이유로 반대했다. 조효제, 인권을 찾아서, 한울, 2011, 22~23쪽.

의 대상인가 하는 점이다. 평등은 인권의 핵심 개념이며, 차별금지
는 세계인권선언을 비롯한 국제인권조약과 대한민국 헌법의 기본
적이고 일반적인 원칙이며 의무이다. 인간이라면 누구나 언제 어디
서나 존엄하게 살 수 있도록 인권이 보장되어야 한다는 인권의 보
편성에서 성소수자라고 예외일 수는 없다. 성적지향이나 성별정체
성을 이유로 차별해도 될지 말지는 토론이나 합의할 사항이 아닌
것이다. 본인이 선택하지 않은 타고난 특성을 이유로 차별해서는
안된다는 것은 반드시 준수해야 할 인권의 원칙이지 합의로 결정
할 사항은 아니다. 비유하자면 미국에서 인종주의를 반대하기 위해
KKK와 합의를 하거나 유럽에서 인권헌장을 만들면서 나치주의자
와 합의를 해야 할 일은 아닌 것과 마찬가지다. 인권헌장을 만드는
의미도 차별을 해서는 안된다는 원칙을 사회적으로 다시 한번 확
인하고 그 인식을 확대함으로써 우리 사회의 인권을 증진시켜나가
는 과정이라 할 수 있다. 인권헌장을 표결에 의해 확정한 것은 시
민을 무시하고 일방적으로 만장일치를 요구한 서울시에 대한 일종
의 항의였으며, 마지막 순간까지 들러리가 아니라 주체이고자 했던
시민위원회의 불가피한 선택이라 할 수 있을 것이다.

4. 서울시의 태도 변화

제6차 시민위원회에서 보여준 서울시의 태도와 행동은 그 이전
까지 전문위원들과 모든 것을 의논하고 소통하던 방식을 하루아침
에 뒤집는 행위여서 적잖이 당황스러웠다. 그동안의 인권헌장 제정
작업은 훌륭한 거버넌스의 전형으로 손꼽힐 만 했다. 준비작업까지
포함하면 1년 넘게 서울시와 전문가, 시민들은 신뢰를 바탕으로 새
로운 길을 개척해갔다. 인력과 예산이 턱없이 부족했지만 전문위원

들의 헌신적인 노력과 서울시 담당 직원들의 성실하고 뛰어난 업무능력 덕분에 부족함을 메꿔나갈 수 있었다. 그런데 이런 관계가 단박에 깨져버린 것이었다.

서울시의 태도가 변하기 시작한 것은 인권헌장 제정을 반대하는 신문광고가 나고 박 시장의 샌프란시스코 발언이 국내에 보도되는 시점을 전후해서였던 것 같다. 그 당시 만해도 서울시 담당자들은 어떻게든 잘 해 보려고 애썼다. 이상한 낌새가 처음으로 드러난 것은 10. 31. 전문위원과 서울시 관계자가 인권헌장 선포식을 준비하기 위해 함께한 회의석상이었다. 때는 강남·북 권역별 토론회장이 아수라장이 되고 제 4차 시민위원회가 매우 긴장된 분위기 속에서 진행되고 난 직후였다. 서울시 담당자가 선포식에 박 시장이 참석하지 않는 안을 회의에 내놓았다. 박 시장이 위촉식에 직접 참석해서 "인권헌장을 잘 만들어 달라. 시민이 시장이다. 서울시는 이를 잘 이행하겠다"고 철석같이 약속해놓고 정작 시민이 만든 인권헌장을 선포하는 자리에 시장이 안 온다는 것은 무슨 의미인가? 회의는 중단되었다. 서울시가 이런 태도를 보인다면 더 이상 헌장 제정에 참여할 수 없다며 일부 전문위원이 회의장을 박차고 나갔다. 이어 11. 7. 서울시 인권위원회 2주년 토론회에 임종석 정무부시장이 축사를 하면서 "이보 전진을 위한 일보 후퇴"를 언급했다. 토론회에 참석했던 다수의 전문위원들이 인권헌장에 대한 서울시의 태도에 의구심을 갖기 시작했다. 이밖에도 서울시는 동성애 혐오자들의 난동을 방치하고 미온적으로 대처하는 등 인권헌장 제정에 대한 의지를 의심할 만한 태도를 여러 군데서 보이곤 했다.

마지막 제6차 시민위원회가 열리기 전에 안경환 위원장과 문경란 부위원장이 박 시장과 두 번 만났다. 두 번 다 위원장의 요청에 따른 것이었다. 인권헌장 제정이 아무래도 서울시에 부담을 줄 수도 있다는 점, 당시 상황으로 봐서는 차별금지 사유를 예시할지 아니면 포괄적으로 규정할지 오로지 시민위원들의 손에 달렸지만 어느 것도 한 방향으로 전원 합의를 보기는 어려울 것 같다는 등의 얘기를 전하기 위해서였다. 면담 중에 알게 된 일이지만 놀랍게도 시장을 비롯한 서울시 간부들은 인권헌장이 어떤 과정을 거쳐 어떻게 진행되고 있는지를 잘 모르고 있었다. 시민위원회의 그 열기와 헌신, 시민참여 거버넌스의 전형이라 할 만한 인권헌장 제정의 절차 및 과정 등에 대해서는 별 보고된 것이 없는 듯 보였다. 정확히 말하자면 관심 자체가 별로 없어 보였다. 인권헌장 제정 업무의 책임자인 혁신기획관이 상당 기간 동안 공석이었고 이후 임용된 민간인 출신 국장의 주요 업무에서 인권업무가 벗어나 있었던 것도 한 요인이 된 것 같았다. 시장과의 면담 시간이 짧아 인권헌장 제정 과정과 시민위원들의 열정과 헌신 등을 제대로 설명하기 어려웠다.

다른 한편 일부 기독교계의 박 시장에 대한 압박이 예상했던 것보다도 훨씬 심각하다는 것을 알 수 있었다. 한편으론 일부 기독교계와 마찰을 원치 않아서, 다른 한편으로는 시민위원들을 쉽게 설득하고 지지층의 이해를 얻을 수 있다는 안이한 생각으로 서울시는 전원합의가 아니면 인권헌장을 받아들일 수 없다는 입장을 고수했던 것 같다.

위원장단은 서울시의 이 같은 입장을 받아들이기 어려웠다. 시민들에게 철석같이 했던 약속을 이제 와서 나 몰라라 일방적으로 깨뜨릴 수는 없는 법이다. 더구나 동성애 혐오세력의 폭력적인 주장에 비춰보면 포괄적인 차별금지 규정으로의 후퇴는 성소수자를 차별하자는 것과 동일선상의 주장이라 할 수 있다. 인권을 중심에 놓고 보면, 그런 주장에 동의할 수는 없는 것이다. 위원회 초반에 다수의 전문위원들이 사회적 공감대를 감안해 차별금지를 포괄적으로 규정하자는 안에 동의한 적이 있었지만 그건 민주적인 절차와 합리적이고 평화적인 토론을 통해 생각을 조정해 가는 것이 가능할 때의 이야기다. 서울시 주장대로 전원합의에 의한 인권헌장의 제정은 인권헌장을 제정하지 말거나 아주 먼 미래로 유보하자는 주장과 같다. 게다가 서울시는 시민위원들이 서울시의 입장에 순순히 받아들이지 않을 때에 대비한 대처방안도 제대로 준비하지 않았다. 시민들이 서울시의 입장에 동조하리라고 생각했다면 너무나 시민을 쉽게 본 것이고, 시민위원회의 결정과 무관하게 억지로라도 밀어붙일 생각이었다면 지나치게 오만한 자세라 할 수 있다.

제6차 시민위원회가 끝나고 난 뒤 이틀 후인 30일 일요일 오전, 서울시는 시민위원회에 알리지도 않은 채 일방적으로 기자회견을 열고 "서울시 입장에서 표결처리는 최종적으로 합의에 실패한 것으로 판단한다"며 "서울시민 인권헌장은 자연스럽게 폐기되는 것"이라고 밝혔다. 기자회견을 한다는 사전통보도, 기자회견을 했다는 사후 알림도 없었다.[38]

먼저 시민위원회의 전문위원들이 들끓기 시작했다. 서울시의 일방적인 기자회견에 맞서 전문위원들이 사태를 정확하게 알리는 보도자료를 돌리고 전문위원 명의의 성명서도 발표했다. 성명서는 "서울시민 인권헌장은 전 과정에 걸쳐 시민이 직접 참여하고, 주도하여 만들어 냈다는 점에서 일찍이 유례를 찾아 볼 수 없는 일대 사건이며 2014년 11월 28일은 대한민국 시민권의 역사에 빛나는 쾌거로 기록될 것"이라고 천명했다. 또한 제6차 시민위원회는 45개 조항에 대해서는 만장일치로, 5개 조항은 표결에 의한 합의로 확정하고 인권헌장을 채택한 것임으로 예정대로 선포할 것을 촉구했다.[39]

특히 전문위원들이 분개한 것은 서울시가 제6차 시민위원회의 참석자 수를 왜곡시켜 보도함으로써 시민위원회의 결정을 무효로

---

38) 이날 발표된 서울시 보도자료는 이 책 제4장 관련자료 참조.
39) 성명서 전문은 이 책 제4장 관련자료 참조.

돌리려 했다는 점이었다. 서울시는 처음에는 전원일치가 아닌 표결에 의한 결정은 받아들일 수 없다고 했다가 나중에는 정족수에 이르지 못해 시민위원회의 표결이 무효라고 주장했다. 처음 발족 당시 시민위원의 수는 150명이었지만 자진 사퇴 또는 연속적인 불참 등으로 26명이 해촉되면서 제6차 시민위원회가 개최될 당시는 124명의 시민위원이 남아있었다. 여기에 전문위원 40명을 포함하면 전체 제정위원의 수는 164명 이었다. 이날 회의장 입구에서 점검한 총 참석자 수는 110명. 대부분의 시민위원들이 학업이나 생업에 종사한다는 점을 감안하면 전체의 3분의2의 참석률은 결코 낮은 게 아니었다. 일부 시민위원들이 지각을 하거나 회의가 밤 11시 너머까지 지속되면서 중간에 퇴장하는 이도 있어 매 시간 참석자수는 유동적이었다. 제4조와 15조에 대해 실시한 투표 결과는 60대 17이었다. 이날 위원장단과 진행을 담당한 일부 전문위원들은 공정성을 위해 투표에 참석하지 않았다. 마지막 투표 때 서울시의 고의적인 의사방해가 있었고 표결 이후에는 집계를 지연시키거나 투표결과를 전광판에 표시하지 않아 여러 차례 투표를 해야했다. 시민위원들이 "뭐하는 거냐"며 역정을 낼 정도였다. 그 사이 일부 시민위원들은 서울시의 종용에 따라 회의장을 들락날락했다. 그렇다고 해도 참석자 수와 표결 결과는 약 40명 정도나 차이가 났다. 이후 일부 시민위원과 전문위원들이 기억을 더듬어 분과별로 표계산을 해보니 찬성표가 60표는 훨씬 넘었다며 서울시의 집계에 의문을 제기했다.

이 같은 사정을 뻔히 알고도 서울시는 마치 시민위원 전원이 참석했다가 다수가 회의 진행에 불만을 품고 퇴장함으로써 77명만이 투표에 참석한 것처럼 언론에 유포했다. 다수의 언론들이 서울시의 보도자료를 그대로 인용한 기사를 쏟아내면서 시민위원회의 결정은 심각하게 훼손당했다. 전문위원들이 언론에 항의하고 언론이 당일 참석자 명단 공개와 정확한 수를 요구했지만 서울시는 집계한 자료를 끝까지 공개하지 않았다.

서울시 인권위원회 또한 12. 8. 긴급 임시위원회를 개최하고 서울시에 대해 ▸시민위원회가 민주적 절차를 통해 인권헌장을 의결·확정한 것을 인정하고 조속한 시일 내에 선포할 것 ▸시민위원회의 의결과 관련해 왜곡되게 언론에 발언하거나 보도자료 낸 것에 대해 정정 보도자료를 내고 시민위원회 회의 도중 의사진행을 방해한 관련 공무원에 대한 징계를 검토할 것 ▸11. 20. 인권헌장 공청회가 일부 난동자의 폭력과 위력으로 무산된 것에 대해 엄정한 법적 대응을 강구할 것 ▸인권헌장은 대한민국 헌법 및 국제인권조약을 근거로 보편적 인권들을 도시행정에 맞추어 구체화시킨 것임을 확인하며, 서울시정 전반에 인권헌장을 충실히 이행할 것을 권고했다. 하지만 서울시는 여전히 권고에 대해서 어떤 이행 조치도 취하지 않을 뿐만 아니라 아무런 응답도 하지 않고 있다.

시민위원회의 시민위원들도 가만히 있지 않았다. 일부 분과의 시민위원들이 자발적으로 성명서를 내자고 제안을 했고 48명의 시민위원과 29명의 전문위원 명의로 성명서가 발표되었다.[40] 시민위원들은 "다들 각자의 생업과 학업으로 바쁜 가운데 오로지 제대로 된 인권헌장을 만들어 보고자 어렵게 시간을 쪼개어 장기간 회의에 참여해온 것"이라며 "서울시가 마음에 안 든다고 제멋대로 인권헌장을 폐기할 것이었다면, 도대체 시민위원은 왜 뽑았으며, 인권헌장은 왜 만든다고 했습니까?"라고 따졌다. 또한 "늘 인권은 논란거리였고 인권헌장을 준비하면서 서울시가 이 정도 논란도 예상하지 못했다고 생각하지 않는다"며 "이제라도 서울시가 강단 있게 원칙을 지켜 12월 10일 서울시민 인권헌장을 선포하라"고 강력하게 촉구했다.

---

40) 성명서 전문은 이 책 제 4장 관련자료 참조.

5. 후폭풍: 성소수자 시청 점거 농성

그래도 서울시는 버텼다. 그런데 이제는 시민사회가 가만히 있지 않았다. 성소수자 단체가 앞장섰지만 그들만이 나선 게 아니었다. 우선 참여연대가 강도 높은 비판의 포문을 열었다. 참여연대는 성명서를 통해 "서울시는 일부 소수 혐오세력들의 폭력과 위협에 굴복해서는 안된다"며 "성소수자들에 대한 차별과 폭력을 공공연하게 주장하고 각종 유언비어와 색깔론을 동원하여 인권헌장 제정을 무산시키려는 일련의 행위는 지탄받아 마땅하지, 서울시가 인권헌장 제정을 무산시킬 이유가 될 수 없다"고 비판했다. 인권운동사랑방, 천주교 인권위원회 등 인권단체들도 잇달아 기자회견을 열고 "인권헌장은 절대로 폐기되지 않고 시민들의 소중한 규범으로 남게 될 것"이라며 "인권헌장을 선포하지 않는다면 박 시장은 인권의 가치를 저버린 시장으로 기억될 것"이라고 박 시장을 압박했다. 또한 '성소수자 차별반대 무지개행동'은 긴급 토론회를 통해 인권헌장 폐기를 규탄하고 인권헌장을 즉각 선포하라고 촉구했다. 이 와중에 시민사회단체들의 비판의 열기에 기름을 붓는 격인 일이 발생했다.

서울시가 기자회견을 열어 인권헌장이 폐기되었음을 선언한 그 바로 다음날인 12. 1. 아침. 박 시장이 한국장로교총연합회 임원과 가진 조찬 간담회에서 "성전환자에 대한 보편적인 차별은 금지되어야 하지만 동성애는 확실히 지지하지 않는다"고 발언한 것이 언론에 보도된 것이었다. 참석한 목사들은 박 시장에게 인권헌장을 폐기해 감사하다고 했고 박 시장은 물의를 일으켜 죄송하다고 답했다. 서울시와 박 시장에 대한 비판의 불꽃이 활활 타올랐다. "성소수자들에게, 시민위원들에게, 인권헌장 공청회에서 혐오폭력을 당한 사람들에게 일언반구 사과가 없더니, 그렇게 때린 놈에게 가서 사과하고, 맞은 사람에게는 아무 말 없으니 **뺨을 한 대 더 때린 것**"[41]이라는 분노가 이곳저곳에서 분출되기 시작했다. 샌프란시스코 발언에 이어 박시장이 또다시 불에 기름을 부은 셈이었다. 비판은 박 시장을 향했고 수위도 한층 높아졌다. "반인권적 혐오 발언에 휩쓸려 헌장을 폐기하는 것은 야만스러운 혐오세력에 굴복하는 것이나 다름이 없다"[42] "서울시민 인권헌장을 둘러싼 갈등의 책임은 서울시이고, 갈등의 원인은 박원순 시장이다. 시장이 사과하라. 애초에 합의가 가능하지 않은 사안에 대해 합의라는 폭력을 가한 것에 대해 사과해야 한다"[43]고 거세게 몰아부쳤다. 서울장애인차별철폐연대, 시민사회 연대회의, 민변, 민주노총 등 시민사회단체들이 연달아 성명서를 발표하고 서울시를 규탄했다. 또한 정의당 성소수자위원회, 노동당 서울시당, 녹색당 서울시당과 같은 야당도 인권헌장 선포를 촉구하는 성명서를 잇달아 발표했다.

　그렇게 며칠이 흘렀다. 서울시에 대한 시민사회의 비판은 점차 걷잡을 수 없는 불길처럼 번져갔지만 서울시는 기존 입장을 고수했다. 분위기는 심상치 않았다. 급기야 성소수자단체 활동가들이 기습적으로 서울시청 로비를 점거하고 농성에 들어가는 사태가 발생했다. 서울시가 기자회견을 통해 인권헌장 제정이 무산됐다고 발표한지 일주일 만인 12. 6. 토요일 아침이었다. 이들은 로비 천장에 "성소수자에게 인권은 목숨이다"라는 대형 플래카드를 걸었다. 성소수자들은 그들의 존재가 서울시에 의해 공식적으로 부정당했다고 규정했다. 성소수자들은 "자신들도 사람이고, 시민이고, 밟으면

41) 희망법 성적지향.성별정체성 인권팀, '서울시 인권헌장 사태에 맞선 무지갯빛 행동- 희망법 변호사들의 서울시청 무지개농성 활동기' 2014, 희망을 만드는 법 블로그(http://hopeandlaw.org/457)
42) 정의당 성소수자위원회 논평. 2014. 12. 1.
43) 노동당 서울시당 논평. 2014. 12. 6.

꿈틀댈 줄 아는 존엄한 인격체"라며 목숨과 같은 인권을 지키기 위해 시청에 왔다고 외쳤다.[44]

"남들과 다를 뿐이었는데, 폭력과 비아냥거림과 무시 속에서 시퍼렇게 가슴에 멍이 든 사람이 있음을, 혐오의 광기 속에서 비명을 지르다 다음날 온 몸이 아프고 온 마음이 아파 몸을 일으킬 수 없었던 날이 있음을 압니다. 그러다가 친구 하나 둘, 서넛, 대여섯씩 떠나보내 왔음을, 인권이라는 말이 너무 멀어 멸시와 조롱과 생채기 속에서 사라져 간 사람들이 있음을 우리는 누구보다 잘 압니다. 그리고 우리는 그 모습들을 사무치게, 망연자실하게 봐왔습니다. 그래서 인권은 목숨입니다. 성소수자들에게만 그런 게 아니라, 모두에게 그래서 인권은 목숨입니다. 없어보면, '니네들한텐 없다'는 것을 듣고 맛을 보면, 알게 됩니다."[45]

하기야 폭력은 전쟁터에서만 가해지는 것은 아니다. 다른 사람의 온전함을 짓밟는 일, 절박한 인간적 요구를 무시한 채 정치적으로 편리한 결정을 내리는 것 또한 폭력이다.[46] 존재를 부정하는 폭력 앞에서 당사자들은 더 이상 물러설 수가 없었다. 전 세계적으로 수도의 시청사가 성소수자들에 의해 점거 당하는 일은 전례가 없는 일이었다. 자신의 성정체성을 드러내기를 꺼리던 성소수자들이 한 명 두 명씩 몰려들기 시작했고 수많은 시민과 시민사회가 동조농성으로 연대했다. 농성단은 시청로비를 무지개빛 플래카드와 성소수자의 인권을 보장하라는 포스터로 장식했다. 해가 뜨면 신나는

---

44) 한가람, 페이스북
　　https://www.facebook.com/garamscihan/posts/465117050293839, 2014. 12. 6.
45) 한가람, 페이스북
　　https://www.facebook.com/photo.php?fbid=465811290224415&set=a.127733094032238.
　　22411.100003866456939&type=3, 2014. 12. 8.
46) 파커 파머, 앞의 책, 40쪽.

서울광장에서 열린 낭독식

문화제로, 해가 지면 시장 면담과 사과를 요구하면서 밤샘 농성을 강행했다. 서울시청 로비는 순식간에 성소수자들의 일종의 해방구가 되었다. 이같은 상황은 SNS를 통해 실시간으로 전파되면서 닷새 만에 후원금만 3천만원이 넘게 모일 만큼 전 국민의 관심을 촉발시켰다. 국제연대 활동도 전개해 유명한 신학자인 시카고대 테드 제닝스 교수가 박 시장에게 서한을 전달하는가 하면 각국의 언론에도 로비 점거농성이 중요한 기사로 보도되었다.

상황은 급박하게 돌아갔지만 서울시는 여전히 입장을 바꿀 기색을 보이지 않았다. 이대로라면 인권헌장은 선포도 되지 못하고 역사 속으로 사라질 운명에 처했다. 가만히 있을 수는 없었다. 인권헌장의 선포 대신 낭독식을 하되 원래 계획대로 12. 10. 세계인권선언일에 맞춰 행사를 갖기로 했다. 위원들이 앞 다투어 행사준비와 조직화와 홍보를 맡겠다고 자원하고 나섰다. 준비는 일사천리로 이뤄졌다. 서울시가 시민위원의 연락망을 갖고 있어 모든 시민위원에게 연락할 수는 없었지만 개별적으로 연락이 닿은 일부 시민위원들까지도 낭독식 준비에 가세했다.

2012년 10월 10일 낮 12시. 서울시청 신청사 앞 길바닥에 인권헌장을 적은 대형 플래카드가 펼쳐졌다. 일부 시민위원들과 일반시민들이 알록달록 고깔모자를 쓰고 나타나 낭독식 분위기를 돋웠으며 참석자들은 인권헌장이 기록된 브로셔를 펼쳐들었다. 참석자들은 스케치북에 쓴 인권헌장을 한 조항씩 돌아가며 낭독했다. 인권헌장은 시민들이 헌신적으로 참여해 이룬 성과임을 공포하고 서울시가 이를 선포하라고 촉구했다. 안경환 위원장은 "오늘은 기쁘고도 슬픈 날"이라며 "인권헌장 제정 과정에서 나타난 혼란과 시행착오 또한 누구의 인권에도 높낮이가 없는 보다 나은 세상을 위한 하나의 진통으로 받아들이자"고 말했다.

이날 오후 성소수자와 박시장의 면담이 이뤄지고 이어 박시장이 사과문을 발표했다. "서울시가 시민위원회와 끝까지 함께 하지 못한 점 가슴 아프게 생각 한다"면서도 "인권헌장은 사회적 협약이자 약속이므로 서로의 합의 과정이 더 필요한 만큼 더 많은 시간과 더 깊은 사회적 토론이 필요하다"고 밝혔다. 끝내 인권헌장 제정을 인정하거나 선포하지 않았다.

그날 밤 시청로비를 점거했던 무지개농성단은 농성을 계속 할 것인지를 밤새워 토론한 끝에 해산하기로 결정했다.

V. 맺음말

"서울시민은 이 헌장에 제시된 권리가 일상의 삶 속에서 실현되고 내면화될 수 있도록 스스로 지키고 실천할 책임이 있다."〈서울시민 인권헌장 제 43조〉

"서울시는 헌장에 명시된 권리가 행정의 전 영역에 걸쳐 완전히 실현될 수 있도록 적극적으로 노력할 책무가 있다."〈서울시민 인권헌장 제 44조〉

이상은 인권헌장의 제정과정을 요약한 것이다.

수많은 시민들은 민주적 절차와 치열한 논쟁을 통해 인권헌장을 만들어냈다. 인권의 비전문가들이 과연 인권헌장을 만들 수 있을 것인가라는 의구심을 깨끗하게 해소시키듯 시민들은 내면의 잠재력에 열정을 더해 충실하고 멋진 인권헌장을 탄생시켰다. 참여민주주의의 전형이자 숙의민주주의의 표본이 될 만하다고 자평해본다.

하지만 서울시가 인권헌장을 채택하지 않음으로써 파생된 후유증은 간단치가 않다. 우선 시민들은 자신들이 과연 서울시의 진정한 주인인지를 되묻지 않을 수 없었고 자괴감과 혼란을 겪어야했다. 인권헌장은 만장일치라는 사회적 합의에 의해 제정되어야 한다고 서울시가 주장함으로써 차별금지라는 인권의 기본원칙은 합의의 대상으로 전락됐다. 이로 인해 인권이 작동해야 할 삶의 현장에 인권을 반대하는 세력들의 조직적이고도 집요한 방해와 선동이 활개를 칠 수 있는 여지가 마련된 셈이다.

무엇보다도 성소수자들의 존재가 공식적으로 부인됨으로써 그들의 존엄이 심각하게 훼손됐다. 이로 인한 파장은 길고 확산 속도는 빨랐다. 성소수자 인권 관련 사업들이 연속적으로 좌초됐다. 당장 서울 성북구는 2014년 주민참여예산으로 선정된 성소수자 청소년 지원 사업을 불용 처리했다. 2015년 들어서는 법무부가 성소수자 재단법인 설립을 불허했고 여성가족부는 정책대상에서 성소수자를 제외한다는 어처구니없는 입장을 발표했다. 반면 성소수자의 인권을 반대하는 세력들은 성북구나 광주 인권헌장에서 성소수자 차별금지 조항을 삭제해야 한다거나 국내에 체류하는 미등록이주자들을 몰아내야한다는 주장까지 기세등등하게 펼치고 있다. 성소수자 인권과 관련되는 사항은 각 기관들의 자기검열을 거쳐 위축되거나 스스로 철회하는 양상이 겨울 안개처럼 번져나가는 현상을 목도하게 된다.

역사를 살펴보면, 인권헌장은 손쉽게 성공하는 것이 아니라, 시험과 좌절을 극복하면서 한 장 한 장을 새롭게 써왔다. 서울시민 인권헌장 역시, 너무나 순탄한 길을 갔더라면, 시민들의 주목도 받지 못하고 하나의 문서로만 남아 있을지 모른다. 시련과 역경 속에서 인권헌장은 역설적으로 더욱 주목을 받았고, 그것의 필요성 또한 더욱 각인되었다. 성소수자 운동이 획기적으로 성장하고 폭넓은 지지와 연대를 확산할 수 있었던 점 또한 인권헌장이 채택되지 않음으로써 거두게 된 예상치 않은 결실이다. 성소수자들은 무지개농성단의 서울시청 로비점거를 계기로 용기있게 서울시민들 앞에 우뚝 섰다. 일반 시민들은 성소수자들의 존재의 무게와 존엄의 소중함을 새삼 인식하게 됐으며 지난 20년간 조금씩 성장해 온 성소수자 인권운동은 인권헌장 사태를 계기로 그 역량이 훌쩍 자라며 단단해졌다.

그럼에도 불구하고 인권헌장이 선포되지 못한 아쉬움과 안타까움은 어떤 말로도 표현하기 어렵다. 시민위원회가 열린 그 4개월의 시간 동안 시민위원들이 주고받았던 열정적인 토론과 노력은 헛수고일 뿐이었을까? 이를 준비하기 위해 1년 이상 노력한 전문위원들의 수고는 역사의 도도한 흐름 속에서 한낱 물거품이 되어 흩어지고 말았는가? '세계인권사상사'라는 방대한 책을 저술한 미셸린 이샤이의 다음과 같은 통찰로 함께 했던 시민위원들과 작은 위로를 나누고 싶다.

> "어떤 인권 문헌이 그 시대의 야만성으로 인해 휴지조각이 되었다고 하자. 그렇다 하더라도 벤야민의 말을 빌리자면, 그 인권문헌은 어쨌든 인권이 진보했다는 하나의 증거로 볼 수 있다. 그러므로 인권의 역사는 폭풍이 인정사정없이 휘몰고 지나간 폐허를 몇 개 밖에 남지 않은 등불에 의지해 사방을 더듬으며 조금씩 앞으로 나아가는 역정이라고 할 수 있을지도 모른다."[47]

　　서울시의 채택 여부와 관계없이, 시민의 지혜를 모아낸 인권헌
장이라는 작품은 변하지 않고 지금 우리 앞에 놓여 있다. 이 작품
은 앞으로의 시민인권 향상을 위한 디딤돌로서, 시민들의 귀중한
규범으로서, 그리고 앞으로 더욱 구체화된 논의를 위한 '폐허 속의
작은 등불'처럼 소중한 역할을 할 수 있을 것이다. 그러한 주목과
필요성을 앞으로 더욱 잘 시민과 정부 속에 녹여내고 실천하는 일
은, 인권을 사랑하는 모든 이의 공통과제일 것이다.

---

47) 미셸린 이사이, 세계인권사상사, 도서출판 길, 2005, 35쪽

〈서울시민 인권헌장 제정 일지〉

■ 2013. 5. 30. : 서울특별시 인권위원회(이하 인권위), 2013년 제2차 정기회의에서 서울시민 인권헌장(이하 인권헌장) 제정방식 등에 대해 논의 시작

■ 2013. 6. 21. : 인권위 산하에 인권헌장 소위 설치하고 첫 회의, 시민 참여형 헌장 제정방식 논의

■ 2014. 3. 6. : 인권헌장 소위, 인권헌장 제정 준비단 구성 및 운영 논의

■ 2014. 3. 20. : 인권헌장 소위, 헌장 제정의 절차와 일정 논의

■ 2014. 4. 3. : 인권헌장 소위, 국내외 주요인권헌장 분류 검토

■ 2014. 4. 17. : 인권헌장 소위, 인권헌장 제정 준비 위원회 구성

■ 2014. 4. 30. : 인권헌장 제정 준비위원회 기초분과(이하 준비위 기초분과), 서울 인권의 역사성 및 인권헌장 구성체계 논의

■ 2014. 5. 14. : 인권헌장 제정 준비위원회 시민참여분과(이하 준비위 참여분과), 시민의견 수렴방안 및 홍보방안 논의

■ 2014. 5. 15. : 준비위 기초분과, 전문과 권리구성체계 및 본문 구성 논의, 헌장 집필 관련 논의

■ 2014. 5. 26. : 준비위 참여분과, 인권헌장 시민위원회(이하 시민위원회) 공모 계획안 검토

■ 2014. 5. 29. : 준비위 기초분과, 전문구성 키워드 및 시민위원 공모계획과 분과 구성 관련 토의

■ 2014. 6. 12. : 준비위 전체회의, ▷전문구성 키워드 ▷권리구성체계 ▷권역별 토론회 ▷시민참여 조직화 등 논의

- 2014. 6. 26. : 준비위 참여분과, 인권헌장 홍보전략 논의
- 2014. 6. 26. : 준비위 기초분과, 시민위원 위촉식과 워크숍 계획 검토
- 2014. 7. 8. : 준비위 기초분과, 인권헌장 권리 구성체계 및 시민 위원 추첨방안 논의
- 2014. 7. 9. : 준비위 참여분과, 인권헌장 홍보방안(다음 아고라, 공모전, 조형물 등) 및 권역별 토론회 개최 검토
- 2014. 7. 6. : 시민위원 150명 추첨(서울시청 신청사 대회의실)
- 2014. 7. 18. : 준비위 기초분과, 인권헌장 권리구성 체계 및 전문 위원 역할 논의
- 2014. 7. 24. : 준비위 참여분과, 시민위원 위촉식 개최계획 검토
- 2014. 7. 30. : 홍보 전문회의, 인권헌장 홍보 포스터 제작 준비 회의
- 2014. 8. 5. : 준비위 기초분과, 시민위원회 1차 회의 운영 방안 검토
- 2014. 8. 5. : 준비위 전체회의, 시민위원회 전문위원 역할 토론
- 2014. 8. 6. : 서울시민 인권헌장 제정 시민위원회(이하 시민위 원회) 위촉식, 시민위원 150명, 전문위원 30명(이후 10명 추가) 위촉
- 2014. 8. 7. : 홍보 전문회의, 인권헌장 홍보 포스터 제작 보완 회의
- 2014. 8. 8. ~ 9. 19. : 인권수기, 슬로건, 셀카 공모전
- 2014. 8. 11. : 전문위원 전체회의(이하 전문위원회), 시민위원회 그라운드 룰 마련, 퍼실리테이터, 간사 지정 및 역 할 설명, 1차 회의 개최계획 및 준비
- 2014. 8. 13. : 제 1차 시민위원회 개최(서울시청 신청사 8층 다목 적홀), 인권헌장에 들어갈 인권목록 319개 작성

■ 2014. 8. 18. : 전문위원회, 제 1차 시민위원회 결과 보고 및 시민
위원회 2차 회의 개최 준비

■ 2014. 8. 21. : 홍보 전문회의, 인권헌장 단계별 홍보계획 수립

■ 2014. 8. 28. : 권역별 토론회 전문가 자문회의, 토크쇼 및 프로그
램 구성과 행사 준비

■ 2014. 9. 2. : 제2차 시민위원회 개최(서울시청 신청사 8층 다목
적홀), 인권목록 보완해 총 515개 인권목록 작성(1
차 회의 319개, 2차 회의 196개), 인권장 장별 불류
체계 마련

■ 2014. 9. 5. : 전문위원회, ▷인권목록 권리별 분류 조정안 마련 ▷
권리별 조정안에 시민위원이 제시한 인권목록 배
치 ▷분과구성 ▷인권헌장 Q & A 검토

■ 2014. 9. 11. : 전문위원회, 제2차 시민위원회 인권목록 결과 보고
및 권리별 분류 조정, 제3차 시민위원회 개최 계획

■ 2014. 9. 16. : 시민위원 대상 제1회 인권강좌(강사 : 안경환 위
원장)

■ 2014. 9. 18. : 전문위원회, 인권헌장 이행 및 도시에 대한 권리
반영 논의

■ 2014. 9. 22. : 시민위원 대상 제2회 인권강좌(강사: 문경란 부위
원장)

■ 2014. 9. 25. : 7개 일간지에 인권헌장 비난 광고 게재

■ 2014. 9. 26. : 권역별 토론회 전문가 자문회의, 강남권 토론회 개
회 계획 보완

■ 2014. 9. 26. : 제 3차 시민위원회 개최(서울시청 신청사 8층 다목
적홀), 시민위원회 6개 분과 구성(▷일반원칙 ▷참여
와 소통 ▷복지와 안전 ▷환경과 문화 ▷더 나은 미래
▷헌장의 이행), 분과별 헌장 기초안 작성

- 2014. 9. 30. : 강남권역 토론회(서울여성플라자) 개최
- 2014. 10. 1. : 전문위원회, 인권헌장 의사결정 구조 정립의 필요성 공유 및 방안 논의, 퍼실리테이터와 간사 및 전문가의 역할 범위 논의
- 2014. 10. 1. : 기초분과, 도시에 대한 권리 반영 방안 논의
- 2014. 10. 6. : 인권헌장 비난 광고 게재(2차)
- 2014. 10. 8. : 권역별 토론회 전문가 자문회의, 강북권역 토론회 개최 계획 논의
- 2014. 10. 13. : 박원순 시장 샌프란시스코 발언 보도
- 2013. 10. 13 ~ 10. 22. : 여성·어르신·새터민 등 9개 분야 인권단체 간담회
- 2014. 10. 16. : 인권헌장 공모전 심사
- 2014. 10. 16. : 전문위원회, 퍼실리테이터 및 간사 선정 및 전문위원 분과 배정 방안
- 2014. 10. 17. : 강북권역 토론회(성북구청 성북아트홀) 개최
- 2014. 10. 25. : 제4차 시민위원회 개최(서울시 글로벌센터 국제회의장), 분과별 초안 작성 및 목록 조정, 분과 별 합의 및 미합의 사항 분류
- 2014. 10. 30. : 전문위원회, 제 5차 시민위원회 개최계획 논의
- 2014. 10. 31. : 홍보 전문회의, 공청회 및 인권헌장 선포식 관련 문화행사 개최 자문
- 2014. 11. 1. : 인권콘서트 개최(시민청)
- 2014. 11. 3. : 시민위원회 총무단 합의체 회의, 분과별 미합의 조항에 대한 최종결정 방법 논의 및 결정
- 2014. 11. 4. : 시민위원회 복지와 안전 분과 및 더 나은 미래 분과, 제4차 시민위원회 보완 회의
- 2014. 11. 10. : 홍보 전문회의, 인권헌장 선포식 및 세계인권선언

의 날 기념 문화행사 개최 자문

■ 2014. 11. 10. : 기초분과 워크숍, 인권헌장 초안에 대한 전문위원
의견제시 및 보완

■ 2014. 11. 13. : 제 5차 시민위원회 개최(서울시청 신청사 8층 다목
적홀), 인권헌장 총 7개 장(章) 및 50개 조항 마련,
분과별 합의 및 미합의 사항 분류

■ 2014. 11. 19. : 홍보 자문회의, 인권헌장 조형물 제작 및 선포식
자문

■ 2014. 11. 19. : 전문위원회, 제6차 시민위원회 진행 계획 논의

■ 2014. 11. 20. : 인권헌장 공청회, 난동세력에 의해 무산

■ 2014. 11. 21. : 인권위, 공청회 파행에 대한 입장 발표, 난동세력
에 대한 엄정한 대응 강구 요구

■ 2014. 11. 28. : 제6차 시민위원회 개최(서울시청 신청사 8층 다목
적 홀), 45개 조항 만장일치, 5개 조항 표결 통해 인
권헌장 채택

■ 2014. 11. 30. : 서울시 기자회견 열어 "인권헌장은 합의에 실패했
다. 자연스럽게 폐기된 것"이라는 입장 발표

■ 2014. 11. 30. : 시민위원회 전문위원, 성명서 발표하고 인권헌장
선포 촉구

■ 2014. 12. 1. : 박원순 시장, 한국장로교총연합회 임원 조찬 간담
회에서 "동성애 지지하지 않는다" 발언

■ 2014. 12. 1. : 참여연대 및 정의당 논평, 지구지역행동네트워크
성명서 발표

■ 2014. 12. 2. : 16개 여성단체 및 민주노총 성명서 발표

■ 2014. 12. 3. : 공익인권변호사 및 25개 장애단체 공동성명서
발표

■ 2014. 12. 4. : 녹색당 소수자인권특별위원회 성명서 발표

■ 2014. 12. 6. : 노동당 성정치위원회 성명서 발표

■ 2014. 12. 6. ~ 11. : 성소수자단체 및 시민사회단체, 서울시청 로비 점거 농성 돌입

■ 2014. 12. 7. : 민주사회를 위한 변호사모임 성명서 발표

■ 2014. 21. 8. : 인권위, 긴급 임시위원회 개최하고 서울시에 ▷인권 헌장 선포 촉구 ▷서울시의 제6차 시민위원회 회의 진행방해 관련자 징계 검토 ▷인권헌장 공청회 난 동자에 대한 법적 대응 강구 등을 권고

■ 2014. 12. 8. : 전국공무원노동조합 성명서 발표

■ 2014. 12. 9. : 인권·시민·사회단체 공동요구안 발표

■ 2014. 12. 10. : 시민위원회, 인권헌장 낭독식 개최 및 축하

■ 2014. 12. 10. : 건강권실현을 위한 보건의료단체연합회 등, 성명 서 발표

■ 2014. 12. 10. : 박원순 시장, 사과문 발표

■ 2014. 12. 11. : 무지개행동 농성단 해산

들리지 않는 메아리의 기억들

정 재 은*

Ⅰ. 10.5:1의 경쟁률을 뚫고

지난해 대학원 박사과정을 수료하고 논문준비를 하면서 강의경험을 쌓고 싶은 마음에 초·중고등학생을 대상으로 인권강의를 시작하였다. 그 무렵, SNS를 통해 서울시민 인권헌장(이하 인권헌장) 제정에 참여할 시민을 모집한다는 것을 알게되었다. 법학도로서 인권헌장 제정을 통해 폭넓은 인권적 관점과 지식을 배울 수 있는 기회라 여겨졌다. 또한 시민사회의 참여를 통해, 나와 같은 장애인들도 사회구성원으로 당당하게 살아갔으면 하는 마음에 지원하게 되었다.[1] 한 달 후 쯤 서울시민 인권헌장 제정 시민위원회(이하 시민위원회)의 시민위원으로 선발되었다는 메일을 받았다. 지원할 때는 별 기대가 없었는데 막상 선발 되고나니, 정말 멋진 인권헌장을 만들어보고 싶다는 욕심이 생겼다.

위촉식을 앞두고 서울시 인권담당관실에서 연락이 왔다. 위촉식에 사용할 동영상 촬영에 응해달라는 것이었다. 영상은 인권헌장제정에 참여하게 된 동기와 각오를 다지는 내용이었다. 촬영 후 서울

---

* 서울시민 인권헌장 제정 시민위원회 시민위원
1) 필자는 선천적 희귀병인 '골형성부전증'이라는 병을 앓고 있다. 이 병은 달걀껍질처럼 뼈가 약해 넘어지기라도 하면 뼈가 쉽게 부러진다.

시 공무원에게 인권헌장 제정에 시민위원이 얼마나 적극적으로 참여하게 되냐고 물었다. 자칫 시민위원이 들러리로 전락하는 게 아닌가 하는 걱정이 앞섰다. 그는 자세히는 모르지만, 시민들이 만드는 인권헌장이니 만큼 조문 하나까지도 직접 참여하여 만들지 않겠냐고 말했다. 머릿속으로 명확하게 그림이 그려지지는 않았지만, 일단 한 번 부딪쳐보기로 마음먹었다.

2014. 8. 6. 서울시로부터 인권헌장 제정권한을 위임받았다. 위촉식이 거행되기 전에 다른 시민위원들과 인사를 나누고 입장할 때 받은 책자와 동반자카드[2]도 살펴보니 다소 들떴던 기분이 가라앉았다. 위촉식에서 서울시 인권담당관은 인권헌장이 아마도 세계 '최초'로 만들어지는 도시헌장이 될 것이라며 국내외 도시 인권헌장의 제정 현황을 소개했다. 박원순 시장은 140여 명의 시민위원들에게 일일이 위촉장을 수여하고 "인권헌장을 잘 만들어달라"고 당부하였다. 이날 시민위원들은 박 시장으로부터 인권헌장 제정에 관한 권한을 직접 위임받았다. 천만 서울시민을 대표하여 인권헌장을 제정한다는 사실에 책임감이 느껴졌던 순간이었다.

Ⅱ. 설렘보단 책임감으로

1. 1차 시민위원회

제1차 시민위원회가 열린 서울시신청사 8층 회의장은 학교 대강당을 연상시켰다. 13개의 원탁이 놓일 만큼 넓었다. 원탁과 의자가 높아, 키가 작은 나에게는 맞지 않았다. 그래서 쿠션을 빌려 사용하

---

2) 동반자카드는 인권헌장 제정을 위해 박 시장과 시민위원이 함께 한다는 의미에서 시장과 시민이 각오나 당부를 적어서 주고받는 메시지였다.

기도 했다.

회의는 원탁에 촉진자(facilitator)와 간사 그리고 10명 내외의 시민 위원이 빙 둘러 앉아 진행하는 원탁회의였다. 테이블에는 각 국 도시인권헌장의 인권목록과 펜, 포스트잇, 작은 나무구슬, 모래시계 등이 놓여 있었다. 나무구슬은 한 명당 3개가 주어졌는데, 발언하고 싶은 사람이 구슬을 구슬 통에 넣고 발언권을 얻은 뒤 말했다. 자칫 발언이 길어질 것을 염려해 모래시계로 발언시간을 제한했는데 덕분에 누구에게나 동등한 발언의 기회가 주어졌다.

회의에 앞서 시민위원 한 분이 "누구나 쉽게 인권헌장을 이해하는 내용으로 만들자"고 제안했다. 우리모두 초등학생도 알 수 있을 정도의 쉬운 단어로, 구체적이며 실천 가능한 문장으로 작성하자고 뜻을 모았다. 국회의원처럼 투표로 선출된 제정위원은 아니었지만, 천만 시민들을 대표하여 인권헌장에 참여한다는 사명감과 자부심 만큼은 그 누구에게도 뒤지지 않았다.

낯선 분위기에 망설이던 나와는 달리 다른 시민위원들은 앞다투어 인권헌장에 담고 싶은 권리를 말했다. 서울시를 대표하는 인권헌장이니만큼 도시에 관한 권리로서 청렴한 도시에서 살 권리가 제시되었다. 어느 분이 "서울시의 공무원들이 청렴하고 바르게 행정을 돌보면 좋겠다"고 말하자 다른 분이 "부정부패한 관료들을 보면 신뢰가 떨어진다"고 말해 모두 고개를 끄덕이며 공감했다.

학부모인 시민위원들은 "방과 후 학교 운동장이 개방되지 않아 아이들이 뛰어놀 수 있는 곳이 부족하다"거나 "아이들과 함께 놀고 싶은데 갈 곳이 여의치 않다"고 불만을 토로하셨다. 다른 시민위원은 "다수의 학교 보안관이 퇴직한 분들이어서 나이가 많아 제대로 업무를 보지 못한다"며, 실질적인 보안관제도가 마련되어야 한다고 학부모이기에 할 수 있는 고민을 이야기했다. 학부모가 아닌 나로서는 생각해보지 않은 문제였기에 '아.. 이런 일이 있었구나, 저런

게 고민이 될 수 있겠구나'라며 공감할 수 있었다. 또한 세월호 사건의 여파로 안전사고에 대한 시민위원들의 관심이 유독 높았다.

다른 테이블은 모르겠지만, 우리 테이블은 회의가 순조롭게 진행되었다. 각자 자신의 순서에 맞게 발언하였고, 다른 사람의 발언을 경청하였다. 잠깐 쉬는 시간을 이용해 사적인 대화나 궁금증을 나누기도 했다. 그래서인지 손에 쥔 나무구슬과 모래시계의 필요성을 느끼지 못했다. 처음에는 각자 하는 일과 고민이 달라 시민위원들 간에 소통의 어려움이 있지 않을까 염려했는데, 막상 회의가 시작되니 반가운 이웃을 만나 이야기를 나누는 것처럼 편안하고 즐거웠다. 회의의 마지막에는 모든 시민위원들이 참여하는 전체회의를 통해 분과회의에서 나왔던 내용을 발표하고 공유하는 시간으로 마무리가 되었다.

2. 2차 시민위원회

1차 시민위원회에서 시민들이 제시한 권리를 전문위원들이 분류해왔다. 2차 시민위원회에서는 이 권리들을 분야별로 어떻게 나눌 것인지에 대해 논의했다. 1차 회의를 해봐서 그런지 더 빠르고 정확하게 의사전달을 하였고, 친근한 분위기 속에서 회의가 진행되었다. 회의에서 문제가 되었던 것은, 사회적 약자를 따로 분류할 것인가? 아니면 일반조항에 각각의 사회적 약자를 적절하게 배분하느냐의 문제였다. 한쪽에서는 "사회적 약자를 따로 분류하는 것보다는 각 조항에서 사회적 약자의 권리 보장을 하는 것이 소외계층을 덜 소외시키는 것"이라는 의견이었고, 다른 한쪽에선 "사회적 약자는 따로 분류해 그들의 권리를 더 부각시켜 보호대상임을 강조해야 한다"는 의견이었다. 옳고 그름의 문제가 아니었다. 각자 관점

의 차이였는데 특별히 사회적 약자의 인권보장에 힘을 쏟아야 한
다는데는 이견이 없었다. 결국 합의점을 찾아가는 과정은 이해와
설득을 위한 노력뿐이었다. 우리는 토론 끝에 사회적 약자를 따로
지칭하는 것보다는 전체적인 시민 안에서 필요에 따라, 구체적인
대상을 언급하자는 데 합의했다.

　2차 회의에서 가장 기억에 남았던 것은, 폭력으로부터 보호받을
권리였다. 구체적으로 보호받아야 할 대상을 놓고 여성과 아동이
언급되었다. 그러던 중, 한 분이 "자신의 친구가 성소수자인데, 성
소수자라는 사실을 주변에 밝히자 가정과 학교로부터 폭력을 당했
다"며 보호대상자에 성소수자도 포함하자고 말했다. 뜻밖의 사실에
다소 충격적이었다. 평소 나는 성소수자에 대한 관심도 없었지만,
거부감도 없었다. 이야기를 듣고 난 후, 시민위원들은 모두 공감했
다. 한 분은 "아무리 자신과 다른 성적지향을 가지고 있다고 해도
가장 가까운 사람들이 폭력을 행사할 수 있냐"고 되물었고, 또 다
른 분은 "개인의 성적지향이 다른 이에게 결코 피해를 주는 것이
아닌데, 아직까지 우리사회가 받아들이지 못하고 있는 것 같다"고
자신의 생각을 전했다. 갓난아기의 엄마라는 분은 이 주제가 다소
부담스러웠는지 안색이 좋지 않았다. 결국, 우리는 성소수자라는
대상도 대상이지만 폭력이라는 행위에 초점을 맞춰, 성소수자를 문
구에 삽입하였다.

3. 인권강의를 듣고

　인권헌장의 제정과정에서는 회의만 진행했던 것은 아니었다. 인
권을 정확히 알아야 인권헌장을 잘 만들 수 있다는 의미에서 '인권
에 대한 이해'라는 주제로 안경환 위원장의 인권강의를 들 수 있었

다. 모처럼 강의를 들으니, 학부 때 듣던 강의가 생각나 감회가 새로웠다.

질문시간에 어느 시민위원이 다소 격앙된 목소리로 "성소수자를 찬성하는 다른 나라의 경우 윤간과 수간도 인정하고 있는데, 우리나라도 성소수자를 인정하면 윤간과 수간도 인정해야 하며 이것이 과연 옳은 것입니까?"라고 질문했다. 윤간과 수간이라는 생소한 단어로 인해, 질문자가 한 질문이 무슨 내용인지 금방 파악되지 않았다. 이어 "성소수자를 인정하는 게 진정한 인권이냐"고 쉼 없이 따지듯 물었다. 답변이 이어졌지만 그 시민위원은 안 위원장의 답변이 마음에 들지 않았는지 씩씩거리며 흥분한 모습을 감추지 않았다. 손가방을 이리저리 흔들더니, 옆에 앉아 있던 나를 가방으로 치고 말았다. 내가 맞았다는 사실을 몰랐던 것인지, 사과도 하지 않았다. 미안하다는 말 한마디 하지 않는 모습에 기분이 불쾌했지만, 흥분한 사람과 자칫 싸우게 될까봐 참고 말았다. 집으로 돌아오는 내내, 성소수자에 대해 다시금 생각했다. 개인의 성적지향이 타인에게 평가받아야 할 일인지에 대한 의문이 생겼다.

4. 3차 시민위원회

3차 시민위원회부터는 주제별로 분과를 나눈 뒤 자신이 참여하고 싶은 분과에서 회의를 하게 됐다. 1~2차 회의에서는 전반적인 권리를 인식하고 찾아내는데 초점을 맞췄다면, 3차 회의부터는 그 권리들을 분류하고 정리해서 문장으로 다듬는 작업을 하게 됐다. 1~2차 회의에서 함께 했던 시민위원들은 각자 원하는 분과로 옮겨갔다. 3차 시민위원회는 새로운 시민위원들과 함께 했는데 1~2차 회의와는 달리 난항이 거듭되었다.

　회의 시작부터 "법적 구속력도 없는 인권헌장을 만들면 뭐하냐?", "우리가 힘들게 만들어도 서울시가 지키지 않으면 그만인데 굳이 인권헌장을 만들어야 하냐?"는 질문이 쏟아졌다 이에 "인권헌장이 법적구속력은 가지지 않지만, 서울시와 합의하여 만들어지는 인권헌장이니 만큼 서울시가 지켜나가야 할 의무가 있다. 또한 시민위원도 인권헌장을 서울시가 잘 지켜나가고 있는지 감시자 역할도 더불어 해야 한다"는 답변이 이어졌다. 진행자의 노력에도 시민위원을 설득하기엔 역부족이었다. 계속해서 "인권헌장이 만들어지면 그에 따라 조례도 개정되는 거 아니냐?", "조례가 개정되면 예산이 지원되고 그러면 문제가 생기는 게 아니냐?"는 등의 질문도 나왔다. 질문은 꼬리에 꼬리를 물고 좀처럼 끝날 기미가 보이지 않았다.

　질문들로 인해 정작 회의시간에 나눠야 할 목록을 만드는 작업이 제대로 이루어지지 않았다. 다른 분과에 비해, 턱없이 부족한 회의 내용이었다. 회의 내내 발언기회를 가지고 싶었지만, 다른 사람과 순서가 충돌되거나 본의 아니게 말을 끊는 등의 끼어드는 상황이 연출되었다. 발언기회가 제대로 주어지지 않아, 회의가 끝날 때까지 말 한 마디도 제대로 하지 못했다. 결국 발언기회를 포기하고 내가 말하고 싶은 의견을 포스트잇에 적기 시작했다. 그리고 전체회의 시작 전, "다른 것 다 괜찮은 데 이거 하나만이라도 꼭 넣어주세요. 이거 하나면 됩니다"라고 사정하듯 포스트잇에 미리 적어놓았던 내용을 간략하게 설명했다. 인권헌장이 몇 개 조항으로 구성될지는 모르지만, 내가 원하는 조항이 하나라도 있다면 만족하리라 마음먹었다. 내가 넣고 싶은 조항의 내용은 '장애인의 경제적·사회적 자립을 지원받을 권리'였다. 장애인 스스로가 자신의 권리를 주장하기 위해서는 경제적·사회적 자립을 해야 한다는 생각을 갖고 있었다. 이러한 내 생각에 다른 시민위원들도 "무조건 장애인을 도와주는 게 아닌 자립할 수 있도록 도와주는 게 맞는 것 같다"며 동의했다.

5. 분야별 간담회

서울시는 시민위원들의 의견 외에 사회적 소수자에 대한 다양한 목소리를 듣고자 분야별 간담회를 가졌다. 분야별 간담회는 총 9번으로 구성되었다. 주제는 여성, 어르신, 북한이탈주민, 아동·청소년, 장애인, 성소수자(반대), 성소수자, 이주민·외국인, 종합으로 진행되었다. 서울시의 요청에 따라 나는 간담회 회의록을 작성하는 간사로 회의에 참석하게 되었다.

첫날 주제는 여성으로, 여러 여성단체 회원들이 모인 가운데 회의가 진행되었다. 여성의 권리에 대한 필요한 내용을 논의해야 하는데, 회의 시작부터 성소수자에 대한 반대의견만을 제시하는 사람이 등장했다. 그는 "인권이라는 허울 속에 교묘하게 성소수자에 대한 동조를 하는 것이 아니냐"며 물었고, 이어 "모집지원자 150명을 아무런 기준 없이 무작위 추첨하였느냐"고 비난하기 시작했다. 서울시 인권담당관은 "지역별, 성별, 연령별 기준으로 시민위원을 선발했으며 이 기준은 통계학적으로도 널리 사용되는 기본값"이라고 설명하였다. 또 "공개추첨방식으로 이루어졌는데 궁금하시면 시청 홈페이지에 동영상이 올라가 있다"고 설명했다. 그럼에도 불구하고 그는 "지역별, 성별, 연령별을 기준으로 할 것이 아니라 실질적인 소득, 학벌 등을 기준으로 하였어야 하는 게 아니냐"고 계속 지적을 했다.

나는 순간 화가 났다. 상위 1%만이 인권을 말할 수 있단 말인가? 상위 1%만이 서울시를 살아갈 자격이 있다는 것인가? 상위 1%만이 옳은 판단을 한다는 것인가? 저분은 지금 자신이 상위 1% 이기에 저런 발언을 하는 것인가? 하는 생각이 들었다. 시민위원들은 서울시가 제시한 자격조건에 맞춰 지원하였고 선발되었다. 그런데도 잘못된 기준을 내세워 시민위원들의 대표성을 공격하는 것은 옳지

못하다고 생각했다. 또한 시민위원을 소득, 학별과 같은 기준으로
만 선발한다면, 굳이 시민위원으로 따로 선발할 필요는 없다. 기존
의 다른 인권헌장처럼 전문가집단에게 맡겨 인권헌장을 만들면 그
만이기 때문이다.

 노인 분야에서는 '노인'이라는 호칭 대신 어른으로 공경할 수 있
는 어감인 '어르신'으로 변경해달라는 의견이 있었다. 북한이탈주민
은 탈북자, 새터민 등의 표현 대신 '북한이탈주민'이라는 '중립적 용
어를 사용하면 좋겠다'는 의견을 개진하였다. 외국인의 경우도 외
국인이라는 용어 속에 차별적인 개념이 있으니 '체류하는 사람'으로
정의해달라고 요구했다. 또한, '체류'라는 단어의 개념정의를 부탁
했다. 호칭과 명칭 등, 잘못된 어감이 차별을 부른다는 의견이 많았
다. 사회의 소수이기에 자신들의 목소리를 내는 게 쉽지 않다. 그
러기에 그들의 목소리를 직접 듣고, 인권헌장에 반영한다는 것은
충분히 가치 있는 일이었다. 그런데 정작 자신들이 속한 집단은 차
별받고 싶지 않다는 의견을 내면서도 성소수자 집단에 대해서는
차별과 혐오적인 언어를 여과 없이 표현하는 분들도 많았다. 인권
은 상호주의에 의해, 내 인권이 존중받기 위해서라도 나 역시 다른
사람의 인권을 존중하고 지켜줘야 한다. 그런데 그 원칙이 제대로
지켜지지 않고 있다.

 다양한 분야만큼이나 요구사항도 다양했다. 기본적인 인권에서
부터 국가가 정책으로 수립해야 하는 복지와 일자리 등의 과제였
다. 간담회의 내용은 1차적으로 시민위원에게 전달되었고, 2차적으
로 서울시의 각 부서로 전달하여 지속적인 개선방안을 모색하겠다
고 서울시 공무원들이 약속하였다.

6. 강북권 토론회

토론회장은 많은 사람들로 어수선하고 동시에 언제 터질지 모르는 시한폭탄 같은 느낌이었다. 조금 늦게 도착한 탓에 자리를 잡지 못하고, 입구에 놓여진 간이의자에 앉아, 인권헌장 제정과정의 진행과 설명을 들을 수 있었다. 잠시 후, 회의장 바깥에서부터 싸우는 소리가 들렸다. 토론회에는 사전에 참가 신청을 한 자에 한하여 입장할 수 있었는데 사전에 신청을 하지 않은 사람들이 접수대에서 "입장시켜달라"며 서울시 공무원들과 실랑이를 벌였다. 일부는 막무가내로 사람들을 밀치고 회의장 안으로 들어오기도 했다. 오전에 분야별 간담회에서 회의록 작성을 진행한 탓에 기운도 없고, 그 전 강남권 토론회에서 폭언과 폭력이 난무했다는 애기를 전해들은 터라 이번 회의에 참여하고 싶다는 생각은 없었다. 단지 토론회에서 나온 내용을 다른 시민위원들에게 전하고 싶은 마음에 참석했을 뿐이었다. 그런데 서울시 공무원이 일반원칙 분과의 회의록을 정리해달라고 해 간사역할을 하게됐다. 원탁에 20명 정도의 시민들이 둘러앉아 있었다. 나는 촉진자 역할을 맡은 박래군 전문위원과 함께했다. 시작부터 자리배정을 놓고 논란이 일었다. 사전접수를 하지 않았던 사람은 자리를 배정받지 못했는데, 임의로 의자를 들고와 자신도 이 테이블에 자리배정을 받았다고 우기기 시작했다. 그 자리에 있던 시민들은 접수대에서 미리 자신이 참여하게 될 분과를 제비뽑기 한 후 자리를 배정받은 사람들이었다. 제비뽑기를 한 이유는 어느 한 분과로 사람들이 쏠리는 현상을 막기 위함이었다. 자리를 배정받았다고 우기는 시민들과 그런 그들을 받아들일 수 없다는 시민들 간의 대치가 이어졌다. 촉진자가 중재에 나섰지만, 자리배정을 받았다고 우기는 시민들은 다른 시민들에게 삿대질을 하며 오히려 자신이 배정받지 않았다는 증거가 있냐며 큰소리치기 시작했다. 적반하장이 따로 없었다. 그렇게 실랑이가 벌어지는 사이에도 한 두 사람이 더 자리를 차지하려고 의자를 막무가내로 밀어붙였다. 결국 의자를 가지고 와서 앉은 사람까지 회의에 참여하여 진행할 수밖에 없었다. 정당하게 미리 신청하고 자리를 배정받았던 시민들에게 민폐를 끼친 셈이었다.

　본격적인 회의가 시작되었고 기본적인 규칙의 설명이 끝나자, 한 시민은 "동성애자가 에이즈의 주범이다. 동성애를 옹호하는 인권헌장은 만들면 안된다"고 발언하였다. 여기저기서 "옳소. 맞습니다"하는 소리가 들렸다. 곧이어 "동성애는 정신질환이니 동성애를 옳다고 할 것이 아니라 병원에 보내 치료를 받게 해야 합니다. 안 그렇습니까?"라며 당장이라도 성소수자를 정신병원으로 보낼 기세였다. 또한, "신촌에서 (퀴어)축제를 보았는데, 그렇게 흉할 수가 없었다"며 연세가 지긋한 다른 시민도 동성애 혐오발언을 이어갔다. "동성애로 인해서 에이즈에 걸린 사람들 때문에 우리의 귀한 세금이 아깝게 낭비되어야 합니까?"라고 하였고, "어머, 진짜요?"라며 반대론자들의 동조가 이어졌다. 내 귀가 잘 못된 건가? 내가 왜 이런 이야기를 여기서 들어야 하는 걸까? 성소수자들이 우리가 사는 세상을 지옥으로 만들고 있다며 외치는 사람들에게서 난 지옥을 보고 말았다. 그리고 날 그 자리에 앉힌 서울시 공무원이 한없이 밉고 원망스러웠다.

　잠시 휴식시간에 성소수자 혐오발언을 일삼던 분들의 맞은편에 앉아있는 시민들을 살펴보았다. 혐오적인 발언에 놀라, 심각한 표정을 짓고 있었다. 작은 목소리로 "괜찮으세요?"라고 물었더니 "괜찮아요"라고 대답했지만 괜찮아 보이지 않았다. 회의가 속행되었고, 동성애를 반대하던 시민들의 격렬한 혐오발언이 점점 더 심각해져 갔다. 계속되는 혐오발언과 삿대질에 회의기록을 멈출 수밖에 없었다. 그분들은 좀처럼 진정되지 않았다. 어느 분은 회의시간에 자신이 한 발언을 회의록에 기록하지 않았다며 나에게 항의했고, 자신이 직접 회의록을 작성하겠다고 급기야 컴퓨터를 빼앗아 가려고 했다. 순간 기록했던 회의록을 USB메모리에 저장하고 노트북에서 분리시켰다. 그리곤 노트북을 빼앗기듯 건네줬다. 다른 시민들은 노트북을 빼앗기면 어쩌냐고 걱정했지만 더 이상의 분쟁을 막기 위해 아무런 대응도 하지 않았다.

회의가 길어질수록 빨리 회의가 끝나기를 바랐다. 예정되었던 회의시간이 훌쩍 지나서야 회의를 끝내고 토론회장을 빠져나올 수 있었다. 나중에 전해들으니 다른 테이블에서 "장애인이 집에나 가만히 있지 이런 데까지 나오냐"고 모욕적인 언행을 일삼았다고 한다. 그때 당시 알았더라면 모욕죄로 고발해 버렸을 텐데 하는 생각이 들었다. 아직도 우리 사회가 차별적 발언과 언어폭력을 서슴없이 하고 있다는 사실을 여과 없이 보여준 현장이었다.

강북권 토론회에 다녀온 후, 한 동안 정신적으로 심한 스트레스에 시달렸다. 공부도 글도 하물며 TV 보기도 힘들었다. 가만히 있어도 그냥 화가 났다. '어떻게 자신과 다르다고 정신질환자라 할 수 있는가?' 눈물이 나기도 하고 순간순간 나도 모르게 한숨이 흘러나왔다.

7. 4차 시민위원회

여느 회의와는 달리 4차 시민위원회는 주말에 진행되었다. 서울 글로벌 센터에서 열렸는데, 장소를 옮기니 어수선한 분위기도 감돌았다.

4차 시민위원회와 추가로 열린 비공식 회의[3]는 그 동안에 나왔

---

3) '복지와 안전' 분과는 인권헌장의 전체 1/3 해당하는 15개 조항의 내용을

던 권리를 문장으로 다듬는 과정이었다. 기존의 권리를 문장으로 매끄럽게 만드는 일이라 회의는 순조롭게 진행되었다. 그런데 성소수자인 가출 청소년에 대한 보호를 해야 하느냐 마느냐를 놓고 의견이 대립되었다. 자신이 성소수자라는 사실을 깨닫게 된 청소년이 부모와의 대화중에 갈등을 견디다 못해 가출한 경우에 이 청소년을 보호해야 할 것이냐는 문제였다. 실제로 일어나고 있는 문제라고 한다. "청소년기에 성정체성의 혼란을 느껴도 상담할 곳이 마땅치 않으며, 가족과 의논한다 해도 부모 역시 이를 받아들이는 경우가 흔하지 않아 가출을 한 청소년을 보호하는 것이 맞다"는 의견이었다. 이에 대한 반대의견으로 "가출한 청소년을 가정으로 돌려보내지 않고, 행정기관이 청소년을 보호하는 행위는 가출을 조장하는 결과를 낳는다"는 의견이었다. 시민위원들은 자신의 종교적 신념과 학부모 입장으로 성소수자라는 대상을 바라보았다. 결국, 성소수자보다는 청소년에 무게가 실렸고, 이 조항은 삭제하는 것으로 마무리가 되었다. 모두가 같은 마음으로 찬성하여 삭제한 것은 아니었다. 하지만 침묵으로 동의한 셈이었다. 다시금 생각해보면, 과연 침묵이 최선이었을까 싶다.

8. 총무단 회의

3차 회의에서 각 분과를 대표해 연락을 주고받을 총무를 선출하게 되었다. 아무도 선뜻 나서지 않아 자원했다. 공지를 하는 등 잔일을 하는 것이어서 나이 어린 사람이 하는 게 맞겠다 싶어서였다.

다루다 보니, 각 조항의 내용 정리 및 문장 작업이 녹록치 않았다. 공식적인 회의를 총 5회에서 6회로 한차례 늘려도 시간이 모자라 별도의 비공식회의를 한차례 더 진행하게 되었다.

4차 시민위원회 이후에 총무단 회의가 열렸다. '분과에서 합의되지 못한 조항을 최종적으로 어떻게 결정할 것인가'를 결정하기 위해서였다. 회의를 앞두고 타 분과의 총무가 메일을 보내왔는데, 총무단 회의 1시간 전에 만나서 회의에 대한 논의를 하자는 것이었다. 회의 전에 무슨 논의를 하자는 것인지 이해가 되지 않았다. 답장을 하지 않았고 추후 다른 연락은 없었다.

회의가 시작되자 먼저 만나 회의를 하자고 메일을 보냈던 다른 분과의 총무가 언성을 높이며 항의를 했다. 위원장, 부위원장, 분과별로 2명의 총무로 공지되었던 구성원에 전문위원이 추가로 참석하는 것은 총무들의 의사에 반하는 결과를 낳을 수 있다는 것이었다. 기존의 통보에는 전문위원이 참석한다는 말은 없었다. 하지만 통보되었던 참석자만 참석한다는 내용도 기존의 합의도 없었다. 회의는 '전문위원이 이 회의에 참여할 수 있는 것이냐'를 놓고 왈가왈부하게 되었다. 찬반으로 갈려 쉽게 결정 나지 않았다. 격앙된 목소리가 오가면서 나는 머리가 아프고 가슴이 답답했다. 일순간 머리가 멍해지기도 했다. 결국 전문위원의 참여여부를 놓고 총무단에서 표결을 해 전문위원이 참여하는 것으로 결정되었다.

미합의 사항은 전문위원들의 의견을 수렴한 뒤 마지막 시민위원회에 상정해 결정하기로 합의를 보았다. 시민위원이 인권헌장제정의 주인이며, 끝까지 참여하고 결정하는 것이 중요하다고 생각했기 때문에 그런 결정을 내렸다.

Ⅲ. 서울시민 인권헌장을 제정하며

6차 회의 날, 지하철 시청역에서 내려 시청으로 들어가려는데 '동성애 반대(OUT)'를 외치는 소리가 지하통로를 가득 메웠다. 성소수자 반대단체의 점거 및 시위가 위압적으로 느껴졌다. 정문으로 들어온 다른 시민위원들은 시청에 들어설 때, 시위대와 약간의 마찰이 있었다고 한다. 길을 막아서는 것은 물론, 인권헌장을 만들면 안 된다는 말을 들은 시민위원도 있었다. 평소와는 다르게 서울시 공무원들도 안색이 굳은 채 긴장한 기색이 역력했다. 회의장 안에서 만나는 사람들마다 여느 때와 마찬가지로 밝은 표정으로 인사했다. '이제 유종의 미를 거둘 차례'라고 약간은 들뜨고 설렜던 마음을 감추지 않았다.

회의가 시작되기 전에 성소수자를 반대하던 시민위원들이 광고지를 회의 테이블에 놓고 갔다. 자세히 보니, 성소수자 반대에 관한 글이 실린 광고지였다. "가지고 가세요"라고 말하는 시민위원이 있는가 하면, "이게 뭐 어때서요"라고 하며 광고지를 챙기는 시민위원도 있었다. 나는 서울시가 준비한 자료가 아니니 치워달라고 요청했다.

시청 밖에는 비가 오고, 회의장 안은 다소 엄숙한 분위기마저 감돌았다. 전체회의가 시작되었고 우선 각 분과에서 합의된 45개 조항에 대해 박수로 통과시켰다. 이어서 총무단 회의에서 결정한 사항을 시민위원들에게 전달하였다. 미합의된 조항을 어떻게 결정할 것인지 논의하려는 찰나에 서울시 인권담당관이 "시민위원들에게 공지할 것이 있다"고 하였다. "사회적 물의를 빚고 있는 인권헌장에 대해서 만장일치로 통과되지 않는다면, 서울시는 인권헌장을 받아들일 수 없다"고 했다. 또한 "서울시가 인권헌장에 대한 제정 권한을 시민위원에게 주었듯이 다시 거둘 수 있다"고 언급했다. 순간 당혹스러웠다. "서울시가 권한을 주었으니 다시 거둘 수 있다"고 말한 부분이 상당히 불쾌했다. 우릴 꼭두각시로 본 것일까? 아님 바보로 본 것인지? 서울시가 권한을 준다고 감지덕지해서 시민들이 받은 것인가? 그리고 빼앗아 가면 한마디 말도 못하고 순순히 물러나 줄 것이라고 생각했던 것인가? 일순간 회의장은 조용해졌다. 분과내부회의에서 합의가 되지 않은 사항을 어떻게 전체 회의에서 만장일치로 결정을 하란 말인가? 합의를 하자는 건지 말자는 건지 알 수 없었다. 회의장 안에 있던 모든 시민위원들은 혼란에 빠졌다. 권한을 위임하고 다시금 박탈하는 것이 일방적인 의사표시로 가능한가? 위임은 계약이다. 일방의 의사표시로 성립할 수 있는 것이 아니다. 권한을 줬다가 뺏는 아이들 장난인 줄 안 것인가? 이는 단순히 권한의 문제만은 아니었다. 서울시는 그날 회의장에 있던 모든 시민위원의 제정위원으로서의 정체성을 박탈한 것이었다.

일부 시민위원들이 "서울시의 입장은 서울시만의 입장일 뿐이다. 우리에게 주어졌던 권한과 의무는 인권헌장을 제정하는 것까지"라고 말하기 시작했다. 연세가 지긋하신 시민위원은 "공산주의도 아니고 만장일치로 합의를 보자는 것이 말이 되냐"고 되물었다. 또 다른 시민은 "기존의 아무런 합의도 없이 일방적인 통보로 합의를 보자는 것" 자체가 말이 되지 않는다며 항의했다. 성소수자를 반대하던 시민위원은 "서울시가 받아들일 수 없다고 하지 않느냐"며 서울시를 두둔하고 나섰다. 갑작스러운 서울시의 입장변화에 전문위원들도 당황해 하는 것 같았다. 어느 위원은 "쟁반노래방에서 쟁반으로 머리를 맞은 것 같아요"라고 심정을 고백했다. 화를 내는 분들도 있었고 말을 아끼는 분도 있었는데 어이없고 화나는 건 아마도 다 똑같은 심정이었을 것이다.

한동안 논란이 계속된 뒤 시민위원들은 미합의 조항을 표결로 최종 결정하기로 했다. 미합의 사항을 끝까지 토론한 뒤 합의가 안 되면 선포를 연기하자는 안도 나왔고 수정안을 도출해 보자는 안도 제기되었다. 미합의 사항을 삭제한 뒤 통과시키자는 안도 나왔지만 결국은 투표에 의해 결정하자는 안이 압도적으로 지지를 받았다.

회의는 계속되었다. 그런데 이를 지켜보던 인권담당관이 사회자의 마이크를 빼앗으며, "만장일치가 아니면 서울시는 받아들이지 않겠다"며 거듭 강조했다. 회의장 안, 백 명이 넘는 시민들이 지켜보고 있는 가운데, 힘으로 사회자를 밀치고 마이크를 뺏는 행위를 하였다. 이건 분명 폭행이다. 그 순간 사회자가 받았을 수치심이 그대로 시민들에게 전달되었다. 대체 시민들을 어떻게 생각하기에 저런 행동을 할 수 있단 말인가. 나는 분노가 치밀었다. 서울시의 행동은 시대착오적인 오만한 발상이 아닐 수 없었다.

회의는 속행되었지만 회의장은 술렁거렸다. 성소수자를 반대하던 시민들은 표결로 회의를 진행하는 것은 반대라며 항의하였고, 회의가 길어질수록 자리를 떠나는 시민들이 늘어만 갔다. 시간은 회의 종료 예정시간인 10시를 훌쩍 넘어 서고 있었다. 표결에서 정족수가 부족할까 걱정스러웠다. 나와 퍼실리테이터는 마지막 회의이니 만큼 마무리를 짓자고 분과 내의 시민위원들을 독려하였다.

가장 문제가 됐던 제4조와 제15조에 대해 표결을 하는데 서울시 공무원들이 회의진행을 방해하기 시작하였다. 계수를 제대로 하지 않는 것이었다. 시민위원들이 공무원들에게 강력하게 항의하였고, 3차례의 거수 끝에 결론을 지었다. 표결의 결과는 당일 참석한 시민위원 110명 중 일찍 자리를 떠난 시민위원을 제외하고 77명이 표결에 참여해 그 중, 60명의 찬성과 17명의 반대로 인권헌장이 제정되는 순간이었다. 서울시의 방해에도 불구하고 끝까지 자리를 지킨 시민위원들의 승리가 아닐 수 없었다. 그날 참석했던 인권헌장 제정 시민위원들은 기뻐서 마지막으로 박수를 쳤다. 약 넉 달 동안 달려온 마라톤 회의였고 생업과 약속을 미루면서까지 열과 성을 다했던 인권헌장이기에 그 순간 너무나도 기뻤다. 이로써 우리에게 주어졌던 모든 소임을 다했다는 생각에 긴 한숨이 나왔다.

귀갓길에 휴대폰으로 신문기사를 보았다. 청천벽력같은 소리가 들렸다. 신문에 뜬 기사는 인권헌장이 마지막 회의에서 시민들의 합의를 이루지 못하고 결국 무산되었다고 적혀 있었다. 방금 회의에서 인권헌장을 제정하고 돌아가는 길인데, 이게 무슨 말인지? 서울시가 언론사에 알린 내용이라는 생각이 들었다. .

애초에 서울시는 미합의 사항에 대한 결정방식이나 합의과정에 대한 규율을 정하고 있지 않았다. 위촉식에서도 서울시는 시민위원들의 지원자로서의 역할을 할 것이라고 입장을 밝힌바 있다. 그리고 회의가 진행된 상황에서 총무단을 선발하여 미합의 사항을 어떻게 해결해 나갈 것인지에 대한 회의과정을 마련한 것이었다. 결국, 총무단회의와 전체회의를 통해서 논의되는 결과로서 전개되는 과정이 있었을 뿐이었다. 순탄치 않았던 회의과정 속에서 미합의가 나올 수밖에 없을 거라는 생각은 시민위원이라면 누구나 충분히 예상할 수 있었다. 그러나 서울시는 시민들을 설득하거나 합의를 도출할 방법을 모색하기보다는 만장일치라는 독단적인 입장을 밝힘으로써, 6차 회의 이전에 인권헌장을 폐기하겠다는 의중을 사실로 드러낸 셈이다.

Ⅳ. 무지개가 뜨던 날에

1. 휴일 오전의 기자회견

일요일 오전, 가족들과 거실에 모여 앉아 뉴스를 보다가 경악을 금치 못했다. 서울시 혁신기획관이 기자회견을 통해, 인권헌장은 회의과정에서 시민위원들이 합의를 이끌어내지 못해 회의자체가 무산되었다고 발표했다. 대체, 무엇이 걱정되고 무서웠던 것일까? 휴일 오전에 갑작스럽게 기자회견을 하는 이유가 무엇일까? 뜬금

없는 휴일 오전의 기자회견은 서울시가 또 한 번 시민위원들의 뒤통수를 친 격이었다.

이날 기자회견으로 인하여 서울시와 시민위원의 갈등이 아닌 사회적인 갈등으로 확산되었다. 서울시가 차라리 그전처럼 시민위원들 뒤에서 비겁해졌어야 했다. 서울시는 시민위원들의 결정에 따를 수밖에 없다고, 모든 권한은 시민위원들에게 있다고 했던 토론회와 공청회에서처럼 모든 권한과 책임이 시민위원들에게 있다고 강조하였어야 했다. 결국, 서울시는 명분도 실리도 모두 다 잃었다.

기자회견 이후, 한가로운 휴일 하늘에 무지개가 떴다. 무지개를 마지막으로 본 게 언제였는지 기억조차 나질 않았다. 파란 하늘에 떠 있는 무지개는 세상과 동화되는 느낌이었다. 잠시나마 기자회견을 잊어버리고, 넋 놓고 바라보았다. 마치 하늘에서 힘들었던 일련의 과정을 위로하듯 보내준 선물인 것만 같았다.

2. 무지개 농성장 방문

서울혁신기획관의 기자회견 이후, 성소수자 단체뿐만 아니라 장애인단체, 여성단체 그리고 공익변호사들이 함께 시청을 점거·농성하기에 이르렀다. 추운 겨울 날 고생하시는 분들을 응원하기 위해 시청에 방문했다가 농성하는 모습에 방해가 될까봐, 조용히 방명록에 '차이가 차별이 되지 않는 사회를 꿈꾼다'고 적고 시청을 나섰다. 시청입구에 '귀를 열겠습니다'라고 적힌 글귀와 그림이 눈에 띄었다. 글귀가 야속하게만 느껴졌다. 잠시 혼잣말로 '귀는 언제 열어주실 건가요?'라고 물었다.

집으로 돌아오는 동안, 농성을 하시던 분들의 눈빛이 떠올랐다. 우리가 상상하는 것 이상으로 그들은 절박했다. 자신의 존재 자체

를 부정당한 것에 대한 분노에 애잔함이 묻어났다. 장애인의 인권
도 2000년 이후부터 서서히 시혜가 아닌 권리로서 인식되었고, 많
은 장애인들의 오랜 투쟁의 끝에 이동권, 활동보조, 소득보장 등의
복지를 일궈냈다. 성소수자의 절박함도 장애인들의 절박함과 그리
다르지 않았다.

3. 인권헌장 낭독식

서울시가 일방적으로 약속을 저버린 잘못을 알리고 싶었다. 뜻
이 있는 시민위원들을 주축으로 하여 성명서를 작성하고 연명을
받았다. 많은 시민위원들은 연명을 꺼려했다. 혹여나 자신에게 피
해가 있지는 않을까 염려하는 시민도 있었고, 귀찮은 일에 휘말리
고 싶지 않다는 시민들도 있었다. 하지만 여기서 끝낼 순 없었다.
그 동안의 열정과 노력이 아까웠고, 이대로 불의를 보고도 침묵한
다면 서울시와 그 관계공무원들은 시민들을 더 가볍게 생각할 것
같다는 생각이 들었다. 그래서 망설이는 시민위원들을 전화와 문자
로 설득하기 시작하였다.

12월 10일 세계인권의 날에 맞춰, 서울시는 인권헌장 제정을 선
포하기로 예정되어 있었다. 하지만 서울시는 끝까지 인권헌장을 폐
기하겠다는 뜻을 굽히지 않았다. 이에 시민위원들은 인권헌장을 알
리기 위해 인권단체와 함께 서울시청 앞마당에 모여 인권헌장 낭
독식을 거행하였다. 모두의 뜻을 살려 최대한 다른 시민들과 충돌
하지 않으면서도, 축제분위기를 만들자고 색색의 고깔모자를 쓰고,
인권헌장의 내용이 적힌 스케치북을 들고 한 장 한 장 넘기며, 서
울시민 인권헌장을 읽어내려 갔다. 시민들의 손에 의해 제정되었던
인권헌장이 시민들의 손에 의해서 세상의 빛을 보게 된 순간이었

다. 비록 조졸한 낭독식이지만, 4개월간의 시민들의 노력 끝에 만들어진 서울시가 아닌 시민들의 것임을 증명하는 자리였다는 데 그 의의가 있다. 이날 시민위원들은 들러리가 아닌 진정한 주인공이었다.

Ⅴ. 서울시민 인권헌장의 선포를 촉구하며

2015. 1. 21. 인권헌장 제정과정에 참여했던 시민위원들을 위한 자리가 마련되었다. 조졸한 장소에서 그간 회의 중간에 찍었던 사진도 구경하고 못 다한 이야기도 나눴다. 회의시간처럼 긴장되고 상기된 분위기가 아닌, 모두가 즐길 수 있는 즐거운 시간이었다.

모임 후반부로 갈수록 많은 시민들은 서울시민 인권헌장의 선포식에 대한 아쉬움을 토로하였다. '빠른 시일 내에 인권헌장이 선포되고, 선포되는 그날 우리 모두가 초대받아 가면 좋겠다'고 하였다.

190명의 시민위원들이 서울시민 인권헌장의 제정을 위해 한날한시에 원탁에 앉아 회의를 진행했다. 무급의 명예직이었음에도 불구하고, 월차를 쓰거나 가게를 문을 닫는 등의 생업을 잠시 접어두고 참여한 시민위원들이었다. 단순히 세계 '최초'로 시민들이 참여하고 제정했다는 점에서 가치가 있는 것이 아니라, 시민들의 노력과 헌신적인 참여로 제정했다는 점에서 서울시민 인권헌장이 가치가 있다.

마지막까지 시민위원들은 인권헌장을 세상에 알리기 위해 최선의 노력을 다했다. 이제는 서울시가 보여줄 차례다. 빠른 시일 안에 서울시민 인권헌장을 선포하여, 시민들과의 약속을 지키는 책임감 있는 모습을 보여주길 바란다.

차별과 혐오에 맞서 씨름한 127일간의 여정

이 하 나*

2014. 7. 17. 서울시민 인권헌장 제정 시민위원(이하 시민위원)으로 선정되었다는 이메일을 받았다. 당시 인터넷을 통해 서울시민 인권헌장(이하 인권헌장) 사업을 접했던 나는 대학에 입학한 이후로 인권에 관심을 갖고 관련 단체에서 자원 활동을 해오고 있던 터라, 시민위원에 응모하기로 결심했다. 부족하지만 그간의 활동을 통해 내가 접했던 보편적 인권의 원칙이 헌장에서 꼭 지켜지길 바랐고, 인권이 제도화되는 과정에서 그 내용이 왜곡되거나 유명무실해지는 일을 방지하고 싶었기 때문이다. 나중에 알게 된 사실이지만 시민위원 추첨에는 10.5 대 1의 경쟁률을 보였다고 한다. 그 수많은 사람들 중에서 내가 뽑혔다니, 굉장한 행운이 아닐 수 없었고, 그만큼 시민위원이라는 책임이 무겁게 다가왔다.

I. 기대와 우려가 교차하는 출발

8. 13. 전체 회의를 시작으로 시민위원회는 인권헌장 제정에 착수했다. 지금까지 많은 도시 인권 헌장이 제정되었지만 서울시처럼 시민들이 대거 참여하여 인권헌장을 제정하는 것은 세계적으로도

---

* 서울시민 인권헌장 제정 시민위원회 시민위원

유례가 없는 획기적인 시도였다. 이는 시민이 주체적으로 자신의 규범으로서 인권을 받아들이고 정립해가는 기획이라는 점에서, 잘 만 진행된다면 민주주의의 증진과 인권 문화 확산을 도모할 수 있 는 것이었다. 헌장에 들어갈 인권을 논의하고 합의해가는 과정이 시민들에게 선거 때 외에는 쉽게 접하기 어려운 민주적인 의사결 정의 경험을 제공하고, 서로의 인권 의식을 향상시키는 인권 교육 의 장으로 기능할 수 있으리라 기대되었기 때문이다. 그 과정에서 시민들의 구체적 삶에 밀착된 인권 의제를 새롭게 발굴해내고, 보 다 생생하게 와 닿는 인권헌장을 만드는 것도 기대해 볼 만한 것이 었다.

또한 헌장이 비록 법적 구속력은 없더라도 인권을 시의 공식적 규범으로 선언한다는 상징적 의미가 클 것으로 보였다. 서울시가 권한을 위임해 시민 스스로 제정하는 헌장인 만큼 헌장의 내용이 서울시정에 어느 정도 영향력을 미칠 것이고, 그러한 공적 인정을 통해 인권에 대한 척박한 사회적 인식 또한 개선될 수 있을 것이라 생각했다. 만약 헌장이 제정된다면, 그 내용을 기준으로 반인권적 인 시정에 비판을 가할 수 있고, 보다 직접적으로는 '헌장의 이행' 조항을 통해 인권헌장의 내용을 서울시 정책에 반영하도록 제도적 으로 담보할 수도 있을 것이었다. 이 같은 상당한 의미를 지닌 인 권헌장 제정에 내가 시민위원으로서 직접 참여할 수 있게 된 데 큰 기쁨과 막중한 책임감을 느꼈다. 헌장에 건 기대가 꼭 현실화될 수 있도록, 제대로 된 인권헌장을 만들어야겠다는 생각이 컸다.

그러나 한편으로는 시민 참여의 한계를 무시하기 힘들었다. 아 무래도 무작위 추첨으로 뽑힌 시민위원들이다보니 기존의 인권 담 론과 원칙들에 대한 전문성이 부족할 수밖에 없었고, 저마다 다종 다양한 배경을 가지고 있는 위원들이 서로 잘 알지 못하는 상태에 서 얼마나 소통할 수 있을지 불투명했기 때문이다. 우선 나 자신부터가 인권에 대한 전문적 소양이 충분치 않아 걱정되었다. 몇 년간 인권단체에서 활동한 경험은 있으나 그것은 그야말로 '자원 활동'일 뿐 체계적으로 전문 지식을 습득한 것은 아니었기에, 과연 내가 헌장의 내용을 충실하게 채울 수 있을지 자신이 없었다. 나아가 가장 크게 걱정되었던 점은 시민위원회의 논의 결과 혹시라도 반인권적인 내용이 헌장에 담기게 되지 않을까 하는 것이었다. 시민위원들 사이에서 인권에 대한 합의 수준이 크지 않고, 이와 관련된 배경 지식을 충분히 공유하지 못한 상태였기 때문에, 자칫 다수결 논리에 의해 인권의 원칙이 훼손될 소지가 다분해 보였던 것이다. 역사적으로 인간의 권리는 언제나 배제되고 억압받는 이들의 권리로 주장되어 왔으며 따라서 그 내용은 기존 사회보다 한 걸음 더 나아간 '불편한 목소리'가 될 수밖에 없는 이상, 시민들이 처음부터 무리 없이 인권에 대해 합의한다는 것은 쉽지 않은 일이었다. 때로는 갈등과 유혈을 수반하면서 인권의 원칙을 확립해 온 역사가 있기에, 분명 시민위원회 내에서도 인권에 대한 첨예한 쟁점과 대립이 재연될 것이라 보았다. 그러한 논쟁의 결과로 이미 국제적으로 확립된 인권 규범에서 후퇴한 내용을 헌장에 담게 되는 것은 아닐지, 시민위원들의 자율적 토론만으로 과연 보편적 인권에 부합하는 결과를 담보할 수 있을지 불안했다.

서울시가 이러한 점들을 충분히 감안했는지에 대해서도 의구심이 들었다. 제정 과정에서 발생할 수 있는 갈등을 시민위원들 스스로가 제어할 수 있다고 지나치게 낙관한 채 별다른 안전장치를 마련한 것 같아 보이지 않았기 때문이다. 인권헌장 제정을 '시민들의 축제'처럼 만들겠다는 서울시의 수사(修辭) 또한 인권을 둘러싼 힘겹고 치열한 줄다리기를 무시하는 다소 순진한 발상처럼 들렸다. 어쩌면 지금껏 인권헌장이 주로 전문가들에 의해 제정되어 온 것은, 양보할 수 없는 인권의 원칙과 소수자들의 권리가 다수 여론에 의해 침해되지 않도록 제정자들에게 충분한 경험과 전문적 소양을 요구했기 때문일 것이다. 따라서 시민 참여로 인권 헌장을 제정하겠다는 서울시의 실험은 한편으로는 시민들 사이에서 인권과 민주주의를 증진할 수 있는 기회가 될 수 있는 동시에, 다른 한편으로는 '다수의 합의'에 인권의 내용을 종속시킬 수 있는 위험을 가진 양날의 검이었다. 나는 회의에 참여하기 전부터 과연 반인권적 견해들이 토론을 통해서 잘 제어될 수 있을지, 혹시나 내가 무의식중에 혐오 발언이나 차별적인 의견을 던지지는 않을지 몹시 걱정되었다.

Ⅱ. 순항하는 회의, 여전한 불안 요소

기대 반 우려 반으로 들어간 회의였지만, 전체 회의에 참여한 시민위원들의 태도는 성숙하고 차분했다. 인권에 대한 생각은 조금씩 달라도, 기본적으로 인권 헌장 제정에 관심을 가지고 지원한 분들인 만큼 인권의 보편적 가치에 동의하는 시민위원들이 많았다. 무엇보다 서울시민을 대표하여 인권헌장을 제정한다는 책임감을 갖고 적극적인 참여 의지를 보여주었다. 그 결과 예정에 없던 인권교육이 시민위원들의 요구로 두 번이나 이루어졌고, 전체회의에는 수업을 마치고 온 학생, 퇴근하고 온 직장인, 아기를 데리고 온 여성, 휠체어를 타고 온 장애인 등 다들 각자의 생업과 학업으로 바쁜 시민위원들이 평균적으로 100명 이상 성실하게 참여했다.

시민위원회는 총 6차례로 진행되었다. 1~2차 회의에서는 인권헌장에 어떤 내용이 들어가면 좋을지 자유롭게 의견을 개진했고, 이 의견들을 모아 분과별로 나눈 후, 각자가 지망한 분과에 들어가 헌장 조문을 완성하는 3~6차 회의를 가졌다. 사실 처음 회의에 참여했을 때만 해도 과연 '아마추어'인 시민위원들이 완성도 높은 인권헌장을 만들어낼 수 있을지 막막했다. 참고자료가 제공되고 전문위원들이 도움을 주었지만 어쨌든 헌장의 내용과 구조, 완성된 조문까지 모두 비전문가인 시민위원들의 손으로 해내야 했기 때문이다. 특히 1~2차 회의 때만 해도 시민위원 중에는 층간 소음과 같이 인권이라기보다 민원에 가까운 문제를 제기하는 분들이 있었고, 때로는 토론 시간 내내 자신의 억울한 사연을 들어달라며 하소연하는 분도 있어서 원활한 논의 진행에 애를 먹기도 했다. 이런 모습을 지켜볼 때마다 과연 시민위원들의 토론만으로 제대로 된 헌장이 만들어질 수 있을지 암담했다. 하지만 회의가 거듭됨에 따라 막막해 보였던 인권헌장은 서서히 그 윤곽을 드러내기 시작했다. 여기에는 평일 저녁이나 주말에 시간을 내서 3~4시간 이어지는 마라톤 회의에 참여한 시민위원들의 헌신과, 때로는 중구난방으로 나온 시민위원들의 의견을 깔끔하게 정리하고 투박한 단어들을 공식적인 용어로 윤문해 주신 전문위원들의 지원이 녹아 있었다. 이러한 협력을 통해 구체적이고 명료한 내용을 담은 인권헌장이 만들어질 수 있었다. 회의 때마다 마지막에는 조별 혹은 분과별로 논의한 결과를 발표하는 시간을 가졌는데, 이 발표물들은 시민 참여가 갖는 어려움을 감안하면 비교적 높은 수준을 보여주었다고 생각한다. 개인적으로 회의 결과가 발표될 때마다 인권에 부합하지 않는 의견이 나오지 않을까 굉장히 긴장했지만, 그런 걱정은 기우였음을 증명이라도 하듯 모든 조가 나름대로 잘 정리되고 알찬 내용을 발표해 감탄하기도 했다.

1~2차 회의 이후 나는 노동인권에 관심이 있었기 때문에 노동과 교육 관련 내용을 담당하는 '더 나은 미래' 분과에 지원했다. 운이 좋았던 건지 '더 나은 미래' 분과 위원들은 모두 상대방을 배려하고 합리적으로 토론하는 자세를 보여주었다. 토론 쟁점이 생길 때마다 위원들은 상대방의 마음이 상하지 않도록 조심스럽게 의견을 개진

했으며, 서로의 의견과 전문위원의 조언을 들은 후 합리적이라고
생각하면 대체로 수긍하는 모습을 보여서 합의가 원만하게 이루어
질 수 있었다. 토론 쟁점 또한 특정 권리에 대한 찬반보다는 헌장
조문의 실효성을 높이기 위한 논의를 위주로 전개되었다. 예컨대
인권교육이 시민들 사이에서 실질적으로 이루어지게 하려면 어떻
게 조문을 작성해야 하는가를 둘러싸고 꽤 오랜 논의가 이어졌는
데, 한편으로는 모두가 같은 취지의 이야기를 하면서 논의가 공회
전하고 있다는 인상을 받기도 했지만, 다른 한편으로는 인권헌장을
공허한 선언에 그치지 않도록 만들겠다는 시민위원들의 열의를 느
낄 수 있었다.

　때로는 위원들이 전반적으로 진보적인 입장을 취해 깜짝 놀라기
도 했다. 교육 분과이다 보니 학생 인권 이야기가 나올 수밖에 없
었는데, 고등학생부터 나이 지긋한 어르신에 이르기까지 모든 위원
들이 학생인권은 당연한 권리라고 흔쾌히 동의하고 넘어가 굉장히
놀라면서 안도했던 기억이 난다. 비록 학생인권 내용 자체는 서울
시 학생인권조례와 겹치는 이유로 헌장에서 빠졌지만, 위 사례는
분과에 모인 위원 분들이 비교적 인권에 대한 동의 수준이 높았음
을 보여준 하나의 척도라 할 수 있었다. 물론 이러한 분위기가 다
른 모든 분과에서 지배적인 것은 아니었다. 첨예한 쟁점이 존재했
던 분과는 합의를 도출하기가 매우 어려웠다고 한다. 내가 속한 분
과처럼 비교적 무난하게 논의가 이루어진 경우는 행운이었고, 만약
다른 시민위원들이 '더 나은 미래' 분과에 왔다면 논쟁의 양상도 퍽
달라졌으리라 생각한다. 개인적으로 '더 나은 미래' 분과가 보여준
모습은 시민 참여형 헌장 제정이 의도한 가장 이상적인 형태가 아
니었을까 싶지만, 달리 생각하면 갈등이 수위로 올라오지 않을 만
큼 논의를 깊게 진행하지 않은 것일 수 있다는 평가도 가능하겠다.
특히 우리 분과는 추후 논란의 대상이 된 성소수자 권리를 명시적

으로 언급한 내용이 없었기 때문에 회의가 더 순조롭게 진행된 측면도 있다. 다만 분과에서 보여준 위원들의 성실한 태도와 평소 언행에 비추어보건대, 성소수자 혐오와 차별에 동의하는 분들은 거의 계시지 않았던 것으로 보인다.

회의가 거듭되면서 시민위원회는 안정적인 궤도에 올랐지만, 그럼에도 불구하고 불안 요소는 계속 있었다. 대부분의 시민위원들은 차분하고 성숙된 자세로 토론에 임했으나 몇몇 분들은 눈살을 찌푸리게 하는 차별적 혐오 발언을 일삼았다. 특히 어떤 시민위원은 광화문 광장에서 집회를 금지해야 한다는 둥, 장애인 편의시설이 비장애인에 대한 역차별이라는 둥, 반인권적인 발언을 계속해 전문위원들을 난처하게 만들기도 했다. 분명히 전체 회의 진행 원칙에는 인권에 반하는 언행 금지가 명시되어 있음에도 불구하고 실질적으로 이를 제지할 수단은 별로 존재하지 않았던 점이 아쉽다. 인권에 대한 전문적 식견이 부족할 수밖에 없는 시민들이 참여하는 회의이기에 기존 인권담론과 충돌하는 언행이 발생하는 일은 불가피한 측면이 있다지만, 그래도 이를 충분히 제어할 수 있는 장치가 제도적으로 마련되었어야 하지 않나 싶다.

가장 우려가 되었던 것은 성소수자 인권에 대한 공격이었다. 성소수자 관련 차별 발언을 서슴지 않는 일부 시민위원들이 있었고, 1~2차 회의록에 담긴 의견 중에는 성소수자 인권은 보장하지 말아야 한다는 내용이 눈에 밟혔다. 많은 선진국들에서 동성결혼이 합법화되는 추세이고, 각종 국제 인권 규약은 물론 현행법 또한 당연하게 성소수자 차별금지를 명문화하고 있는 마당에, 한국 사회의 인식은 여전히 미흡한 것 같아 안타까웠다. 과연 시민위원회가 이 사회의 차별적인 인식을 뚫고 소수자에 대한 인권 보장을 단호하게 지켜낼 수 있을지 불안했다. 이러한 불안이 기우가 아님은 시민위원회를 위해 개설된 인터넷 카페에서 분명하게 드러났다. 카페에는 몇몇 회원들이 지속적으로 성소수자 인권을 헌장에서 빼자는 글을 올렸다. 그 근거는 이들의 권리에 관해 사회적으로 논란이 많다는 내용이거나, 보다 노골적으로는 동성애가 에이즈의 주범이라는 의견이었다. 이미 비과학적인 것으로 밝혀진 후자의 주장은 차치하고서라도, 전자와 같이 사회적 논란이 크면 누군가의 권리를 삭제할 수 있다는 시각은 인권헌장의 취지에 정면으로 반하는 것이었다. 나는 이분들의 의견이 카페의 지배적인 여론으로 비춰지는 것이 우려되어, 한번 성소수자 인권단체의 논평을 올렸다가 엄청난 수의 댓글 세례를 당해야했다. 무서워서 댓글을 일일이 확인해보진 못했지만, 대부분 성소수자 인권을 인정하지 말아야 한다는 혐오 의견을 피력한 것이었다.

그러한 혐오 의견의 영향 때문인지, 성소수자 권리와 관련된 내용이 들어간 '일반원칙' 분과(차별금지사유 명기)와 '복지와 안전' 분과(폭력에 취약한 소수자 명기)에서는 차별금지사유에 성소수자를 명기할 것인지 여부가 첨예한 쟁점이 되었다. 뿐만 아니라 성소수자 차별금지를 넘어 인권헌장 자체의 효력을 약화시키려는 의견도 있어서, '헌장의 이행' 분과에서는 서울시가 '국제 인권 조약과 국제관습법에 근거하여' 헌장을 실행하고, 헌장의 이행을 위한 구체적인 계획을 마련하며, 인권교육을 실시한다는 조항이 논란의 대상이 되었다. 위 두 사항은 최종회의 때까지 분과 내 의견대립이 좁혀지지 않아 미합의사항으로 제출되었다. 이 중 '헌장의 이행' 분과 쟁점은 상식적으로 이해하기 어려운 것이었는데, 왜냐하면 해당 조항을 반대한다는 것은 헌장을 만드는 사람이 스스로 그 헌장의 실효성을 낮추자는 것이나 다름없었기 때문이다. 애초에 이 분들이 인권헌장을 '제대로' 만들 의사가 과연 있었는지, 아니면 성소수자 인권을 반대하기 위해 인권헌장 자체를 무력화시키려고 한 것은 아닌지 의혹을 사기에 충분했다. 인권헌장의 실효성을 기하기 위해 문구 하나하나까지 세심하게 따졌던 '더 나은 미래' 분과 모습과 비교해보면 상당히 대조적인 모습이 아닐 수 없었다.

시민위원회에서 성소수자를 배척하는 의견이 존재했던 것은 사실이지만 그 여론이 지배적이었다고 생각하지는 않는다. 작정하고 성소수자 혐오에 집중하는 시민위원들이 몇 분 있기는 했어도 위원회 내에서 다수는 아니었고, 전반적으로 전체회의는 차분한 분위기에서 진행되었기 때문이다. 게다가 내가 카페에 성소수자 인권을 지지하는 글을 올린 이후, 전체 회의에서 한 시민위원은 내게 카페에 올린 글에 동의하는 댓글을 달까 하다가 논란만 더 일으킬까 우려되어 그냥 두었다고 말해주었다. 다른 한 시민위원도 카페는 분위기가 이상해 안 들어간다고 귀띔해 주기도 했다. 돌이켜 보면 시민위원 중에서 성소수자 혐오 의견을 적극적으로 피력하던 분들은 애초에 동성애 반대를 위해 시민위원에 지원했던 것이 아닌가 싶다. 그 분들로서는 성소수자 인권이 헌장에서 삭제되어야 한다고 굳게 믿은 것인지 모르겠지만, 그러한 언행은 차별과 혐오에 맞서야 할 인권헌장의 의미를 퇴색시키고, 시민들이 인권을 논의하는 공론장 자체를 위축시키는 효과를 초래하기에 받아들일 수 없는 것이었다. 과연 내가 그런 분들을 설득할 수 있을지, 혹시나 그 분들의 의견이 다수 여론이 되어 인권헌장이 소수자 인권 보호를 포기하는 방향으로 결정되는 것은 아닐지 불안함이 계속되었다.

Ⅲ. 성소수자 혐오 공격, 수수방관하는 서울시

인권헌장을 위태롭게 만든 가장 큰 위협은 시민위원회 밖에서 들어왔다. 보수 기독교 단체들을 비롯한 동성애 혐오세력이 인권헌장을 공격하고 나선 것이다. 인권헌장 제정회의가 본격적으로 시작된

지 얼마 되지 않아 일간지에는 '동성애 합법화하는 서울시민 인권헌장 반대'라는 혐오 단체들의 광고가 실리기 시작했다. 이를 필두로 성소수자 혐오 단체들은 전체 회의가 있을 때마다 서울시청 근처에서 집회를 열어 '동성애 반대', '동성애 합법화하는 서울시민 인권헌장 반대' 등을 주장했으며, 시민들의 의견수렴을 위해 열린 인권헌장 토론회와 공청회에 조직적으로 난입해 아수라장을 만들기도 했다.

헌장 제정에 대한 혐오 세력의 훼방이 본격적으로 이슈화된 것은 강남권과 강북권에서 열린 권역별 토론회 때부터였다. 참석했던 시민위원들의 이야기를 들으니, 토론 시간 내내 성소수자 혐오 발언을 쏟아내는 분들이 많아, 논의가 제대로 이루어지지 못했다고 한다. 그와 같은 조직적인 회의 방해는 성소수자의 인권을 짓밟는 혐오 행동임은 물론이고, 인권 전반에 대한 시민사회 내의 생산적 논의를 가로막는 폭력이었다. 자신들의 혐오를 관철하기 위해 누군가의 존엄성을 박탈하고, 다른 인권의제조차 다루지 못하게 하는, 나아가 모두의 인권을 후퇴시키는 그 처사에 분노하지 않을 수 없었다. 뿐만 아니라 토론회에 퍼실리테이터로 참여한 시민위원들도 혐오세력의 폭력에 고스란히 노출되었다. 일부 참여자들은 한 시민위원에게 '어떻게 동성애에 찬성할 수 있느냐, 그렇게 멍청해서 인권헌장을 제정할 수 있겠냐'는 막말을 일삼았고, 나아가 시민위원들의 신상과 이력, 경력 등을 공개해야 한다는 위협까지 벌였다고 한다. 그로 인해 충격을 받은 시민위원 한 분이 울면서 실신하는 일이 벌어졌음에도 불구하고 서울시는 아무런 조치도 취하지 않았다. 당시 토론회의 파행을 수수방관하는 서울시의 태도에 대해 한 시민위원이 문제제기를 했더니 서울시 측에서는 '그래도 전체회의는 잘 진행되지 않느냐, 우리는 시민위원님들을 믿는다.'는 답변만 되돌아왔다고 한다. 정말 무책임한 발언이 아닐 수 없었다. 토론회가 폭력에 의해 파행을 겪었음에도 불구하고 이에 대처하는 서울시의 태도는 이상하리만치 안일하고 미온적인 것이었다.

토론회의 파행 이후 4차 전체 회의부터는 분위기가 꽤 무거워졌던 것으로 기억한다. 내가 속한 분과에서는 성소수자 관련 내용이 없어 큰 갈등 없이 논의가 진행되었지만, 다른 분과에서는 토론 과정에서 성소수자의 권리를 놓고 대립이 날카로워졌다고 한다. 그래도 다행이었던 것은 적어도 전체회의는 커다란 소란이나 동요 없이 무사하게 진행되었다는 점이다.

혐오단체의 공격이 정점을 찍은 것은 인권헌장 공청회 때였다. 11.20. 개최된 공청회는 동성애 반대 단체 회원 200여 명의 조직적 참여와 방해로 결국 무산되었다. 나도 이날 참석했는데, 그야말로 지옥도를 보는 것 같았다. 공청회 시작은 오후 2시였지만, 혐오 단체는 12시부터 공청회장에 들어와 자리를 차지하고 있었다고 한다. 내가 도착한 2시에는 이미 장내가 아수라장이었다. 회의장에 들어서니 200여 명의 사람들이 좌석을 몽땅 차지한 채 "사회자 바꿔라!"라는 구호를 쉴 새 없이 외치고 있었다. 아직 진행자가 오지 않은 단상은 동성애를 반대하는 분들이 새까맣게 몰려 보이지도 않았다. 곧 사회자와 토론자들이 도착하자 반대 세력들은 단상을 점거하고 일제히 '서울시민 선동헌장', '동성애 아웃' 등의 플래카드를 들면서 '사회자 나가라', '동성애 아웃'을 연호했다. 자리에 앉아주길 부탁하는 사회자의 마이크를 빼앗고 멱살을 잡는 폭력도 일삼았다. 그 분위기는 무섭다 못해 믿기지가 않아 비현실적으로 느껴질 정도였다. 몇몇 사람들의 행동은 정말 기가 찼다. 수많은 사람들이 혐오 피켓을 든 그곳에서 몇몇 성소수자 인권운동 활동가들이 차별금지 피켓을 들었을 때 그들은 활동가들의 피켓을 가리고 빼앗는 데 여념이 없었다. 활동가들은 다른 이들의 피켓을 전혀 빼앗지도 손대지도 않았는데 말이다. 이에 항의하자 어떤 분이 자신의 행동을 '표현의 자유'라고 정당화하는데, 그 모습을 눈앞에서 보고 있자니 기

가 막히고 말문이 막혔다. '표현의 자유'라는 단어가 오염되는 기분
이었다. 그토록 표현의 자유를 옹호하는 분이 어째서 다른 이들의
자유와 인권은 사정없이 짓밟는지 되묻고 싶었다. 공청회가 시작도
되지 못하고 무산되었을 때, 한 목사는 단상에 올라서서 자신들이
승리했다며 "할렐루야"를 외쳤다. "할렐루야" 소리가 그리도 끔찍
할 수 있는지 처음 알았다. 공청회의 폭력적 무산을 두 눈으로 직
접 지켜보면서 나는 누군가의 권리를 이런 식으로 압살하는 그들
의 행동에 분노가 끓어오르다 못해, 저 사람들이 왜 저렇게까지 하
는지 도무지 이해가 가지 않았다. 지극히 평범해 보이는 수많은 사
람들이 그토록 극심한 증오를 쏟아내는 광경은 견디기 힘든 것이
었다. 누군가가 단지 이성애자가 아니라는 이유만으로 이처럼 숱한
사람들로부터 자신의 존재를 부정당하고 있다는 생각이 들자 서글
퍼지기도 했다. 이 절망적이고 갑갑한 현실 때문에라도 인권헌장에
반드시 성소수자 차별금지를 명문화해야겠다는 생각이 들었다. 혐
오 단체들의 범죄에 가까운 폭력 행위는 왜 이 사회에서 성소수자
인권에 대한 공적 보호가 절실히 필요한지를 보여주는 분명한 증
거였다.

　더욱 화가 나고 이해할 수 없었던 것은 서울시가 이러한 혐오세
력의 폭력에 아무런 대응도 하지 않았다는 것이다. 당시 공청회장
에 들어와 있던 경찰은 신고가 들어오지 않았다는 이유로 시의 공
식 행사가 폭력적으로 무산되는 사태를 수수방관하고 있었다. 도대
체 서울시는 왜 공청회에 난입한 단체 회원들을 '공무집행방해'로
신고하지 않은 것인가? 서울시는 공식 행사가 이런 식으로 무산되
어도 가만히 있는 곳이란 말인가? 나중에 기사를 찾아보니 서울시
담당자는 '인권헌장은 시민위원회 주도로 진행되며, 서울시에서는
그 장을 마련해 주는 것이 주된 일'이라고 선을 그었다고 한다.[1] 하
지만 서울시는 그 장을 '안전하게' 마련하는 일에조차 책임을 다하

지 않았다. 시민위원들은 토론회와 공청회에서 혐오세력이 행사한 폭력에 아무런 대책 없이 노출되어 있었고, 그로 인해 상당한 트라우마를 남기는 경험을 겪을 수밖에 없었다. 게다가 소수자 인권을 앞장서서 보호해야 할 국가 기관이 명백한 혐오행동에 제재를 가하지 않은 것은 그 자체로 차별과 혐오를 정당화하고 소수자의 시민권을 박탈하는 행동이다. 서울시가 공공의 장소에서 자행된 혐오 폭력을 그대로 방치한 처사는 자신들이 뽑은 시민위원에 대한 보호의 책임을 방기한 것이었을 뿐만 아니라 그 자체로 성소수자 혐오 행동을 암묵적으로 용인하는 것이기도 했다.

　서울시의 미온적 태도는 이에 그치지 않았다. 왜냐하면 서울시는 인권 헌장 관련단체 간담회에 인권헌장 선포 자체를 부정하거나 심지어 동성애 혐오 등의 주장을 펼치는 단체들도 포함시켰기 때문이다. 전체회의에서 참고자료로 제공된 이 간담회 자료를 보고서 나는 서울시에 메일을 보내 항의하기도 했다. 실제 간담회 자료를 보면 분야별로 의견을 청취한 단체들의 스펙트럼이 꽤 넓어 몇몇 인권 사안들에 보수적인 태도를 보인 단체들도 포함되어 있기는 했지만, 아무리 그래도 명백히 반인권적인 혐오를 표방하는 단체들에게 인권에 관한 발언권을 주었다는 것은 도저히 용납할 수 없는 처사였다. 그러나 항의 결과 담당자로부터 받은 답변은 '성소수자 인권이 아직 사회적 합의가 덜 되지 않았느냐.'는 이상한 내용이었다. 돌이켜보면 그 때 더 강하게 항의했어야 한다는 후회가 든다. 당시만 해도 나는 서울시가 인권헌장 제정을 추진할 의지가 있다고 믿고 있었고, 시민위원 한 사람의 이의제기에도 손수 통화로 답변을 준 것에 대해 고마워해야 할 것 같아 추가적인 항의 표시를

---

1) 갈홍식, "'동성애 혐오' 판치는데, 서울시는 뭐하나?", 비마이너, 2014. 11. 28. (http://beminor.com/news/view.html?smode=&skey=%B5%BF%BC%BA%BE%D6 +%C7%F8%BF%C0&skind=both&sterm=&section=1&category=4&no=7669)

하지 못했다. 이제 와서 보면 당시 서울시가 보인 미온적 태도는 애초에 서울시가 인권헌장을 제대로 제정할 의지가 별로 없었음을 보인 징후였다는 생각이 든다. 순진하게도 그런 서울시를 철썩 같이 믿은 내 자신이 한심하게 여겨진다.

Ⅳ. 성소수자 차별금지 명문화, 감동과 배신의 순간

시민위원회는 동성애 반대 단체들의 공격으로 난항을 겪기도 했지만, 우여곡절 끝에 마지막 6차 회의에 다다랐다. 11.28. 6차 회의에서는 분과별로 합의한 초안을 최종적으로 확인하고 미합의사항들을 결정하는 시간을 가졌다. 먼저 각 분과에서 합의된 조문을 전체 박수로 통과시켰고, 다음으로는 미합의 조항에 대해 전체 회의에서 어떤 방식으로 결정을 내릴지 논의하고자 했다. 이 때 갑자기 김태명 서울시 인권담당관이 발언권을 얻은 뒤 미합의 사항에 대해서는 지금 사회적 갈등이 심하고 이에 대한 충분한 논의가 필요하니 표결이 아닌 '합의'를 최대한 도출해달라는 말을 했다. 만약 오늘 합의가 되지 않는다면 12월 10일로 예정된 선포식을 연기하여 시민사회로부터 더 광범한 의견을 수렴하겠다는 말도 덧붙였다. 느닷없는 서울시의 개입에 시민위원들은 굉장히 당황했다. 왜냐하면 여태까지 수차례의 회의동안 그와 같은 서울시의 개입은 한 번도 없었을 뿐더러, '표결이 아닌 최대한의 합의'를 바란다는 서울시의 요구는 사실상 그 자리에 참석한 100여 명의 위원들에게 만장일치를 종용하는 것이나 다름없었기 때문이다. 게다가 이 만장일치가 오늘 안에 이루어지지 않을 경우 헌장 선포를 미루고 보다 폭넓게 의견을 수렴하겠다는 서울시의 막연한 계획은 만장일치가 아니라면 인권헌장 제정을 무기한 연기하겠다는 것, 사실상 인권헌장을 포기하겠다는 것으로 비추어졌다.

곳곳에서 반발이 터져 나왔다. 시민위원들은 '이렇게 많은 인원이 만장일치를 하는 것은 불가능하다. 표결을 통해 결정할 수밖에 없다.', '왜 표결이 합의가 아니냐.', '우리는 차악으로 표결을 해서라도 인권헌장을 최종적으로 마무리 짓기 위해 이 자리에 왔다.'는 등의 발언을 하면서 서울시의 비현실적인 요구에 반대하는 입장을 표명했다. 그때까지도 나는 어리석을 만치 순진하게 서울시의 입장을, '다수결로 인권 헌장을 결정한다는 게 인권의 취지에 맞지 않으니 인권에 관한 이상주의적인 원칙을 서울시가 고수하려는가 보구나.'라고 받아들였다. 미합의사항 내용에 대한 토론은 들어가 보지도 못한 채 결정 방식에 대한 논의로 회의가 지지부진해지는 게 마음에 들지 않아서 더욱 그런 생각이 들었던 것 같다. 그래서 '일단 내용에 대한 토론으로 들어가서 서울시 말대로 최대한 합의를 내보자.'라는 참으로 미련한 발언을 하기도 했다. 그런데 서울시 측의 말을 계속 더 들어보니, 만약 시민위원회가 합의가 아닌 표결 방식으로 헌장 내용을 결정한다면 이 헌장을 이행할 주체인 서울시로서는 받아들이기 어렵고, 서울시가 받지 않으면 헌장은 아무 소용이 없을 테니 사실상 시민위원회의 의사와는 무관하게 서울시가 마음대로 하겠다는 의사를 내비치는 것이었다. 그때부터는 나도 '왜 말을 저런 식으로 하지?'라고 생각하며 이상한 느낌이 들었다. 하지만 그것은 좋은 뜻을 '잘못' 말한 게 아니라 애초부터 서울시가 자신의 입맛에 맞지 않는 인권헌장은 폐기할 작정이었음을 보여주는 것이었다.

격렬한 논란 끝에 시민위원회는 서울시의 제안을 받아들이지 않고 위원들의 표결로 미합의 사항을 결정할 것을 다수결로 결론 냈다. 그렇게 주요 안들에 대한 표결에 들어간 결과, 헌장의 이행과 관련된 3개의 조항은 원안대로 결정되었다. 내가 속한 분과에서는 인권헌장이 효력을 가지려면 당연히 원안이 되어야 한다는 분위기였다.

다음으로 가장 논란이 첨예했던 차별금지사유 명기 방식에 대해서는 '성적 지향 및 성별 정체성'을 포함한 구체적 차별금지사유를 명기하는 데 찬성하는 측과 반대하는 측의 대표발언을 각각 2명 씩 들은 뒤 표결을 진행하기로 했다. 먼저 찬성 발언으로는 홍성수 전문위원과 '일반원칙' 분과의 한 시민위원이 발언했다. 이 시민위원은 발언 중에 자신의 성정체성을 커밍아웃하기도 했다. 개인적으로 이 부분에서 매우 가슴이 아팠다. 차별과 혐오를 무릅쓰고 자신의 성적 지향을 공개적으로 밝혀야만 소수자 인권 보호를 호소할 수 있는 이 현실이 안타까웠기 때문이다. 이후 반대 발언으로 시민위원 두 분의 의견을 들었는데, 한 분은 차별금지사유가 사회적으로 논란이 되니 이를 삭제하자는 입장이었고, 다른 한 분은 성소수자를 '정신병자'라고 지칭하면서 거의 알아들을 수 없는 고성을 질러 눈살을 찌푸리게 했다. 그 분의 언행을 두고 곳곳에서 불만이 터져 나왔다. 이처럼 시민위원회 회의 과정에서 일어난 명백한 반인권적 언행에 대해 아무런 제재를 가하지 못했다는 점은 심각하게 반성되어야 할 지점이라고 생각한다.

찬반 의견을 모두 들었을 때 어느 쪽이 더 합리적인지는 명백해 보였다. 애초에 논리와 객관적 자료의 측면에서 볼 때 성소수자 혐오는 정당화될 수 없는 것이었다. 현행법의 내용을 그대로 담는 수준인 차별금지사유 명기 또한 개인적인 혐오와 편견 때문이 아니라면 그에 반대할 합리적 근거를 찾을 수 없는 내용이었다. 게다가 반대 측 발언으로 나오신 한 분이 워낙 무례하게 행동했기 때문에 그것 때문에라도 여론이 돌아설 것 같았다. 발언이 모두 끝나고 이제 표결에 들어가려는 순간 갑자기 인권담당관이 사회자인 문경란 부위원장의 마이크를 뺏으려고 시도했다. 정말 충격적이었다. 그동

안 유지되어왔던 서울시에 대한 신뢰가 산산이 부서지는 순간이었
다. 무려 서울시 '인권과' 과장이 인권헌장 제정을 무력으로 방해하
다니. 방금 전까지만 해도 순진하게 서울시를 믿었던 내 자신이 지
극히 어리석게 느껴졌다. 시민위원들이 강력히 항의한 이후에야 최
종적으로 표결이 진행될 수 있었다. 표결에 들어갈 때 얼마나 가슴
을 졸였는지 모른다. 제발 시민위원들이 차별금지사유 명기에 찬성
해 주기를 간절히 기도했다. 그리고 그 자리에 모인 압도적인 다수
가 찬성 쪽에 손을 들었을 때 긴장이 탁 풀리면서 감동이 밀려왔다.
혐오단체의 난동과 서울시의 방해에도 굴하지 않고 당당하게 성소
수자 차별금지를 공포할 수 있게 되었기 때문이다. 투표 결과 60 :
17로 서울시민 인권헌장은 성소수자 차별금지를 명문화한 최종안
으로 통과되었다.

　그렇게 감격에 젖은 순간도 잠시, 서울시 측 회의 속기사는 투표
결과를 입력해 스크린에 띄워놓는 일을 고의적으로 지연시키면서
끝까지 회의를 방해했다. 결국 시민위원들의 항의로 입력은 이루어
졌지만, 이번에는 서울시가 갑작스럽게 회의 정족수가 채워지지 않
았다면서 헌장 제정은 무효라고 일방적으로 선언했다. '정족수'는
그 때까지 한 번도 제기되지 않은 개념이었다. 여태까지 '인권헌장
은 시민위원회 주도로 진행'된다고 선을 그으면서 헌장 제정과 관
련된 모든 결정을 시민위원회에 일임해 온 서울시가 이제 와서 되
도 않는 어깃장을 놓으려 한다니 구차하기 짝이 없었다. 워낙 회의
가 지체되어 일부 시민위원들이 먼저 귀가한 경우가 있었을 뿐, 회
의 결과에 항의하는 의미의 집단 퇴장은 일어나지 않았다. 무엇보
다 처음에는 '만장일치'를 운운하다가 나중에는 '정족수 미달'을 이
유로 무효라고 주장하는 태도에 대해 일관성이라도 갖추라고 말하
고 싶었다. 설마 이런 어처구니없는 논리로 정당하게 제정된 인권
헌장이 무산될까, 나는 모든 것이 거짓말 같았다. 최종 표결을 마치

고 나서는 시간이 너무 늦어졌기 때문에 더 이상 항의를 지속할 수 없었고, 나는 다른 시민위원들과 함께 분노에 떨며 귀가할 수밖에 없었다.

그 날 밤 인권변호사였다는 경력으로 진보적 정치인을 표방해 온 박원순 서울시장에 대한 신뢰는 실추되었다. 오랫동안 시민사회에서 활동하면서 성소수자 인권을 모르지 않을 박원순 시장인데 설마 혐오세력에 굴복해 인권헌장을 폐기할 수 있겠느냐 하던 내 믿음은 깨졌다. 수개월 동안 들인 그간의 노력이 이렇게 허무하게 물거품이 되다니 극심한 분노와 배신감이 몰려왔다. 주말과 평일 저녁에 쉬지도 못하고 회의에 참석해서, 귀가하면 녹초가 되어 쓰러져 잤던 그동안의 시간은 어떻게 보상받을 수 있을까. 고작 이런 결과를 보려고 수많은 시민위원들과 성소수자들이 혐오세력의 공격을 감내해야 했던 것일까. 동성애 반대단체들의 무시무시한 난리에도 굴하지 않고 시민위원들이 민주적 절차를 통해 성소수자 차별금지 명시라는 결정을 이끌어냈는데, 서울시는 무슨 명분으로 이 모든 노력을 한순간에 무위로 돌릴 수 있단 말인가. 150명 시민위원들과의 약속도 제대로 못 지키면서 어떻게 천만 시민들과의 공약을 지킨단 말인가?

다음 날 일요일부터 서울시는 인권헌장이 '합의에 실패해' '무산' 되었다는 보도자료를 뿌려 인권헌장 제정에 대한 정확한 보도를 가로막았다. 45개 조항 만장일치(전체 박수) 통과, 5개 조항 다수결 통과로 결정된 헌장이 어떻게 '합의 실패'인가? '만장일치만이 합의' 라는 서울시의 주장은 터무니없이 비현실적일 뿐만 아니라 한 명의 반대자라도 있으면 누군가의 인권이 침해되어도 상관없다는 반인권적인 태도이기까지 하다. 당시 회의에 개입해 헌장 제정 무산을 꾀했던 것도 모자라 끝까지 거짓말을 일삼으며 시민위원회를 기만하는 서울시의 행태에 실망감을 감출 수 없었다. 뿐만 아니라

박원순 시장은 인권헌장 폐기 이후 시민위원들에게는 일언반구의
사과도 없이, 제일 먼저 한국장로교총연합회 임원들을 만나 '동성
애를 지지할 수 없다'는 발언을 하기까지 했다.[2] 어쩌면 이렇게 인
권변호사였던 자신의 인생행로를 철저하게 뒤집을 수 있는지, 자신
이 내세운 '시민이 시장'이라던 슬로건의 허구성을 이토록 가감 없
이 스스로 드러낼 수 있는지 모르겠다. 그럼에도 변하지 않는 사실
은, 11. 28. 시민위원회가 민주적이고 정당한 절차를 거쳐 성소수자
차별금지를 명문화한 서울시민 인권헌장을 최종적으로 합의, 통과
시켰다는 것이다. 그리고 서울시는 아무런 정당한 이유도 없이 인
권헌장을 일방적으로 거부, 폐기했다는 사실이다. 시민들은 각고의
노력 끝에 성소수자 차별과 혐오는 안 된다는 합의를 이끌어냈지
만, 이를 독단적으로 배격한 이는 그 누구도 아닌 바로 서울시, 박
원순 서울시장이었다.

V. 시민위원회의 값진 성과,
이를 거부한 서울시의 패착

2014. 8.부터 대략 4개월에 걸친 대장정 끝에 시민위원회가 인권
헌장을 제정한 것은 분명 값진 성과라고 생각한다. 특히 동성애 혐
오 단체들의 공격과 위협에도 불구하고 끝까지 성숙한 토론 자세
와 합의 과정을 지키면서 소수자 차별 금지를 단호하게 천명한 것
은 인권헌장 제정의 가장 빛나는 순간이 아니었을까 생각한다. 다
만 시민위원회 회의와 공청회 등 공식절차에서 발생한 반인권적

---

2) 강석근, "박원순 시장 '시민인권헌장 논란 죄송', 한장총 임원과 간담회서
'동성애 지지 않는다' 입장 거듭 밝혀", 기독신문, 2014. 12. 2.
(http://www.kidok.com/news/articleView.html?idxno=89130)

언행들을 실질적으로 제어할 수 있는 제도적 장치가 부재했다는 점, 시민위원들의 인권에 대한 소양을 증진시키고 합의 수준을 제고할 수 있는 교육 체계가 사전에 마련되지 않았다는 점은 아쉬운 점으로 남는다. 이러한 사항은 평가를 잘 남겨서 추후에 유사한 정책이 추진될 시 꼭 반영되었으면 한다. 이상의 아쉬운 점에도 불구하고 수개월에 걸쳐서 100여 명의 시민들이 자발적으로 6차례의 장기간 회의에 참여해 보편적 인권의 원칙을 헌장에 담고자 노력한 과정은 감동적인 여정이었다. 이러한 인권헌장의 빛을 바래게 한 것은 단연 서울시의 행보였다. 11.28. 서울시는 인권헌장 최종안을 일방적으로 폐기함으로써 다음과 같은 잘못을 저질렀다.

첫째로 서울시는 자신들이 직접 권한을 위임한 시민위원회와의 약속을 저버렸다. 서울시가 헌장 선포를 거부한 데에 시민위원으로서 들었던 가장 즉자적인 감정은 약속을 일방적으로 파기 당했다는 분노였다. 내가 속한 분과의 많은 위원들이 지난 수개월 간 들인 시간과 노력이 헛수고가 된 데에 격분했다. 이러한 시민위원들의 분노에도 불구하고 서울시가 인권헌장을 폐기한 이유는 동성애 혐오세력의 공세로 인해 정치적인 부담감을 느꼈기 때문이라고 짐작된다. 하지만 그와 같은 정치적 계산은 박원순 시장에게 자충수로 돌아올 가능성이 크다. 왜냐하면 혐오 세력은 인권헌장이 무산되었다 해도 박원순 시장에 대한 지지로 돌아설지 극히 의심스럽지만, 대신 이번 행보로 박원순 시장은 헌장 제정에 헌신적으로 참여한 수많은 시민위원들만큼은 확실하게 실망시켰기 때문이다. 대체적으로 인권과 진보의 가치에 긍정적이었던 시민위원들을 적으로 돌리는 선택이 과연 '정치적 이익'이란 면에서도 현명한 판단일지 의구심이 든다. '시민이 시장'이라는 구호가 무색하게, 스스로 마련한 '시민' 참여의 판마저도 '시장'의 구미에 조금이라도 맞지 않으면 어김없이 뒤집어엎는 마당에 그 어떤 서울시민이 박원순 시장을 신뢰할 수 있을지 모르겠다. 더욱 두려운 것은 서울시가 시민위원들에게 남긴 이 실망감이 우리 사회에 만연한 정치에 대한 냉소와 혐오를 한층 강화시킬지도 모른다는 점이다. '우리는 끝까지 들러리 선 것에 불과하냐'고 분노를 토로했던 한 시민위원의 모습이 아직도 눈에 선하다.

두 번째로 서울시는 자신들이 성소수자의 인권을 존중하지 않는다는 매우 나쁜 신호를 보냈다. 그렇지 않아도 인권헌장은 제정과정에서 숱한 혐오 폭력에 시달렸기 때문에 서울시가 차별과 혐오를 엄단하는 자세를 보일 필요가 있었다. 그러기는커녕 시민위원회가 성소수자 차별금지를 명문화했다는 이유로 인권헌장을 폐기한 서울시의 행보는 그 자체로 성소수자의 권리를 삭제하는 상징성을 지닌 것이며, 정치권이 성소수자 인권을 보호할 의지가 없다는 것을 공공연하게 선포한 격이다. 이러한 선례는 수도 서울이 갖는 파급력과 함께 다른 지자체와 공공기관에 굉장한 악영향을 미칠 것이다. 그렇지 않아도 일상적인 차별과 혐오에 시달리는 성소수자들에 대해, 서울시가 혐오세력을 대변하여 인권 포기 선언을 함으로써 이들의 권리를 더욱 사각지대로 내몰았다는 점에 참담함을 느낀다. 앞으로 얼마나 더 많은 이들이 존재를 부정당하고 벼랑 끝으로 내몰릴지 생각하면 끔찍하기까지 하다. 과연 박원순 시장이 처음부터 인권에 대한 분명한 원칙을 가지고 인권헌장 제정을 추진했는지 의심스럽다. 그저 시민위원회는 지자체 치적 쌓기용 수단에 지나지 않았던 것인가? 성소수자 인권은 한낱 정치적 지지율을 위해서라면 얼마든지 내팽개칠 수 있는 헌신짝처럼 보였단 말인가? 도대체 박원순 시장이 생각하는 '인권'이란 무엇인지 묻고 싶다.

Ⅵ. 시민들의 연대와 실천으로 인권헌장 살려내야

결과적으로 인권헌장은 서울시에 의해 공식적으로 선포되지 못했다. 이는 누군가의 존재가 부정당하고, 보편적 인권의 원칙이 현실의 표 계산과 힘의 논리에 의해 밀려난 뼈아픈 사건이었다. 하지만, 마냥 무기력한 경험만으로 남지는 않았다. 왜냐하면 인권헌장 무산에 항의하여 성소수자 인권단체들이 서울시청을 점거해 농성을 벌였고, 시민위원들 사이에서도 항의 성명서를 작성해 연서명을 받고 발표하는 등 자발적인 저항의 움직임을 전개해갔기 때문이다.

시민위원들이 항의 성명을 내자는 아이디어는 내가 속한 '더 나은 미래' 분과 카카오톡방에서 나왔다. 충격적인 헌장 무산 이후 위원들이 카톡방에서 분노와 배신감을 토로하던 중, 한 분이 '연판장을 돌려 볼까요?'라는 제안을 해주셨고, 그에 따라 분과는 항의 성명서를 쓰고 연서명을 받는 일에 착수했다. 성명서가 완성된 뒤에는 분과 카톡방 내에서 연서명을 받았고, 다른 분과의 경우에는 이메일로 연서명 제안을 보냈다. 과연 얼마나 많은 분들이 응답할까 걱정했지만 다행히 연서명에 동참하는 답장들이 줄줄이 도착했다. 연서명에 동의하지 않더라도 새로운 안으로서, 전체 회의를 더 잡아 충분한 시간을 갖고 토론한 뒤 다시 한 번 결정해보자는 제안을 해주신 분도 계셔서, 어떻게든 인권헌장을 끝까지 책임지고 싶다는 시민위원들의 열망을 가슴 깊이 느낄 수 있었다.

'더 나은 미래' 분과에서 시작된 항의 성명서 연명은 일방적으로 헌장을 폐기한 서울시에 대해 시민위원들이 잠자코 당하지 않겠다는 것을 보여주는 행동이었다. 그랬기에 실망감에 휩싸인 시민위원들이 다시금 힘을 내는 계기가 되었고 항의 성명서 발표에 큰 기대를 거신 분들도 많았다. 하지만 아무래도 이메일을 통해서만 연서명을 제안한 것이라 많은 서명이 모이지 못했고, 그로 인해 성명서를 시민위원 전체의 이름으로 발표하기는 어려웠다. 그 결과 시민위원 48명과 전문위원 29명의 서명을 받은 이 성명서는 12. 10. 인권헌장을 시민위원회가 직접 발표하는 기자회견 자리에서 '서울시민 인권헌장 제정을 축하하는 시민의 모임'이라는 이름으로 발표되었다. 비록 12.10. 당일에 박원순 시장의 사과가 나오면서 항의 성명 발표는 그리 주목받지 못했지만, 그럼에도 시민위원들이 한데 모이기 힘든 조건에서 나름대로 헌장 폐기에 맞서 자발적으로 항의의 목소리를 낸 의의가 있다고 본다.

박원순 시장의 사과 이후에도 인권헌장이 폐기되었다는 사실은 변하지 않았다. 이에 실망한 시민위원들이 많아 마음이 착잡했던 것도 사실이다. 그럼에도 위안이 되었던 말은 바로 '시작이 반'이라는 말이었다. 시민위원회가 성소수자 차별금지가 명시된 인권헌장 제정이라는 '시작'을 마련해 놓았으니, 언젠가 헌장의 내용이 꼭 선포되고 성소수자 차별금지가 당연하게 여겨질 날이 오리라고 기대해본다. 물론 그런 날이 자동적으로 오지는 않을 것이다. 그 날이 올 때까지 차별과 혐오에 맞서서 소수자 인권을 옹호하는 시민들의 연대와 실천이 꾸준히 전개되어야 할 것이다.

내게 2014년 127일 동안의 시민위원회 활동은 현실에서 인권의 원칙이 후퇴하는 모습을 직접 목격하게 된 쓰라린 경험이었던 동시에, 그러한 현실에 맞서 소수자 인권 보장을 위해 노력해야겠다는 의지를 북돋울 수 있었던 시간이었다. 그런 의지와 분노가 모여 그 누구도 차별받지 않고 존재를 부정당하지 않는 사회가 오기를 기원해 본다. 2014년 서울시가 저버린 인권헌장은, 우리 모두의 인권을 당신들의 정치적 계산에 맡겨둘 수 없다는 단호한 의지와 힘이 모일 때, 언제나 생생하게 다시 살아날 것이라고 생각한다.

대립과 연대의 장 '서울시민 인권헌장'

임 인 자[*]

Ⅰ. 시민위원회의 시작

서울시민 인권헌장(이하 인권헌장)을 만드는 일에 동참해보고자
했던 동기는 간단했다. 서울시민이 인간으로서 누려야 할 권리의
목록을 만들어보고, 인권의 실현을 책임질 서울시의 책무를 헌장에
담는 일에 시민의 일원으로 참여해보고 싶었다. 그리하여 우리 사
회에서 억압되고 잊혀지고 배제된 인간으로서의 가치를 헌장에 담
아보고 싶었다. 다른 한편, 연극인으로서 인권헌장 제정 과정을 통
해 '문화적 권리로서의 인권'도 논의되기를 바라는 마음이 컸기 때
문이었다. 인권헌장제정 시민위원으로 뽑히게 되었다는 소식을 듣
고, 기쁜 마음으로 위촉식에 참석하였다. 그 자리에서 박원순 시장
의 인사말을 들을 때 만해도 인권헌장 제정에 대한 기대와 신뢰로
가득했다. 인권변호사로 활동했던 박 시장의 그간의 행보와 서울시
장이 된 이후 시민의 눈으로 시정에 임했던 그의 열린 태도에 대한
믿음이 있었기 때문이었다.

2014. 8. 13. 수요일 밤. 서울시 신청사 8층 다목적홀에는 132명의
시민위원들이 모였다. 제1회 서울시민 인권헌장 제정 시민위원회

---

[*] 서울시민 인권헌장 제정 시민위원회 시민위원

(이하 시민위원회)였다. 각자가 생각하는 인권의 정의로부터 토론
이 시작되었다. 12~13명이 둘러앉은 테이블에는 발언 시간을 재는
모래시계와 각자 3번 발언의 기회를 얻을 수 있는 작은 나무구슬이
놓여있었다. 소외된 사람 없이 모두가 공평하게 이야기 할 수 있도
록 하기 위한 서울시의 세심한 준비의 결과였다. 모래시계를 뒤집
고 나무구슬을 이용하면서 우리는 모두가 발언할 수 있는 기회, 배
려하는 자세를 배웠다. 노란 포스트잇에 각자가 생각하는 인권에
대한 정의를 적어보고 함께 이야기를 나누었다. 인권을 매개로 모
였지만 시민의 한사람으로서 그동안 서울시에 이야기하고 싶었던
답답한 마음을 풀어내는 첫 번째 순간이기도 했다.

의견을 제시하고 발언하는 과정에서 각자가 추구하는 인권에 대
한 정의를 들으며, 시민들이 왜 인권헌장을 만들려했는지를 생각해
볼 수 있었다. 누군가에게 '인권은 공기'였고, '인권은 모든 인간들
이 다양성을 인정받고 존엄성을 누릴 권리'였으며, '모든 사람이 억
울하지 않은 사회', '타인에 대한 관심에서 비롯하는 것', '가깝고도
먼 권리, 그리고 '인간이라면 당연히 누려야할 권리이지만, 일상생
활에서는 잘 느끼지 못하고 존중 받지 못하는 권리'였다. 그리고 누
군가에게는 '한부모 가정으로 살다보니 인권에 대해 특별히 느껴지
는 문제' 등의 감각이었다.

그렇게 인권에 대한 각자의 생각과 감각들을 바탕으로 다양한
인권헌장의 목록들에 대한 이야기가 진행되었다. 평등, 차별금지,
배려, 질서, 존중, 인권 보호 증진 의무, 참여, 소통, 개인정보, 내부
고발자 보호, 안전, 건강, 사회보장, 적절한 주거, 출산, 육아, 사회
적 약자, 문화, 환경, 지속가능한 발전, 체육, 도시계획, 건축, 교통,
동물과의 공존, 교육, 일, 헌장의 이행 등의 분야에서 다양한 의견
이 오가고 각자 그룹별로 목록들이 발표되었다. 각 시민들이 생각
하는 인권에 대한 공통사항, 혹은 개별적 특수성에 대한 의견을 피

력하는 자리로, 그렇게 시민위원회가 시작되었다.

Ⅱ. 다른 생각, 다른 정체성

고등학생에서부터 퇴직 후의 삶을 꾸리는 노년의 할아버지까지, 택시기사로부터 스포츠맨·예술가·회사원·주부 등 다양한 삶의 방식의 사람들이 연령, 계층, 학벌, 직업, 소득수준, 종교, 성적 지향성, 병력 등과 관계없이 차별 받거나 배제되지 않고 한자리에 모였다. 그렇게 다 다른 사람들이 모일 수 있었고, 또한 그러한 시민모임이 얼마나 중요한 것인지 그 가치를 알아차리기 이전까지는 우리사회에서 다름의 가치와 중요성은 아직 공유되지 않았던 것 같다. 인권헌장이 무산되어버린 지금 이 시간까지도 그 누군가에게는 매우 소중했던 가치들을 스스로 부정하는 이들이 있다는 것이 큰 안타까움으로 느껴진다. 시민위원회를 진행하면서 우리에게는 어쩌면 스스로 정체성을 밝히고, 서로를 커밍아웃하는 시간이 필요했을지도 모른다고 생각한다. 우리 사회에서 스스로의 정체성을 밝히고 살아간다는 것이 얼마나 큰 용기를 필요로 하는가를 이번 시민위원회를 통해 배웠다.

우리는 사실, 서로를 자세히 들여다 볼 시간과 서로를 알 수 있는 충분한 시간을 갖지 못했다. 시민위원들은 인권헌장의 목록을 만들기 위해 다양한 의견을 내고 조율하는 과정에 힘을 기울였으며 그를 통해 간접적으로 각자의 정체성과 생각을 확인할 수 있었다. 6차례의 시민위원회의 회의에서 인권 목록을 만들기 위한 의견을 내고 조율하는 시간은 충분했지만 우리 서로를 아는 시간과 서로의 정체성을 드러내는 순간은 부족했다. 어떤 가치들을 서로 공유할 것인가를 놓고 충돌하고 대립하는 시간은 없었다. 시민위원회에서 제기되지 않고 충돌되지 않았던 문제들을 외부 언론을 통해 알게 되었을 때는 당황스러웠다.

그 요체는 2014. 9. 25. 경향신문, 동아일보, 국민일보, 중앙일보, 한국일보 등에 게재된 광고였다. 〈박원순 시장님, 서울시민 인권헌장에 동성애 차별금지조항이 들어가는 것을 반대 합니다〉라는 내용이었다. 아직 시민위원회에서는 차별금지조항에 대한 논의가 무르익지 않은 상황에서, 인권헌장 제정을 무력화하는 광고가 유력일간지에 게재된 것이었다. 광고 내용은 참여한 시민위원들이 아니면 알 수 없는 내용이어서 일부 시민위원들이 광고에 관여한 게 아닌가 하는 의구심마저 들었다. 인권헌장에 관한 논의가 합의에 도달할 만큼 성숙되지 않았음에도 불구하고, 인권헌장에 참여하고 있는 일부 시민위원들이 '시민'들을 스스로 배제하고 '시민들이 직접 만드는' 의미를 무력화하고 있다는 것에 나는 매우 놀랐다. 그것은 결국 일부의 소수 시민위원들이 자신의 가치와 지향점을 관철시키기 위해, 다수의 개인들을 배제시켜버린 것이라 생각되었다. 그것은 시민위원이라는 이름으로 다른 시민위원들에게 행한 폭력이었다.

Ⅲ. 혐오를 방치한 서울시의 무책임

'성적지향'을 차별의 구체적인 목록으로 기재할 것인가 말 것인가의 문제를 두고, 구체적으로 열거하지 말자고 했던 사람들은 신문광고만 낸 게 아니었다. 일부 시민위원들은 회의에서 소리를 지르고 호통을 쳤으며 성소수자들에 대한 혐오를 공개적으로 드러냄으로써 인권헌장 제정을 무력화하기 시작했다. 그럼에도 불구하고 서울시는 그 또한 시민의 의견이라며 아무런 응대도 하지 않고 방조했다. 그것은 결국 차별과 혐오를 반대하는 시민들에게 폭력을 전가하는 행위였다. 결국 다수의 시민위원들이 다양한 가치들을 포용하고, 차별받지 않을 권리가 얼마나 소중한지를 절감하고 피력하면서, 평화적인 방법으로 인권헌장의 가치들을 이끌어가기 위해 고심했던 노력은 배제되고 말았다.

서울시는 다수의 자율적인 시민들의 의견을 듣지 않고, 소수의 조직 그리고 그 소수의 조직 뒤에 있는 세력들의 손을 들어 주었다. 마지막 회의인 제6차 시민위원회는 이제까지 각 분과별로 논의된 의견들을 종합해 시민위원들 간의 합의를 이끌고 최종적으로 인권헌장을 제정하는 자리였다. 이 자리에서 서울시는 사전에 공지한 적도 없었던 '전원합의가 아니면 안 된다'는 입장을 발표했다. 인권이 과연 전원합의를 통해 이루어질 수 있는 것인가? 그렇지 않다. 오히려 인권은 다수와 소수의 비대칭적인 구도로 인해 합의될 수 없는 성격의 것이다. 서울시의 갑작스러운 공지에 나는 혼란스러웠다.

인권헌장이 '전원합의'로 제정되려면 충분한 시간과 충분한 토론이 보장되어야 한다. 그런데 난데없는 서울시의 전원합의 요청 때문에 시민들은 각자 전원합의가 바람직한지 아니면 어떤 방식으로 합의를 이끌어 가야할지를 놓고 토론을 벌이기 시작했다. 지난한 토론 끝에 겨우 표결로 인권헌장의 내용을 결정하기로 했을 때 이번에는 서울시 인권담당관이 급히 단상으로 나와 사회자의 마이크를 빼앗는 사태가 생겼다. 바로 그 순간, 나는 몹시 절망했다. 절망감을 제대로 추스르기도 전에 이번에는 서울혁신기획관이라는 분이 '전원 합의'가 아니면 안된다는 서울시의 입장만을 거듭 표명했다.

Ⅳ. 시민이 서울의 주인이다

일부 시민위원들이 고성을 지르고, 회의 장면을 일부 녹화해 인터넷에 왜곡된 정보와 의견을 올리고, 이를 통해 여론을 조장하는 가운데서도, 다수의 시민위원들은 마지막까지 평화적인 방법을 고수했다. 이는 폭력적인 태도로는 인권헌장을 제정하는 것이 무의미하기 때문이라는 공통선이 있었기 때문이라고 생각한다.

지겨울 정도로 끈질기게 논쟁하고 토론한 끝에 시민위원들은 표결이 가장 합리적인 방법이라는 결론에 도달했고, 합의되지 못한 인권헌장의 5개 조항을 투표로 결정했다. 그런데도 서울시는 이를 무참하게 묵살하여 버렸다. 서울시는 결국 시민위원회에 참여한 시민들의 다양한 가치와 의견을 무시하고 거대한 조직에 손을 들어주었다. 그곳에 인권적 가치들은 사라졌다. "서울시민은 성별, 종교, 장애, 나이, 사회적 신분, 출신 지역, 출신 국가, 출신 민족, 용모 등 신체조건, 혼인 여부, 임신·출산, 가족형태·상황, 인종, 피부색, 양심과 사상, 정치적 의견, 형의 효력이 실효된 전과, 성적지향 및 성별정체성, 학력, 병력 등 헌법과 법률이 금지하는 차별을 받지 않을 권리가 있다."라고 구체적으로 이야기하는 것이 얼마나 중요한지를 역설적으로 깨닫게 해준 시간이었다.

서울시민은 하나의 덩어리가 아니라 각 개별 존재들이고, 결국 인권헌장은 이러한 하나하나의 가치들이 서로 이해받고 인정받는 장이어야 한다. 서로 반대의 의사와 충돌이 있을 때, 그러한 충돌을 평화적으로 도출할 수 있는 장이 바로 인권헌장의 역할이라고 생각한다. 100% 만족할 수 없으나, 소수의 가치들을 인정하고, 사람이 사람에 대해 존중하는 가치, 서로 혐오하거나 배제하지 않도록 하는 작은 장치가 바로 인권헌장의 역할이라고 생각한다. 그런데, 서울시는 헌장을 '정치적'으로 이용했다.

서울은 시민이 함께 만들어가는 공동체이며, 시민은 서울의 주인이다. 그리고 수많은 개인들의 합이다. 서울시민은 살아있는 존재들이다. 정책적 대상, 정치적 산물로 대상화할 수 있는 것이 아니다. 서울시민은 사람이다. 결론적으로 인권헌장 제정은 누구를 위해, 왜 만들었는가를 질문하지 않을 수 없다. 결국, 정치적 행위의 산물로서의 의미였나, 아니면 사람을 위한 가치들을 논의하는 장이었나. 서울시민 인권헌장 제정을 위한 표결의 장에서 '마이크'를 잡을 사람은 서울시 공무원이 아니어야 한다. 바로 우리 시민이어야 한다. 그리고 우리 시민들은 서로를 알고 싶다. 서울시와 서울시민 사이에서뿐만 아니라, 서울시민 사이에서 이렇게 서로의 의견을 주고받았던 장이 있었던가? 그곳에 인권헌장이 있다고 생각한다. 그리고 여전히 '마이크'의 주인을 서울시 자신이라고 생각하는 착각으로부터, 나는 인권헌장 제정이 무산된 비극이 시작되었다고 생각한다.

서울시민 인권헌장이

제정되기 까지

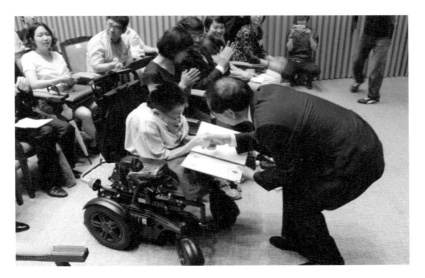

위촉장 수여하는 박원순 시장

"나도 시민위원이다"

토론은 이렇게

진지하게 토론

엄마따라 아기도 열중

어르신도 동참

종합 발표 준비로 시끌벅적

정성껏 발표준비

분과별 토론 결과 발표

포스트잇 벽보를 붙이며 싱글벙글

진행하고, 검토하고, 사진보고, 기록하고

잘해봐요, 화이팅

강북권역 토론회

단상 점거에 맞서

'동성애 OUT'을 외치며 난장판으로

폭력과 혐오에 항거

"폭력과 차별은 절대 안 돼요"

"만장일치만이 합의"라는 서울시 입장에 뜨악해하는 위원들

서울시 입장 발표 후의 격론

표결하는 시민위원들

인권헌장 통과를 자축하며

서울시청 로비에 대형 플래카드를 걸고 농성에 돌입

5박 6일의 농성을 마치며

한 조항 한 조항씩 인권헌장을 낭독

인권헌장 제정과정 소개

"오늘은 기쁘고도 슬픈 날" 인사하는 안경환 위원장

인권헌장 제정을 축하합니다.

제2장 서울시민 인권헌장 :

분석과 평가

서울시민 인권헌장의 구성체계와 특징

홍 성 수*

I. 들어가며

시민헌장이나 선언문은 인권/법 전문가들 또는 사회 유력 인사들이 모여서 만드는 것이 일반적이나, 서울시민 인권헌장(이하 '인권헌장')은 일반 시민들이 직접 참여해서 제정했다는 중요한 특징이 있다.[1] 이러한 제정방식은 최종 성안된 인권헌장의 내용에도 큰 영향을 미쳤다. 즉 인권헌장의 특별한 '형식'이 그 '내용'의 특별함을 만들어낸 것이다.

결과적으로 서울시민 인권헌장은 전체 구성은 물론이고 표현이나 서술방식에 있어서도 다른 기존의 인권헌장들과 사뭇 다른 모습을 갖게 되었다. 아래에서는 이러한 인권헌장의 특징을 구성체계(II)와 조문별 내용(III)으로 나눠서 분석해 보려고 한다. 특히 인권헌장 자체에 대한 분석 뿐만 아니라, 성안과정에서 발생했던 여러 가지 논점들을 살펴봄으로써, 어떤 과정을 거쳐 최종 결과물이 도출되게 되었는지를 고찰해보고자 한다.

---

* 서울시민 인권헌장 제정 시민위원회 전문위원, 숙명여대 교수
1) 이러한 인권헌장 제정의 특징에 관해서는, 이 책 문경란의 글 참조.

Ⅱ. 인권헌장의 구성 체계 분석

1. 개요.

최종 성안된 인권헌장은 다음과 같이 모두 6개의 장으로 구성되어 있다.

〈표 1〉 서울시민 인권헌장의 전체 구성

제1장 일반원칙 제2장 시민이 참여하고 소통하며 함께 　　　만들어 가는 서울 　- 자유로운 참여 함께하는 소통 　- 개인정보에 관한 권리와 의무 제3장 안전한 서울, 건강한 서울, 살기 　　　좋은 서울 　- 안전에 대한 권리 　- 건강에 대한 권리 　- 적절한 주거에 대한 권리 　- 사회보장에 대한 권리	제4장 쾌적한 환경과 문화를 누리는 　　　서울 　- 문화에 관한 권리 　- 쾌적한 환경에 살 권리 　- 지속가능한 발전에 관한 권리 제5장 더 나은 미래를 꿈꾸는 서울 　- 교육 　- 일과 노동 제6장 헌장을 실천하는 서울 　- 헌장의 이행 주체와 책임 　- 헌장이행의 방법 　- 헌장의 개정

이 것을 첫 회의에서 시민위원들에게 논의용으로 제시되었던 권리 목록(표 2 참조)과 비교해보면, 전체적으로 분류 자체는 대동소이하지만, '사회적 약자'에 관한 장이 제외되었다는 점이 특별히 눈에 띈다. 이 문제는 자세히 후술하도록 하겠다.

〈표 2〉 서울시민 인권헌장 제정을 위한 주요 권리 목록[2)]

분야	세부 권리
전문	- 서울 인권헌장의 필요성 - 서울의 역사성, 상징성, 대표성, 책임성 - 서울의 발자취: 변화, 성취, 문제, 성찰, 도전 - 인권헌장의 기본 방향 - 인권헌장을 제정·선언하는 서울시민들의 포부와 다짐 - 서울시 공직자들의 의무 자각과 약속
일반 원칙	1. 인권, 평등과 차별금지, 관용과 연대
	2. 도시에 대한 권리 - 도시의 공공성: 시민의 존엄과 행복을 위한 공간으로서의 도시 - 시민이 서울시의 공공정책과 도시계획의 의사결정에 평등하게 참여할 권리 - 도시의 공공 공간과 사회서비스를 자유롭게 이용할 수 있는 권리 - 도시 상징물, 기념물, 지명, 공공디자인에 대한 권리
	3. 인권의 주체와 서울시의 의무 - 서울시민의 권리와 책임 - 인권의 보호와 증진을 위한 서울시의 의무
참여, 소통, 개인 정보	4. 사상·의사 표현의 자유. 집회/시위를 할 권리
	5. 참여와 시민자치 - 도시운영 참여, 소통, 주민자치, 민관협력 거버넌스 - 자유로운 소통 기회
	6. 사생활(프라이버시) 및 개인정보보호
	7. 정보에 관한 권리 - 공공/행정 정보의 공개, 접근권 - 인터넷의 평등하고 공적인 이용
안전, 건강, 사회 보장	8. 안전에 관한 권리 - 위험과 재해로부터 보호 - 범죄, 폭력, 산업재해, 재난, 유해 식품/약품으로부터 보호
	9. 학대·폭력·방임이 없는 안전한 가정·학교·직장·지역사회에서 살 권리

2) 1차 회의 때 시민위원들에게 제시된 권리 목록

	10. 사회보장에 관한 권리 - 인간다운 삶을 누릴 수 있는 최저생활
	11. 적절한 주거에 관한 권리 - 물리적, 경제적으로 적절한 주거공간 - 전기, 가스 및 식수의 적절한 공급 - 세입자의 안정적 정주 보장 - 부당한 강제퇴거 금지
	12. 건강에 관한 권리 - 공중위생과 보건의료 - 질병의 공포로부터 자유로운 삶 - 영양, 식량, 보건, 위생, 의료, 출산 및 모성보호
	13. 양질의 공공서비스에 관한 권리
사회 적 약자	14. 관용과 사회통합에 관한 권리 - 소수문화, 문화적 다양성, 다양한 문화/정체성 - 특정 문화 강요 금지
	15. 사회적 약자의 권리 - 아동, 청소년, 노인에 대한 적절한 돌봄 - 소수자 권리 보장과 차별금지 - 비정규직, 경제적 취약계층의 권리 - 장애인 등 약자의 보행권, 이동권 - 공공시설에 대한 접근권
문화, 환경, 지속 가능 발전	16. 문화에 관한 권리 - 문화생활 향유 - 공공문화시설 이용 - 자연·문화유산의 보존과 활용 - 민간 문화예술 활동 지원 - 소외계층 문화활동 지원
	17. 쾌적한 환경에서 살 권리 - 쾌적한 자연자원의 공유 - 적절한 녹지와 공원 - 공해, 환경오염으로부터의 보호 - 온실가스, 생물다양성
	18. 지속가능한 발전에 관한 권리 - 지속가능한 도시 - 인간과 환경의 조화

	- 인간과 사회를 위한 경제 (협동조합, 사회적 경제, 사회적 기업, 공유 경제 등)
교육, 일	19. 교육에 관한 권리 - 평등한 교육 기회 - 평생 학습권 - 공공도서관 - 인권·평화 교육, 민주교육 지원 및 활성화
	20. 일에 관한 권리 - 휴식권 - 노동기본권 - 지역 일자리 - 양질의 일자리 - 직장·가정 양립 (육아 휴직, 출산휴가의 보장, 어린이집 지원)
헌장 의 이행	21. 인권헌장의 근거 - 세계인권선언, 국제인권조약, 헌법, 법률, 인권기본조례
	22. 인권 헌장의 적용범위
	23. 국제 인권문화 증진에 기여 - 국제 인권네트워크 구축
	24. 인권헌장의 이행 방법 - 제도와 정책 - 인권침해의 구제
	25. 헌장의 개정

2. 인권헌장의 전체적인 구성

1) 전체 구성상의 특성

전체 구성을 보면, 제1장에서 일반원칙의 내용을 담고, 제2장에서는 자유권, 제3장에서는 안전, 건강, 사회보장에 대한 권리, 제4장에서는 환경권과 문화권, 제5장에서는 교육권, 노동권, 제6장에서는 헌장의 이행에 관련한 내용을 담았다. 각 장의 표제는 "~~에 관한 권리"라고 하는 것이 일반적이겠지만, "~~하는 서울"이라고 함으로써 친근한 느낌을 주면서도 각 장의 핵심 내용이 잘 드러날 수 있게 하였다. 다만, 제5장의 표제인 "더 나은 미래를 꿈꾸는 서울"은 교육, 일, 노동에 관한 권리를 포괄하는 표제를 찾다가 다소 추상적인 표현으로 정리가 된 것인데, 장의 제목만으로는 그 내용을 짐작하기 어렵다는 문제가 지적될 수 있을 것이다.

인권헌장에 담겨 있는 권리 목록들을 전체적으로 볼 때 인권의 모든 내용이 균형있게 담겨 있다고 보긴 어렵다. 특히, 자유권에 관한 내용이 빈약한 편이다. 회의 초반에 참고용으로 제시되었던 권리 목록에도 자유권에 해당하는 내용은 자세하게 담기지 않았고, 시민위원회 논의과정에서도 자유권에 대한 내용은 거의 추가되지 않았다. 처음부터 서울시민 인권헌장이 '서울시'에 대하여 서울시민이 권리를 주장하고 이행책임을 부과하는 것을 지향했고, 그러다보니 지자체가 할 수 없는 내용은 굳이 포함시키지 않은 것이다.

실제로, 지자체 판 헌법에 가까운 내용을 규정한 〈호주 빅토리아 주의 2006 인권과 책임의 헌장〉을 제외하고, 몬트리올, 광주, 서울성북구 등의 인권헌장에는 자유권, 특히 신체의 자유에 관련한 내용이 거의 담겨 있지 않다. 서울시민 인권헌장에서도, 사회권 중 건강, 안전, 주거, 사회보장, 문화, 환경, 교육에 관련한 내용은 상세한 반면, 자유권에 대한 내용은 소략하다. 하지만 자유권 중에서도 서울시에 대해서 주장할 수 있는 권리는 포함되었다. 예컨대, 개인정보권은 서울시가 많은 개인정보를 취급하고 있기 때문에, 사상·의사표현의 자유는 집회·시위에 관련해서 서울시가 일부 관여하고 있는 부분이 있기 때문에 포함된 것이다. 노동권의 경우에도 지자체가 직접 책임지기 어려운 부분도 있으나, 책임범위 내에 있는 것을 중심으로 인권헌장에 담았다. 공공사안에 대한 참여권은 인권헌장의 기본적인 이념을 담고 있는 기본적이고도 중요한 내용이기 때문에, 일반원칙(제2조)에 담고, 다시 제6조, 제7조에서 구체화하는 형식을 취했다.

전체 분량상으로는 안전권과 건강권이 유난히 조문 내용이 길고 내용도 비교적 상세하다. 이것은 다른 인권헌장과 비교해도 독특한 점이라고 할 수 있는데, 세월호 참사 이후 안전에 대한 관심이 높아진데 따른 영향이라고 할 수 있다. 실제로 시민위원회에서 안전에 대한 이야기가 많이 논의되었고, 그러한 논의결과가 인권헌장 제정에 적극 반영된 것이다.

2) 자세한 서술과 다수의 조문

조문의 숫자는 총 50개인데, 이는 상대적으로 상당히 많은 편에 속한다. 참고로, 〈도시에 대한 권리 세계헌장〉은 21개 조문, 〈도시에서의 인권보호를 위한 유럽 헌장〉은 34개 조문, 〈광주인권헌장〉은 21개 조문, 〈성북주민 인권선언〉은 21개 조문으로 구성되어 있다. 〈호주 빅토리아 주의 2006 인권과 책임의 헌장〉이 49개 조문으로 되어 있기는 하지만, 이 헌장은 지자체 수준의 헌법에 가까운 내용을 담은 것이라 단순비교는 적절치 않다. 실제로 이 헌장에는 자유권을 포함하여 일반적인 인권 항목들을 망라하고 있기 때문에 조문 수가 많을 수밖에 없다. 조문 숫자로 보자면, 68개 조문에 상당히 구체적인 내용을 담은 〈유럽도시헌장〉 정도가 비교대상이 될 수 있을 것이다.

조문 숫자가 많아진 이유는 시민참여 방식의 제정절차와 밀접하게 연관되어 있다. 시민위원들은 추상적으로 간명하게 표현하는 것보다는 자세하게 풀어서 서술하는 규정 방식을 선호했다. 또한 실제로 효력이 있는 규범이 되기 위해서는 가능한 한 자세하고 분명하게 서술해야 한다는 쪽에 호감을 갖는 시민위원들이 많았다. 물론 전문위원들이 중복된 부분을 조정·통합하고 표현을 간명하게 하자는 의견을 제시해 수용된 부분도 적지 않았다. 하지만 구체적인 서술 방식 자체가 크게 바뀌지는 않았고, 전체적으로 선언적·추상적이라기보다는 구체적·설명적인 방식이 인권헌장의 전체적인 서술 스타일이 되었다.

3) 독창적인 인권 항목들

1948년 세계인권선언 이후 인권규범의 내용에 대한 보편적 합의는 상당 부분 진척되었다. 따라서 인권에 관한 각종 국제조약이나 다양한 형태의 인권헌장·선언의 내용은 대동소이하며, 지자체가 만드는 인권헌장 역시 기존의 인권규범들과 차별점을 갖기가 쉽지 않다. 그럼에도 불구하고 서울시민 인권헌장에는 몇가지 독창적인 내용의 조문들을 찾아볼 수 있다. 예컨대 제7조의 정보격차 해소, 제9조의 주민자치활동 및 자원봉사활동 등의 장려와 지역공동체 활성화, 제12조의 재난 및 사고로부터 보호받을 권리, 제13조의 안전에 관한 정보를 충분히 제공받고 재난 및 안전관리 시책 수립 및 추진과정에 참여할 권리, 제12조와 제15조의 피해자 및 가족에 대한 심리적·물질적 안정을 위한 보호와 지원, 제19조의 감염병에 대한 보건의료 제공, 제33조의 걷고 싶은 거리 조성, 제40조의 가사노동과 돌봄노동의 사회적 가치와, 생활임금 조치 등은 다른 인권헌장에서 찾아보기 힘든 내용이다. 이러한 항목들은 지자체 또는 서울의 특성이 반영된 경우도 있고, 최근 발전해온 '도시에 대한 권리'에 관한 논의가 반영된 것이라고 할 수 있다. 이 점은 조문별 내용분석에서 자세히 살펴보도록 하겠다.

3. 조문별 서술 방식

인권헌장 또는 인권규범의 조문을 서술하는 방식은 여러 가지가 있는데, 크게 나누자면, 1) 시민의 권리를 규정하는 방식(예: 〈세계 인권선언〉, 〈도시에 대한 권리 세계 헌장〉 등), 2) 시민의 권리 위주로 규정하되, 국가(지자체)의 책무를 별도의 조문으로 언급하는 방식 (예: 〈몬트리올 권리와 책임 헌장〉, 〈도시에서 인권을 위한 지구헌장-의제〉, 〈호주 빅토리아 주의 2006 인권과 책임의 헌장〉 등), 3) 한 조문 내에서 시민의 권리와 국가(지자체)의 책무를 나란히 규정하는 방식(예: 〈도시에서의 인권보호를 위한 유럽 헌장〉, 〈광주인권헌장〉, 〈성북주민 인권선언〉 등) 등이 있다.

[1번 사례] 〈도시에서의 인권보호를 위한 유럽 헌장〉 제9조 1. 결사 만남, 시위에 대한 시민의 권리는 인정되고 보장되어야 한다. 2. 지방당국은 결사를 시민권의 표현으로써 장려하여 시민의 자율성을 존중한다. 3. 도시는 조직의 열린 만남과 비공식적 모임을 위한 공공공간을 제공한다. 이는 모든 사람들을 위해서 관련 규정을 준수한다면 이러한 공간에 대한 자유로운 접근을 가능하게 해준다.

[2번 사례] 〈광주인권헌장〉 제6조 ① 모든 시민은 적절한 주거 환경과 쾌적한 생활 환경을 누릴 권리가 있다. ② 시는 시민이 인간의 존엄성을 유지할 수 있는 적절한 주택에서 생활할 수 있도록 보장하며, 특히 주거 취약계층의 주거권 실현을 위해 노력한다.

[3번 사례] 서울시민 인권헌장 제11조 서울시민은 자기의 사적정보 처리에 관하여 자기결정권을 갖는다. 서울시는 공무수행 중 취득한 개인정보를 보호한다.

제13조 서울시민은 안전에 관한 정보를 충분히 제공받고 재난 및 안전관
리 시책 수립 및 추진과정에 참여할 권리가 있으며, 서울시는 이를 보
장한다.

이 중 서울시민 인권헌장이 채택한 방식은 서울시민의 권리와 서울시의 책무를 나란히 규정하는 세 번째 방식이었다. 이렇게 권리와 책무를 나란히 규정하는 방식은 추상적이고 선언적인 규범으로 간주되기 쉬운 인권헌장의 규범력과 실천성을 강조하는데 유리하다. 시민의 권리에 대한 지자체의 책무가 반복적으로 명시되는 방식이기 때문이다. 시민위원회 논의과정에서 시민위원들은 인권헌장이 실제로 이행되는 것이냐에 대한 우려를 여러 차례 제기한 바 있다. 인권헌장이 말뿐인 공허한 선언으로 전락하고 자신들이 들러리를 서게 되는 것에 대한 강한 거부감을 표출한 것이다. 이러한 분위기가 강한 규범력·실천력을 담보하는 규정방식에 대한 선호로 이어졌다고 할 수 있다. 또한 〈도시에서의 인권보호를 위한 유럽 헌장〉과 〈광주인권헌장〉은 한 조문 내에서 각각의 항이 권리와 책무를 담는 방식으로 규정한 반면, 서울시민 인권헌장은 한 조문의 같은 항에서 권리와 책무를 동시에 규정하는 방식을 채택했다. 13조처럼 아예 한 문장으로 이어서 서술된 경우도 있다.

하지만 모든 조문의 형식을 일률적으로 통일한 것은 아니다. 권리의 성격에 따라 권리+책무의 기계적 조합이 불가능한 경우도 있었기 때문이다. 실제로, 권리주체와 권리를 언급하는 것이 나은 경우도 있고, 이행주체와 책무를 언급하는 것이 더 적절한 경우도 있다. 예컨대, 시민들이 '자원봉사활동을 지원받을 권리'를 규정하는 것은 다소 어색할 것이다. 이 경우에는 굳이 권리-책무를 쌍으로 규정하지 않고, 서울시의 책무만 언급하는 것이 더 자연스럽다.

서울시민 인권헌장 제9조 서울시는 서울시민의 주민자치활동 및 자원봉
사활동을 적극 장려하여 지역공동체를 활성화한다.
제26조 서울시는 임신·출산·양육과 어린이·장애인·어르신에 대한 돌봄과
지원 등 사회가 함께 하는 육아·돌봄 환경을 조성한다.
제40조 서울시는 가사노동과 돌봄노동의 사회적 가치가 정당하게 실현되
도록 노력한다.

특별히 권리와 책무를 나란히 언급할 필요가 없는 경우에는 권
리만 규정하고 서울시의 책무에 대해서는 언급하지 않았다.

서울시민 인권헌장 제3조 서울에 살거나 머무는 모든 사람은 존엄한 시
민으로서 권리를 갖는다.
16조 2항 서울시민은 질병이나 병력으로 인해 정당한 이유없이 학교나
직장 등 사회에서 불이익을 받지 않을 권리가 있다.

권리와 책무를 나란히 서술하되, 한 조문 내에서 소화하는 것이
아니라, 조문을 달리해서 서술한 경우도 있었다.

서울시민 인권헌장 제21조 서울시민은 건강하고 안전한 주거와 생활환경
을 누릴 권리가 있다. 서울시는 인간다운 주거생활에 적합한 주거환경 조
성을 위해 노력한다.
제22조 ① 서울시는 주거권을 존중하는 도시정책을 수립하고, 적절한 대
책 없는 강제퇴거를 금지한다.
② 서울시는 주거생활의 안정을 보장하는 주택정책을 마련하고 시행
한다.

이처럼 서울시민 인권헌장은 서울시민의 권리에 조응하는 서울

시의 책무를 분명하게 규정하는 서술방식을 기본으로 하면서, 조문 내용의 특성에 따라 유연하게 예외를 두는 식으로 서술되었다.

4. 사회적 약자에 관한 규정

사회적 약자에 관한 장을 별도로 둘 것인지에 관련해서 많은 논의가 있었다. 기초분과 전문위원들 사이에서도 격론이 벌어졌었는데, 결국 〈표 2〉에서 보듯이, 시민위원들에게 최초로 제시되었던 주요 권리 목록에는 사회적 약자의 장이 별도로 제시되었다. 하지만 시민위원회 논의에서는 최종적으로 제외되었다. 수많은 사회적 약자의 권리를 일일이 나열할 경우 어떤 사회적 약자를 언급할 것인지 고르는 것 자체가 어려운 일이라는 점, 그리고 다른 조문들을 통해서도 사회적 약자의 인권에 관한 내용이 얼마든지 담길 수 있다는 의견이 다수를 점했다.

하지만 여기에는 여전히 이견이 존재할 수 있다. 인권헌장의 취지가 구속력을 갖는 새로운 규범을 정초하는 것이라기보다는, 시민들과 함께 권리주체를 호명하고 구체적인 권리를 확인한다는 점에 있다면, 다소 중복되더라도 사회적 약자에 관한 장을 별도로 둬야 할 충분한 이유가 있기 때문이다. 실제로 〈광주인권헌장〉은 여성, 아동, 청소년, 노인, 장애인 등을, 〈성북주민 인권선언〉은, 계약직 노동자, 비정규직 노동자, 시간제 노동자, 여성 및 이주노동자, 장애인 노동자, 청소년 노동자, 아동과 청소년, 여성, 장애인, 어르신, 이주민, 성소수자, 노숙인, 감염인, 난민, 북한이탈주민 등을 직접 언급하고 있다. 특히 〈성북주민 인권선언〉의 경우, 성소수자, 감염인, 북한이탈주민 등을 특별히 언급함으로써 그동안 권리의 주체로 존중받지 못했던 소수자들을 호명하고 그들의 권리를 옹호하겠다는 의지를 전면에 내세우고 있다. 특히, 노동자에 대한 분류는 '법적인 관점'에서 보면 다소 어색한 분류이지만, 일상적으로 흔히 쓰이는 개념을 있는 그대로 활용하여, 시민의 삶 속에 살아 숨쉬는 헌장을 만들기 위해 애쓴 흔적이 역력하다.

하지만 서울시민 인권헌장은 그러한 소수자에 대한 호명을 포기하는 대신에, 권리 목록을 아주 구체적으로 나열하는 방향으로 택했다. 그럼으로써 자연스럽게 소수자의 다양한 권리를 규정하겠다는 의도였다. 예컨대, 소수자들은 대개 노동권에 있어서 취약한 지위를 갖고 있다. 이러한 문제를 다루기 위해, 각 소수자별로 노동권을 규정하는 방법도 있지만, 노동권 자체를 구체적으로 규정하여, 모든 소수자들의 노동권을 자연스럽게 강조하는 방법을 택한 것이다.[3] 서울시민 인권헌장의 '일과 노동' 파트의 경우, '좋은 일자리를 가질 권리', '고용형태, 직종에 따른 차별 금지', '적정복지', '노동취약계층의 일자리 확대', '가사노동과 돌봄노동의 사회적 가치 실현', '휴식과 여가', '생활임금을 받을 권리' 등을 규정함으로써 후자의 길을 선택했다. 이러한 규정방식은 특정 소수자를 언급하지 않으면서도 궁극적으로는 각 소수자들의 권리를 옹호하는 방식이라고 할 수 있다.

5. 도시에 대한 권리 규정

사실 도시에 대한 권리 규정은 처음부터 시민위원회에서 적극 논의된 것은 아니며, 4차 회의 이후 전문위원들이 적극적으로 제안하여 최종적으로 포함된 부분이다. 아무래도 낯선 개념이다 보니

---

3) 인권헌장의 목록이 무한정 길어질 수 없다는 점을 생각하면, 이는 선택적인 문제일 수도 있다.

시민위원회 차원에서 활발히 논의되긴 어려웠고, 전문위원들이 지자체 단위의 인권선언에서 '도시'와 '지역'만의 성격이 반영되어야 한다는 점을 내세워 시민위원회에 의제로 제시했던 것이다.

　도시에 대한 권리는 앙리 르페브르의 '도시에 대한 권리'(the right to the city)[4]에 이론적 배경을 두고 있다. 르페브르는 도시는 다양한 도시거주자들이 함께 만들어가는 일종의 집합적 (제품[products]이 아니라) 작품(Oeuvre)이며 시민들은 도시라는 작품에 대한 권리가 있다는 점을 주장했다. 그리고 그 내용으로는 ① 작품으로서의 도시에 대한 권리, ② 도시공간을 도시거주자들 모두를 위한 사용가치를 최대할 공간으로 보는 전유의 권리, ③ 도시생활을 변혁하고 부활시키는 권리로서 참여의 권리, ④ 자본의 동질화된 공간에 맞서 차별적인 공간을 생산할 권리, ⑤ 정보의 권리, ⑥ 시민권을 넘어서서 외국인을 포함한 모든 도시거주자의 권리, ⑦ 도시중심부에 대한 권리 등을 제시했다.[5] 대도시 시민들의 삶의 경험에서 나오는 새로운 형태의 시민권을 주장한 홀스톤의 '도시 시민권'(Urban Citizenship)[6]과 도시를 일종의 공유재(common)로 보고, 자본과 권력에 맞서 시민들이 도시를 형성하고 창조해 나갈 권리를 주장한 데이비드 하비의 '도시권'[7] 같은 이론들의 영향도 있었다. 이러한 이론적 배경을 바탕으로, 세계적인 차원에서 도시에 대한 권리 개념이 발전되어 왔는데, 이를 간략히 요약하면 다음과 같다.

　a. 유네스코/유엔의 도시에 대한 권리 프로젝트 (2005~)
　- 도시권 개념의 시사점: 1) 모든 거주자가 도시의 혜택에 자유롭게 접근

---

4) H. Lefèbvre, *Writings on Cities*, Malden, Massachusetts: Blackwell, 1996
5) 강현수, 도시에 대한 권리, 책세상, 2010, 제1장 참조.
6) J. Holston, "Urban Citizenship and Globalization", in Allen J. Scott (ed.), *Global City-Regions : Trends, Theory, Policy*, Oxford University Press, 2001
7) 데이비드 하비, 반란의 도시, 에이도스, 2014 참조.

하게 하고 책임성도 부여, 2) 도시행정의 투명성·형평성·효율성. 정부
는 효율적이고 평등한 서비스 제공 의무. 3) 주민들의 민주적 의사결
정에 대한 참여 및 존중. 시민들의 권한부여(empowerment) 촉진. 4) 경
제·사회·문화적 생활의 다양성 증진. 5) 빈곤, 사회적 배제, 도시 폭력
감소. 6) 모든 도시 거주자들이 도시 생활의 완전한 기회에 접근가능
성 보장.

- 핵심주제: 1) 지방 민주주의와 도시 거버넌스, 2) 도시에서 배제되고 소
외받는 집단에 대한 사회적 포용, 3) 도시의 문화적 다양성과 종교적
자유, 4) 값싸고 쾌적한 도시 서비스에 대한 권리.

- 권리의 목록: 공공공간의 민주적 이용, 도시 빈민들이 점유한 토지의
양성화, 물과 같은 필수 생존 자원에 대한 권리, 적절하고 균형잡힌 토
지 이용 권리 등

b. 도시에서의 인권보장을 위한 유럽 헌장 (2000)

제1조 도시에 대한 권리: 1. 도시는 그 안에서 살고 있는 모든 사람들에게
속한 집합적 공간이다. 도시 거주자들은 자신들의 정치적·사회적·생
태적 발전을 위한 권리를 갖는 동시에 연대의 의무가 있다.

　2. 도시 정부는 가능한 모든 수단을 통해 도시 거주자 모두의 존엄성과
삶의 질을 존중해야 한다.

c. 도시에 대한 권리에 대한 세계 헌장 (2004)

- 1조 2. 도시에 대한 권리는 지속가능성, 민주주의, 공정, 그리고 사회정
의의 원칙에 따라 도시의 동등한 사용권으로 정의된다. 도시에 대한
권리는 자유로운 자결권과 적절한 생계기준을 완전히 실현하는 것을
목적으로 도시 거주민들의 습관과 관습에 기반하여 도시 거주민들, 그
중에서도 특히 취약하고, 소외된 집단의 행동과 조직에 정당성을 부여
하는 집합적 권리이다 ... 그리고 또한 도시에 대한 권리는 발전할 권

리, 건강에 이로운 환경을 누릴 권리, 자연자원을 향유하고, 보전할 권리, 도시계획과 관리과정에 참여할 권리, 역사문화유산에 대한 권리를 포함한다.

d. 도시에서 인권을 위한 지구 헌장-의제 (2011)
 - 가치/원칙: 최고의 가치로서의 모든 인간은 존엄성; 자유, 평등 (특히 남녀간), 차별금지, 차이 인정, 정의 및 사회통합; 도시정책으로서의 민주주의 및 시민참여; 인권의 보편성, 불가분성 및 상호의존성; 사회적 및 환경적 지속성; 전세계 모든 도시간은 물론 각 도시의 모든 구성원들 간의 협동 및 단결성; 능력 및 수단에 따라서 도시 및 도시거주자들이 공유하고 구별되는 책임성
 - 주요의제: I. 도시에 대한 권리, II. 참여 민주주의에 대한 권리, III. 도시 내 시민의 평화와 안전에 대한 권리, IV. 남녀가 평등하게 대우받을 권리, V. 아동의 권리, VI. 공공 서비스에 접근할 수 있는 권리, VII. 양심, 종교, 사고 및 정보의 자유, VIII. 평화롭게 집회하고, 교섭하며 노동조합을 결성할 권리, IX. 문화적 권리, X. 주택 및 거주지에 대한 권리, XI. 깨끗한 물과 음식에 대한 권리, XII. 지속적인 도시개발에 대한 권리

e. 미국, 〈도시에 대한 권리 연대〉[8]의 도시에 대한 12가지 권리목록
 - 시장의 투기로부터 자유롭고 공동체 형성, 지속가능한 경제, 문화 및 정치공간에 도움이 되는 토지와 주택에 대한 권리
 - 공공의 목적으로 활용되는 도시 영역에 대한 영구적인 공공 소유권의 권리
 - 유색인종, 여성, 동성애자, 성전환자에 속하는 노동자들이 그들에게 도움이 되는 경제활동을 할 수 있는 권리

---

8) 미국 "도시에 대한 권리 연대 (the Right to the City Alliance)"
   http://www.righttothecity.org

- 유색인종이자 노동자계급으로 구성된 지역사회가 그들의 문화적, 사회적 통합성을 유지하는 교통, 하부구조, 서비스를 누릴 권리
- 우리가 거주하고 일하는 도시의 계획과 거버넌스에 관하여 완전한 투명성과 책임성 속에서 지역사회를 통제하고 의사결정할 수 있는 권리
- 유색인종이자 노동자계급으로 구성된 지역사회가 이곳의 지역경제를 착취하고 괴롭혔던 모든 지역적, 국가적, 국제적 제도들로부터 경제적 호혜성을 확보하고 부흥할 수 있는 권리
- 국가의 개입 없이 국경 너머 도시들 사이에 연대를 형성하고 지원할 수 있는 권리

f. 2011년 국제인권도시네트워크 광주인권도시 선언
3. '인권도시'란 인권이 근본적인 가치와 준수해야 하는 기본원칙으로 작용하는 지방 차원에서의 공동체와 사회정치적 과정으로 정의할 수 있습니다.
4. '인권도시'는 지방 정부, 지방의회, 시민사회, 기업과 기타 이해관계자들이 인권기준과 규범에 근거한 파트너십의 정신으로 모든 거주민들의 삶의 질을 향상시키기 위해 함께 노력하는 '지역적 차원에서의 인권 거버넌스'로 이해할 수 있습니다.

g. 2014년 광주 인권도시 이행원칙
① 인권도시란
- 도시 거버넌스에 인권에 기반한 접근을 적용하는 공동체
- 모든 행위자들이 도시적 차원에서 삶의 질을 향상시키기 위한 의사결정과정과 이행 과정에 관여하는 열린 그리고 참여적인 과정
- 보편적인 인권 기준에 기반하여 포용적이고 평등한 도시를 만들어가는 프레임워크
- 도시 거버넌스에 인권에 기반한 접근을 적용할 특정한 책임이 있으며,

각 나라의 헌법과 법 체계에 따라 다른 형태와 기능을 가짐
② 도시에 대한 권리는
- 도시적 차원에서 주민들이 적극적인 참여를 통해 양질의 삶을 누릴 수 있는 권리를 실현하는 전략적 도구임
- 사적 재산권을 넘어 사회적으로 정의롭고 환경적으로 균형 있는 도시 공간의 사용에 대한 공공의 이익을 고려하는 권리임
- 적절하고, 지불할 수 있고, 수용가능하고 적응가능한, 식량, 교육, 주거, 에너지, 이동성 그리고 공공시설과 같은 기본적인 사회적 서비스에 대한 완전한 접근을 보장하는 권리임

h. 광주 인권도시 이행원칙의 원칙 10
원칙1: 도시에 대한 권리
· 인권도시는 세계인권선언과 헌법과 같은 기존의 국내외 인권 원칙과 규범에서 인정받은 모든 인권을 존중한다.
· 인권도시는 정의, 형평, 연대, 민주주의와 지속가능성의 원칙에 따라 모든 거주자들의 도시에 대한 권리를 인정하고 이를 시행하기 위해 노력한다.

여기에서 '도시에서의 인권'(Human Rights in the City)과 '도시에 대한 권리'(Rights to the City)를 구분할 필요가 있다. '도시에서의 인권'이 권리보장의무를 지자체에도 부과한다는 취지로서, 국가적 차원의 인권을 지방/도시 차원에서 적용한다는 의미라고 한다면, '도시에 대한 권리'는 도시에 대한 시민들의 집단적 권리를 말한다. '도시에서의 인권'은 기존의 인권목록과 대동소이할 수밖에 없다. 국가 차원의 인권을 지자체에 그대로 적용한 것이기 때문이다. 반면 '도시에 대한 권리'는 기존의 권리(특히 사회·경제·문화적 권리)와 겹치는 부분이 있긴 하지만, 그 자체로 독자적인 권리의 항목들을

제시한다. 특히, 도시라는 공간 자체를 하나의 단위로 보고 그것에 대한 '집단적' 권리를 주장하는 것은 매우 파격적이면서도 유의미한 것이며, 인권헌장에 적극 수용할 필요가 있다고 할 수 있다.

하지만 도시에 대한 권리의 세부 내용은 대부분 여러 조문에서 반영되어 있기 때문에 굳이 일반원칙에서 반복할 필요는 없을 것이다. 예컨대, '도시에 대한 권리'에 대한 세부 목록으로 제시되는 필요에 의거한 권리 (통신할 권리, 여행할 권리, 식수나 음식에 대한 권리, 균형발전의 혜택을 받을 권리 등), 도시 상징물/기념물에 대한 권리, 지명에 대한 권리, 공공 디자인에 대한 권리 등[9]은 다른 조문에서 충분히 반영되어 있다.

그렇다면 '도시에 대한 권리'를 '전문'이나 헌장 전반부 일반원칙에 포함시키는 것이 바람직하다고 할 수 있다. 최종적으로 전체를 포괄하는 하나의 조문을 상징적으로 제1조에 배치하는 것으로 의견이 모아졌다. 그 결과 다음과 같은 제1조가 만들어졌다.

> 서울시민 인권선언 제1조 서울은 시민이 함께 만들어가는 공동체이며, 시민은 서울의 주인이다.

이것은 '도시에 대한 권리'이기도 하지만, 서울시가 서울시민 인권헌장을 통해 지향해야 할 궁극적인 목적이라는 점에서 제1조에 배치하였다. 이렇게 도시에 대한 권리를 선언적이고 상징적인 내용을 담아 제1조에 배치하는 것은 〈도시에서의 인권보호를 위한 유럽 헌장〉(2000)이나, 〈도시에 대한 권리에 대한 세계 헌장〉(2004)의 경우에서도 찾아볼 수 있다.

---

9) 강현수, 앞의 책, 제4장 참조.

Ⅲ. 조문별 내용 분석

1. 제1장 일반원칙

제1조 서울은 시민이 함께 만들어가는 공동체이며, 시민은 서울의 주
　인이다.

제2조 서울시민은 서울시정에 참여할 권리와 공공서비스를 차별 없이
　향유할 권리를 갖고 서울시는 이를 보장할 책무를 진다.

제3조 서울에 살거나 머무는 모든 사람은 존엄한 시민으로서 권리를
　갖는다.

제4조 서울시민은 성별, 종교, 장애, 나이, 사회적 신분, 출신 지역, 출
　신 국가, 출신 민족, 용모 등 신체조건, 혼인 여부, 임신·출산, 가족
　형태·상황, 인종, 피부색, 양심과 사상, 정치적 의견, 형의 효력이 실
　효된 전과, 성적지향 및 성별정체성, 학력, 병력 등 헌법과 법률이
　금지하는 차별을 받지 않을 권리가 있다.

제5조 서울시민은 타인의 권리를 존중하며, 모든 이들이 더불어 함께
　살아가는 관용의 도시 서울을 만들기 위해 노력한다.

　'일반원칙'은 인권헌장이 지향하는 바를 일반적인 수준에서 밝
히는 한편, 세부 조문들의 내용을 포괄하는 내용으로 구성되어 있
다. 다른 인권선언이나 헌장에서도 그러한 형식을 찾아볼 수 있다.
예컨대 〈몬트리올 권리와 책임 헌장〉은 '원칙과 가치관', 〈도시에
대한 권리 세계 헌장〉은 '일반조항', 〈도시에서 인권을 위한 지구헌
장·의제〉은 '총칙'이라는 장을 두고 있다.

　제1조는 '도시에 대한 권리' 이론의 영향을 받아, 서울이 서울의

주인인 서울시민들이 함께 만드는 공동체임을 선언하는 것이다. 일
반원칙 중에서도 헌장의 시작인 제1조의 내용은 특별히 중요한 상
징적 의미가 있기 마련이다. 일반적으로는 제1조에는 권리에 대한
선언(〈성북주민 인권선언〉), 헌장의 목표(〈도시에서 인권을 위한 지
구헌장-의제〉) 등을 담는 것이 보통인데, 서울시민 인권헌장은 서울
이라는 공간과 그 주인인 시민을 내세움으로써 '도시' 차원의 인권
헌장의 특성을 드러내고 있다. 이것은 〈몬트리올 권리와 책임 헌
장〉의 제1조가 "도시는 인간의 존엄성, 관용, 평화, 포용 및 평등의
가치가 모든 시민들 사이에서 장려되어야 하는 영토이자 생활공간
이다"이라고 규정한 것이나, 〈도시에 대한 권리 세계 헌장〉의 제1
조와 〈도시에서의 인권보호를 위한 유럽 헌장〉의 제1조(총칙)가
"도시에 대한 권리"인 것과 궤를 같이 한다. 또한 〈서울특별시 인권
기본조례〉의 제1조(목적)에서 "이 조례는 서울특별시 시민의 인권
을 보호하고 증진하기 위한 정책을 수립·집행하도록 함으로써, 모
든 시민이 인간으로서의 존엄과 가치를 실현하여 행복한 삶의 권
리를 누릴 수 있도록 함을 목적으로 한다."고 규정한 것과 제2조의
3(인권도시의 정의)에서 "'인권도시'라 함은 모든 시민의 인권이 생
활 속에서 실현되며 행복한 도시공동체를 구현해 나가는 도시를
말한다."라고 규정된 것을 헌장에 담은 것이라고도 할 수 있다.

　제2조의 '서울시정에 참여할 권리'와 '공공서비스를 차별 없이
향유할 권리'는 뒤의 다른 조문에서도 나오는 내용이지만 그 중요
성을 감안해 일반원칙에도 규정했다. 제3조는 '적용범위'에 관한 조
항인데, 〈서울특별시 인권기본조례〉에 "'시민'이라 함은 시에 주소
또는 거소를 둔 사람, 체류하고 있는 사람, 시에 소재하는 사업장에
서 근로하는 사람을 말한다."(제2조의 2)라는 조항의 내용이 반영된
것이라고 할 수 있다. 이와 관련하여 시민의 범위를 넓히는 것에
대해서는 대부분 동의했지만, 어떤 정도까지 나열할지를 놓고 시민

위원들 사이에 이견이 있었다. 예컨대, 서울에서 학교를 다니는 학생을 추가하자는 의견이 제기되었지만, '비학생'을 소외시킬 수 있다는 반대의견도 만만치 않았다. 결국 격론 끝에 구체적으로 나열하기보다는 "살거나 머무는 모든 사람" 정도로 의견을 모았다.

제4조는 차별금지에 관한 조항으로서, 〈국가인권위원회법〉에 담긴 차별금지사유에 '성별정체성'을 추가한 것이다.[10] 성별정체성은 최근 새롭게 부각되고 있는 차별금지사유이며, 〈서울특별시 어린이·청소년인권조례〉, 〈서울특별시 학생인권조례〉, 〈충남도민 인권선언〉에도 포함되어 있다.[11] 제4조에서 차별금지사유를 나열할 것인지를 놓고는 격론이 벌어졌다. 나열하지 말자는 시민위원들은, "서울시민은 누구나 차별을 받지 않을 권리가 있다" 정도로 제4조를 두자고 제안했다. 하지만, 차별금지규범은 차별금지사유를 구체적으로 나열함으로써, 어떤 속성에 근거한 차별이 금지되는 것인지 알려주는 것 자체가 의미있는 것이다. 더욱이 시민들에게 인권의 내용을 주지시키고 확인하는 기능을 해야할 인권헌장이 애매하고 추상적인 규정을 담는 것은 인권헌장 제정의 의미를 퇴색시키는

---

10) '성별정체성'(gender identity)은 개인의 내적이고 개인적인 젠더(gender)의 경험으로서, 신체에 대한 개인적인 의식, 말투, 버릇, 의상 등 다양한 젠더 표현을 의미한다. 성별 정체성은 타고난 성과 일치할 수도 있고 아닐 수도 있다.

11) **서울특별시 학생인권 조례** 제5조(차별받지 않을 권리) ① 학생은 성별, 종교, 나이, 사회적 신분, 출신지역, 출신국가, 출신민족, 언어, 장애, 용모 등 신체조건, 임신 또는 출산, 가족형태 또는 가족상황, 인종, 경제적 지위, 피부색, 사상 또는 정치적 의견, **성적 지향**, **성별정체성**, 병력, 징계, 성적 등을 이유로 차별받지 않을 권리를 가진다.

서울특별시 어린이·청소년 인권조례 제7조(차별금지의 원칙) ① 어린이·청소년은 나이, 성별, 종교, 사회적 신분, 지역, 국가, 민족, 언어, 장애, 용모 등 신체조건, 임신 또는 출산, 가족형태 또는 가족상황, 인종, 경제적 지위, 피부색, 사상 또는 정치적 의견, **성적 지향**, **성별정체성**, 병력, 징계, 성적, 고용형태 등을 이유로 차별받지 않을 권리를 가진다.

것이다. 인권헌장의 제정은 시민들이 토론을 통해 법률상의 차별금지사유를 더 구체적이고 풍부하게 만들고 인권의 가치가 시민들의 삶 속에 체화되는 과정이어야 할 것이다.

전체 법체계상으로 봐도 하위법령으로 갈수록 차별금지사유가 구체화되어야 하는 것이 맞다. 헌법이 가장 일반적으로 차별금지원칙을 정하고 있고, 법률이 그 차별금지사유를 좀 더 자세하게 나열하고, 조례에서는 그 보다 더 자세하게 나열하는 것이 자연스럽다. 실제로 차별금지에 관한 내용은 '헌법[12] → 법률(〈국가인권위원회법〉 등)[13] → 조례(〈서울시 어린이·청소년인권조례〉, 〈학생인권조례〉)'로 갈수록 자세한 규정을 담고 있으며, 인권헌장은 실정법보다 더 구체적인 규정을 담거나 최소한 비슷한 수준을 유지하는 것이 마땅하다. 따라서 인권헌장에서 차별금지 조항이 법률이나 조례보다

---

12) **헌법** 제11조 제1항 모든 국민은 법 앞에 평등하다. 누구든지 성별·종교 또는 사회적 신분에 의하여 정치적·경제적·사회적·문화적 생활의 모든 영역에 있어서 차별을 받지 아니한다.

13) **국가인권위원회법** 3. "평등권 침해의 차별행위"란 합리적인 이유 없이 성별, 종교, 장애, 나이, 사회적신분, 출신 지역(출생지, 등록기준지, 성년이 되기 전의 주된 거주지 등을 말한다), 출신 국가, 출신 민족, 용모 등 신체조건, 기혼·미혼·별거·이혼·사별·재혼·사실혼 등 혼인 여부, 임신 또는 출산, 가족 형태 또는 가족 상황, 인종, 피부색, 사상 또는 정치적 의견, 형의 효력이 실효된 전과(前科), 성적(性的) 지향, 학력, 병력(病歷) 등을 이유로 한 다음 각 목의 어느 하나에 해당하는 행위를 말한다.
  형의 집행 및 수용자의 처우에 관한 법률 (약칭: 형집행법) 제5조(차별금지) 수용자는 합리적인 이유 없이 성별, 종교, 장애, 나이, 사회적 신분, 출신지역, 출신국가, 출신민족, 용모 등 신체조건, 병력(病歷), 혼인 여부, 정치적 의견 및 성적(性的) 지향 등을 이유로 차별받지 아니한다.
  군에서의 형의 집행 및 군수용자의 처우에 관한 법률 (약칭: 군형집행법) 제6조(차별금지) 군수용자는 합리적인 이유 없이 성별, 종교, 장애, 나이, 사회적 신분, 출신지역, 용모 등 신체조건, 병력(病歷), 혼인 여부, 정치적 의견 및 성적(性的) 지향 등을 이유로 차별받지 아니한다.

더 추상적인 내용을 담는 것은 퇴행적인 것이라 할 것이다. 세계의
다른 인권헌장[14]이나 국내의 다른 지자체의 인권헌장[15]에서도 차

---

14) **도시에 대한 권리 세계 헌장** (2005) 1조. 도시에 대한 권리 1. 모든 사람은
성별, 나이, 건강상태, 소득, 국적, 민족, 이주상황, 정치적, 종교적, **성적
성향**에 따른 차별로부터 자유로우며, 본 헌장에서 밝히는 원칙과 규범에
따라서 문화적 기억과 정체성을 보존하기 위한 도시에 대한 권리를 갖고
있다.

   도시에서 인권을 위한 지구 헌장-의제 (2007) B. 적용범위: 이 헌장-의제의
모든 조항들은 모든 도시 거주자들에게, 개인적으로 그리고 집단적으로
차별 없이 적용된다. 이 헌장-의제에서 모든 거주자들은 어떠한 구분도
없는 시민들이다. 성, 인종, 피부색, 인종적 혹은 사회적 출신, 유전적 특
징, 언어, 종교 혹은 믿음, 정치적 견해 혹은 어떤 다른 견해, 한 국가 내
소수자의 일원, 재산, 출생, 장애, 나이 혹은 **성적 지향성** 등등에 근거한
어떠한 차별도 허용되지 않는다. 비록 고정된 거주지가 없다고 하더라도
도시의 영역 안에 사는 모든 사람이 도시의 거주자로 인정된다.

   도시에서의 인권 보호를 위한 유럽 헌장 (2000) 제2조 권리의 평등과 비
차별 원칙: 이러한 권리들은 지방당국에 의해서 피부색, 나이, 성, **성적지
향**, 언어, 종교, 정치적 의견, 인종, 국가 또는 사회출신, 수입의 정도에
관하여 그 어떠한 차별 없이 보장된다.

   호주 빅토리아주의 2006 인권과 책임의 헌장 (2006) 본 헌장에서 차별은,
사람과 관련되었을 때, 1995년의 기회균등법 6조(연령; 장애; 정치적 신념
혹은 활동; 인종; 종교적 신념 혹은 활동; 성별; 그리고 **성적 지향**을 포함하
여 어떠한 차별이 금지되는지에 대한 다수의 특성들을 나열한다)에 제시
된 특성에 근거한 차별(1995년의 기회균등법 의미 이내에서)을 의미한다.

   몬트리올 권리와 책임 헌장 (2005) 제2조 인간의 존엄성은 빈곤과 모든
형태의 차별, 특히 민족이나 국적, 인종, 나이, 사회적 지위, 혼인 여부,
언어, 종교, 성별, **성적 성향** 또는 장애에 근거한 것들에 대한 지속적인
투쟁의 일부로서 보존될 수 있을 뿐이다.

15) **성북 주민인권선언문** 제1조 1. 성북 주민은 성별, 나이, 외모, 장애, 인종,
종교, 병력(病歷), 사상, 신념, 출신 및 거주지역, 결혼여부, 가족구성, 학
력, 재산, **성적지향**, 국적, 전과(前科), 임신·출산 등 어떤 이유로도 차별
받지 않을 권리가 있다.

   제16조 성소수자 성북구는 성소수자가 차별과 배제의 대상이 되지 않도
록 최선을 다한다.

별금지사유를 나열하지 않는 경우는 없으며, 오히려 인권규범의 앞부분에 배치함으로써 중요성이 강조되어 있기도 하다.[16] 일부 시민위원들이 차별금지사유 나열을 반대했던 것은 차별금지사유 중 '성적 지향' 때문이었다. 그런데 법률이 차별금지사유로 성적 지향을 열거하고 있는 상황에서 인권헌장이 성적 지향을 제외한다면, 마치 '성적 지향 사유로는 차별해도 좋다'고 선언하는 것이나 다름 없다. 그런 무리수보다는 아예 차별금지사유를 나열하지 말자는 취지의 반대의견이 나왔던 것이다. 결국 이와 관련하여 분과 합의에는 실패했지만, 시민위원회는 최종적으로 차별금지사유를 나열한 안을 통과시켰다.

충남도민 인권선언 제1조 차별금지의 원칙 충남도민은 성별, 나이, 외모, 장애, 인종, 종교, 병력(病歷), 사상, 신념, 출신 및 거주지역, 결혼여부, 가족구성, 학력, 재산, **성적지향, 성별정체성**, 국적, 전과(前科), 임신, 출산 등 어떤 이유로도 차별받지 않을 권리가 있다.

광주인권헌장 제12조 다양한 문화와 정체성이 존중되는 도시 실현: 모든 시민은 피부색, 종교, 언어, 출신 지역, 국적, **성적 지향** 등에 관계없이 자신의 문화를 향유하고, 자신의 종교를 표명하고 실천하며, 자신의 언어를 사용할 권리가 있다.

16) 국제인권규범에서는 '국제규약'의 차원에서 성적 지향에 의한 차별을 명시하고 있지는 않으나, 2009년 사회권위원회 일반논평(general comments), 여성차별철폐위원회의 최종견해(concluding observations), 2011년 인권이사회의 '성적지향과 성별정체성에 관한 첫 번째 UN 결의' 채택, 반기문 유엔사무총장의 성적 지향에 대한 차별금지에 대한 수차례의 명시적·공식적 언급, 2006 성적지향과 성정체성에 의한 차별금지원칙을 각국이 법제화할 것을 천명한 국제NGO들의 '요그야카르타 원칙(Yogyakarta Principles)', 2012년 UN의 LGBT를 위한 Born free and equal campaign 시작, 2014년 국제올림픽위원회(IOC)의 성적지향에 따른 차별금지를 올림픽 헌장(Olympic charter)에 규정하겠다는 방침, 유럽, 미국, 남미 등에서의 동성혼 법제화 등으로 성적 지향에 따른 차별금지는 이미 세계의 보편적 상식이 되어 있다. 이 문제에 관한 국제동향에 대해서는, 김지혜, 성적지향과 성별정체성에 관한 국제인권법 동향과 그 국내적 적용, 법조 제61권 제11호, 2012, 181-222쪽 참조.

제5조의 경우는 인권에 대한 주장이 서울시를 향한 것이기도 하지만, 시민 스스로도 책무를 지는 것이어야 하며, 이기적인 주장이 되어서는 곤란하다는 주장이 힘을 얻으면서 포함된 것이다. 이 부분을 인권헌장 43조, 44조와 연동하여, 시민의 책무(공동 노력, 타인의 권리 침해 금지)를 포괄적으로 규정하는 방법도 가능했을 것이다.

제5조 후단의 "더불어 함께 살아가는 관용의 도시"라는 부분은 세계화시대의 국제도시, 글로벌도시, 다문화도시로서의 서울의 위상이 반영된 부분이다. 하지만 이 부분의 중요성에 비해서는 너무 소략하게 표현된 것이 아닌가 하는 아쉬움이 남는 부분이다. 이 문제는 제34조에서 좀 더 자세히 다뤄지고 있지만 역시 충분하다고 보긴 어렵다. 다문화주의, 외국인 문제 등은 서울의 중요한 이슈이자 미래의 핵심 의제라는 점을 고려하면 아쉬운 부분이 아닐 수 없다. 제3조의 적용범위에서 '머무는 사람'까지 시민으로 포함시킨 것과 연동하여, 제5조의 관용의 도시의 맥락을 좀 더 구체화했다면 어땠을까 하는 생각이 든다.

2. 제2장 시민이 참여하고 소통하며 함께 만들어 가는 서울

〈자유로운 참여 함께하는 소통〉

제6조 서울시민은 누구나 서울시 행정 및 공공사안에 참여할 권리가 있고, 서울시는 이를 보장하기 위한 제도를 마련한다.

제7조 서울시민은 서울시 공공정보에 대해 알권리가 있다. 서울시는 누구나 쉽고 평등하게 서울시 공공정보에 접근할 수 있도록 하며, 서울시민들 간의 정보격차 해소방안을 마련한다.

제8조 서울시민은 사상·의사표현의 자유를 갖는다. 서울시는 시민의 의사표현과 평화로운 집회·결사의 자유를 보장하기 위한 제도를 마련한다.

제9조 서울시는 서울시민의 주민자치활동 및 자원봉사활동을 적극 장려하여 지역공동체를 활성화한다.

〈개인정보에 관한 권리와 의무〉

제10조 서울시민은 사생활을 보장받을 권리가 있다.

제11조 서울시민은 자기의 사적정보 처리에 관하여 자기결정권을 갖는다. 서울시는 공무수행 중 취득한 개인정보를 보호한다.

제2장은 자유권에 해당하는 내용으로서 앞서 설명한 바와 같이 모든 자유권을 규정한 것이 아니라, 서울시 차원에서 의미있는 것들만 선별적으로 규정되어 있다. 예컨대, 자유권의 핵심 중 하나인 신체의 자유는 지자체 수준에서 할 수 있는 것이 없기 때문에 생략되어 있지만, 사상·의사표현의 자유를 규정한 제8조와 개인정보에 대한 제10조와 제11조는 지자체의 책임범위 안에 있는 내용이기 때문에 포함시킨 것이라고 할 수 있다.

제6조 참여에 대한 권리는 일반원칙(제2조)에 규정된 것이 다시 한 번 반복되었다. 자유권의 핵심 내용으로서 의미가 있으면서도 헌장의 일반적인 대원칙으로도 의미가 있다고 보았기 때문이다. 제7조는 알 권리를 규정하고 있는데, '정보 격차 해소'에 대해서 특별히 규정한 것은 다소 특이한 부분이라고 하겠다. '정보 격차'(digital divide)란 정보화사회, 인터넷사회에서 정보의 취득과 이용에 취약한 계층이 생겨나고, 이것이 사회불평등을 더욱 증대시킨다는 우려

에서 나온 용어다. 정보 격차 해소는 지자체의 권한 범위에서 할 수 있는 것이 많다. 예컨대, 서울시가 공공정보를 획기적으로 공개해도, 이에 접근할 수 있는 능력과 자원이 부족하면 무용지물이 될 것이다. 이를 위해 서울시는 취약계층의 정보 접근권을 보장하기 위해 보다 적극적인 조치를 취해야 한다.

제9조는 주민자치활동과 자원봉사활동 지원, 지역공동체 활성화 등을 언급하고 있다. 이러한 활동들은 시민사회가 자율적으로 해야 하는 것이지만, 이에 대한 '지원'은 지방자치단체의 몫일 수 있다. 그러한 지자체의 지원이 지자체의 책무임을 확인했다는 점에서 의미가 있다.

3. 제3장 안전한 서울, 건강한 서울, 살기 좋은 서울

〈안전에 대한 권리〉

제12조 서울시민은 재난 및 사고로부터 보호받을 권리가 있다. 서울시는 재난과 사고를 예방하고, 발생 시 시민의 안전을 우선적으로 확보하며, 피해자 및 가족에 대한 심리적·물질적 안정을 위한 보호와 지원 등을 한다.

제13조 서울시민은 안전에 관한 정보를 충분히 제공받고 재난 및 안전관리 시책 수립 및 추진과정에 참여할 권리가 있으며, 서울시는 이를 보장한다.

제14조 서울시민은 보행과 교통에서 안전할 권리가 있으며, 서울시는 보행자의 안전을 우선한다. 서울시는 교통약자가 안전하게 이동할 수 있도록 사람중심의 교통체계를 구축한다.

제15조 서울시민은 신체적, 정신적, 사회적 폭력으로부터 안전하게 보

호받을 권리가 있으며, 서울시는 가정, 학교, 일터, 다수인 보호시설, 지역사회 등에서 폭력을 예방하고 근절하는 제도와 환경을 조성한다. 서울시는 여성, 아동, 노약자, 성소수자, 이주민 등 폭력에 노출되기 쉬운 환경에 처한 시민을 특별히 고려한다. 서울시는 피해자와 피해·가해 가족에 대한 지원을 한다.

제3장은 안전, 건강, 주거, 사회보장 등 시민들의 삶에 직접적으로 연관된 내용을 담고 있어서, 시민위원이 적극적으로 의견을 개진했던 부분이었다. 인권의 전통적 분류로 보면, '사회권'에 해당하는 내용이다. 이와 관련해서는 특히 서울시의 책무를 강하고 분명하게 규정하자는 의견이 지배적이었다. 다른 장과의 조화를 위해서 모든 의견이 다 반영될 수는 없었고 상당한 통합·정리 작업을 거쳤지만, 그럼에도 불구하고 제3장의 내용은 상당히 포괄적이고 자세하다. 만약 한국이 자치경찰제를 시행하고 있다면, '치안'에 관련된 조항이 이 장에 대거 포함되어야 할 것이다. 하지만 현재 수준에서는 지자체의 책임범위에 있는 것을 특별히 찾기 어려웠다.

'안전'은 인권헌장 제정을 위한 시민회의가 열렸던 시기가 세월호 참사 직후였던 관계로 시민위원들이 특별히 많은 관심을 보인 주제다. 더욱이 재난·사고에 대한 부분은 (중앙정부에 비해) 서울시가 비교적 많은 책임을 안고 있는 분야이기 때문에 서울시의 책무가 더욱 상세하게 규정될 수 있었다. 인권기준이나 헌장, 가이드라인 중에서 안전에 대해서 이렇게 자세한 규정을 담은 것은 매우 특이한 경우이고 한국(서울)이 당면한 현실이 적극 반영된 부분이라고 평가할 수 있을 것이다.

안전에 대한 권리(right to security)는 개인이 폭력을 당하지 않을 권리와 정부의 보호의무를 포함하고 있으며, 인권헌장에서는 학교,

가정, 직장, 보호시설, 지역사회 등 다양한 일상적 삶의 공간에서 폭력을 당하지 않을 권리를 규정했다. 시민들이 직접 통제할 수 없는 식품, 교통, 건물 등 재화, 서비스, 시설에서의 지자체의 책임을 강조한 것도 특기할 점이다. 한편, 안전권을 '인간안보'(human security)라는 개념으로 확장하여, 여기에 건강권, 주거권, 사회보장권 등 전통적인 사회권을 포함시키는 방법도 논의되었으나, 사회권의 독자적인 중요성을 축소시킬 우려가 있어, '안전한 서울, 건강한 서울, 살기 좋은 서울'라는 장에 안전에 관한 권리를 포함시키는 것으로 마무리가 되었다. 또한, 피해자 및 가족에 대한 지원, 재난/안전 대책 수립에 대한 참여권 등을 규정한 것은 의미있는 부분이라고 생각된다.

교통에서의 접근권 등은 많은 인권헌장에서 규정하고 있는 부분이지만, 서울시민 인권헌장에서 보행자의 권리, 교통약자의 권리를 부각시키면서, "사람중심의 교통체계"를 내세운 것은 특이한 지점이다.

앞서 서울시민 인권헌장이 개별 소수자들을 호명하는 방식을 취하지 않았다고 언급한 바 있는데, 그럼에도 불구하고 제15조에서는 예외적으로 여성, 아동, 노약자, 성소수자, 이주민 등이 언급되어 있다. 폭력에 노출되기 쉬운 취약한 소수자들을 언급하지 않고는 권리의 실효성을 높일 수 없다고 본 것이다. 하지만 토론 과정에서는 특정 소수자집단을 열거하는 것에 반대하는 의견도 있었다. 처음에는 여성, 아동, 성소수자, 이주민 등이 나열되었지만, 나중에 '여성, 아동, 어르신·약자, 장애인, 성소수자, 이주민 등'으로 수정하는 것으로 합의되었다.

〈건강에 대한 권리〉

제16조 ① 서울시민은 신체적·정신적·사회적으로 건강할 권리가 있다. 서울시는 생애주기별 건강상 특성을 고려하여 시민 개개인이 건강한 삶을 영위할 수 있도록 제도와 환경을 조성한다.

② 서울시민은 질병이나 병력으로 인해 정당한 이유없이 학교나 직장 등 사회에서 불이익을 받지 않을 권리가 있다.

제17조 ① 서울시민은 자신의 건강보호와 증진을 위하여 적절한 진료와 치료를 받을 권리가 있다. 서울시는 신속한 응급의료를 포함하여 양질의 보건의료체계와 의료 환경을 조성·관리한다.

② 서울시민은 보건의료 과정에서 충분히 알고 선택할 권리가 있으며, 서울시는 보건의료기관에서 이러한 권리가 보장되도록 필요한 조치를 취한다.

제18조 서울시민은 임신, 출산, 양육과 관련하여 건강을 영위할 권리가 있으며, 서울시는 이와 관련하여 여성과 가족 및 영·유아의 건강 증진을 위한 정책을 강구한다.

제19조 ① 서울시는 주요 정신건강 위험 요인을 파악하고, 자살 등 정신관련 질환과 사고를 예방하는 정책을 마련한다.

② 서울시는 감염병의 발생과 확산을 방지하고 감염병 환자에 대하여 신속하고 적절한 보건의료를 제공 한다.

제20조 서울시민은 안전하게 먹을 권리가 있다. 서울시는 먹거리의 안전을 보장하고 올바른 먹거리 정보 제공과 시스템을 구축하는 등 시민의 영양 및 건강을 증진한다.

건강권에 관련한 부분은 지자체가 비교적 많은 권한을 갖고 있는 영역이다. 그래서 시민위원들은 이에 관한 지자체의 책무를 강조하기 위하여 노력했다. 제16조 제1항에서는 신체적 건강 뿐만 아니라, '정신적', '사회적' 건강이 나란히 규정되었는데, 이는 한국(서울)이 높은 자살률과 높은 물가, 경쟁적인 삶 등으로 고통받고 있다는 점이 고려되어 특별히 강조된 부분이다. 생애주기별 건강상 특성을 고려한 제도와 환경을 조성한다는 내용은 시민의 건강한 삶을 위한 기반을 마련해야할 책무를 적극적으로 부여한 것이라고 할 수 있다.

제16조 제2항의 질병·병력에 의한 불이익금지는 차별금지원칙을 건강 분야에 적용한 것이며, 제17조 제2항에서는 시민들이 보건 의료 과정에 대하여 알 권리는 '알 권리'를 건강 분야에서 구체화한 것이라고 할 수 있다. 제18조에서 임신, 출산, 양육에 관한 규정을 두고, 제19조에서 정신건강의 문제나 자살 등 정신관련 질환/사고 예방 정책의 수립, 제20조에서 안전하게 먹을 권리를 특별히 규정한 것도 주목해볼만한 점이다.

〈적절한 주거에 대한 권리〉

제21조 서울시민은 건강하고 안전한 주거와 생활환경을 누릴 권리가 있다. 서울시는 인간다운 주거생활에 적합한 주거환경 조성을 위해 노력한다.

제22조 ① 서울시는 주거권을 존중하는 도시정책을 수립하고, 적절한 대책 없는 강제퇴거를 금지한다.

② 서울시는 주거생활의 안정을 보장하는 주택정책을 마련하고 시행한다.

제23조 ① 서울시는 주거빈곤층 및 무주택 저소득층, 탈시설 주거 약자의 주거권 실현을 위해 장단기 계획을 마련한다.

② 서울시는 강제퇴거, 재난, 임대료연체, 폭력피해 등의 사유로 노숙 또는 홈리스 상태에 처하는 이들의 주거권 보장을 위해 노력한다.

주거권은 세계 각국의 도시인권헌장이나 도시인권에 관한 국제 기준에서 특별히 강조되는 부분이다. '도시'정책에서 매우 중요한 문제이기 때문이다. 서울시민 인권헌장에서도 주거권은 비교적 자세하게 규정되어 있다.

제21조에서는 주거와 더불어 '생활환경'과 '주거환경'을 함께 언급함으로써 '집'을 넘어서 집을 둘러싼 환경에도 관심을 두었다. 탈시설 주거약자의 주거권, 강제퇴거 등으로 인한 노숙자/홈리스에 대한 주거권 보장 등을 구체적으로 언급한 것이 이례적이다. 제22조에서는 서울에서 자주 문제가 되고 있는 강제퇴거의 문제를 다뤘고, 제23조에서는 주거빈곤층, 무주택 저소득층, 탈시설 주거 약자, 홈리스 등 주거에 관련한 취약집단의 권리를 보장하기 위한 조치를 담았다.

〈사회보장에 대한 권리〉

제24조 서울시민은 인간다운 생활을 유지하는 데 필요한 사회보장을 누릴 권리가 있다. 서울시는 중앙정부와 공동으로 실업·질병·장애·빈곤 등의 상황에서 건강과 소득 보장을 위한 사회보장제도를 확충하고 시민들이 쉽게 이용할 수 있도록 지원한다. 서울시는 사회적으로 취약한 상황에 놓인 시민들의 참여와 자립에 필요한 제도와 여건을 조성한다.

제25조 서울시민은 물, 전기, 가스, 통신, 교통 등 필수적인 도시서비스를 누릴 권리가 있으며, 서울시는 이를 보장한다.

제26조 서울시는 임신·출산·양육과 어린이·장애인·어르신에 대한 돌봄과 지원 등 사회가 함께 하는 육아·돌봄 환경을 조성한다.

사회보장에 대한 책임의 상당 부분을 지자체가 지고 있기 때문

에, 사회보장에 대한 권리는 서울시민 인권헌장에서 특별히 강조되어야 했다. 제24조는 사회보장에 관한 권리에 관한 일반적인 내용을 담고 있으면서, 특별히 '참여'와 '자립'을 강조한 것이 특징이다. 사회보장권이 시혜적인 혜택이 아니라 시민들의 주체적인 권리라는 점을 강조한 것이다. 제25조에서는 필수적인 도시서비스로서 물, 전기, 가스, 통신, 교통이 규정되어 있고, 제26조는 임신·출산·양육 문제와 어린이·장애인·어르신 등 사회적 약자에 대한 돌봄과 지원을 규정하고 있다.

4. 제4장 쾌적한 환경과 문화를 누리는 서울

〈문화에 관한 권리〉

제27조 서울시민은 서울시의 자연환경 및 역사적인 유산을 비롯하여 문화, 예술, 스포츠 등 다양한 문화생활을 향유할 권리를 갖는다. 서울시는 시민의 문화 활동이 충족될 수 있도록 지원한다.

제28조 서울시민은 공원, 도서관, 휴식시설, 문화시설, 스포츠시설 등 공공시설에 쉽게 접근하여 자유롭게 이용할 권리를 가진다. 서울시는 공공문화시설에 대한 시민들의 지리적·물리적·경제적 접근성을 높일 수 있도록 지원한다.

제29조 서울시민은 자연유산, 문화유산을 보전하고 가꾸며 이 과정에 참여할 권리를 갖는다. 서울시는 시민의 의견을 최대한 반영하여 자연문화유산의 보전계획을 수립한다.

제30조 서울시민은 다양한 문화, 예술, 스포츠 활동에 자유롭게 참여하여 표현하고 창작할 권리를 가진다. 서울시는 시민 및 문화·예술·스포츠 활동가들의 권리가 보장될 수 있도록 지원하며 특히, 문화소외계층을 지속적으로 지원한다.

문화나 환경에 대한 권리는 다른 지자체 인권헌장에서도 비교적
자세히 다뤄지고 있는 부분이다. 서울시민 인권헌장에는 공공시설
에 대한 '접근성'을 지리적, 물리적, 경제적 접근성으로 상세하게 표
현하고 있다는 점이 특징이며, 자연/문화유산의 보전과정에 대한
'참여'가 강조되고 있다는 점도 주목해볼만 하다. 논의과정에서 시
민위원들은 '접근성'과 '참여'를 상당히 비중있게 다뤘고, 그 결과가
위와 같은 조문으로 귀결된 것이다. 논의 과정에서는 보행취약층,
노인주차문제, 공공시설에 대한 대중교통 접근권, 매월 마지막 주
수요일 문화의 날 활성화 등에 관한 논의도 있었다. 제30조에서 시
민들의 문화, 예술, 스포츠 활동에 대해 참여, 표현, 창작할 권리를
규정하면서, 문화·예술·스포츠 활동가들의 권리가 병렬적으로 언
급되어 있는 점도 흥미로운 점이다.

〈쾌적한 환경에 살 권리〉
제31조 서울시민은 보다 쾌적한 환경에서 살 권리가 있다. 서울시는
　　　적절한 녹지와 공원을 조성하여 시민들이 쾌적한 자연환경을 누릴
　　　수 있도록 노력한다.
제32조 서울시민은 깨끗한 물과 공기를 마시며, 유해로운 물질과 소음
　　　에 의한 불편으로부터 보호받을 권리를 가진다. 서울시는 이를 위
　　　해 삶과 생활의 질을 향상시키기 위한 생활환경정책을 지속적으로
　　　펼친다.
제33조 서울시민은 쾌적하고 안전하게 통행할 수 있는 보행권과 대중
　　　교통 이용권을 갖는다. 서울시는 걷고 싶은 거리를 만들기 위해 노
　　　력한다.

시민위원들은 서울의 환경문제에 대해서도 큰 관심을 보였다.

그 결과 제31조에서 쾌적한 환경에서 살 권리를 총론으로 내세우면
서, 녹지와 공원의 조성, 깨끗한 물과 공기, 소음문제에 대한 권리
를 규정하였다. 이와 더불어 (남에게 피해를 주지 않는 한도 내에
서의) 흡연권도 동시에 규정해야 한다는 의견도 있었으나, 흡연구
역을 지정하면 될 문제이며 굳이 인권헌장에 담을 필요는 없다는
쪽으로 정리가 되었다. 서울시가 지향해야 할 환경정책을 '생활환
경정책'이라고 표현한 것도 특이할만한 점이다. 제33조에서는 보행
과 대중교통 이용시 쾌적하고 안전해야 한다는 점이 규정되어 있
는데, 이러한 지향을 "걷고 싶은 거리"라는 비유적이고 포괄적인 표
현으로 규정했는데, 이색적이면서도 핵심을 적절하게 잘 표현하고
있다고 할만 하다.

〈지속가능한 발전에 관한 권리〉

제34조 서울시민은 다양한 개인과 공동체의 문화적 특성을 공유하고
　　　존중하며 누릴 권리가 있다. 서울시는 다양한 문화가 평화롭게 공
　　　존하며 발전, 실현될 수 있는 조건을 만든다.

제35조 서울시민은 지속가능한 도시 서울에 대한 권리를 가지며 서울
　　　시와 함께 문화유산, 자연유산, 환경유산을 보전하여 후속세대가 향
　　　유할 수 있도록 노력한다.

제34조에서는 다양한 문화의 공존을 규정하였다. 다문화가족,
외국인 문제, 다양한 종교 존중 등의 논의가 폭넓게 진행되었으나
최종적으로는 추상적인 수준에서 정리되는 것으로 귀결되었다. 앞
서 언급한대로, 다문화주의, 외국인 문제 등이 서울시가 직면하고
있고 앞으로 그 중요성이 더 커질 미래의 핵심 의제라는 점을 고려
하면 아쉬운 부분이 아닐 수 없다.

제35조에서는 "지속가능한 발전"이라는 최근 활발히 논의되고 있는 개념을 활용하여, 소극적인 의미의 환경보호 뿐만 아니라, "지속가능한 도시"라는 미래지향적으로 적극적인 지향을 내세웠다.

5. 제5장 더 나은 미래를 꿈꾸는 서울

〈교육〉

제36조 서울시민은 평등한 교육의 기회를 가진다. 서울시는 시민이 차별 받지 않고 신체적, 문화적 다양성과 경제적, 사회적 환경에 따라 교육받을 권리가 실현될 수 있도록 지원한다.

제37조 서울시민은 자신의 발전과 행복을 위해 평생교육을 받을 기회를 갖는다. 서울시는 직업 및 교양, 시민참여 등의 평생교육 활동체계를 마련하고 서울시민의 자유로운 참여와 자발적인 학습을 보장한다.

제38조 서울시민은 교육과정에서 정치 및 종교적 강요를 받지 아니하며, 독립적이고 자유로운 교육을 받을 권리를 가진다.

교육은 현재 중앙정부와 각 시도 교육청이 담당하고 있는 부분이 많지만, 서울시도 부분적으로 협력·지원의 책임을 지고 있다. 이러한 점을 고려하여 제36조가 일반적인 원칙에 해당하는 내용을 담고 있다. 제37조의 평생교육은 지자체 수준에서 여러 가지 사업을 벌일 수 있다는 점이 고려되어 규정된 것이다. 제38조 교육과정에서 정치 및 종교적 강요 문제는 시민위원들 사이에서도 꽤 많이 논의된 부분인데, 서울시의 관할 범위에 있는 것이 많지 않았다. 그래서 서울시의 책무 조항없이 서울시민의 권리를 확인하는 정도에서 마무리가 되었다.

〈일과 노동〉 부분은 지자체의 역할이 제한적일 수밖에 없지만, 그래도 워낙 중요한 부분이기 때문에 권한 범위 내에서 할 수 있는 부분을 최대한 포괄적으로 규정했다. 제39조에서는 국제적으로 확립된 개념인 "좋은 일자리"(decent work)를 전면에 내세우고 있다는 점이 주목할 만하다. 국제노동기준에 따른 일할 권리와 적정복지의 보장을 규정하고 있다는 점도 중요한 부분이다. 이것은 소극적인 국내법(노동법)의 준수를 넘어서, 좀 더 적극적이고 확대된 권리보장이 필요함을 천명한 것이라고 할 수 있다.

〈일과 노동〉

제39조 서울시민은 좋은 일자리를 가질 권리가 있으며 고용형태, 직종 등에 따른 차별을 받지 아니한다. 서울시는 이에 관한 교육과 정보를 제공하고 국제노동기준에 따라 일할 권리와 적정복지 등을 보장한다. 서울시는 특히 노동취약계층의 일자리 확대를 위해 노력한다.

제40조 서울시는 가사노동과 돌봄노동의 사회적 가치가 정당하게 실현되도록 노력한다.

제41조 ① 서울시민은 적절한 휴식과 여가생활을 누릴 권리가 있고 서울시는 이의 실현을 위한 경제적, 사회적, 문화적 환경을 조성해야 한다.

② 서울시민은 행복한 삶을 누릴 권리가 있고 서울시는 이의 실현을 위해 기본적 생활 보장을 위한 생활임금 등과 같은 적극적 조치를 강구한다.

제41조에서 '최저임금'이 아니라 '생활임금'을 언급한 것도 같은 맥락으로 해석할 수 있다. 생활임금(living wage)은 최저생계비인 최

저임금 이상의 임금을 지급하도록 하여 노동자의 생계가 실질적으로 보장되도록 하는 정책이다. 서울 성북구와 노원구가 시설관리 노동자들에게 생활임금 지급 방침을 세우기도 했고, 부천시는 생활임금조례를 제정한 바 있다. 2015년 10월에는 서울시와 자치구, 시의회, 교육청이 생활임금제도의 도입·확산을 위한 협약서를 체결하기도 했다.

　제40조에서 가사노동과 돌봄노동(care work)의 사회적 가치의 문제를 별도로 언급한 것은 전체 조문에서 가장 특이한 부분이라고 해도 과언이 아닐 것이다. 돌봄노동은 가사, 간병, 육아 등 사회적 가치를 인정받지 못하던 것들이 공적 활동으로 인정받아야 한다는 문제의식에서 나온 개념으로서, 사회학, 여성학 등 학계, 그리고 ILO나 OECD 등 국제기구에서도 활발히 논의되어왔다.[17] 이에 비해 한국에서는 관련 논의가 아직 활발하지는 않은 상태인데 인권헌장에 과감하게 그 내용을 포함시켰다. 잘 알려지지 않은 내용을 담는 것에 부담이 있긴 했지만, 시민위원들의 관심과 호응이 높았기 때문에 최종안에도 담길 수 있었다. 아직 익숙하지 않은 내용임을 고려하여 더 자세하게 서술했어도 좋지 않았을까 한다.

6. 제6장 헌장을 실천하는 서울

　제42조는 헌장의 근거규범에 관한 내용이다. 일반원칙에 포함시킬 수도 있는 내용이지만, 헌장의 이행 파트에서 다뤘다. 제42조의 내용은 〈국가인권위원회법〉이나 〈서울특별시 인권기본조례〉에 있

---

17) 공식영역의 돌봄노동 실태조사, 한국여성정책연구원, 2007; 돌봄서비스 분야 근로조건에 관한 연구 1·2, 한국노동연구원, 2011; 정진주, 돌봄노동자는 누가 돌봐주나, 한울아카데미, 2012 등 참조.

는 내용과 대동소이한 것이다. 인권기본조례에는 "'인권'이라 함은 헌법과 법률이 규정하고 있거나 대한민국이 가입·비준한 국제인권조약 및 국제관습법이 인정하는 인간으로서의 존엄과 가치 및 자유와 권리를 말한다."(제2조의 1)라고 규정되어 있으며, 이를 재서술한 것이라고 볼 수 있다.

〈헌장의 이행 주체와 책임〉

제42조 이 헌장에 제시된 권리는 「대한민국 헌법」 및 법률에서 보장하거나 대한민국이 가입·비준한 국제인권조약 및 국제관습법에 근거하여 실천되어야 한다.

제43조 서울시민은 이 헌장에 제시된 권리가 일상의 삶 속에서 실현되고 내면화될 수 있도록 스스로 지키고 실천할 책임이 있다.

제44조 서울시는 헌장에 명시된 권리가 행정의 전 영역에 걸쳐 완전히 실현될 수 있도록 적극적으로 노력할 책무가 있다.

제43조 시민의 책무는 다른 인권헌장에서도 흔히 찾아볼 수 있는 부분이다. 〈몬트리올 권리와 책임 헌장〉 제25조에는 시민이 인권실현을 위해 시정부와의 "공동의 노력에 참여한다"는 내용이 있으며, 〈도시에 대한 권리 세계 헌장〉 21조에도 모든 사람들이 도시에 대한 권리의 이행에 능동적으로 참여한다는 내용이 있고, 〈광주인권헌장〉에도 헌장의 이행 부분에 시민들의 실천 의무가 포함되어 있다. 서울시민 인권헌장에서는 이러한 취지의 내용을 "일상의 삶 속에서 실현되고 내면화"라고 함으로써 좀 더 생동감 넘치게 표현해 냈다.

〈헌장이행의 방법〉

제45조 시는 헌장의 이행을 위해 필요한 규범과 기구 등 제도를 마련
하고, 인권실태조사를 통하여 종합적인 인권정책을 수립하고 시행
한다.

제46조 서울시민은 스스로 인권을 지키고, 인권친화적 삶을 지속하기
위해 노력하며, 인권교육을 받을 권리를 가진다. 시는 헌장의 권리
를 적극 알리고, 인권 친화적인 문화 확산을 위한 다양한 방식으로
인권 교육 및 홍보를 시행한다.

제47조 시는 행정의 집행과정 등에서 시민이 인권침해를 당한 경우
피해회복을 위한 구제절차를 마련하며, 구체적인 방법과 절차는 조
례와 규칙에 정한다.

제48조 시는 헌장에 제시된 권리의 이행여부를 정기적으로 점검·평가
하고 이를 공표하며, 이 과정에 시민의 참여를 적극적으로 보장한다.

제49조 시는 국내외 인권기구, 도시, 시민사회단체 등과 네트워크를
구축하여 인권신장 교류협력을 추진한다.

‘서울시민 인권헌장 제정위원회 헌장기초분과’의 사전 준비 논
의 단계에서는 ‘헌장의 이행’ 부분의 비중을 크게 생각하진 않았다.
부수적인 내용이라고 여겼기 때문이다. 하지만 시민위원들은 이에
대해 매우 활발하게 의견을 개진했다. 시민위원들이 열심히 헌장을
만들어도 서울시가 이행하지 않으면 무슨 의미가 있냐는 의견이
시민위원회 회의 내내 자주 나왔다. 그래서 결과적으로 헌장의 이
행에 대해서 구체적인 내용이 담기게 된 것이다.

제47조 인권침해 구제는 〈몬트리올 권리와 책임 헌장〉과 〈호주
빅토리아 주의 2006 인권과 책임의 헌장〉에도 자세히 담겨 있는 내

용으로 지자체가 이에 관련한 책임을 일부 분담하고 있기 때문에 헌장에서도 충분히 다룰 수 있는 내용이다. 서울시의 경우 〈서울특별시 인권기본조례〉에 관련 내용이 자세히 규정되어 있어서 인권헌장에서는 제47조에서 간략하게 그 취지만을 언급했다.

　인권헌장이 시의 책무를 담는 것인가, 아니면 시와 시민의 책무를 담는 것인지에 대해서도 많은 논의가 있었다. 시의 책무를 기본으로 하면서도, 시민들도 일주체로서 함께 협력하고 스스로 노력해야 할 의무가 있다고 규정해야 한다는 의견이 많았고, 그래서 제43조와 제46조에 '서울시민의 책무' 조항을 담았다. 대부분의 인권규범이 국가(지자체)의 책무를 규정하는 것에 초점이 맞춰져 있어, 이러한 시민의 책무 조항은 비교적 특이한 내용이라고 할 수 있다. 다만, 〈몬트리올 권리와 책임 헌장〉에는 '타인의 권리를 침해하지 않을 의무'(제14조), '시민의 공동 노력 책임'(제15조)를 담고 있다.

　한편, 제42조, 제45조, 제46조는 분과 내 합의가 안되어 전체회의로 넘어갔다. 제42조에 대해서는 국제인권조약과 국제관습법이 우리 실정과 문화에 맞지 않다는 점에서 삭제 의견을 제시한 시민위원이 한 명 있었고, 규범과 기구 등 제도(제45조)와 인권교육(제46조)는 〈서울특별시 인권기본조례〉에 관련 내용이 있기 때문에 불필요하다는 시민위원이 두 명 있었기 때문이다. 하지만 최종 전체 회의에서는 원안이 그대로 통과되었다.

> 〈헌장의 개정〉
> 제50조 헌장은 민주적 절차와 시민의 합의를 거쳐 개정할 수 있다.

　제50조는 헌장이 추후에 개정될 가능성을 대비해서 만든 조항이다. 시민위원회는 2014년 11월까지로 임기를 만료하고 해산하는 것

으로 예정되어 있어서, 시민위원회를 다시 열어서 개정절차를 밟는
것은 불가능하기 때문에 추후 개정 필요성에 제기되었을 때 어떤
절차를 밟아야 하는지를 규정할 필요가 있었다. 그렇다고 구체적인
개정방법을 정할 수는 없기 때문에, '민주적 절차'와 '시민의 합의'
로 개정할 수 있다는 정도로 규정했다. 〈광주인권헌장〉에는 '시민
적 합의'와 '민주적 절차'로 개정할 수 있다는 조항과 유사하며, 〈몬
트리올 권리와 책임 헌장〉에는 '공개협의'를 진행할 수 있다는 내용
이 담겨 있다.

　한편 이 조문은 분과 소속 시민위원 중 1명이 반대의견을 제시
하여, 결국 전체 회의로 넘어가게 되었다. 반대의견은 "헌장의 개정
은 시민인권제정위원의 과반수 출석과 3분의 2의 찬성으로 정하고,
인권헌장개정운영위원회를 운영한다."로 규정하는 의견이었다. 전
체 회의에서는 원안이 그대로 통과되었다.

Ⅳ. 나아가며

　인권헌장 추진을 위한 사전 논의 단계에서는 사실 인권헌장의
'내용'보다는 그 '과정'이 더 중요하고 의미있는 것이라는 의견이 지
배적이었다. 인권규범이나 기준은 이미 세계적으로 확립된 내용이
있기 때문에 아무리 시민참여형으로 헌장을 제정해도 기존의 규
범·기준을 크게 벗어나는 내용이 담기기는 어렵다고 보았기 때문
이다. 각 지역의 특수한 배경이 가미될 수는 있다고 보아, '서울시'
만의 특수성에 관한 논의가 일부 있었을 뿐이다.

　사실 인권헌장의 세부 조문은 전문가들이 모여서 하루 이틀 논
의해도 만들 수 있는 것이기도 했다. 그럼에도 불구하고 그 성안을
민주적인 절차에 따라 수행하는 것 자체가 의미가 있는 것이라고

본 것이었다. 그래서 사전 논의 과정에서는 '제정 과정' 자체에 많은 관심을 기울였다. 결과물의 내용이 별다른 게 없어도 서울시민 인권헌장이 만들어진 과정 자체가 의미가 있다면 그것으로 족하다고 보았기 때문이다.

하지만 실제로 시민위원회 논의과정과 공청회 등 의견수렴 과정을 거치면서 전문가들만의 논의에서 찾아볼 수 없었던 참신한 아이디어가 많이 나왔다. 그 모든 내용을 다 헌장에 담을 수는 없었지만, 그 아이디어들이 기존의 인권규범·기준들과는 차별화되는 내용을 담는데 결정적인 역할을 한 것이다. 시민회의 방식의 의견형성/결정 방식은 '내용'면에서도 큰 의미가 있었던 것이다. 그 결과 서울시민 인권헌장은 국내외의 다른 인권헌장과 비교해볼 때 내용이나 체계 면에서 특이하면서도 의미가 있는 내용이 많이 들어가게 되었다. 시민회의 방식으로 제정된 서울시민 인권헌장은 '절차'면에서도 획기적인 것이었지만, 그 '결과'에 있어서도 유의미한 성과를 낸 것이다.

서울시민 인권헌장의 시민참여 의의

이 정 은*

Ⅰ. 들어가며

서울시 인권헌장의 정식명칭은 〈서울시민 인권헌장(이하 인권헌장)이다. 〈광주인권헌장〉, 〈몬트리올 권리와 책임헌장〉 등 국내외 인권헌장의 일반적인 명칭과 달리 '서울시민'이 강조되어 있는 것은 이 헌장의 가장 큰 특징 중 하나라고 할 수 있다. 실제로 서울시는 "서울시민과 함께 만들어가는 인권헌장"을 표방하며 시민위원을 모집하고 추첨·선발하여 인권헌장제정위원으로 위촉하였다.

그렇다면 서울시민은 인권헌장제정과정에서 어떤 역할을 하였는가? 시민위원들은 '시민참여형' 행정에서 정말 주인이었을까? 그들은 헌장제정과정에 어떻게 참여하게 되었고 그들의 의견은 얼마나 반영되었으며 시민위원들이 중요하게 생각하는 인권의 내용은 무엇이었을까? 그리고 무엇보다도 시민위원들이 서울시의 인권헌장을 제정하기 위해 참여한다는 것은 어떤 의미가 있는 것일까?

'참여'를 통한 의사결정과정에는 수많은 갈등과 어려움이 따른다. 참여에는 갈등에 대한 관용과 인내가 필요하고 특별한 의사소통기술이 요구된다. 개인이든 서울시라는 행정조직이든, 자신의 입

---

* 서울시민 인권헌장 제정 시민위원회 전문위원, 성공회대 연구교수

장을 타인에게 설득시킬 수 있다는 자신감과 자치역량이 중요하다. 특히, 인권행정에 시민이 참여한다는 것은 현대사회에서 시민들의 인권의식을 확인하는 것은 물론, 참여과정 자체가 곧 개인의 소외를 극복하는 인간존중의 시작이라는 점에서 매우 중요하다.

시민들의 참여를 '행정적 합의'를 만들어내는 단순한 알리바이로 만들지 않기 위해서 서울시에게는 참여한 시민들과 어떤 내용과 형식으로 소통할 것인가, 라는 무거운 책임이 주어지게 된다. 시민들도 개인의 목적이 무엇이든 간에 가장 보편적인 인권의 원칙에 근거할수록 인권헌장이 권위를 획득할 수 있다는 '인권의 자치역량'을 키워야 할 책무가 주어지게 된다.

따라서 비록 매끈하고 세련된 내용은 아니더라도 2014년도에 서울시민들이 인권헌장이라는 형식을 통해 인권문제를 목록화하고 논의를 거쳐 선포하고자 한 것, 그 과정 자체가 참여민주주의의 실현이며 인권헌장의 대중성과 현재성을 드러내는 작업이다.

결국 서울시의 독단적인 판단으로 인권헌장은 예정대로 공포되지 못했지만, 참여한 시민위원들의 열정과 노고에 대한 기록에서부터 인권행정과 시민참여의 새로운 과제들이 도출될 수 있으리라 생각한다. 시민위원들이 인권헌장 제정과정에서 어떤 역할을 했고 그 의미가 무엇인가를 논의하기 위해서 이 글은 인권헌장 제정과정에 시민들이 어떻게 참여하였는가를 설명하는 것에서부터 출발하고자 한다.

Ⅱ. 시민위원들의 참여과정: 절차적 참여

일반시민들이 인권헌장 제정과정에 참여하여 헌장을 만드는 방식은 확실히 신선한 것이었다. 자신들이 살아가는 생활근거지의 인권헌장을 시민들이 직접 만드는 것은 정치적인 억압으로부터 해방을 선포한 근대적인 인권선언과는 또 다른 성격을 갖는다. 인권헌장은 사회적인 억압과 폭력으로부터 벗어나고자 한 혁명적인 선언은 아니지만, 민주화 이후 '인권'이라는 키워드를 정치와 행정, 그리고 일상에서 실질화해야 해야 하는 상황에서, 상호 책무적인 성격을 띤 시민과의 일종의 약속, 계약이라는 역사적인 의미까지도 부여할 수 있다.

이런 점에서 시민들이 선별한 인권의 내용을 목록화하여 선포하는 것은 한국인권사에서도 매우 중요한 의미를 갖는다. 그래서 서울시가 일반시민들을 헌장의 제정과정에 참여시키겠다는 계획을 발표하였을 때, 과정은 힘들더라도 시민들의 목소리를 '직접' 들을 수 있다는 생각에 약간의 흥분에 휩싸였다.

서울시는 행정에서 발휘할 수 있는 모든 홍보수단을 이용해서 신청자를 모집하였다. 추첨은 25개 자치구별로 성별과 연령(14-34세 이하, 35세-49세, 50세 이상)을 고려하여 여섯 명을 무작위로 선발하였다. 신청서를 제출한 사람들은 모두 1,570명, 이 중 150명을 선정하였으므로 10.5대 1의 경쟁률을 보였다. 서울시는 추첨의 공정성을 기하기 위해 2014년 7월 16일 3시부터 한 시간 동안 공개추첨과정을 '소셜방송 라이브 서울'에서 생중계하기도 하였다.

이렇게 선정된 시민위원들은 인권헌장의 제정위원으로 위촉되어 2014년 8월 6일부터 2014년 12월 31일까지 5개월간 활동하게 되었다. 일부에서는 150여명이 어떻게 서울시민을 대표할 수 있냐며 문제를 제기하기도 하였지만, 신청자를 공개적으로 모집하여 선정하는 절차상의 과정은 합리적으로 이뤄졌다.[1] 150명의 시민위원은 성별과 연령, 자치구에 따라 '할당표본추출'되었다는 점에서 시민위원

---

1) 자세한 내용은 이 책 문경란의 글 참조.

으로서 자격을 갖기에 충분하였다.

그렇다면 시민위원들은 어떤 이유로 인권헌장 제정과정에 참여하고자 신청서를 제출하게 되었을까? 2014년 6월 16일부터 7월 10일이라는 짧은 모집기간에 1500명이 넘는 사람들이 신청을 하게 된 요인은 무엇이었을까? 보편적 인권론과 현실의 한계를 고민하고 있던 필자는 이들의 행동을 추동하게 한 요인이 무엇이었는지 무척 궁금하였고, 첫모임 때부터 회의 진행자의 자격으로 이와 관련하여 시민위원들과 가볍게 대화를 나눌 수 있었다. 그러나 기대와는 달리 많은 사람들의 대답은 소극적이었다.

(1) "그냥 홍보메일이 와서 별 생각없이 지원했다. 응시자가 많으면 서울시가 좋을 것 같아서 당연히 안 될 거라는 생각에 지원했다."
(2) "메일로 광고가 와서 인권에 대해서 잘 모르지만 시민이 만들어간다는 말이 매력적이어서 지원하게 되었다."
(3) "아는 사람이 인권헌장을 만든다는데 한번 지원해보지 않겠냐고 연락해서 그냥 지원했다."

물론 시민위원(3)의 경우, '아는 사람'이 누구인지 알려주지 않았다. 서울시 행정에 적극적으로 참여한 시민위원(1)과 (2)의 경우, (1)은 박원순 시장 이전부터 서울시의 홍보메일을 받아보고 있다고 답을 했고, (2)의 경우는 박원순 시장 취임 이후 서울시 회원으로 가입하였다고 한다. 그러니까 박원순 시장의 공약이나 정치적 성향이 시민위원으로의 지원여부를 결정하였다고 보기는 어려울 것이다.

그러나 '그냥' '홍보메일 광고가 와서' '아무 생각없이' 지원하였다는 시민위원들의 대답은 시간이 흐르면서 변해갔다. 좀 더 설명이 길어졌고 이유가 많아졌다. 처음에는 잘 알지도 못하는 사람에게 속내를 얘기하기 싫은 이유도 있었겠지만, 인권헌장을 만들기 위해 퇴근시간 이후와 주말을 거의 반납하면서까지 참여하는 이유를 시민위원들 스스로가 정리해가는 것처럼 보였다. 서울시 메일링 리스트의 회원이든, 인권에 대해 잘 몰랐든지 간에 인권헌장제정위원으로 참여하게 된 이유는 개인마다 다양한 목적이 있었기 때문이다.

(4) "집을 지었는데 공무원들이 업자들 편에서 부실공사를 방조하여 피해를 입어서 건축물 설립과정의 부패에 대해 어디에서건 호소하고 싶었다."
(5) "노동일에 관여하는데, 정규직과 비정규직간에 문제가 많다. 그 문제를 구체적으로 알리고 싶었다."
(6) "개인적으로 지하철 광고를 보고 인터넷으로 신청을 하게 되었다. 특별히 인권에 관심이 있는 것은 아니지만, 관련 직장에서 직언을 하여 불이익을 받은 일이 있었고 그것이 계속 맘에 걸렸다. 그 때 광고를 보고 신청을 하게 되었다."

시민위원들은 평소 일상생활에서 느낀 문제들을 헌장을 통해 인권과 연결시키고자 하였고 그것을 알리거나 해결하고자 참여하였다. 자신이 겪은 억울한 민원이 계속해서 받아들여지지 않자 그것을 해결하고자 참여한 경우도 있었다. 사회생활에서 느낀 불합리한 문제와 쉽게 토로하지 못한 불이익을 알리기 위해 시민위원으로 참여하기도 하였다.

다른 한편으로, 자신의 전문성을 인권헌장 제정과정에서 발휘하겠다는 목적을 가지고 참여하는 시민위원들도 많았다. 전문적인 지식을 다른 사람들에게 알려주는 것에서 나아가, 자신이 종사하는 분야의 권리를 인권헌장에 포함시키겠다는 적극적인 의사를 가지고 참여하였다.

⑺ "페이스북을 보고 신청했다. 서울시민대상이기에 시민의 한 사람으로
참여해야겠다고 생각했다. 문화 쪽에서 일하는데, 인권헌장에 문화 분
야에 대한 언급이 없을지도 모른다는 생각이 들었다. 문화역시 사회권
과 마찬가지로 중요한 가치를 포함하고 있는데 사회 각 분야는 각각
떨어져 진행되기에 서로를 잇는 생각이 중요하다고 생각했고, 문화분
야에 대한 발언이 필요하다고 생각했다."

⑻ "교통관련 분야에서 일하는데, 시민들이 정확한 교통지식이 없고 교
통문제에 대해 안전 불감증을 가지고 있다. 내가 가지고 있는 정보를
알려주고 싶어서 참여하게 되었다."

⑼ "사회복지분야에서 일한다. 시설에서 힘들게 생활하는 사람들의 인권
문제와 인간의 존엄성을 이야기하고 싶다."

그러니까, 시민위원들의 참여를 이끌어낸 것은 각기 내용과 형
식은 다르더라도 어떤 형태로든 개개인이 가지고 있던 '절실함'이
아닐까 생각해 본다. 절실함의 경중을 쉽게 논할 수 없는 것은 그
것이 개인적인 민원으로 제기되었든, 직장에서의 억울한 처우가 되
었든 간에 개인이 겪은 인간의 존엄성에 대한 상처이기 때문이다.
인권헌장이 무엇이고 어떤 형식이며 어떻게 실현되는지의 여부와
상관없이 "인권헌장을 시민들이 직접 만든다"는 말에 자신의 경험
을 알리고 또 문제를 해결할 수 있는 하나의 통로로 여겼다고 할
수 있다.

실제로 2001년 11월 25일 국가인권위원회가 설립되었을 때, 진정
서를 제출하기 위해 새벽부터 대기표를 받아서 기다렸던 수많은
사람들은 개인적인 노력으로도 해결하지 못하고 행정으로도 해소
되지 못한 구구절절한 '억울한 사연'들을 '인권'을 빌어서 이야기하
고자 했던 점을 상기해볼 필요가 있는 대목이다.

Ⅲ. 시민위원들이 인권헌장에 담고자 한 내용들

1. 시민위원들이 제시한 '인권'

　일반적으로 인권헌장은 형식적인 틀이 있고 문구도 추상적이다. 하지만, 서울시민 인권헌장은 시민위원들이 인권에 대한 다양하고 풍부한 의견을 제시하고 논의하는 과정에서 틀과 언어를 만들어가도록 하였다. 전체 6차에 걸친 회의 중, 첫 회의와 두 번째 회의에서는 시민위원들이 생각하는 인권의 목록을 자유롭게 논의하고 발표하는 시간을 가졌다. 인권헌장의 간결한 문구가 나오기까지 매 회의마다 짧게는 3시간에서 길게는 5시간이 훌쩍 넘는 마라톤 회의를 가졌다.

　1차 회의 이후에는 전체 제정위원 중 132명이 참석하여 319개의 의견을 제출하였다. 2차 회의에서 196개 권리 목록이 추가되어 중복을 피하여 총 515개의 권리목록이 마련되었다. 1, 2차 회의 이후 작성된 권리목록을 범주별로 구분하여 정리한 내용을 보면 다음의 〈그림 1, 2〉와 같다.

〈그림 1〉 1차 회의 후 196개의 분야별 권리목록

〈그림 2〉 1·2차 회의 후 총 515개의 분야별 권리목록

1차 회의에서는 전체 시민위원이 원탁에 앉아 조별로 인권헌장에 포함되어야 할 내용에 대한 브레인스토밍(brainstorming) 시간을 가졌다. 이 때, 무엇이 인권인지, 어떤 문제를 인권문제로 생각하는지 자연스럽게 다양한 의견이 제시되었다. 시민위원들은 "이게 인권에 해당하는지 아닌지 모르지만…"이라며 인권문제를 제안하였다. 거기에는 불합리한 제도나 일상적인 안전에 대한 위협, 일상생활에 불편한 내용들도 포함되어 있었다. 예를 들면, 비정규직과 정규직의 차별문제, 먹거리 안전에 대한 민·관 공동대응의 필요성, 병원 이용 시 정보 부족, 학교운동장 개방 등 다양하였다.

그러면서 인권을 무엇이라고 생각하는지 자연스럽게 정리하고 정의하게 되었다. 다음 〈표 1〉의 시민위원들이 생각하는 인권의 내용을 보면, 인권은 늘 가까이 있지만 없어서는 안 되는 '태양'이거나 '빛', '나무' 같은 것이다. 인간의 '도리'이면서 타인을 '인정'하고 서로의 상태를 '공감'해주는 것이기도 하다. 이런 맥락에서 인권의 정의에서 중요한 것은 시민위원들 몇 명이 어떤 권리목록에 관심을 가졌는가, 라는 의견수보다는 인권에 대한 은유라고 할 수 있다.

〈표 1〉 시민위원들의 인권에 대한 정의

인권은 태양이며 권리, 인권은 너와 나 시민의 행복, 인권은 편안함,
소외받지 않는 것, 등대, 인간의 도리, 사람다움을 인정하는 것,
많은 사람들의 공감, 같음과 다름을 인정하는 것, 모든 사람이 누려야할
권리, 타인에 대한 관심에서 비롯하는 것, 자신의 철학을 담은 작품,
존중받을 권리, 모든 사람이 억울하지 않는 사회,
인권은 빛, 나무

2. 시민위원회의 주요 논의 내용

1, 2차에 걸쳐 시민위원들이 가장 많은 제안을 한 분야는 교육·
노동 분야와 안전·사회보장 분야, 그리고 사회적 약자 분야이다.
문화·환경 분야와 참여·소통 분야, 일반원칙 분야에도 골고루 의견
을 내었지만, 헌장 전문이나 헌장의 이행 분야에는 상대적으로 의
견이 소수여서 회의 진행 초반에는 인권헌장 전체 틀에 대한 관심
이 적었다고 할 수 있다.

⑴ 먼저, 98(55/43)개의 목록에 이르는 교육·노동 분야를 살펴보
면, 인권교육의 중요성을 제안한 내용이 압도적으로 많았다. 유치
원생에서부터 일반시민에 이르기까지 학생과 교사들을 망라하여
전 세대에 걸쳐 다양한 인권교육, 인성교육을 의무화할 것을 제안
하였다. 학교 내에서의 교육뿐만 아니라 직업교육이나 인성교육은
학교 이외의 기관에서도 실시할 것을 요구하였다. 교육의 기회보장
과 학생들의 수업권, 교사의 교권보장도 논의되었다.
노동(일과 여가)파트에서 가장 심각한 인권문제로 논의된 것은

비정규직 차별로, 관공서에서 일자리 창출을 명목으로 오히려 비정
규직을 양산(量産)하는 문제를 지적하였다. 아르바이트생의 인권보
장, 3D업종 종사자와 감정노동자의 인권문제도 중요하게 논의되었
다. 노동자뿐만 아니라, 고용주에 대한 노동인권 의무교육도 제안
하였다.

여가와 관련해서는 생활임금제라는 매우 적극적인 권리항목이
제시되기도 하였다. 문화, 의료, 주거 등 기본권의 전제조건이 되는
경제빈곤을 해소하기 위해서 기본적인 임금제가 도입되어야 한다
는 내용이다. 그 밖에 여가를 즐길 권리, 건강한 수면 보장 등의 내
용도 제시되었다.

(2) 인권의 목록 중에서 사회적 약자 분야는 가장 논쟁적이었다.
사회적 약자가 차별받지 않고 공공서비스를 이용할 권리가 보장되
어야 한다면서도 '사회적 약자'는 누구를 가리키는 지가 논의의 상
당부분을 차지하였다. 노인, 외국인, 이민자, 장애인, 아동·청소년,
노숙자, 여성, 성소수자의 인권이 거론되면서도 외국인과 성소수자
의 인권보장에 대해서는 찬반 논쟁이 회의초기부터 첨예하게 대립
하였다.

시민위원들 중에는 '사회적 약자'라는 용어가 특정집단을 대상
화하는 차별적 요소가 있으므로 다른 표현으로 바꿔야 한다고 주
장하기도 하였다. 소수자는 수적으로 적은 사람들을 가리키는 것인
지, 권한이 제한되어 있는 사람을 가리키는지 의미가 모호하므로
명확하게 할 필요가 있다고 제안하였다.

일부 시민위원들은 권리의 주체를 포괄적으로 "모두의 권리 증
진"으로 규정해야 할지, 그냥 "서울시민"이라고 정의해야 하는지 논
의가 필요하다고 하였다. 사회적 약자나 소수자의 나열이 필요한가
에 대해서도 의견이 나뉘었다. 이런 논쟁과정 속에서 인권헌장의

전체구성과 틀 중에 전문위원들이 제시한 '사회적 약자' 분야는 최종 틀에서 빠지게 되었다.

⑶ 안전·사회보장분야에서는 안전에 대한 권리를 각 분야별로 규정할 정도로 구체적이었다. 폭력과 위협, 유해식품으로 부터의 안전, 싱크홀 문제와 보행자의 권리, 환자의 인권보장 등을 요구하였다. 저소득층의 기본 인권실태조사를 실시해야 하고 쌀을 배급받는 분들이 특정 날짜와 관계없이 배급받을 수 있어야 한다는 제안도 있었다. 특히, 세월호사건 처럼 사회적으로 이슈가 된 사건들에 대해 피해자와 가족들이 심리적·정신적으로 치료받을 수 있는 제도를 요구하였다. 안정적인 주거나 기초생활수급자의 자립까지 책임질 수 있는 지원과 사회보장제도도 중요하게 논의되었다.

⑷ 문화·환경(지속가능발전)분야에서는 서울시민들이 문화예술활동에 참여하고 창작할 권리뿐만 아니라, 문화소외계층에 대한 지원도 논의하였다. 전통문화유산을 보호하고 종교를 강요하지 않으며 공원을 확대하고 경적 등의 소음을 줄여 쾌적하게 살 권리도 중요하게 제안하였다. 다른 사람들에게 피해를 주지 않도록 길거리 흡연을 금지하고 애완견을 관리하며 일조권이 보장되는 환경을 요구하였다. 또한 장애인이나 노약자들을 위한 창의적인 건축구조와 디자인을 장려하고 자연친화적인 도시를 설계하며 지역민들을 위한 주차공간의 확보 등 도시설계와 관련된 내용도 제안하였다.

⑸ 참여·소통(개인정보)분야에서 처음에는 시정에 참여할 권리와 자신이 사는 지역을 알 권리 중심으로 논의되었다. 특히 노인이나 사회취약계층이 다양한 정책정보를 쉽게 알 수 있는 정보접근권도 중요하게 다루었다. 또한 참여가 서울시와 자유롭게 소통하는

과정에서 이루어지는 것으로 확대 논의되었다. 관공서는 투명하게 시정을 운영하며 지역주민과 소통할 의무가 있고 주민과 소통이 원활히 되는 시스템을 구축하여 민간이 시정을 감시하고 관리할 수 있도록 할 것을 제안하였다.

⑥ 일반원칙 분야에서는 소수자 차별이나 지역차별금지와 같이 인권헌장에서 가장 기본이 되는 평등과 차별금지, 인간의 존엄성에 대한 원칙과 타인에 대한 배려, 질서존중의 원칙을 제안하였다. 또한 서울이 전체 한국에서 가지고 있는 상징성과 대표성에 부합하는 다른 도시에 대한 의무가 있는 만큼 인권헌장을 잘 만들어야 한다는 논의도 있었다. 인권행정에 대한 서울시의 의무, 주민들이 청렴한 도시에서 살 권리 등이 논의되었다.

이처럼 우리가 일상생활에서 느끼는 차별에서부터 사회의 구조적인 문제를 총망라하여 인권의 목록이 제시되었다. 권리의 내용은 매우 구체적이며 현실적인 문제와 관련된 것이었다. 시민위원들은 다른 사람을 배려하고 서로가 존중받는 사회분위기가 필요하다고 입을 모았고 그래서 인성교육, 인권교육을 확대해야 한다고 주장하였다.

물론 시민위원들의 의견에는 권리들끼리 충돌하는 것도 있었고 인권에 반하는 내용도 포함되어 있었다. 외국인이나 결혼이주여성에 대해서는 자국민과 다르게 차별적으로 대해야 한다고 주장하기도 하였다. 교권이 먼저냐 학생인권이 더 중요한가를 둘러싼 논쟁도 있었다.

또한 시민위원들의 경험에서 비롯된 인권 논의는 원칙에 근거하기보다는 상호 모순되거나 이중적이기도 하였다. 자신이 처해있는 노동문제, 비정규직의 차별 문제에 대해서는 매우 비판적이었지만 사상의 자유에 대해서는 분단국가를 이유로 반대하였다. 여성, 아동, 장애인의 인권보장에는 적극적이지만, 외국인, 성소수자의 인권은 제한해야 한다는 의견도 있었다.

그러나 다른 한편으로, 시민위원들의 경험에서 비롯된 내용이 많았기 때문에 더욱 가슴 절절하고 구체적이었다. 그래서 시민위원들은 다른 사람들의 의견에 대해서 열린 자세로 참여하였다. 시민위원들은 위원들 간에 논쟁이 계속될 때에는 다른 나라의 사례나 인권의 원칙에 대해 질문하면서 논의과정에서 참고할만한 자료를 요구하거나, 인권헌장 제정과정을 교육의 장으로 만들어줄 것을 요구할 만큼 주도적이었다.[2]

이렇게 1·2차 회의과정에서 작성된 인권목록을 기반으로 시민위원들은 헌장구성(안)을 만들었다. 12개조에서는 조별로 헌장의 분류(안)을 제시하였고 이를 조정하여 인권헌장의 최종 틀이 마련되었다. 이를 근거로 시민위원들은 자신이 참여하고자 하는 분야의 순위를 정하여 제출하였다. 가장 많은 시민위원들이 참여하고 싶어한 분야는 '환경과 문화' 분과, '복지와 안전' 분과 순이었다. 일반원칙 분과에 지원자가 가장 적었다. 시민위원들은 회의 초반에 일반원칙의 중요성에 대해 인지하지 못하다가 헌장의 일반원칙과 관련하여 논쟁이 계속되고 미합의 조항이 발생하자 일반원칙의 중요성을 깨닫고 지원하지 않은 것을 후회하는 위원들도 있었다.

시민위원들이 각 분과에 지원한 이유에 대해서는 필자가 참여했던 '환경과 문화' 분과의 정보만 수집할 수 있었다. 시민위원들이 '환경과 문화' 분과에 다수 참여한 것은 "익숙하고 일상생활과 관련이 있기 때문"이라고 답하였다. "쉽게 신경 안 쓰고 주위에서 관심

---

2) 이런 요구로 인해 시민위원을 대상으로 한 인권강좌가 2014년 9월 16일과 9월 22일, 2회 마련되었다.

을 가질 수 있는 것", "피부에 와 닿는 일상적인 생활과 관련된 일"
이기 때문에 지원하게 되었다고 답하였다.

시민위원들 중에는 공원에서 일을 하거나 어린이 스포츠교육을
담당하고 연극 활동을 하는 등 다양한 문화분야에 종사하는 이들
도 있어서 관련 분야에 대해 의견을 나누고자 한 적극적인 의미도
컸다.

Ⅳ. 시민위원들의 참여 의미

1. 참여를 통한 '존엄(dignity)'의 확인

1부에서도 살펴보았듯이 시민위원들은 단지 몇 시간의 회의에
만 참석한 것이 아니었다. 일상생활에서 인권문제를 찾았고 인권헌
장 제정과정에 필요한 인권교육을 요구하여 2차례의 교육을 받았
다. 회의에 참석하기 전에는 짧은 시간에 자신의 생각을 효율적으
로 전달하기 위해 관련 내용들을 꼼꼼하게 적어오는 성실함을 보
이기도 했다. 논쟁이 계속될 때는 독단적으로 의견을 제시하는 것
이 아니라, 인권의 원칙에 대해 질문하며 다른 사람들의 의견을 구
하였다. 그 내용들을 모아 전문위원들은 '인권헌장 Q & A'를 만들었
기도 하였다.[3]

이 과정을 숙의민주주의(deliberate democracy)라고 부르기도 한다.
시민들은 스스로가 인권에 대해 고민하고 논의하며 학습하는 장으
로 만들어갔다. 그 과정에서 전문위원 또한 단순 역할만 한 것은
아니었다. 김대환의 지적처럼, 전문가는 배타적인 이익집단으로 전

---

3) 이 책 제4장 관련자료 참조.

락하지 않으면서 참여의 동력을 끌어올리는 방향으로 조직화하는 작업이 필요했다.[4]

특히 참여자들에게 개인적인 이익에만 집착해서는 오히려 시민위원으로서의 참여의 의미가 떨어질 수 있다는 점을 이해시킴으로써 참여자의 자기계발을 도와야 했다. 개인적인 관심을 서울시민 전체로 확대하여 의견을 제시하도록 하였다.

시민위원들은 많은 시간과 정성을 들인 만큼 인권헌장이 단순한 형식에 그치는 것이 아닌 실효성 있는 대안이 되기를 원했다. 방대하게 제시된 구체적인 인권목록을 분과별로 보완하고 추상화시키는 지난한 과정에 들어서면서 인권헌장이 어떻게 현실에서 구현되는지를 궁금해 하였다. 여러 차례의 회의에서 논의된 그 많은 내용이 단지 몇 줄의 조항으로 정리되는 것에 대해 초조해하였다. 인권헌장 제정과정에 참여하지 않은 일반 시민들이 그동안 나눴던 구체적이고 치열한 논의들을 알지 못할까봐 아쉬워하였다. 회의 초반에는 크게 관심을 갖지 않았던 헌장의 이행과 관련된 매우 구체적인 질문과 요구들이 쏟아지기 시작했다.

이즈음에 서울시민들은 다양한 내용의 인권을 보호받아야 한다는 당위론적 접근에서 더 나아가 서울시는 인권보장을 위해 무엇을 할 것인지, 시민과의 약속에 관한 장을 별도로 만들어야 한다는 의견이 제시되었다. 시민들의 의견을 반영하여 개별조항마다 '서울시민은 ~권리가 있다. 서울시는 ~ 책무가 있다'는 형식으로 헌장의 문구를 조정해가는 작업도 병행하게 되었다.

그럼에도 불구하고 인권헌장이 행정에 어떻게 반영되는 지, 시민위원들의 절차에 대한 의구심은 쉽게 사라지지 않았다. 시민이 참여하여 만든 인권헌장이므로 그것이 구현되는 과정도 구체적으

---

4) 김대환, '참여의 철학과 참여민주주의', 참여민주주의와 한국 사회, 창작과 비평사, 1997, 36쪽 참조.

로 확인받고 싶어 했다. 이것은 시민위원들이 시민참여의 책무를
스스로 다하고자 한 것이라고 생각한다. 단순한 참여의 형식에 그
치는 것이 아니라, 자신들이 논의하고 합의해낸 문구가 구체적으로
실현되는 실질적 참여의 절차와 내용을 요구하였다. 하지만 아쉽게
도 서울시는 "서울시민과 함께 만들어가는 인권헌장"은 구상하였
지만 '서울시민과 함께 구현하는 인권헌장'까지 로드맵을 가지고
있지 못한 것으로 보였다.

　　서울시는 책무를 명시하는 것에 부담스러워 하였고 시민위원들
은 인권헌장 구현의 행정절차에 의구심을 가졌다. 그러나 필자는
구체적인 내용은 알 수 없고 논의는 계속되어야 하기에, 그 내용은
인권헌장 해설서에 담겨질 것이라고 설명할 수밖에 없었다. 비록
인권헌장에는 단지 간단한 한 문장으로 추상화되어 있지만, 그 글
귀에 얼마나 많은 논쟁이 있었는지, 어떤 내용을 포함하고 있는 것
인지, 시민위원들의 생생한 기록을 근거로 인권헌장 해설서가 작성
될 것이라는 개인적인 바람만 이야기만 할 수 있었다.

2. 인권을 통한 자기역량(empowerment)의 강화

　　시민들의 참여를 통해 행정거버넌스 실현에 기여한다는 것은 그
만큼의 갈등과 조정과정은 물론, 시간과 노력이 필요하다. 시민위
원들은 인권헌장 제정과정에 참여하게 되면서 개인적으로 인권에
대해 고민하고 학습하는 과정을 거치며 우리 사회의 인권보장 수
준을 진단하고 기준을 제시하였다. 시민들의 의견은 간단한 설문으
로 조사된 것이 아니라 장시간의 토의와 논쟁, 공유의 시간을 거쳐
작성된 것이다. 인권헌장을 만드는 과정에서 이렇게 많은 일반 시
민위원들이 실질적인 역할을 하며 결과물을 작성한 것은 국내는

물론 국외에도 전례가 없는 것으로 알고 있다. 시민위원들은 서울시의 인권정책(안)을 제안하였고 장기간의 인권보장 플랜을 제시하였다.

그러나 인권의 원칙에 가장 충실해야 할 서울시는 성소수자 인권보호 조항을 반대하는 세력에 정치적인 부담을 느끼며 시민들이 만들어낸 최종안을 선포하지 않고 말았다. 언론은 논쟁이 되었던 성소수자 관련 조항에만 초점을 두면서 인권헌장 제정과정에서 시민들의 역할을 다시 사장(死藏)시키고 말았다.

서울시는 인권헌장 제정과정에 시민위원들을 참여시킴으로써 인권에 대한 시민의 역량을 강화하는 데에는 공헌하였지만, 결과적으로 시민참여를 통한 행정역량의 강화에는 실패하였다. 시민들을 참여시키는 형식에만 급급했을 뿐, 성숙된 시민들의 역량을 따라가지 못했고 그들의 참여 의미와 역할을 만들어가지 못했다. 시민참여를 내용적으로나 형식적으로 어떻게 이어가서 인권행정에 활용할 것인지 제시하지 못하였다. 참여민주주의를 실현하고자 한 시민들의 요구를 무화시켜버리면서 행정의 한계를 보여주고 말았다.

참여는 곧 소외로부터 벗어난 사회적 정체성의 획득을 의미하고 그 자체가 자아실현의 통로가 되며, 실제 참여과정을 통하여 참여자의 자기계발이 이루어진다. 참여는 사회구성원 스스로의 이익을 보호하는 한편, 그 사회의 민주주의 발전을 심화시키는 수단으로 기능한다. 참여는 그 자체로서 만족을 가져다준다는 점을[5] 인권헌장 제정과정에서 상기해볼 필요가 있다.

---

5) 김대환, 위의 글, 20-21쪽 참조.

V. 맺으며

참여민주주의는 '민주주의의 결손(democratic deficit)'을 극복하는 데에 기여한다. 시민들이 공공현안에 직접 참여함으로써 그들의 능동성을 강화하고 엘리트 정치인들의 권력 남용을 억제할 수 있다. 또한 참여를 통한 자각은 시민 개개인의 탈정치화와 정치적 무관심을 극복함으로써 장기적으로는 정책에 대한 신뢰성을 확보하는 데에 기여한다.[6) 그러나 한편으로 참여는 결정 절차를 복잡하게 만들고 비용과 시간을 필요로 하며 참여의 '빈익빈 부익부' 등 일종의 불평등을 심화시킬 수 있다는 점에서 시민들의 참여에 대한 부정적인 의견도 있다.[7)

참여의 효과가 무엇이든 서울시는 인권헌장 제정과정에서 시민참여에 대한 일종의 환상을 가지고 시작한 것으로 보인다. 인권은 고귀한 인류의 가치이기 이전에 현실사회에서 가장 치열하게 논쟁되는 인간의 삶과 관련된 것으로 다른 어떤 분야보다도 존재론적인 문제를 둘러싼 갈등은 늘 잠재적이고 예견된 것이다. 그럼에도 불구하여 인권헌장을 "시민이 만들어간다"고 할 때, 어떤 시민들과 어떤 원칙으로 만들어갈 것인지에 대해서는 고민이 부족했다고 생각한다. 시민들은 성숙했으나 참여한 시민들의 요구를 수용할 정치적 판단과 행정역량이 부족했다.

다시 서두에서 제기했던 질문으로 돌아가 보자. 시민위원들은 정말 주인이었나? 시민들이 인권헌장 제정과정에 참여하는 것은

---

6) 주성수, '풀뿌리 민주주의에 대한 탐색; 풀뿌리 민주주의의 이론적 기초: "대의 대 직접" 민주주의의 논의를 중심으로' 시민사회와 NGO3(2) 2005, 한양대학교 제3섹터연구소, 35-39쪽 참조.

7) Andrew Heywood, 조현수 옮김, 정치학: 현대정치의 이론과 실천, 성균관대학교 출판부, 2009, 39-41쪽 참조.

헌장의 주인이 됨과 동시에 헌장제정과정의 주체가 되어 인권헌장이 대중적인 권위를 획득할 수 있게 하는 중요한 통로를 만든다는 것을 의미한다. 시민위원들은 인권헌장제정의 구성원으로 절차적으로나 내용적으로 적극적이며 주체적으로 참여하였다. 시민위원들 간의 논쟁 속에서 인권의 가치를 헌장에 어떻게 담을 것인가를 고민하였다. 합리적인 개인에 대한 믿음, 인권의 원칙에 대한 믿음에서 회의는 진행되었고 헌장은 제정되었다. 인권의 구체적인 내용이 헌장의 특성상 추상화되는 과정에서 실망과 아쉬움이 있었지만, 거기에서 멈추지 않고 내용을 실질화하기 위해 후속작업을 요구하였다.

그러나 주인인 그들의 역량을 신뢰하지 못했던 서울시는 인권헌장을 공포하지 않음으로서 결과적으로 시민위원들을 행정의 들러리로 전락시켰다. 시민참여라는 장기적인 정책적 신뢰성을 확보할 수 있는 좋은 수단을 이용하여 인권헌장의 의의를 살리고자 했지만 시민위원들과의 소통에는 실패했다.

시민위원들은 '참여와 소통' 분과에서 소통의 문화를 조성하고 의사소통할 수 있는 공동체를 만들자고 제안하였다. 시민참여에 대한 사후 보완이 필요하며 단기간이 아닌 장기간 참여하면서 시민들의 의견을 지속적으로 보장할 수 있는 제도적 장치가 필요하다고 하였다. 즉 소통이 원활히 되는 시스템을 구축하는 것이 인권행정의 기본이라고 하였다. 서울시가 시민위원들에게 권위를 부여하여 참여민주주의의 책임과 신뢰를 쌓아갈지, 단지 시민들의 참여를 '정치적인 알리바이를 위한 쇼'로 정리할 지는 결국 소통과 참여를 슬로건으로 내건 서울시의 몫으로 남게 되었다.

더군다나 역사적으로 어떤 정치세력도, 어떤 국가도, 인권보호를 말하지 않는 곳은 없다는 것을 상기해볼 필요가 있다. 문제는 어떤 내용의 인권이며 누구를 위한 인권으로 민주주의를 발전시킬 것인가이다. 인권헌장의 제정과정과 시민위원들의 참여과정, 그리

고 논쟁이 되었던 미합의 사항과 서울시가 인권헌장을 공포하지
않은 이유 등의 모든 기록들은 한국의 민주주의 발전과 인권사의
한 페이지로 남게 될 것이다.

서울시민 인권헌장과 성소수자 차별금지

염 형 국*

저는 그동안 혐오단체의 난동으로 성소수자 인권의 진전이 빈번히 좌절되고, 소위 진보라고 불리는 정치인들이나 선출직들이 그들의 겁박에 무력하기만 한 모습을 볼 때마다, 그래서 성소수자의 존재와 권리를 지우려고 할 때마다 남몰래 흘린 눈물이 많았습니다. 저에게 가장 상처가 되었던 것은 호모포비아들의 노골적인 혐오보다 소위 진보라고 불리는 사람들의 침묵이었습니다. 마틴 루터 킹 목사의 말이 맞았습니다. 그는 1963년에 시위 중단을 요구하는 백인목사들에게 편지를 보내 이렇게 말했습니다.

"저는 유감스럽게도 흑인의 지위향상을 가로막는 중대한 장애물은 '백인시민평의회'나 'KKK단'이 아니라, 정의보다는 '질서' 유지에 더 많은 관심을 가진 온건한 백인들이라는 결론에 도달하게 되었습니다. 이들은 정의가 존재하는 적극적인 평화보다는 긴장이 없는 소극적 평화를 선호하고, "당신이 추구하는 목표는 옳다고 생각하지만 당신이 실천하는 직접행동에는 동의할 수 없다"고 말하면서, 온정주의적인 태도로 자신이 다른 사람의 자유쟁취운동의 일정을 좌지우지할 수 있다고 생각하며, 흑인들에게 '보다 좋은 시기'가 올 때까지 기다리라는 말만 되풀이하고 있습니다. 우리를 괴롭히는 것은 사악한 사람들의 완벽한 몰이해가 아니라 선량한 사람들의 천박한 인식입니다. 우리를 당황하게 만드는 것은 노골적으로 우리의 요구

---

* 서울시민 인권헌장 제정 시민위원회 전문위원, 공감 변호사

를 거부하는 사람들이 아니라 우리의 처지를 이해하면서도 미온적인 태도를 보이는 사람들입니다." ("서울시장으로서 동성애를 지지할 수 없다"는 박원순 시장님께 - 장서연 변호사 글 중에서)

Ⅰ. 서울시민 인권헌장 선포 무산 경위

1. 동성애 반대세력의 조직적 의견 표출

서울시는 서울시민 인권헌장(이하 인권헌장)을 제정하면서 일반 시민의 의견을 수렴하기 위해 강남 및 강북지역에서 각 1회 토론회를 진행하였다. 두 번의 토론회에서는 일부 시민의 성소수자 혐오 발언으로 물의를 빚었다. 이들은 일반 시민임을 강조하였지만 그룹을 지어 몰려다니면서 성소수자를 혐오하는 내용이 담긴 유인물을 여기저기에 배포했다. 이런 일련의 사건들로 인하여 성소수자 반대 단체에서 조직적으로 인권헌장 제정을 방해하고 있는 게 아니냐는 의혹이 커져갔다.

특히 10월 17일 개최된 강북지역 토론회에서는 일부 시민이 인권헌장에 대한 비난을 쏟아냈다. 인권헌장에 소수자를 차별하지 말라는 차별금지 조항이 포함되어 있다는게 이유였다. 이들은 의견수렴을 위한 분과토론 자리에서 "성소수자 때문에 아이들이 잘못된 길로 빠져든다", "에이즈나 걸려라" 등 성소수자에 대한 차별적 발언을 하였다.[1] 이들은 "서울 시민 대다수가 동성애에 반대한다"고 주장하며 인권헌장에서 성소수자 인권을 보장하는 조항이 '독소조

---

1) 그외에도 '동성애자의 항문성교 때문에 에이즈가 속출한다', '에이즈 치료비로 혈세가 낭비된다', '성소수자에는 수간(짐승을 상대로 한 성행위), 시간 (시체 간음), 소아성애자 등이 포함된다'는 등의 차별적 발언을 내뱉었다.

항'이라며 인권헌장에 대한 폐기를 주장하였다. 그 과정에서 성소수자 권리를 옹호하는 시민들과 격한 논쟁이 벌어지기도 하였다. 서울시 홈페이지 '서울시민 인권헌장 나도 한마디' 게시판에는 '동성애 옹호하는 인권헌장에 반대 한다'라는 제목의 게시물들이 연일 도배되었다. 동성애 반대단체들은 2014. 11. 17. 서울역에서 집회를 열고 인권헌장 제정을 반대하며, 서울시에서 이를 받아들이지 않으면 박원순 시장 퇴진을 요구하겠다고 주장하기도 하였다.

2. 공청회에서의 불법폭력

시민위원회는 2014. 11. 20. 오후 2시 서울시청 서소문별관에서 그간 논의해온 인권헌장 초안을 발표하고 시민 의견을 묻는 공청회를 진행할 계획이었다. 하지만 당일 낮 12시경부터 동성애에 반대하는 보수단체 회원 200여 명이 공청회장에 단체로 진입하였다. 동성애 반대단체 회원들은 "인권헌장 폐기하라", "에이즈 OUT", "빨갱이는 물러가라", "동성애 옹호하는 박원순 물러나라" 등의 구호를 외치며 공청회 개회를 막았다.[2] 공청회장 밖에서는 낮 12시경부터 보수 기독교 단체가 인권헌장을 반대하는 기도회를 열기도 하였다.

오후 2시 20분경, 시민위원회 전문위원인 인권중심사람 박래군 상임이사가 공청회 사회자로 나서 행사 시작을 알리자, 동성애 반대단체 회원들은 박 위원이 동성애를 옹호하는 활동을 해 왔다며 일제히 손 피켓을 꺼내들고 "사회자 바꿔라!"라고 외치며 진행을

---

[2] 단상에 올라가 마이크를 잡은 한 시민은 '동성애가 합법화된 서양에서 아버지와 결혼하는 근친상간이 일어나고 있다'고 주장한 뒤, 박원순 서울시장을 향해 '나중에 손자가 할아버지인 박 시장과 결혼하겠다고 하면 어떻게 하겠냐'고 묻기도 하였다. https://www.youtube.com/watch?v=Rji8TkFIuc4

방해하였다. 그 과정에서 동성애 반대단체의 일부는 단상으로 올라가 박 위원의 멱살을 잡고 밀치는 등 폭력을 행사하기도 하였다. 또한 공청회장 곳곳에서 동성애 반대단체 회원들과 공청회 참가시민, 인권단체 활동가들 간에 충돌이 벌어졌다. 동성애 반대단체 회원들이 인권단체 활동가들이 든 피켓을 빼앗거나, 동성애 차별발언을 해 물리적 충돌로 이어지기도 하였다. 이에 시민위원회 측은 참가자들의 안전이 우려되어 공청회를 취소한다고 밝혔다. 동성애 반대단체 회원들은 인권단체 회원들이 공청회장을 빠져나간 뒤에도 구호를 외치고 애국가를 부르는 등 집단행동을 한동안 이어갔다. 인권헌장 제정을 놓고 충돌은 계속되어 동성애 반대단체들은 11. 28. 서울시청 서소문 별관 앞에서 인권헌장 반대 집회를 열었고, 인권단체들 또한 같은 날 저녁 8시 대한문 앞에서 '성소수자 혐오에 맞서는 촛불문화제'를 열었다.

지난 2011년 서울학생인권조례를 만들 때도 성적지향과 임신·출산의 자유 부분에 대해 일부 기독교 보수단체의 반발이 극심하였다. 성적지향에 대한 차별 금지 같은 사회적 소수자들의 인권을 보장하기 위한 차별금지법도 2007년부터 번번이 기독교 보수단체의 극심한 반대로 제정되지 못하였다.

Ⅱ. 서울시민 인권헌장 제정과정에서 서울시의 문제점

1. 공청회에서의 불법폭력 방치

서울시는 공청회 당일 앞에서와 같은 불법적이고 집단적인 폭력에 공청회에 참석한 시민들이 무방비 상태로 노출되고 있는 상황

을 방치하며 어떠한 보호조치도 하지 않았다. 서울시 측은 "인권헌
장은 시민위원회 주도로 진행되며, 서울시에서는 그 장을 마련해
주는 것이 주된 일"이라고 선을 그었고, 인권헌장 제정을 방해하는
동성애 혐오단체 대응 방안에 대해서도 "신중하게 접근할 필요가
있다. 섣불리 이분들의 참여를 끊어낼 경우 문제가 있다. 대응 방
안은 검토할 예정이다."라고 하며 불법적이고 집단적인 폭력에 대
해 면죄부를 주었다. 헌장 제정 과정에서 헌장에 대한 의견을 받아
들일 수는 있다. 그러나 '동성애는 차별해도 된다, 안 된다' 같은 토
론 아닌 토론을 방치하며 혐오세력 발언을 그대로 인용해 인권헌
장 의견인 양 받아들이는 것은 대단히 부적절하다. 특히 공청회가
폭력적으로 무산된 것은 명백히 폭행·협박 및 위력에 의한 공무집
행방해죄에 해당하는 만큼 서울시는 일부 난동자에 대하여 형사고
발 등 엄정하게 대처하여야 한다.

2. 6차 시민위원회 의사진행 방해

2014. 11. 28. 제6차 시민위원회에 110명의 시민위원이 출석하였
고, 헌장 50개 조항 중 45개 조항은 이견 없이 통과되었다. 나머지
5개 조항, 제4조(차별받지 않을 권리), 제15조(폭력예방과 피해자지
원), 제42조(헌장의 이행 주체와 책임), 제45조 및 제46조(헌장 이행
의 방법)는 전체회의에서 찬반토론을 거쳐 시민위원들의 표결로 통
과되었다.[3] 이로써 인권헌장은 시민위원회의 민주적 절차에 따라
적법하게 의결·확정되었다.

그럼에도 불구하고 서울시는 갑작스럽게 '전원합의방식'을 요구

---

3) 상세한 내용은 이 책 문경란의 글 참조.

하였으며 의사진행을 방해하였다. 뿐만 아니라 서울시 담당공무원 중 일부가 인권헌장 표결을 무산시키기 위해 의결 과정을 고의적으로 방해하였다는 정황도 포착되었다. 서울시는 관계 공무원이 시민위원회 회의 도중에 적극적으로 의사진행을 방해한 사항과 관련하여 그 경위를 밝히고 해당 공무원에 대한 합당한 책임을 물어야 할 것이다.

III. 갈등과 쟁점: 성소수자 차별금지
조항을 중심으로

1. 쟁점이 된 서울시민 인권헌장 조항

서울시가 '사회적 논란'이 된다는 이유로 거부했던 서울시민 인권헌장 제4조는 "서울시민은 (중략) 성적지향[4] 및 성별정체성[5] 등 헌법과 법률이 금지하는 차별을 받지 않을 권리가 있다"는 것이다.[6] 이는 이미 우리 법률과 국제인권규약에서 보편적으로 인정되는 권리이다. 그러나 한국에서 성적지향을 이유로 한 폭력이나 차

---

4) 성적 지향(Sexual Orientation)은 남성, 여성 또는 모두에 대하여 성적 또는 정서적 반응을 경험하는 경향, 자신에 대한 인식으로 이해된다. William Byne & Bruce Parsons, Human Sexual Orientation: The Biologic Theories Reappraised, 50 Archives Gen. Psychiatry 228, 229 (1993)

5) 성별 정체성(gender identity)은 자신의 젠더에 대한 자각, 자아의식을 말한다. 성정체성(性正體性), 성 주체성, 성 동일성이라고도 하며, 성적 정체성과는 다르다.

6) 성별·종교·장애 등 외에 성적지향과 성별정체성에 따라서도 차별을 받지 않는다는 내용을 명시한 1안과, 누구나 차별받지 않을 권리가 있다고 포괄적으로 규정한 2안을 놓고 성소수자 측과 기독교계 등 동성애 반대 측이 극렬히 대립해왔다.

별은 심각한 상황이다. 2013년에 실시한 한국 LGBTI 커뮤니티 사회
적 욕구조사 주요결과 자료에 따르면 공공장소에서 성소수자를 향
한 증오와 혐오발언이 표출되는 일이 종종 일어난다고 한 응답자
가 87.3%였고, 응답자 중 55.2%가 공공장소에서 성소수자를 대상으
로 한 물리적 폭력 및 괴롭힘이 종종 발생한다고 응답하였다. 응답
자의 41.5%는 직접 차별이나 폭력을 당한 경험이 있다고 응답하였
는데 이러한 차별이나 폭력에 대해 경찰·기관 등에 신고하거나 도
움을 요청한 비율은 5.1%에 불과하였고, 94.9%는 신고하지 않았다.
신고하거나 도움을 요청하지 않은 이유 중 61.9%가 신고해도 아무
변화가 일어나지 않을 것이라고 응답하였다.[7]

　세계보건기구(WHO)는 1993년 ICD-10(국제질병분류표 10차 개정
판)에서 동성애를 비롯한 성정체성 자체는 정신적 장애와 아무런
관련이 없다는 것을 확인하였으며, 이성애, 동성애, 양성애를 동등
한 입장에서 가치중립적인 성격으로 진단·분류하고 있다 … 국내
에서도 세계보건기구의 기준을 따라 한국표준질병분류를 고시하
며, 그 분류에서 "성적 지남력(지향성) 그 자체는 장애와 연관시킬
수 없다."고 밝히고 있다.[8] 인권헌장 제8조의 경우에 '서울시는 …
장애인, 성소수자, 이주민 등 폭력에 노출되기 쉬운 환경에 처한 시
민을 특별히 고려한다'는 내용으로 지극히 보편타당한 법원리를 규
정한 것이다. 인권헌장 제42조·제45조·제46조는 헌법과 국제인권조
약이 정하는 바대로 인권헌장을 시행하는 것인바, 이 또한 사회적
논란거리로 삼아야 할 대상이 될지는 심히 의문이다.

---

7) 한국게이인권운동단체 친구사이 20주년 기념 한국 LGBTI 커뮤니티 사회
　적 욕구조사 주요결과 23~25쪽
8) 국가인권위원회 2003.3.31.자 02진차80, 130 결정 참조.

서울시민 인권헌장

제4조 서울시민은 성별, 종교, 장애, 나이, 사회적 신분, 출신 지역, 출신
국가, 출신 민족, 용모 등 신체조건, 혼인 여부, 임신·출산, 가족형태·
상황, 인종, 피부색, 양심과 사상, 정치적 의견, 형의 효력이 실효된 전
과, 성적지향 및 성별정체성, 학력, 병력 등 헌법과 법률이 금지하는
차별을 받지 않을 권리가 있다.

제15조 서울시민은 신체적, 정신적, 사회적 폭력으로부터 안전하게 보호
받을 권리가 있으며, 서울시는 가정, 학교, 일터, 다수인 보호시설, 지
역사회 등에서 폭력을 예방하고 근절하는 제도와 환경을 조성한다. 서
울시는 여성, 아동, 어르신·약자, 장애인, 성소수자, 이주민 등 폭력에
노출되기 쉬운 환경에 처한 시민을 특별히 고려한다. 서울시는 피해자
와 피해·가해 가족에 대한 지원을 한다.

제42조 이 헌장에 제시된 권리는 「대한민국 헌법」 및 법률에서 보장하거
나 대한민국이 가입·비준한 국제인권조약 및 국제관습법에 근거하여
실천되어야 한다.

제45조 시는 헌장의 이행을 위해 필요한 규범과 기구 등 제도를 마련하
고, 인권실태조사를 통하여 종합적인 인권정책을 수립하고 시행한다.

제46조 서울시민은 스스로 인권을 지키고, 인권친화적 삶을 지속하기 위
해 노력하며, 인권교육을 받을 권리를 가진다. 시는 헌장의 권리를 적
극 알리고, 인권 친화적인 문화 확산을 위한 다양한 방식으로 인권 교
육 및 홍보를 시행한다.

2. 성소수자 혐오단체의 주장

성적 소수자(sexual minority)는 동성애자, 양성애자, 성전환자(트
랜스젠더), 간성(인터섹스) 등 성적지향과 성별정체성이 주류로 인

정되는 것과 다르다고 느끼는 사람들을 칭한다. 지난 2007년 차별
금지법안 제정 무산 때, 2011년 서울학생인권조례 제정 때를 비롯
하여 이번 2014년 서울시민 인권헌장 선포 무산 때에도 보수 기독
교단체 중심의 동성애 반대세력들의 논리는 지난 '차별금지법안'
입법예고 당시 법무부에 차별금지 대상에서 '동성애' 조항을 삭제
할 것을 요청한 의견서에 정리가 되어 있다. 법안에 대한 구체적인
반대 이유는 다음과 같다.[9] 첫째, 차별금지법안에 성적 지향이 포
함되면 동성애를 정상으로 공인하게 된다는 점. 둘째, 동성애에 대
한 혐오와 편견을 교육내용에 포함하거나 교육하는 행위를 금지시
켜 기독교 이념으로 세워진 학교라도 동성애를 나쁘다고 가르칠
수 없으며, 동성애를 하지 않도록 권면하며 동성애 확산을 막으려
는 일체의 건전한 노력을 막는다는 점, 셋째, 동성애를 우호적으로
표현하는 영화나 드라마들이 더욱 늘어나 확산을 조장한다는 점.
넷째, 동성애가 사회에 확산되면 결혼율 감소, 저출산문제, 에이즈
확산 등의 사회 병리현상을 더욱 심화시킬 것이라는 점 등이다.

　이번 인권헌장 제정과 관련하여서도 동성애 혐오세력들은 '차별
하는 건 아니지만 법조항에 기재되는 건 반대한다', '보편적 인권은
중요하지만 동성애는 지지하지 않는다'는 비교적 '온건한' 주장부터
'동성애하면 지옥간다'는 종교적 주장, '동성애는 불우한 가정 환경
에 기인하고 에이즈를 비롯한 각종 성병, 우울증과 자살의 원인이
지만 치유하고 전환될 수 있다'는 의학적 주장, '서울시민 대다수가
반대하는 동성애 조항이 포함된 인권헌장에 국민혈세가 낭비되는
것을 서울시민은 절대 반대한다'는 시민주의적 주장에 이르기까지
다양한 주장을 펼쳤다.

　그러나 이들의 주장 자체에서 동성애에 대한 혐오와 편견을 그

---

9) 강헌일 국가조찬기도회 사무총장 특별기고 "반성서적 '동성애 차별금지
　법안' 반대운동을 전개하며", 크리스챤투데이, 2007.11.08

대로 드러내고 있으며, 국제인권조약과 국내 여러 법령에서도 확인되고 있는 바와 같이 성적 지향을 이유로 차별이나 혐오를 하여서는 안된다. 세계보건기구(WHO)의 공식 입장과 같이 동성애를 정상적인 성적지향의 하나로 보는 것이 의학적으로 올바른 태도라고할 것이다. 개인의 성적 지향은 그 자체로 개인의 성향으로 존중되어야 하지 '지지' 혹은 '반대'할 사항이 될 수 없다.[10]

3. 성적지향에 대한 차별금지 조항의 의미와 중요성

1) 국내법상 차별금지

국내에서 성적 지향을 이유로 차별금지를 명문화한 최초의 법률은 2001년에 제정된 〈국가인권위원회법〉이다. 현행 〈국가인권위원회법〉 제2조 제4호[11]는 성적 지향을 평등권 침해의 차별행위의 한

10) 박원순 서울시장은 성적 지향을 이유로 한 차별금지 조항이 논란이 되자 기독교 단체 임원을 만난 자리에서 '동성애는 확실히 지지하지 않는다'고 말했다고 알려졌다. 언론보도에 따르면 박 시장은 지난 2014년 12월 1일 서울시청에서 열린 한국장로교총연합회 임원과의 간담회에서 "(동성애에 대해) 보편적 차별 금지 원칙에 대해서는 지지하지만 사회여건상 (종교나 정치적 역학관계에 따라) 동성애를 명백하게 합법화하거나 지지할 수 있는 분위기는 아니다. 시민사회단체가 역할에 따라 해줄 수 있는 부분이라고 생각하고 서울시장으로서 동성애를 지지할 수 없다"고 말했다. http://www.hani.co.kr/arti/politics/politics_general/667517.html

11) 국가인권위원회법 제2조 (정의) 이 법에서 사용하는 용어의 정의는 다음과 같다.

  1. ~ 3. (생략)

  4. "평등권침해의 차별행위"라 함은 합리적인 이유 없이 성별, 종교, 장애, 나이, 사회적 신분, 출신지역(출생지, 등록기준지, 성년이 되기 전의 주된 거주지역 등을 말한다), 출신국가, 출신민족, 용모 등 신체조건, 기혼·미혼·별거·이혼·사별·재혼·사실혼 등 혼인 여부, 임신 또는 출산, 가

유형으로 규정하고 있다. 2007년 (구)행형법이 〈형의 집행 및 수용
자의 처우에 관한 법률〉로 전부개정되는 과정에서 동법 제5조의 차
별금지사유를 확대하면서 '성적 지향'을 차별금지사유로 명문화하
였다.[12] 동법 개정안은 제안이유에서 '종전에는 수용자 처우에 있
어서 국적·성별·종교 및 사회적 신분에 따른 차별금지만을 규정하
였으나, 교정시설 내에서의 수용자간 실질적인 평등 실현과 사회
전반의 인권의식 고양을 위하여 장애·나이·출신지역·출신민족·신
체조건·병력(病歷)·혼인 여부·정치적 의견 및 성적 지향 등을 차별
금지사유로 추가'하였다고 밝히고 있다. 또한 2009년 전부개정 된
「군에서의 형의 집행 및 군수용자의 처우에 관한 법률」제6조는 차
별금지사유를 확대하면서 성적 지향을 차별금지사유로 명문화 하

족형태 또는 가족상황, 인종, 피부색, 사상 또는 정치적 의견, 형의 효
력이 실효된 전과, 성적(性的) 지향, 학력, 병력(病歷) 등을 이유로 한
다음 각 목의 어느 하나에 해당하는 행위를 말한다. 다만, 현존하는 차
별을 해소하기 위하여 특정한 사람(특정한 사람들의 집단을 포함한다.
이하 같다)을 잠정적으로 우대하는 행위와 이를 내용으로 하는 법령의
제·개정 및 정책의 수립·집행은 평등권침해의 차별행위(이하 "차별행
위"라 한다)로 보지 아니한다.
　가. 고용(모집, 채용, 교육, 배치, 승진, 임금 및 임금 외의 금품 지급, 자
　　　금의 융자, 정년, 퇴직, 해고 등을 포함한다)과 관련하여 특정한 사람
　　　을 우대·배제·구별하거나 불리하게 대우하는 행위
　나. 재화·용역·교통수단·상업시설·토지·주거시설의 공급이나 이용과 관련
　　　하여 특정한 사람을 우대·배제·구별하거나 불리하게 대우하는 행위
　다. 교육시설이나 직업훈련기관에서의 교육·훈련이나 그 이용과 관련하
　　　여 특정한 사람을 우대·배제·구별하거나 불리하게 대우하는 행위
　라. 성희롱 행위
　5. ~ 7. (생략)
12) 형의 집행 및 수용자의 처우에 관한 법률 제5조(차별금지) 수용자는 합
　　리적인 이유 없이 성별, 종교, 장애, 나이, 사회적 신분, 출신지역, 출신국
　　가, 출신민족, 용모 등 신체조건, 병력(病歷), 혼인 여부, 정치적 의견 및
　　성적(性的) 지향 등을 이유로 차별받지 아니한다.

였다.[13]

〈서울특별시 인권기본조례〉 제6조 제1항은 "모든 시민은 인권을 존중받으며, 헌법과 국가인권위원회법 등 관계 법령에서 금지하는 차별을 받지 아니한다."라고 규정하고 있고, 〈서울특별시 학생인권조례〉 제5조, 〈서울특별시 어린이·청소년 인권조례〉 제7조 등에서 차별금지사유로서 성적지향과 성별정체성을 명시하고 있다. 한국은 2014년 9월 26일 UN 제27차 인권이사회에서 성적지향과 성별정체성을 근거로 한 차별과 폭력에 반대하는 '성적지향, 성별정체성, 인권' 결의안(A/HRC/27/L.27/Rev.1)에 찬성한 바 있다.

헌법 제10조에 보장된 행복추구권은 개인의 자기운명결정권을 전제로 하는 것이고, 이 자기운명결정권에 포함되어 있는 성적자기결정권은 성적행동의 여부 및 그 상대방을 결정할 수 있는 권리인 바, 이와 같은 성적행동에는 동성애도 포함된다 할 것이다. 교육인적자원부 발행 성교육 교사용 지도지침서는 "우리 사회에서 동성애자는 타인의 따가운 시선을 받아야 하며 또한 자신의 사랑을 표현하는데 제약을 받는다. 이는 동성애자를 비정상으로 보는 사회의 영향을 받기 때문이다. 동성애 또한 하나의 인간적인 삶인 동시에 애정의 형식이다"(중학교용), 또는 "이제는 더 이상 동성애가 성도착증으로 분류되지는 않는다"(고등학교용)고 설명하고 있다. 또한 국내 청소년들의 성문제를 상담하는 각 기관들도 상담에서 "일반인이 알고 있는 것과는 달리 동성애는 더 이상 성도착에 해당하지 않는다"고 설명하며 위에 열거한 국내외의 이론들을 바탕으로 점차 동성애에 긍정적으로 접근하고 있다.[14]

---

13) 군에서의 형의 집행 및 군수용자의 처우에 관한 법률 제6조(차별금지) 군수용자는 합리적인 이유 없이 성별, 종교, 장애, 나이, 사회적 신분, 출신지역, 용모 등 신체조건, 병력(病歷), 혼인 여부, 정치적 의견 및 성적(性的) 지향 등을 이유로 차별받지 아니한다.

지난 17대 국회 때 정부가 차별금지법안에 대하여 국회 법제사법위원회 수석전문위원은 '성적 지향'을 차별사유로 예시하는 안이 타당하다는 의견을 제시하면서 다음과 같은 사유들을 그 근거로 제시하였다.[15] ① 〈국가인권위원회법〉에 포함되어 있던 '성적 지향'도 헌법 제11조 제1항의 보호대상에 포함되며, 최소한 용인하는 사회적 분위기가 조성되고 있는 점 등을 고려할 때 제정안에서 노회찬의원안처럼 차별금지사유에 "고용형태" 및 "성적 지향"을 포함시키는 방안을 신중히 검토할 필요가 있고, ② 예시 또는 열거규정에 있어서는 향후 사회환경 변화에 따른 법 적용의 괴리를 방지하기 위하여 보충조항("그밖에 대통령령으로 정하는 사항" 또는 "그밖에 … 을 위하여 필요한 사항" 등의 표현)을 규정함으로써 예시되지 않은 사항은 해석을 통하여 적용가능하다는 논리를 들어 중요한 차별금지사유만 명시하는 것으로 충분하다고 볼 수도 있으나, 기존의 관련 입법례 및 입법 당시의 사회적 상황을 참고하여 가능한 한 차별로 인식되고 있는 분야 내지 내용을 최대한 규정함으로써 향후 차별금지법(안)의 집행이나 재판시 해석기준을 제시해 주는 것이 바람직하며, ③ 더구나, 안 제7조에 따르면, 국가인권위원회는 정부가 수립하는 차별금지 및 차별의 예방 등 차별시정을 위한 차별시정기본계획의 수립을 위한 권고안을 대통령에게 제출하여야 하고, 안 제6조제3항에 따르면, 정부는 기본계획을 수립할 때 국가인권위원회가 제출하는 권고안을 존중하여야 하므로, 결국 국가인권위원회는 〈국가인권위원회법〉에 따른 차별금지영역 및 차별금지사유 등을 기초로 권고안을 마련할 것인바, 이 법률안에서의 차별의 범위에 〈국가인권위원회법〉에 따른 차별의 개념을 반영시키는 것이

---

14) 국가인권위원회 2003.3.31.자 02진차80, 130 결정 참조.
15) 국회 법제사법위원회 수석전문위원 임인규, 차별금지법안(정부) 검토보고, 2008. 2.

향후 법 집행 및 적용의 원활을 도모할 수 있을 것이다.[16]

〈국가인권위원회법〉및 차별금지법안 원안에서 차별금지사유 예시항목으로 규정되었던 '성적 지향'을 차별금지 사유에서 제외하는 것은 우리 사회의 일반인들에게, 특히 반동성애적인 태도(호모포비아)를 가진 일반인들에게 계속해서 성적 지향을 이유로 차별해도 된다는 부정적인 신호를 주어, 역설적으로 인권헌장의 입법취지에 모순되는 결과를 초래하는 것이다. 조직법의 성격이 강했던 〈국가인권위원회법〉과 달리 서울시민 인권헌장은 시민들에게 차별금지에 대한 확고한 메시지를 전달함으로써 예방적 기능을 수행할 수 있어야 하며, 그러한 의미에서 '성적 지향'을 차별 사유에서 제외하는 것은 서울시민 인권헌장의 입법정신과도 부합하지 않는 것이다.[17]

2) 국제법상 차별금지 조항

'성적지향'과 '성별정체성'은 인권조약에 명문으로 언급되어 있지 않지만 시민권규약 및 사회권규약 등 주요 인권조약에 포함된 차별금지조항의 해석을 통해 그 권리가 인정되어 왔다.[18] 특히 지

---

16) 차별금지법안 노회찬의원안(의안번호 178002)은 정부안의 차별금지사유 외에 「국가인권위원회법」상 차별금지사유를 기초로 "출산, 출신국가, 가족형태 및 가족상황, 전과, 성적지향, 학력, 병력"을 명시하고, "성별정체성, 언어, 고용형태"를 추가적으로 예시하고 있다.

17) 정정훈·장서연, 성적 지향을 이유로 한 차별금지, 법무부 차별금지법안 토론회 발제문, 2010. 참조.

18) 사회권규약 제2조 제2항의 차별금지조항을 다룬 일반논평 제20호(2009년)에서는, 다음과 같이 규약 상 명시된 "기타의 신분(other status)"에 성적지향과 성별정체성이 포함된다는 해석을 제시하였다.
"제2조 제2항에서 인정되는 '기타의 신분'은 성적지향을 포함한다. 당사국은 개인의 성적지향 때문에, 예를 들어 유족연금에 대한 권리 등, 규약

난 2011년 6월 17일 제17차 유엔인권이사회에서는 '인권, 성적지향과
성별정체성(Human Rights, Sexual Orientation and Gender Identity)'이라는
제목의, 성적지향과 성별정체성을 이유로 발생하는 인권침해에 초
점을 둔 유엔 역사상 최초의 결의안이 채택되었다. 우리나라도 인
권이사회의 이사국으로서 '인권, 성적지향과 성별정체성' 결의안의
채택에 찬성하였다.[19]

이 결의안에서는, "세계 곳곳에서 성적지향과 성별정체성을 이
유로 개인에게 가해지고 있는 폭력적이고 차별적인 행위들에 대해
심각한 우려를 표명"하며 두 가지 구체적인 요청을 하였다. 첫째,
전 세계의 성적지향과 성별정체성에 근거한 차별적인 법과 관례
및 폭력행위를 기록하고, 이러한 폭력과 인권침해를 근절시키기 위
한 국제인권법 활용에 대한 조사연구를 실시하고, 둘째, 동 주제로
패널 토론을 개최하여 정보에 입각한 대화의 장을 마련하도록 하
였다.[20] 이에 따라 2011년 12월에 유엔인권최고대표의 보고서 '성적
지향과 성별정체성을 이유로 한 차별적 법과 관행 및 개인에 대한
폭력적 행위'가 인권이사회에 제출되었고, 2012년 3월 7일에는 인권
이사회에서 패널토의가 실시되었다.[21]

또한 2010년 12월 10일 세계인권의 날을 맞아 유엔 반기문 사무

상의 권리를 실현하는 데 어려움을 겪지 않도록 보장하여 한다. 또 성별
정체성도 차별금지사유의 하나로 인정된다. 예를 들어, 성전환자(트랜스
젠더), 트랜스섹슈얼, 간성(인터섹스)은 학교나 직장에서 괴롭힘을 당하
는 등 심각한 인권 침해에 자주 직면한다." CESCR, General Comment No. 20
19) 우리나라 정부는 성적 지향 및 성별정체성 쟁점에 대하여 대외적으로 성
적 소수자의 인권을 옹호하는 입장을 취해왔다.
20) Human Rights Watch, Historic Decision at the United Nations: Human Rights
Council Passes First-Ever Resolution on Sexual Orientation and Gender Identity,
(2011. 6. 17.). 김지혜, "성적지향과 성별정체성에 관한 국제인권법 동향과
그 국내적 적용", 법조 Vol. 674, 2012에서 재인용
21) 김지혜, 앞의 논문

총장은 "양심을 가진 인간으로서 우리는 일반적으로 차별을, 특별히 성적지향과 성별정체성을 이유로 한 차별을 거부합니다. 문화적인 태도와 보편적 인권이 대립할 때는 보편적 인권이 반드시 우선되어야 합니다."라며 기념비적인 연설문을 낭독하였다.[22]

Ⅳ. 혐오발언과 표현의 자유

혐오발언(hate speech)은 인종, 종교, 젠더, 연령, 장애, 성적 지향 등을 근거로 하여, 선동적(inflammatory), 모욕적(insulting), 조롱하는(derisive), 위협하는 발언으로 개인 또는 집단을 공격하고 혐오를 조장하는 것 정도로 정의된다. 혐오발언(hate speech)은 직접적 대상이 되고 있는 소수자 혹은 그 집단에 대해 지극히 극복하기 어려운 해를 입히지만 그에 머무르지 않고 직접적으로 혐오표현에 참여하지 않는 사회 구성원의 인식과 자존감에도 부정적 영향을 미칠 수 있는 민주주의의 적이다.

혐오발언은 대상집단과 개인들에 대해 동등한 사회일원으로서의 지위를 부정하는 것에서 비롯되며, 소수자 집단의 참여를 위축시키는 효과를 낳는다.[23] "성소수자 때문에 아이들이 잘못된 길로 빠져든다", "에이즈나 걸려라" 등 성소수자에 대한 혐오 발언을 '의견'으로 받아들인다면 폭력을 용인하는 꼴이다. '표현의 자유'라는 인권의 언어로 소수자의 인권을 침해하고 '의견'이라는 이름으로 폭력을 허용해선 안 된다. 지난 2013. 6. 안효대 의원의 대표발의로 "인종

---

22) Secretary-General, Confront Prejudice Speak Out against Violence, SG/SM/13311, HR/5043, (2010. 12. 10.).

23) 이주영, "혐오표현에 대한 국제인권법적 고찰: 증오선동을 중심으로", 국제법학회논총 제60권 3호, 2015. 9. 30.

및 출생지역 등을 이유로 공연히 사람을 혐오한 자를 1년 이하의 징역 또는 1천만원 이하의 벌금에 처한다"는 내용의 형법 개정안을 발의하여 국회에서도 혐오표현 규제의 입법화에 대한 논의가 진행되고 있다. 최근 온·오프라인을 불문하고 지역·인종·성적 지향에 따른 차별적 발언으로 인한 갈등이 사회문제화 되고 있고, 사회통합을 저해시키는 요인으로 작용하고 있다. 현행법상 명예훼손죄나 모욕죄로 이와 같은 문제에 대처하기에는 불충분하고, 이 문제에 대해 근본적으로 인식을 전환시키는 데에도 한계가 있다.

우리 헌법 제21조 제4항은 "언론·출판은 타인의 명예나 권리 또는 공중도덕이나 사회윤리를 침해하여서는 아니된다"라고 하면서 표현의 자유의 내재적 한계를 밝히면서 표현의 자유가 개인적 법익뿐만 아니라 사회적인 영향도 고려하고 있다, 또한 우리나라도 가입하고 있는 '시민적·정치적 권리에 관한 국제 규약(자유권 규약)' 20조 2항에 따르면 '차별, 적의 또는 폭력의 선동이 될 민족적·인종적 또는 종교적 증오의 옹호는 법률에 의하여 금지된다'라고 명시하고 있다. 오늘날 국제인권조약의 차별금지 조항은 인종, 종교, 출신 국가나 민족에만 국한하지 않고, 현실의 차별 실태를 반영한 확장된 사유를 근거로 해석·적용되고 있다. 국제인권법은 '현재의 조건에 비추어' 해석되어야 하는 '살아있는 문서'라고 할 때, 제20조 제2항을 '민족, 인종, 종교적' 사유 이외 다른 사유를 보호대상에서 제외하는 것으로 해석하는 것은 매우 협소한 해석이다.[24] 국내에서 증오선동 규제 입법을 도입할 때는 증오선동 규제의 실효성과 법의 평등한 보호를 확보하기 위해, 실제 증오선동으로 피해를 빈번히 입는 대상, 그 대상의 차별·적의·폭력에 대한 취약성 등을 고려하여 보호되는 집단을 확장해야 할 것이다.[25] 헌법 및 국제인

---

24) 이주영, 앞의 논문, 217쪽
25) 김지혜, 앞의 논문, 36-77쪽

권규약의 취지에 맞추어 이제 혐오표현에 대해서 그 정도, 대상, 반복성, 지속성 등에 따라 민·형사상 제재가 실효적으로 이루어질 필요가 있다고 보여진다.[26)]

---

26) 이준일, 혐오표현과 차별적 표현에 대한 규제의 필요성과 방식, 고려법학 제72호 2014년 3월; 표현의 자유를 위한 연대, 혐오에 대한 규제와 표현의 자유 토론회 자료집, 2013. 7. 18. 참조.

서울시민 인권헌장 제정을 통해 본 인권의 정치

김 형 완*

I. 머리말

"민감한 인권문제는 사회적 합의를 기다릴 수 없다. 인권은 여론으로 결정하는게 아니다." 〈2015.11. 대한민국 정부에 대한 UN자유권규약위원회 심사 중 Nigel Rodley 위원 발언〉

언어는 의미와 내용(contents)을 만들고, 의미와 내용은 프레임을 통해 세(hegemony)를 조직한다. 때문에 변화는 기존의 언어를 깨고 새로운 언어를 만들어 "재잘거리는 것"으로부터 시작한다. 기존 질서는 당연히 새로운 언어의 등장/유포에 부정적이다. 낯선 것을 불온한 것, 위험한 것, 과격한 것으로 치부한다. 반인권의 일상을 살아온 우리에게 인권은 아직도 낯선 게 부인할 수 없는 현실이다. 어쩌면 "마침표가 없"기 때문에 인권의 숙명 자체가 영원히 낯선 것일 수밖에 없는지도 모른다. "인권은 소수자의 언어"라는 명제는 그래서 매우 합당하다. 인권에 기반한 변화를 실현하기 위해서는 물론 새로운 언어를 창출하는 것도 중요하지만, 이에 도전하는 부정성을 분석하여 변증법적으로 지양시킬 때 변화의 단서를 잡을

---

* 서울시민 인권헌장 제정 시민위원회 전문위원, (사)인권정책연구소 소장

수 있을 것이다. 우리 사회는 과연 인권의 언어에 합의하였는가? 인권을 통해 변화하고 있는가? 아니 그런 변화를 꾀하고는 있는가? 변화의 걸림돌은 무엇인가? 이 글은 서울시민 인권헌장 제정을 위한 일련의 진행과정을 통해 도출된 몇 가지 쟁점들을 추려보고 인권에 기반한 변화를 실천적으로 모색해보고자 작성하였다.

Ⅱ. 인권의 풍경-주권은 국가에게 있다!

지난 2001년 국가인권위원회가 설립되면서 우리사회에서 적어도 '인권'이라는 용어만큼은 '불온'의 딱지를 떼어내고 비로소 보통명사로 통용되기 시작했다. 87년 6월 항쟁 이후 형식적 민주주의가 확립되었다고는 하지만, 여전히 인권은 민주화, 운동권, 반정부라는 용어와 어깨를 나란히 하며 제도권 밖에서나 통용되던 용어였다. 인권전담 국가기구의 설립은 그 활동의 유효성 여부를 떠나, 설립 그 자체만으로도 '국민의 인권보장을 위해 국가가 존립한다'는 국민국가의 본질적 존재이유를 근대 출범 3, 4백년이 지나 새삼 이 땅에서도 확인할 수 있게 해주었다. 그러나 용어가 국가에 의해 인증되었다고 해서 그 내용마저 공인된 것은 아니었다. 아직도 적지 않은 사람들이 "주권은 (국민에게 있지 않고)국가에게 있으며, 모든 권력은 (국민으로부터 나온다기보다는)대통령으로부터 나온다."고 여긴다. 헌법 제1조는 교과서에나 존재할 뿐 현실에선 어떠한 규범적 권위를 갖지 못한다. 실제 공무원 인권교육을 진행하면서 "주권은 누구에게 있냐"고 질문을 던졌을 때, 적지 않은 공무원들이 "국가"라고 답해서 적지 않게 당황한 경험도 있다. 상황이 이 지경이다 보니 '민주공화국'의 원리는 물론이거니와, "국가는 개인이 가지는 불가침의 기본적 인권을 확인하고 이를 보장할 의무를 진다"(헌법 제10조)는 헌법조문은 그저 '좋은 얘기(rhetoric)'에 불과할 뿐, 일반 국민들의 체감현실과는 한참 동떨어진 얘기가 될 수밖에 없다. 학생인권이 보장되면 교사의 인권이 침해된다며 교권실현의 책무를 애꿎게도 학생이 지게 되는가 하면, 민주화로 시민들의 인권의식이 예민해질수록 공권력이 무력화되면서 무질서가 초래되며, 법치가 무너지고, 법집행 공직자의 인권이 침해된다고 여긴다. 공권력 행사자의 인권보장 책무를 어처구니없게도 국민이 지는 구도가 만들어진다. 그래서 인권교육은 '세상을 난장판'으로 만드는 부작용만 양산할 뿐이니 '반듯한' 인성교육으로 대체되어야 한다고 주장한다. 국가권력이 "가만히 있으라!" 하면 죽음이 덮쳐 와도 그저 가만히 있어야 하는 게 모범국민의 도리이다.

Ⅲ. 인권의 풍경-시민의 실종

왜 이렇게 되었을까? 식민지와 전쟁, 군사독재를 거치는 동안 야만적인 국가폭력을 온몸으로 경험하면서 국가권력이 절대존엄으로 신성시되었고, 이에 따라 시민사회의 성장(자력화)이 심각하게 지체되었다. 절대군주의 '신민'에서 제국주의의 '식민'을 거쳐 국가동원형 '국민'으로 형태변환을 거듭하는 동안 정치적 '시민'의 탄생과 성장이 계속 미뤄지고 지체된 탓에 시민권은 물론, 헌법이 보장하는 기본권조차도 정작 주권자인 국민에게 내면화될 여지가 없었다. 정치권력과 경제성장의 과실이 소수에게 독과점되면서 대다수 시민의 자유와 평등이 신장될 수 있는 물질적 토대(하부구조)마저 상실했다. 경제·사회·문화적 권리는 국가의 정책적 목표는 될지언정 기본권으로 인정되기에는 언감생심 꿈도 못 꿀 일이 되었다. 심지어 법치주의가 무너지니 자유권적 기본권이 흔들리고, "자유 민주적 기본질서"는 뜬금없이 '자유(민주)주의'라는 체제이념으로 둔갑해서 사상양심의 자유가 '빨갱이'와 동의어로 간주된다. "복지가 국민을 나태하게 만든다"는 집권당 대표의 인식수준에서는 사회권적 기본권은 급진좌파라는 특정 이념집단의 주장으로밖에 비춰지지 않는다. 그나마 자유는 명분에 밀려 마지못해 찔끔찔끔 세상으로 '훈방조치' 되고는 있지만, 평등은 곧 반체제로 언어의 감옥에 꼼짝없이 갇혀 있는 꼴이다. "성장이 우선해야 분배도 있다"는 낙수이론이 인권담론에도 영향을 미쳐서, "자유 다음에 평등"이라는 식의 단계론적 인권발전이라는 오인(誤認)이 곳곳에서 나타난다. 이로 인해 불가분성, 상호의존성, 상호연관성이라는 인권의 고유특성은 제 자리를 잡지 못한 채 유령처럼 배회하고 있다. A등급의 국가인권위원회가 있고(물론 이마저도 최근 ICC승인소위로부터 등급보류 판정을 연거푸 받아 조만간 강등이 예상되지만), 국제사회에서 소위 '산업화'와 '민주화'를 경이롭게 성취했다고 평가받는 대한민국 인권현실의 민낯은 바로 이것이다. 이와 같은 인권상황의 총체적 난맥, 파행성은 안팎으로 시민(권)의 형성을 위협하며 인권의 지속 가능한 증진에 부정적 요인으로 작용하고 있다. 이는 크게 두 가지로 정리된다.

Ⅳ. 시민실종을 부채질 하는 내외적 요소

첫째 시민계급의 정치적 진출과 함께 등장한 근대 인권의 개념이 서구에서 대개 보수의 상징적 가치로 자리 잡은 것과는 달리, 한국사회에서는 진보, 좌파, 급진개혁의 아이콘인 양 취급된다. 인간존엄성에 관한 인류의 자각과 합의가 이 땅에서는 마치 일부 정치적으로 급진적인 집단의 불온한 가치로 왜곡된 것이다. 물론 한

국사회의 보수집단이 보수가 아닌 기득권집단에 불과하다는 평가를 받는 데는 그만한 이유가 있다. 보수의 주요 가치랄 수 있는 법치, 자유, 정직, 투명성, 합리, 책임, 다양성, 다원성, 명예의 존중 등이 그들의 것이 아니기 때문이다. 시민적 정치적 권리만큼은 보수가 가장 중시해야 할 가치이다. 그러나 보수와 달리 기득권집단에게 이권(돈)은 가까울지언정 인권(가치)은 멀다. 권력과 대세를 좇아 온갖 이권을 챙기려는 기득권집단에게 때로 국가는 아주 좋은 자기합리화의 명분을 준다. 국가권력을 사유화하기만 하면, 국가라는 공적 기구를 통해 사익의 보호와 증진을 얼마든지 보장받을 수 있기 때문이다. 따라서 기득권집단에게 사유화된 국가는 신성불가침의 절대선으로 옹위되며, 국가운영의 한시적 위임체에 불과한 정권은 국가와 동일시되어 맹목적인 충성강요가 정당화된다. 표면적으로는 진보와 보수/좌파와 우파 간의 갈등인 양 각색되지만, 그 갈등의 실제주소지는 국가(권력)에 대한 무조건적인 충성 여부에 있다. 파시즘이 애국이고 반파시즘은 매국으로 간주되는 것이다. 민주주의 증진과 인권보장 책무 이행으로 정당화되어야 할 국가에 정작 민주주의와 인권이 실종됨으로써 결국 강제와 동원에 의한 통치만이 국가운영의 요체가 되고 말았다. 그야말로 "꼬리가 몸통을 흔드는" 형국이 벌어지는 꼴이 아닐 수 없다. 이것이 시민의 실종을 초래한 외부적 요인이다.

둘째 인권을 단지 추상적 규범으로 이해하는 태도의 문제이다. 천부인권론과 같은 자연권적 인권론을 수백 년이 지난 지금에도 그대로 답보함으로써 인권이 그저 도덕담론쯤으로나 통용되었다. 인권이 '역지사지'니 '배려'니 '사랑'이니 하는 추상적 메타담론 속에 빠지면 개인의 자유를 성취하는 데도, 동시에 사회공동체의 평등과 연대를 구현하는 데도 아무런 실천적 함의를 갖지 못한다. 본디 인권의 자궁(子宮)이 권력관계이고, 근대라는 구체적 역사의 산물임에도 불구하고, 권리주체자와 책무이행자의 구분이나 권력관계와 같은, 인권을 구성하는 핵심개념들을 사상시키면 인권담론은 필경 일종의 인성론, 품성론에 빠지고 만다. 형해화(形骸化) 되는 것이다. 이렇게 되면 인권주장이 곧 원초적 욕망과 이해충돌이 벌어지는 이익투쟁으로 치환되고, 이로써 무분별한 권리주장은 스스로 삼가야 한다는 자기검열을 일상화시키면서 권리주체자로서의 자력화 기반을 스스로 붕괴시킨다. 요컨대 "폭정과 억압"(세계인권선언 전문)의 주체가 누군지, 그 대상이 누군지 따져 묻지 않는 것이다. 법의 지배를 얘기하면서도 그 지배의 주체가 누구고, 지배의 대상이 누군지 얘기하지 않는다. 그야말로 만인에 대한 만인의 무한책임을 강조함으로써 인권담론이 엉뚱하게도 책임담론으로 변신하는 동시에 주권자와 책무자 간의 주객전도까지 이뤄진다. 즉 주권자가 책무자가 되고, 책무자가 주권자로 자리바꿈하는 사태까지 벌어지고 마는 것이다. 리바이어던 국가는 시민에게 공연히 권리에 한눈 팔지 말고 의무이행이나 충실히 할 것을 요구한다. 시민의 권리는 국가의 시혜나 배려 속에서나 존재할 뿐이다.

이런 맥락에서는 인권행정이란, 그저 민원인을 (권한자의) 재량으로 잘 모시는 것(고객관리), 국민 또는 주민의 편의를 보다 더 잘 돌봐주는 것(여전히 행정의 대상이자 타자이다)에 불과한 것으로 오해된다. 새마을운동이나 영세민취로사업 따위가 인권행정의 좋은 모델이 되고, 고작해야 복지서비스를 강화하는 것쯤으로 여겨진다. 주민복리의 증진을 이른바 '생활밀착형 인권'이라고 둘러댄다. 인권이 곧 인간의 고유한 정체성에 다름 아니며, 또한 오늘날 헌법의 중심적 가치이기에 마땅히 최우선적으로, 최대한 고려되어야 함에도 불구하고, 인권은 정책의제의 우선순위에서 늘 뒷전으로 밀려나거나, 여러 의제 중의 하나 정도로 간주된다. 시민이 스스로의 자력화를 통해 인권의 가치를 공유하는 공동체를 실현하는 것, 요컨

대 주체의 자력화를 꾀해 무력화된 시민성을 회복하는 동시에, 사
회적 연대와 도덕성에 기반한 인권중심의 가치공동체를 구현하는
것이 인권행정의 목표이며, 이 과정에서 촉진자의 역할을 담당하는
것이 행정청이라는 점을 아무리 목청 높여 외쳐도 누구 하나 귀를
기울이지 않는다. 여전히 행정관청이 앞장서서 나를 따르라고 요구
한다. 인권행정의 성패는 선정을 베푸는 특정 (정치)지도자의 인품
이나 계몽적 철학, 또는 관용과 포용력에 따라 좌지우지되고 만다.
우리는 몇몇 선출권력자들이 왕년의 인권감수성(인권은 영원히 낯
선 것이기에 부단히 현장 속에서 자기혁신을 하지 않으면 바로 박
제화되기 마련이다)을 담보로 정치적 양보(인권을 내세울수록 정치
적 손익에 채산이 맞지 않는다고 생각한다)와 선심으로 인권정책을
추진하거나, 또는 자신의 업적을 치장하는 소재로 인권을 소비하는
행태를 적지 않게 목도하기도 한다. 이 프레임 속에서는 인권주장
과 실천을 원칙적으로 강하게 내세울수록, 이른바 '인권탈레반'으로
간주되면서, 그저 '대중정서는 외면한 채, 또는 정치현실을 모른 채
원칙만을 주장하는 원리주의자'로나 간주된다. 앞서 얘기한 인권
규범이 인류사회에 보편적이고, 기본적인 가치이기 때문에 최우선
적으로 최대한 고려되어야 한다는 원칙은 역시 '인권탈레반'들끼리
나 통용되는 얘기일 뿐이다. 이것이 시민실종의 내재적 요인이다.

V. 서울시민 인권헌장 제정의 파행과 엇나간 양비론

이런 와중에 서울시가 인권헌장을 제정하겠다고 나섰다. 지난
2011.10.19 서울시장 선거에 출마한 박원순 후보는 '시민의 존엄성과
행복추구를 위한 기본생활권리'를 담은 '서울시민 권리선언'을 발표
하면서 인권조례와 인권헌장제정, 인권위원회 설치, 인권옴부즈만

임명, 인권정책기본계획 수립 등을 공약으로 제시한 바 있다. 박원순 후보가 당선되자 2014년 상반기 들어서면서부터 서울시는 공약의 이행 차원에서 인권헌장제정사업을 본격 추진하기 시작했다. 당초 서울시 인권담당부서의 입장은 전문가그룹이 초안을 만들고 이 초안을 토론회와 공청회, 간담회 등의 요식 절차를 거쳐 확정하고자 하는 의사를 가졌던 것으로 짐작된다. 그런데 당시 이 사업에 대한 서울시인권위원회의 심의과정에서 문경란 서울시인권위원회 위원장은 인권헌장이 갖는 본질적인 가치가 잘 살아날 수 있도록 하려면 "제대로 할 것"을 주문하면서, "제대로 하려면 결코 만만치 않은 도전이 있을 수 있으니, 시장의 확고한 의지와 방침을 재확인할 필요가 있다"고 지적하였다. 이렇듯 새삼스레 시장의 의지와 방침을 요구, 재확인하면서까지 야심차게 시작한 사업이었음에도 불구하고 결국 인권헌장제정사업은 완료되지 못한 채 좌초되었다. 혹자는 서울시 인권위원회를 비롯해 인권헌장제정사업에 참여한 일부 인권진영이 "정치적으로 세련되지 못한 행보를 취함에 따라 서울시와 (서울시 인권위를 포함한) 인권진영이 윈-윈 하기는커녕 서로 패착을 두고만 우를 범했다"며 양비론적인 입장을 취한다. 이 주장은 위에서 언급한 바와 같이 우리 사회의 인권상황이 처해 있는 안팎의 도전요인을 고스란히, 그리고 복합적으로 함의하고 있다. 따라서 그 주장의 타당성에 대해 보다 면밀한 분석이 요구된다. 더구나 이러한 '인권정책의 난맥'과 이에 대한 '엇나간 양비론적 평가'의 양상이 단지 서울, 또는 박원순 시장에만 국한되는 게 아니라는 점에서 더욱 시사하는 바가 크다. 최근 들어 여러 지방자치단체가 우후죽순처럼 인권조례를 제정하는 등 인권레짐을 창설, 확대하고는 있지만, 과연 인권에 기반한 행정이 무엇인지, 궁극적으로 실현하고자 하는 목표와 가치는 무엇인지, 그 과정과 절차에서 유의해야 할 대목은 무엇인지를 사려 깊게 고민하는 흔적은 별로 찾아

보기 힘들다. 아무리 '양의 질로의 전환 법칙'을 신봉한다 해도 이 문제는 보통 심각한 게 아니다. 제대로 해보지도, 안정적으로 자리 잡아보지도 못했음에도 불구하고, 이쪽저쪽에서 변죽만 울린 채로 인권은 그저 '소란'만 일으키는 골치 아픈 이슈로 전락할 가능성이 커졌기 때문이다. 인권이 내용 없이 언어로만 '과소비'될 때 인권에 대한 사회적 피로현상은 불가피하게 수반되며, 이는 곧바로 인권에 대한 부정적 인식을 형성, 확대하는 데 매우 큰 영향을 끼치고 만다.

VI. 서울시민인권헌장 사태가 남긴 과제

비록 중도에 좌초되고는 말았지만 서울시민 인권헌장(이하 인권헌장) 제정 경험을 계기로 인권행정과 인권 거버넌스, 나아가 인권 레짐을 기획하고 추진하는데 반추해봐야 할 대목들을 정리해보면 다음과 같다.

1. 인권의 정치

조효제는 인권에 대한 논의가 정치공간에서 갈등하는 여러 가치 중에서 언어적 우선순위 또는 논의의 문턱일 뿐이라고 설명하면서, 인권의 정치성을 강조한다.[1] 즉 인권이 여러 가치의 경합에 있어서 적어도 언어표현상 으뜸의 자리를 차지할 뿐, 이에 대한 인정과 동의의 문턱을 넘어야만 비로소 다음 단계로 넘어갈 수 있다는 의미일 것이다. '다음 문턱'이란, 요컨대 "누가 무엇을 어떻게 할 것인가"

---

1) 조효제, 인권의 문법, 33쪽, 후마니타스, 2007.

일 것이다. 결국 당대의 사회공동체 구성원으로부터 어떻게 인정과
동의를 획득할 것인가와 관련된 문제이다. 다분히 정치적인 것이라
는 의미일 터이다. 즉 어떤 것을 인권이라고 전제하더라도 그것의
내용과 수준을 어떻게 정할지에 대한 문제는 정치과정의 논쟁을
통해 정해진다는 것이다. 이는 결국 사회발전단계(구조성), 사람들
의 욕구(주체성), 자원의 존재/동원정도(가용성), 정치문화수준과
권력관계(헤게모니) 등과 매우 밀접하게 연계될 수밖에 없다. 정치
활동(투쟁)의 역동성이 인권의 선언적 한계, 왜곡, 또는 고정된 가
치로 화석화되는 것을 막아주기 때문에 인권의 획득, 확장, 심화의
과정은 항상 정치적일 수밖에 없다. 그런데 여기서 특별히 유의해
야 할 두 가지 과제가 도출된다.

　첫째 진영논리의 위험성이다. 진영논리는 비판에 있어서의 이중
잣대라는 위선을 드러냄과 동시에 의제의 위계적 서열화를 꾀한다.
인간존엄성과 같은 보편가치를 '정치적 판단'의 하위개념으로 놓고
유, 불리를 따져 가며 편 가르기로 재단한다. "같은 편끼리는 눈 감
으라"는 저속한 요구를 일삼는다. 인권적 민감성을 사소한 것, 또는
과민한 것으로 치부하면서 대의명분을 위해 "가만히 있을 것"을 요
구한다. 그런데 이 진영논리 속에는 반드시 권력관계가 작용하는
법이어서 잠자코 있어야 할 주체는 항상 약자, 소수자들이다. 예컨
대 시장은 다른 누구도 아닌, 삶 자체가, 존재 자체가 통째로 부정
당해온 일상을 견뎌온 이들에게 도리어 "(이 사태로 인해) 이제까
지의 삶이 송두리째 부정 당하는" 자신의 고통을 토로한다. 나는
인권헌장 제정의 파행사태 발발 직후 "시장이 인권변호사 출신인
데 아무렴 성소수자 인권문제에 대해 그리 부정적일 리가 있겠나,
아마도 정무라인의 문제 아니겠나, 설혹 그가 그랬다 해도 정치인
으로서의 고충을 대승적으로 이해해줘야 하는 것 아니냐"라는 충

고(?)를 허다하게 들었다. 이 구도는 '정치인 시장-갑, 정무라인-을, 관계공무원-을의 을, 인권활동가-을의 을의 을, 성소수자-을의 을의 을의 을'이라는 위계적 권력관계를 여지없이 드러낸다. '인권의 방정식'에 의하자면, 인권실현을 위해 마땅히 가장 큰 책무를 져야 할 당사자들이 우스꽝스럽게도 제 책임의 크기에 따라 차례로 사라지고, 최종적으로 성수소자라는 권리주체자이자, 피해자만 남아 이 사태의 모든 짐을 다 짊어지는 꼴이 벌어지는 것이다. 시민의 고충을 헤아리는 정치인이 아니라, 거꾸로 정치인의 고충을 헤아려야만 하는 시민이라니! 이것은 인권이 정치과정을 통해 헤게모니를 확장하는 게 아니라, 정치가 인권을 희생양으로 삼아 자신의 이익을 도모하는 사례를 유감없이 보여준다.

둘째 세속주의적 정치의 위험성이다. 세속주의 정치의 특징은 당선을 지상 목표로 삼아서 표만 좇는 것이다. 흔히들 정치는 '표'이기 때문에 정치인은 다수의 의사를 좇을 수밖에 없다고 한다. 언뜻 그럴 듯하게 들리지만, 이 언술은 틀렸다. 백보를 양보한다 해도, 반은 맞고 반은 틀린 얘기다. 김대중 대통령은 정치인은 '서생적 문제인식'과 '상인적 현실감각'을 고르게 갖춰야 한다고 말했다. 정치행위는 가치투쟁이면서 동시에 이익투쟁이어야 한다는 뜻일 터이다. 그런데 이익투쟁도 따지고 보면 가치투쟁을 효과적으로 수행하기 위한 수단으로 존재하는 것이지, 그 자체가 목적시 될 수는 없는 일이다. 정치는 본질적으로 가치투쟁이고 그 실현을 위해 이익투쟁도 벌이는 것이다. 서생적 문제인식이 없는 정치인은 정치인이 아니라 그냥 상인인 것이다. 정치인의 확장성은 자신의 정치적 정체성, 요컨대 추구(실현)하고자 하는 가치를 집요하게 상인적 현실감각으로 풀어낼 때 비로소 가능해지는 법이다. 진보가 표가 안 된다고 진보정치인이 진보의 가치를 포기한다면 그게 무슨 진보정

치인이며, 그런 정치라면 왜 하려는지 되새겨 봐야 한다. 인권이 현
실정치에서 표가 안 된다고 해서(이점도 사실은 검증된 바 없다)
피하고 숨기는 데 급급할 것이 아니라, 인권을 상인적 감각을 통해
설득하고, 확산시켜 표로 연결시키는 역량이 요구되는 것이다. 이
러한 역량이 없다면 그는 비난받아 마땅한 숱한 기성정치인들과
크게 차별화되는 변별점도, 새정치를 주창할 근거도 기실 없는 것
이다. 많은 진보적 정치인들이 정체성과 확장성을 대립항으로 설정
하고 마치 정체성을 포기해야만 확장성이 담보되는 양 착각하지만,
이는 심각한 오류이다. 이 점에 관한 한 기득권세력들이 이해관계
라는 자신들의 정체성을 중심으로, 단결하고 확장하는 사례를 참고
할 필요가 있다. 정체성을 해체하면 확장성도 없다는 냉혹한 사실
을 지난 민주정부 10년의 경험을 통해 우리는 뼈저리게 확인하지
않았는가. 대개의 정치인들은 특히 이익투쟁으로 환원시켜서는 안
될 가치투쟁마저도 그저 사회 갈등양상으로 치부하여 '조정'의 대
상으로 삼는 우를 범한다. 이해를 둘러싼 갈등이야 마땅히 사회통
합을 위해 조정해야 하고, 이는 정치인에게 주어진 중요한 사명이
기도 하다. 그런데 보편타당한 가치, 심지어 규범적으로 이미 확보
된 인권적 가치마저 부정하는 혐오와 폭력행위까지도 민-민 갈등의
일환으로 간주한다면, 이는 정치인의 기본적인 사명을 저버리는 무
책임을 교묘하게 틀어 마치 자신은 '갈등의 등가적 중재자'로 자리
잡으면서, 당사자, 특히 피해자에게 책임을 전가하는 위선을 드러
내는 것에 다름 아니다. 이번 인권헌장 제정사태에서 부상된 가장
큰 문제점이자 심각성은 혐오, 폭력언동들이 이제부터는 아무런 거
리낌도 없이 공론의 장에서 당당히 등장할 수 있게 '허락'되었다는
것이다. 인권변호사 출신 서울시장에 의해 반인권적 범죄적 행태가
정당화되는 이 아이러니를 우리는 어떻게 받아들여야 할까.

2. 인권헌장 제정의 매듭짓기

2014년을 마무리하는 마지막 달, 아이러니하게도 세계인권선언 기념일인 12월 10일 박원순 시장은 인권헌장 제정 중단 사태와 관련하여 사과문을 발표했다. 그 전문은 아래와 같다.

"최근 '서울시민 인권헌장' 제정과정에서 벌어진 일들로 인해 시민여러분들과 '서울시민 인권헌장' 제정시민위원님들께 심려를 끼쳐드린 점 머리 숙여 사과드립니다. 아울러 서울시가 시민위원회와 끝까지 함께 하지 못한 점 가슴 아프게 생각합니다. 좀 더 신중하고, 책임 있게 임해야 했음에도 불구하고 그러지 못했고, 논의과정에서의 불미스런 일들에 대해서도 제 책임을 통감합니다. 이번 일로 인해 제가 살아 온 삶을 송두리째 부정당하는 상황은 힘들고 모진 시간이었음을 고백합니다. 그러나 한편으론 제 자신을 돌아보는 시간이었습니다. 시민운동가, 인권변호사 경력의 정체성을 지켜가는 것과 현직 서울시장이라는 엄중한 현실, 갈등의 조정자로서 사명감 사이에서 밤잠을 설쳤고, 한 동안 말을 잃고 지냈습니다. '서울시민 인권헌장'은 법률과는 달리 시민들이 자발적으로 만들어가는 사회적 협약이자 약속이니 만큼 서로간의 합의 과정이 중요하다고 생각했습니다. 서울시는 '서울시민 인권헌장' 선포하는 자리에 함께하지 못했습니다. 합의를 이끌어내기 위해서 시민위원님들이 보여주신 헌신적인 과정을 잘 알고 있습니다. 하지만, 이런 노력에도 불구하고 엄혹하게 존재하는 현실의 갈등 앞에서 더 많은 시간과 더 깊은 사회적 토론이 필요하다고 생각했습니다. 선택에 따르는 모든 책임을 묵묵히 지고 가겠습니다. 그리고 제가 서있는 자리에서 현존하는 차별을 없애기 위해 노력해 가겠습니다. 모든 차별행위에 맞서 '차별 없는 서울'을 만들겠다는 '처음 마음'에는 변함이 없습니다. '모든 국민은 인간으로서의 존엄과 가치를 가지며 차별을 받아서는 안 된다'는 헌법정신을 지켜가기 위해 더욱 더 노력하겠습니다. 앞으로 더 어렵고, 더 많은 시간이 걸릴 수 있지만, 상호신뢰의 원칙을 가지고 논의와 소통의 장을 계속 열고 서울시가 할 수 있는 방안을 모색해 가려고 합니다. 보내주신 관심과 걱정에 다시 한 번 진심으로 감사드립니다."

사과의 진정성을 의심하는 것은 도리가 아니지만, 사과문의 내용 가운데 여전히 의구심을 자아내게 하는 대목이 적지 않아 이를 분명하게 정리해두는 것이 필요하다. 그것은 대략 다음과 같다.

첫째 시민운동가, 인권변호사 경력의 정체성을 지켜가는 것과 현직 서울시장이라는 엄중한 현실, 갈등의 조정자로서 사명감 사이에서 갈등의 토로이다. 이에 관해서는 앞서 '인권의 정치'에서 기술한 바와 같이 정체성과 확장성은 반드시 대립항적 관계를 맺는 게 아니며, 정치는 단순히 이해관계의 갈등을 조정하는 것을 넘어, 옳은 것을 대중화시키는 사명을 띤다는 점에서 시장의 상황인식 자체에 문제가 있음을 보여준다. 더구나 인권을 둘러싼 갈등은 가치투쟁의 장에서 벌어지는 것이지 이익투쟁에서 비롯되는 게 아니기 때문에 갈등조정의 대상이라기보다는 설득과 제재, 교육, 홍보의 방법으로 해소되어야 하는 것이다. 만약 일부라도, 아니 대다수 사람들이 고문(拷問 torture)에 찬성한다고, 이를 시민들 간에 만장일치 합의가 이뤄져야만 정치인이 고문에 반대하고, 제도적으로 제재할 수 있다고 한다면 과연 우리는 '야만의 세기'를 어떻게 극복할 수 있을까.

둘째 '서울시민 인권헌장'은 사회적 협약이자 약속이니 만큼 '합의'가 중요하다고 강조한다. 헌장이 사회적 협약인 것은 맞다. 그러나 그 협약의 양 당사자는, 시민과 시민이 아니라, '갑으로서의 시민'과 '을로서의 정부'이다. 그래서 시민 간의 합의여부와 무관하게, 시민의 인권보장을 최대화하려는 갑(서울시민)의 요구에 대해, 그 이행책무를 최대한 축소, 회피하려는 을로서의 정부(서울시) 사이의 갈등이 서울시민인권헌장에서 핵심적인 쟁점이 될 수밖에 없다. 그런데 한 당사자인 서울시 정부는 어느 순간 감쪽같이 사라지고, 난데없이 시민간의 합의가 헌장제정의 선결요건이라고 주장한다. 책무자의 회피 때문이 아니라 시민 간 '합의미수'로 인해 헌장제정이 좌초됐다는 논리왜곡이 나타난 것이다. 마치 노사 간의 문제를 노노 간의 문제로 둔갑시키는 것과 유사한 논리가 아닐 수 없다. 더구나 그 합의가 사실상 만장일치를 가리키는 것이어서 더욱 위선적이다. 합의의 사전적 의미는 다른 의견을 갖는 사람들이 상호 조정에 의해 공통의 견해에 이르는 것을 뜻한다. 주지하다시피 민주사회에서 합의는 대개 숙의(熟議)를 통해 도모하게 되는데, 만장일치는 그 결정의 한 방법에 불과한 것이지, 합의가 곧 만장일치를 뜻하지는 않는다. 세계인권선언도 만장일치로 채택되었다고는 하지만, 일부 국가가 퇴장한 가운데 이뤄진 것이다. 역사적으로 세상의 그 어떤 헌장(물론 독재국가를 제외하고)도 완전한 합의, 즉 만장일치로 채택되지 않았다. 차라리 책무수행의지가 없다거나, 또는 동의할 수 없으므로 헌장에 서명 못 하는 고충을 이해해달라고 호소하면서, 이에 따르는 비판과 평가를 피하지 않고 달게 받겠다고 하면 적어도 위선적이라는 비난을 받는 일 만큼은 없었을 것이다. 시장이 시민간의 합의를 명분으로 자신의 책임을 오히려 시민에게 전가하는 것은 누가 봐도 비루하다.

셋째 이제까지 살아 온 삶이 송두리째 부정 당하는 힘들고 모진 시간이라고 고백한다. 왜 아니시겠는가. 나름 공감한다. 그러나 이러한 토로는 적어도 성소수자를 상대로 하는 사과문에 담을 내용은 아니었다. 우리 사회에서 삶이 송두리째 모욕당하고, 부정당하는 일상을 살아온 자가 과연 누군가. 그들의 삶을 조금이라도 이해하고 공감한다면 시장의 이런 고백은 적어도 성소수자 앞에서 해서는 안 될 언사였다.

넷째 그럼에도 불구하고 모든 차별행위에 맞서 '차별 없는 서울'을 만들겠다는 '처음 마음'에는 변함이 없으며, '모든 국민은 인간으로서의 존엄과 가치를 가지며 차별을 받아서는 안 된다.'는 헌법정신을 지켜 가겠다고 밝혔다. "나는 동성애를 지지하지 않는다"는, 심지어 어법에도 맞지 않는 이 차별적 발언은 위 사과문이 나오기 불과 며칠 전에 보도를 통해 알려진 바 있다. 최근 서울시 홈페이지에는 인권담당부서의 인권정책팀 업무 가운데 인권헌장 제정 후속조치로 '45개 합의조항 이행', '인권헌장조형물 설치', '인권헌장백서 제작' 등을 분장사항으로 정하고 있음을 확인했다. 서울시인권위원회는 서울시장에게 인권헌장을 선포하라고 권고하였는데, 서울시는 현재까지도 아무런 답을 내놓지 않고 있다. 인권헌장 제정위원들은 절차상 흠결이 없는 만큼 제정된 것으로 간주하고 스스로 낭독식까지 가진 바 있다. 이것만이 아니다. 최근 '비온뒤무지개재단'은 법무부와 국가인권위원회에 이어 서울시에 의해 잇따라 법인등록신청 자체가 거부되었다. 법무부와 국가인권위원회는 그렇다 치더라도 '인권도시 서울'을 표방하는 서울시마저도 뚜렷한 이유 없이 이를 거부한 것이다. 정치인은 구체적인 정치행위로 평가받는다. 신뢰도 근거가 있어야 가능해지는 법 아닌가. 무조건적인 믿음은 맹신이다. 서울시는 인권도시, 서울시 인권정책기본계획, 인권헌장을 대체 어떻게 할 셈인가.

VII. 맺음말

많은 유권자가 기존정치에 환멸을 느끼면서 새 정치에 목말라 하는 가장 큰 이유는 사실 따지고 보면, 거창한 공약이나 이념과 같은 고상함을 기대하기 때문이 아니다. 오히려 매우 소박하고 상식적인 기대를 정치인들이 종종 저버리는 데서 비롯된다. 예컨대 말과 행동의 일치, 정직과 진정성으로 책임정치를 실현하는 것은 진보와 보수, 좌와 우를 막론하고 정치현장에 종사하는 모든 이들에게 요구되는 공통필수 덕목이다. 그 기반 위에 정책과 이념의 차별성도 비로소 존재한다. 박원순 시장을 지지하는 많은 사람들은 그가 진보정치인이어서, 또는 인권변호사 출신이어서 지지하는 것이 아니다. 이미 자칭타칭 진보정치인 연 하는 사람들이 적지 않고, 인권변호사 출신 정치인 또한 적지 않다. 그럼에도 불구하고 '박원순'이라면 적어도 기존의 정치인들이 보인 무책임한 행태, 허장성세의 빈말, 위선이 넘치고 앞뒤가 맞지 않는 임기응변식 정치가 아닌, 소박하지만 책임지고, 일관성 있게 약속을 지키는 정치인일 것이라는 사람들의 기대가 있는 것이다. 안타깝게도 박원순 시장은 기존 정치인들이 하던 방식 그대로 성소수자라는 인권이슈를 '대중적으로 소비'해버림으로써, 그만이 갖고 있고, 또 가져야 할 소중한 자산을 스스로 버렸다. 더구나 결과적으로 시민참여의 절차적 정당성을 부정함으로써 그가 캐치프레이즈처럼 내세우던 "시민이 시장이다"라는 구호도 무색해지고 말았다. 이 사태는 단지 성소수자인권 문제에 국한되지 않고 유력한 정치인, 그것도 차기 대선후보 중에 우리 사회가 가장 아끼고 보듬어야 할 희망의 대안에 심각한 균열을 초래했다. 설마하니 그가 "동성애를 지지하지 않는다"고 새벽 닭이 울기 전에 세 번을 부인한다고 해서, 하루아침에 인권과 민주주의에 반대하는 일부집단이 박원순 지지로 돌아설 것이라는 생각에서 그리 한 것이라고는 믿고 싶지 않다. 만일 그리 생각했다면 무능한 것이고, 아니라는 걸 알면서도 그랬다면 정말 불가사의한 일이다. 파장이 이리 클지 문제의 심각성을 미처 사전에 인지하지 못했다면 정직하게 실착을 인정하고 진정성 있는 사과와 후속조치가 있어야 한다. 그게 '박원순' 다운 것이다. 우리는 이제라도 우리가 알고 있는 본래의 박원순으로 속히 그가 돌아오길 바란다. 고개를 갸웃하게 만드는 정치행보는 누가 봐도 바람직한 일이 아니다. 왜 정치를 하는지, 정치를 해서 무엇을 이루려는지 이제 박원순식 새 정치는 그 스스로에게 묻고 있다. 그 물음의 한가운데 '인권도시 서울'이 있다.

언젠가 조국교수가 어느 한 검사가 보내온 편지의 일부내용을 소개해주었다. 그 내용을 정확히 기억하지는 못하지만, 내게는 매우 깊은 인상을 남겼다. 그 내용을 인용하면서 이 글을 마치고자 한다.

"물은 위에서 아래로 흐릅니다. 흐르다 보면 때론 뭔가에 가로 막혀 고이기도 하고, 또 때론 일시적으로 역류하기도 합니다. 그러나 그렇다 하더라도 물은 끝내 위에서 아래로 흐르지요. 이게 자연의 이치입니다. 사람 사는 세상이라고 해서 예외가 아닐 것입니다. 사람에 따라 세상의 이치에 따르는 자가 있는가 하면, 그 이치에 반해 일시적인 역류에 편승하고자 하는 사람도 있습니다. 본디 시류를 탄다는 것이란 시대의 소명에 부응하는 것일 겁니다. 시대의 흐름이 잠시 역류한다고 해서, 그것을 대세로 여겨 올라타 본들, 결국은 본류에 휩쓸려 떠내려가기 마련입니다. 그저 눈앞의 것만 좇기에 급급한 우리는, 세상의 이치와 소명을 등지다 결국은 자기 스스로 거센 시대의 소용돌이 속에 휘말리고 마는 어리석음을 종종 범하고 맙니다."

성소수자 인권운동과 무지개농성

이 나 라*

Ⅰ. 인권의 리트머스지가 된 성소수자 인권

무지개농성은 한국 사회에서 성소수자 인권이 공식 제도에 새겨지는 것을 둘러싼 싸움의 일환이면서 최근 강화되고 있는 성소수자 혐오 조장 운동과의 싸움이었다. 2007년 차별금지법 제정 시도에 반발하며 "동성애 합법화 반대"를 내세운 세력이 본격적으로 조직화하고 활동을 시작하면서 지난 수년 동안 성소수자 인권 의제에 대한 거센 역습이 있었다. 기실 동성애가 불법이 아닌 한국 사회에서 '합법화 반대'를 주장하는 것에는 악의적인 의도가 명백했다. 뿌리 깊은 편견과 차별 속에서 자긍심을 키우고 존재의 인정과 차별로부터의 보호를 요구하던 성소수자 운동은 새로운 국면을 맞았다. 이 시기에 성소수자 운동이 확인한 것은 성소수자에 대한 체계적 차별이 무지나 무시로 인해 유지되는 것만이 아니라 성소수자 혐오를 이용해 공공연히 성소수자를 희생양 삼는 정치가 강화되는 모습이었다. 인권의 보편성을 획득하려면 인권의 정치성을 피할 수 없다는 사실을 깨달은 것이다. 2011년 겨울 서울시 학생인권

---

* 행동하는성소수자인권연대 운영회원, 성소수자 차별반대 무지개행동 집행 위원

조례 원안 통과를 요구하며 한국 성소수자 운동 사상 처음으로 벌인 서울시 의원회관 점거 농성은 이번 싸움의 디딤돌이었다. 동성애 반대를 내세워 학생인권조례를 좌초시키려는 혐오세력, 이에 타협하려는 교육청과 시의원들에 맞서 성소수자 활동가들이 절박하게 선택한 점거 농성은 10만 명에 가까운 주민들의 발의의 힘과 당시 큰 규모로 벌어진 한미FTA 반대 운동의 여파 속에 사회 운동의 연대를 이끌어냈고 민주당을 견인하면서 성소수자 차별금지 조항을 지켜낼 수 있었다.

이처럼 성소수자 차별금지 원칙을 삭제하라는 목소리는 새로운 것이 아니었다. 하지만 서울시민 인권헌장(이하 인권헌장)이 상징적인 의제로 떠오른 데는 여러 가지 요인이 작용했다. 첫째, 한국 정치에서 중요한 비중을 차지하는 서울시의 문제였을 뿐 아니라 유력한 차기 대권 주자인 서울시장 박원순 정치의 시금석이었다. 성소수자 혐오세력도 이 때문에 실효성과는 상관없이 인권헌장에 중요성을 부여하고 박원순 시장에게 '친동성애'냐며 공격했다. 서울시도 이런 공격을 이미 의식하고 있었다. 미국에 가서 동성결혼에 대해 인터뷰한 내용이 알려지자 재빠르게 해명한 일은 그가 성소수자 인권 쟁점을 어떻게 취급하는지 엿볼 수 있게 했다. 둘째, 인권도시에 관심이 있는 시민들, 진보적인 학자, 인권운동가들이 이 사안에 관련을 맺고 있었다. 이들 가운데 많은 수가 헌장 제정 과정에서 혐오세력의 폭력성을 직접 경험하면서 성소수자 인권의 의미와 중요성을 다시금 배웠다고 말했다. '서울시민 인권헌장 제정 시민위원회'(이하 시민위원회)의 전문위원들은 차별금지 사유 명시가 원칙이라는 입장을 견지하며 토론을 회피하지 않는 올바른 태도를 보였다. 서울시가 원칙 없는 태도를 보일 때 시민위원회가 타협하지 않고 헌장을 원칙대로 제정한 것은 매우 의미있는 일이었다. 이 과정에서 서울시의 비민주성과 무원칙이 폭로됐기 때문이

다. 서울시 인권위원회도 서울시장에게 헌장을 선포하라고 권고했
다. 셋째, 한국 사회에서 혐오 증대에 대한 우려와 관심이 높아가고
있었다. 반성소수자 세력은 수백 명을 동원해 2014년 퀴어퍼레이드
를 저지하려고 시도해 성소수자 혐오의 심각성이 부각됐다. 사회적
파장을 일으킨 세월호 유가족에 대한 모욕과 공격을 일삼은 자들
과 성소수자 혐오세력이 일치한다는 사실은 이 문제가 단지 성소
수자들만의 문제가 아님을 상징적으로 보여줬다.

이러한 요인들로 인해 인권헌장은 사회적인 이슈로 떠올랐다.
하지만 그 맥락은 한국사회에서 우익 정치세력이 성소수자를 희생
양 삼는 정치를 추구하고 있으며, 성소수자 인권이 민주주의와 인
권의 척도임을 강조해야 하는 그간의 상황과 동일했다. 서울시가
인권헌장 제정을 부정한 것은 절차의 문제 때문이 아니라 정치적
선택이었다. 서울시는 성소수자 인권 문제를 회피함으로써 혐오세
력으로부터 공격받지 않고 나아가 인정받고자 했다. 이러한 사실은
결정적으로 12월 1일 박원순 시장이 한국장로교총연합회와 만나서
한 '사과'와 '동성애를 지지하지 않는다'는 발언으로 입증됐다. 인권
변호사, 시민운동가 출신이고 성소수자 인권을 지지한다는 입장을
여러 차례 밝히기도 했던 유력 대권 주자의 이러한 행보는 성소수
자 커뮤니티에 우리가 대접받는 수준을 통감하게 하면서 분노를
일으켰고 시민사회, 인권 진영에 정치적 위기감을 불러왔다.

성소수자 인권운동은 인권헌장 제정에 초기부터 관심을 갖고 있
었다. 성소수자 인권단체들의 연대체인 성소수자차별반대 무지개
행동은 헌장에 성소수자 인권 원칙이 담길 수 있도록 성소수자들
이 시민위원회에 참여할 것을 독려했다. 그 덕분에 시민위원회에서
성소수자들이 목소리를 낼 수 있었다. 하지만 헌장 제정이 성소수
자들의 삶을 실질적으로 바꿀 것이라고 생각했던 것은 아니었다.
인권헌장 제정은 잘 알려져 있지 않았고 실효성보다는 상징적인

의미가 커 보였다. 그런데 시민위원회에 혐오세력도 조직적으로 개입해 집요하게 성소수자 차별금지 원칙을 삭제하려고 시도한다는 사실이 확인되면서 문제의 양상이 달라졌다. 권역별 토론회에서 혐오세력이 보인 폭력적이고 반민주적인 모습은 많은 사람들에게 사태의 심각성을 깨닫게 하는 계기가 됐다. 이즈음부터 성소수자 인권운동은 적극적으로 인권시민진영과 공동대응을 모색했다. 우리는 혐오를 의견으로 받아들이지 말고 인권헌장에 성소수자 차별금지를 명시해야 한다고 주장했다. 이때까지도 주된 문제는 시민위원회라고 여겨졌다. 논란 때문에 시민위원회에서 원칙을 훼손한 헌장안이 통과될 수 있다는 우려가 컸던 것이다. 인권헌장 제정이 다가올수록 서울시의 태도에 대한 의구심과 문제의식이 커졌지만 시민위원회가 결정을 내리면 서울시도 어쩔 수 없을 것이란 예상이 지배적이었다. 그리고 다행스럽게도 11월 28일 마지막 회의에서 시민위원회는 원칙대로 성소수차 차별금지의 내용이 포함된 헌장을 통과시켰다. 그러나 서울시는 민주적 의사진행을 방해하면서까지 인권헌장 안의 통과를 막으려 했고, 회의 결과가 뜻대로 나오지 않자 아주 신속하게 헌장 제정이 무산됐다고 발표했다. 서울시가 성소수자 차별금지 원칙을 담은 인권헌장을 만들 의사가 애초에 없었다는 것이 분명해진 것이다.

Ⅱ. 새 숨결을 불어넣은 저항

민주주의와 인권의 원칙을 저버린 서울시의 억지 주장에 많은 사람들이 충격을 받았다. 성소수자 운동은 신속하게 기자회견과 토론회를 열어 서울시를 규탄했다. 국가기관, 그것도 서울시라는 주요 지방정부가 혐오를 용인하고 성소수자 인권을 부정한 상황에서

아무 일도 없다는 듯 지나갈 수는 없는 노릇이었다. 성소수자 운동
은 이미 여러 차례 같은 상황을 겪은 바 있었다. 성소수자 활동가
들 사이에서 위기감과 절박감이 높아져 있었기에 강력한 항의행동
이 필요하다는 분위기가 생겼다. 시민사회 각계에서 신속하게 서울
시를 비판하는 입장이 나온 것도 긍정적이었다. 그래서 서울시가
인권헌장을 거부한 뒤 12월 2일 열린 첫 회의에서 점거 농성이 제
안됐고 지지를 얻었다. 하지만 이를 실행하기 위한 확대 회의에서
결정이 뒤집혔다. 당시 회의에서는 다수 활동가들이 고립에 대한
두려움(박원순 지지자들에게 공격받을 수 있다 등), 인권헌장 이슈
가 성소수자만의 쟁점으로 축소될 것에 대한 걱정 등을 제기했다.
인권헌장 제정과정을 통해 인권의 원칙과 혐오 문제에 대한 공감
대가 확대된 것은 사실이었다. 그러나 이 문제는 처음부터 명백하
게 성소수자를 둘러싸고 벌어진 것이었다. 두들겨 맞고 있는 사람
이 이건 내 싸움이 아니라고 말할 수는 없는 노릇이다. 결국 성소
수자 운동의 동원력과 연대의 폭과 깊이에 대한 확신이 부족했던
것이 애초에 농성이라는 전술을 채택하지 못한 주된 이유였다.

그런데 박원순 시장의 12월 1일 발언이 4일경 기사를 통해 알려
지면서 국면이 바뀌었다. 동시다발 일인시위를 벌이고 서울시 구청
사 도서관 옥상에서 현수막을 내리는 액션을 하자는 계획을 세우
고 추진하던 12월 4일 밤, 일부 활동가들이 절박함을 드러낼 좀 더
강력한 항의 행동으로 서울시 구청사 옥상 점거를 제안했다. 그런
데 옥상 점거를 준비하기 위해 12월 5일 오전 사전답사를 하던 중
차질이 생겼다. 구청사 옥상이 동절기를 맞아 폐쇄된 것이다. 이런
상태에서 12월 5일 밤 긴급하게 소집된 회의가 열렸고 20명 가까운
활동가들이 모였다. 박원순 시장의 발언에 대한 분노가 가득한 상
황에서 로비 점거 농성 계획에 대다수가 동의했다.

그러나 농성이 얼마만큼의 지지를 얻을 것인가에 대해서는 누구

도 예측하지 못했다. 로비 점거를 안정적으로 유지할 수 있는지에 대해서도 확신이 없었다. 농성이 우리 편에 유리하지 않은 무리한 행동이라며 농성 전술에 반대 의견을 표명한 단체도 있었다. 그러나 헌장 이전부터 강화된 혐오세력의 공세로 인해 위기감과 무력감이 고조되던 판에 박원순 시장이 혐오세력의 손을 들어준 상황에서 '분노 표출'은 너무나 필요하고 정당했다. "성소수자에게 인권은 목숨이다"라는 구호에서도 절박함이 드러났다. 실제로 혐오와 차별은 우리의 존엄뿐 아니라 안전과 생명을 위협한다. 지금껏 혐오로 인해 삶을 박탈당한 수많은 성소수자들을 생각하면 이 구호는 때늦었다고 말할 수도 있다. 점거 농성에 동의한 활동가들은 무지개농성단을 구성해 농성에 돌입하기로 결정했다.

요구사항은 박원순 시장 면담과 사과, 인권헌장 선포, 헌장 제정 과정에서 벌어진 혐오폭력에 대한 엄정 대처 이렇게 네 가지로 정했다. 하지만 행동에 돌입하는 것 자체에 무게가 실려 있었기 때문에 각각의 요구사안의 우선순위, 달성 가능성 등에 대한 긴밀한 토론은 이루어지지 못했다. 사실상 요구 사항 네 가지 모두 관철시키기는 힘들 것이라는 정서가 있었다. 농성에 돌입하면서 가장 많이 얘기된 농성의 목적은 우리의 투지를 보여주고, 우리 편이 누구인지 확인하자는 것이었다. 저항의 거점을 형성하는 것은 이 두 가지를 가장 효과적으로 끌어낼 수 있는 방법이었다. 며칠에 걸쳐 긴박하게 진행된 이 논의 과정에는 통틀어서 30명 넘는 사람들이 참여했다. 인권운동사랑방 활동가들의 경우 처음부터 밀접하게 논의와 실행에 참여해 중요한 기여를 했다. 계획이 여러 차례 변경되는 우여곡절이 있었지만, 결과적으로 이 논의 과정 덕분에 활동가들이 많은 토론을 하면서 강력한 항의행동의 필요성과 정당성을 확인했고 단호하게 행동에 돌입할 수 있었다.

12월 6일 11시 40여 명이 농성을 시작했다. 잠시 동안이지만 시청사에 대형 무지개 걸개가 내걸렸다. 시청 측과 경찰의 위협과 방해가 계속됐지만 강력하게 항의하면서 농성장을 지켜냈다. 1시에 예정됐던 일인시위에 함께하러 온 사람들과 농성 돌입 소식을 듣고 온 사람들이 합류하면서 참가자가 계속 늘어나 저녁 무렵에는 1백 여 명에 이르렀다. 연대도 신속하게 확대됐다. 긴급한 호소를 듣고 씨앤앰 노동자들을 비롯해 인권단체, 장애단체, 진보정당, 성북구 지역단체, 종교단체, 사회단체 활동가들이 달려왔다. 서울시청 점거농성이라는 과감한 선택 덕분에 유례없이 많은 언론의 주목을 받았다. 언론과 SNS 등을 통해 소식이 알려지자 지지와 연대는 더욱 확대됐다. 일요일인 둘째 날 민주노총, 참여연대, 환경운동연합, 여성단체연합 등 시민사회가 참여한 지지 기자회견이 열렸다. 미리 확정된 것은 아니지만 이태호 참여연대 사무처장이 발언한 것도 의미 있었다. 언론의 주목과 광범한 연대 때문에 서울시는 감히 농성을 강제 해산할 엄두를 내지 못했다. 선전물 부착 방해나 전기 공급 차단 같은 치졸한 방해가 이어졌지만 강력하게 항의해 나갔고 농성장의 기세는 꺾이지 않았다.

　농성은 높은 자발성과 폭넓은 지지 속에 진행됐다. 물품 조달부터 언론대응, SNS 홍보, 국제연대 조직까지 활동가들의 헌신과 다채로운 기여가 돋보였다. 미디어팀은 신속하게 상황을 알리는 영상을 만들어 소식을 전했다. 참가자들은 아름답고 재기 넘치는 팻말을 직접 만들어 농성장을 채웠고, 일인시위와 대 시민 선전전을 비롯해 농성 전반에 적극적으로 참여하고 기여했다. 매일 저녁 열린 문화제는 연대와 성소수자 커뮤니티의 끼가 어우러진 축제의 장이었다. 지지와 후원이 놀라울 정도로 쏟아졌다. 연대의 폭도 넓어졌다. 주말을 거치며 농성 돌입이 옳은 결정이었다는 확신이 생겼다. 특히 점거 농성이라는 형식의 강점이 십분 발휘됐다. 6일에 걸쳐 우리는 시청 로비 공간을 철저하게 우리 것으로 만들어 갔던 것이다.

농성에 참여하는 사람들도 사기가 높아져 갔다. 혐오세력이 농성을
공격할 가능성에 대한 우려도 있었지만 실제로 나타난 것은 극소
수 집단들뿐이었다. 이들은 맞불 기도회를 하며 스피커로 농성을
방해하고 간혹 가다 개별적으로 시비를 걸었지만 농성 자체를 위
협하지는 못했다.

　월요일까지도 서울시측은 별다른 입장 변화를 보이지 않았지만
JTBC 메인뉴스에 생방송으로 농성 소식이 보도되는 등 농성이 이슈
로 부상했음이 분명해졌다. 화요일에는 좀 더 적극적인 항의행동이
이루어졌다. 오전부터 오후까지 박원순 시장에게 직접 항의하는 그
림자 시위를 벌여 오전 프레스센터와 오후 성동구청소년수련관에
서 박원순 시장을 마주칠 수 있었다. 결과적으로 그림자시위는 박
원순 시장 면담과 사과를 끌어내는 데에 결정적인 계기가 된 것으
로 보인다. 성소수자 인권 지지와 인권헌장 선포를 요구하는 공동
요구안에 155개 시민사회단체가 연명해 농성에 대한 시민사회의 폭
넓은 연대도 다시 한 번 확인됐다.

　마침내 수요일에 박원순 시장과의 면담이 성사됐다. 면담 소식
이 알려지면서 농성장에 많은 사람들이 모여들었다. 해냈다는 분위
기였다. 면담을 통해 박원순 시장은 대표단이 지적한 문제들에 대
해 거듭 사과의 뜻을 밝혔다. 면담에 참석한 대표단이 내려와 보고
를 한 뒤 면담 결과를 어떻게 받아들일 지 즉석에서 분임토론이 이
루어졌다. 수백 명의 사람들이 진지하게 토론에 임하고 토론 결과
를 공유하기 위해 수십 명이 줄 서 있는 모습은 감동적이었다. 많
은 사람들이 서울시의 공식 입장 발표 내용과 박원순 시장이 면담
직후 페이스북에 올린 글이 진정성 있는 사과로 보이지 않는다며
불만족스러워 했다. 무엇보다 인권헌장에 대한 입장이 바뀌지 않았
고, 성소수자 인권에 대한 언급이나 성소수자에 대한 사과도 표현
되지 않았다. 요구사항이 받아들여질 때까지 농성을 지속하자는 의

견이 강하게 제기됐다. 특히 인권헌장 선포 요구가 받아들여질 때
까지 농성을 하자는 의견이 많았다.

　　그날 밤 확대 상황실 회의에서 농성을 이끈 주요 활동가들은 긴
시간에 걸친 회의를 진행했다. 면담과 사과의 의미가 무엇인지가
주요한 쟁점이 됐다. 박원순 시장의 면담과 사과는 분명한 성과였
다. 요구사항이 모두 관철된 것은 아니지만 그렇다고 사과의 정치적
의미가 사라지는 것은 아니었다. 그를 농성단 대표단과의 테이블로
끌어내고 '죄송하다', '제 잘못이다' 하는 말을 하게끔 만든 것은 다
른 무엇이 아니라 농성과 비판 여론이었다. 흔히 사과가 얼마나 진
정성 있는지가 중요한 문제로 보인다. 하지만 박원순 시장이 목사들
을 만나서 한 말이 얼마나 진정한 것이었는지 따질 이유가 없는 것
처럼 사과했다는 사실 그 자체가 주는 정치적 효과를 보아야 했다.
물론 사과와 별개로 요구사항의 수용, 잘못에 대한 책임을 지는 문
제가 남아 있었다. 활동가들은 어렵게 농성을 종료하고 또 다른 방
식으로 싸움을 이어가기로 결정했다. 농성장 전체 토론에서의 분위
기와는 상반돼 보이는 결정이었기에 이러한 판단의 근거와 농성의
성과에 대한 토론이 충분히 이루어졌어야 했다. 여기에는 상당한
아쉬움이 남는다. 그러나 거듭 강조하듯이 현실에 대한 냉철한 판
단이 필요했고, 농성이 승리한 지점을 분명히 하는 것은 중요했다.

Ⅲ. 존엄과 평등을 향한 길

　　12월 11일 저녁 농성단은 '승리 보고 문화제'를 개최하고 축하 속
에서 농성을 공식 종료했다. 농성이 마무리되는 것에 아쉬움을 느
낀 이들도 적지 않았다. 그러나 '우리의 투쟁은 이제 시작'이라고
선언하는 순간에 우리는 자신감이 넘쳤다. 농성 종료를 알린 기자

회견에서 한 농성 참가자의 발언은 농성의 의미를 정확하게 드러냈다. "6일간 차별, 혐오, 부정의에 맞서고 싶은 용기를 많이 느꼈습니다. 그와 함께 연대하고 함께하고자 하는 의지도 많이 느꼈습니다. 앞으로도 이런 현실을 바꿔나가는 싸움을 할 때, 6일간 함께 했던 경험이 큰 자양분이 될 것입니다. 이 자리에 함께하지 않았더라도 [농성의 경험이] 모든 분들이 자신의 일상, 일터에서 권리를 찾으려 할 때 힘이 되고, 그 질문의 끝을 찾으려 할 때 영감이 되길 바랍니다. 함께 싸웁시다."(농성참가자 수수) 농성을 마무리하며 낸 입장서와 승리 보고 문화제의 제목 "당신의 인권이 여기에 있다"는 이 싸움이 성소수자만의 싸움이 아니었음을 분명하게 보여줬다. 농성 돌입을 결정할 때 가장 중요했던 두 가지 목표(우리도 싸울 수 있다는 것을 보여주자와 우리 편이 누구인지 확인하자)에 성공적으로 도달한 것이다.

무지개농성의 중요한 성과로는 크게 세 가지를 꼽을 수 있다.

첫째, 차별과 모욕에 침묵하기를 거부하고 권리를 갈망하는 성소수자 대중의 요구를 확인했다. 무지개농성 돌입에 성소수자들은 커다란 지지와 참여로 화답했다. 농성 돌입을 결정한 활동가들 누구도 예상치 못한 수준의 호응이었다. 농성 소식을 듣고 전국에서 성소수자들이 달려왔다. 시청 근처 직장을 다니는 이들은 점심시간에 짬을 내 농성장에 다녀갈 정도였다. 매일 저녁 문화제 참석인원이 늘어났다. 농성장에 오기 어려운 사람들은 후원으로 지지를 표현했다. 단 6일 만에 1천 명이 넘는 사람들이 후원에 참여했는데 상당수가 성소수자들이었다. 성소수자 운동만이 아니라 사회운동에서도 보기 드문 모금 성과였다. 많은 성소수자들이 농성 경험을 통해 자긍심과 싸울 수 있다는 자신감을 얻었고 연대의 중요성을 배웠다고 말한다. 혐오에 단호하게 맞서 집단적으로 싸울 때 사기 저하를 막고 지지를 확대할 수 있다는 것을 생생하게 경험한 것이다.

성소수자 커뮤니티로부터 서울시청 농성과 같은 반향을 일으킨 사
건은 가히 드물었다. 성소수자 운동의 활력과 잠재력이 다시 한 번
확인됐고 새로운 활동가 층이 성장할 발판이 마련됐다.

　둘째, 성소수자 인권 의제가 시민사회운동/진보진영의 중요한
준거점으로 떠올랐다. 이번 사안이 박원순 시장의 정책과 발언에
관한 것인 만큼 비중 있게 여겨졌고, 성소수자 운동이 서울시청 점
거 농성이라는 과감한 행동을 단호하게 추진해 여론을 형성했기
때문이다. 이 과정에서 인권헌장의 의미가 완전히 달라졌다. '시민
참여', '인권'이 장식품에 그치지 않고 치열한 고민 속에 살아 있을
수 있었다. 주요 시민단체들이 인권헌장 무산을 비판하는 입장을
냈고 시민운동 진영에서 논쟁도 벌어졌다. 박원순 시장은 정치적
위기에 몰렸다. 끝까지 혐오세력의 눈치를 보며 인권헌장을 선포하
지 않았지만 직접 농성 대표단을 만나 사과할 수밖에 없었다. 더불
어 이번 농성을 통해 성소수자 인권은 찬반의 문제가 아니라 보편
적 인권의 원칙이라는 인식이 확대됐다. 무지개 농성장은 '한국 사
회 인권의 베이스캠프'가 됐고 '당신의 인권이 여기에 있다'는 외침
이 뻗어나갔다.

　셋째, 성소수자 운동이 쌓아온 연대의 폭과 깊이를 확인했다. 진
보정당들을 비롯해 민주노총, 참여연대, 민변, 여성단체연합, 환경
운동연합, 장애운동, 인권운동, 이주운동, 지역운동 등 광범한 세력
들이 농성을 지지했다. 지지는 말로만 그친 것이 아니었다. 전국장
애인차별철폐연대, 희망연대노조 씨앤앰지부, 세월호 광화문 농성
장에서 농성물품을 지원했다. 지지방문, 후원도 줄을 이었다. 투쟁
하는 노동자들부터 진보적 종교인들까지, 오랜 친구들만이 아니라
생소한 얼굴들이 함께했고 서로를 확인했다. 연대는 단순히 입장에
대한 판단이 아니라 관계의 표현이기도 하다. 한진중공업 희망버스
에 함께한 퀴어버스로 대표되는 연대의 경험, 다양한 분야의 사회

운동에서 활약하는 성소수자들의 존재가 중요한 구실을 했다.

물론 서울시와 박원순 시장은 끝까지 인권헌장에 대한 입장을 바꾸지 않았다. 이는 오늘날 성소수자 운동과 혐오세력의 세력 관계를 반영한다. 6일 농성으로 뒤집을 수는 없는 힘의 차이가 존재한 것이다. 성소수자 혐오의 목소리는 기성 정치권 속에 깊숙이 자리매김해 있다. 동성애 때문에 차별금지법을 반대하는 인사가 국가인권위원으로 임명될 정도다. 성북구에서도 끝끝내 '청소년 무지개와 함께 센터' 사업이 좌초되어 서울시의 선례가 반복되었다. 하지만 박원순 사과를 끌어낸 것은 과소평가해서는 안 될 투쟁의 중요한 성과였다. 박원순 지지층 일부가 흔들렸다. 박원순 시장은 여전히 기울어 있는 저울추에 따라 행동하면서 저울추를 바꿀 생각을 하지 않고 있다. 하지만 농성은 시민사회 진영에 강한 인상을 남겼고, 성소수자 인권이 한국 사회에서 오늘날 어떤 의미가 있는지에 대한 고민을 확장하는 구실을 했다. 무지개농성단은 '제31회 한국여성대회 성평등디딤돌상'과 '제4회 이돈명 인권상'을 수상해 이러한 의의를 인정받았다. 농성은 또 성소수자 운동 20년 역사의 성과와 과제를 확인시켜 주었다.

오늘날 한국에서 성소수자 집단은 여전히 사회적으로 가장 멸시받는 집단 가운데 하나다. 제도적인 권리 보장은 거의 전무하고 차별과 혐오가 용인되고 있다. 이렇게 사회가 잘못돼 있다는 사실을 분명히 하고, 변화를 추구해야 한다. 혐오가 박탈한 표현의 자유를 되찾고, 삶의 모든 부분에서 존엄과 평등을 누릴 수 있어야 한다. 한편, 한국 사회는 성소수자에 대한 인식이 급변하고 있다. 많은 성소수자들이 자신을 있는 그대로 사랑하고 있는 그대로 살아가고자 한다. 20년 전과 오늘날 성소수자들은 삶의 모습도, 미래에 대한 전망과 기대도 달라졌다. 무지개농성은 이런 변화와 연대의 가능성을 보여준 시간이었고 우리는 앞으로도 저항의 경험을 축적해 나아갈

것이다. 인권헌장과 무지개농성 경험을 바탕으로 혐오를 관용해서
는 안된다는 원칙, 성소수자 인권은 보편적 인권이라는 원칙을 사
회의 다양한 영역에서 확립하기 위한 노력을 지속해야 한다.

제3장 집중 토론

인권의 실현에서 지방자치단체의 역할과 한계

이 준 일*

'서울시민인권헌장'(이하 인권헌장)의 제정은 2012년 9월에 제정된 〈서울특별시 인권기본조례〉에 근거하여 2014년 하반기에 추진되었다(동조례 제12조). 이를 위하여 '서울시민인권헌장 제정 시민위원회'(이하 시민위원회)가 구성되었는데 시민위원회는 150명의 시민위원과 40명의 전문위원으로 채워졌다. 하지만 시민의 참여와 주도로 완성된 인권헌장은 서울시(조례는 인권헌장의 제정 및 선포의 주체를 서울시장으로 규정함)가 수용하지 않음으로써 폐기되었다.

인권은 다양한 특성을 갖지만 '보편성'이야말로 인권을 특징짓는 가장 본질적인 특성이다. 다만 여기서 보편성은 인권의 '존재'에 대해서 보편적 합의가 가능하다는 뜻이지 인권의 '내용'에 대해서 보편적 합의가 가능하다는 뜻이 아니다. 어떠한 개별적 권리가 인권의 목록에 포함될 수 있는지, 인권목록에 포함된 개별적 권리의 범위가 어디까지인지에 대해서 꾸준한 논의가 필요한 이유가 여기에 있다. 이러한 맥락에서 인권헌장이 제정되는 과정에서 시민들(시민위원회에 참여한 시민은 물론 그 과정을 지켜본 시민들)은 인권의 목록에 어떠한 권리가 포함될 수 있는지, 그리고 그러한 권리들이 어떠한 의미내용을 가질 수 있는지에 대해서 숙의할 수 있는

---

* 고려대학교 법학전문대학원 교수

기회를 얻었다고 볼 수 있다.

인권을 관철하는 주체는 기본적으로 국가(중앙정부)이지만 지방자치단체(지방정부)도 인권을 관철하는 주체가 될 수 있다. 여기서 국가와 지방자치단체의 역할분담이 문제될 수 있다. 대한민국의 경우에는 연방제가 아니기 때문에 인권의 관철에서 원칙적 주체는 국가일 수밖에 없다. 비록 대한민국의 헌법이 지방자치제도를 규정하여 지방자치단체의 역할을 강조하고 있으나 현실에서 지방자치단체의 권한은 매우 협소하다. 실제로 헌법이 지방자치단체에 부여하고 있는 권한은 '주민의 복리에 관한 사무를 처리'하고 '주민의 재산을 관리'하는 것으로 한정되어 있다(헌법 제117조 제1항). 권한의 대상이 인간이나 국민이 아니라 '주민'인 것이다. 그것도 지방자치단체가 그러한 사무처리나 재산관리를 위해 제정하는 조례는 '법령의 범위 안에' 있어야하기 때문에 법령을 위반할 수도 없다. 애초에 인권의 관철을 포함하여 지방자치단체의 역할이 매우 제한적일 수밖에 없는 제도적 이유가 바로 이것이다.

이미 대한민국의 최고법인 헌법은 제2장에서 다양한 '기본적 인권'을 열거하고 있고, 심지어 헌법에 열거되지 않은 권리도 존중된다고 규정하고 있다(헌법 제37조 제1항). 무엇보다도 인권의 핵심인 인간존엄을 기본적 인권의 장 맨 머리에 두면서, 일반적 자유권으로 이해되는 행복추구권(헌법 제10조 제1문 후단)과 일반적 평등권(헌법 제11조 제1항)까지 명시적으로 규정하고 있다. 굳이 다른 국제인권규범을 열거하지 않더라도 이미 인간존엄과 자유 및 평등을 명시한 헌법으로부터 인간이 누려야 할 기본적 인권의 핵심은 모두 도출될 수 있다. 게다가 헌법 제12조부터 상세하게 열거된 개별적 기본권들의 목록은 굳이 다른 법규범을 통해 국민이 향유해야 할 기본적 인권의 목록을 규정하는 것이 특별한 의미를 갖지 않음을 확인해 준다. 다른 법규범을 통해서 보장되는 권리들은 헌법적 권리들을 구체화하는 좀 더 개별적인 권리이거나 각각의 법규범이 법체계 안에서 가지는 지위에 상응하는 정도의 중요성만을 가진 권리를 의미한다.

　법률이나 조례에 의한 인권의 선언은 인권의 존재를 재확인한다는 점에서 의미가 있다. 이러한 맥락에서 인권헌장 제정의 의의를 찾을 수 있다. 한편 법률이나 조례에 의한 인권의 세분화는 인권의 내용을 구체화할 수 있다는 점에서도 매우 유용하다. 하지만 법률이나 조례에 의해서 인권이 재확인되거나 구체화되는 과정에서 자칫 법률이나 조례에 열거된 권리가 자연법적 권리나 헌법적 권리와 동등한 지위를 획득하면 오히려 헌법상 보장된 기본적 인권이나 그 이전의 자연법적 인권의 지위를 떨어뜨릴 수 있는 위험이 있다. 인권의 또 다른 특성은 실정법적 권리보다 높은 지위(실정법에 대한 우월성)에서 그 권리의 정당성을 평가할 수 있다는 점인데 인권은 그 자체로 자연법적 정당성을 가지면서 대부분의 인권이 헌법에 수용되었음에도 불구하고 법률이나 조례에서 인권들의 목록이 또 다시 열거되면 헌법과 법률/조례가 동등한 지위를 가질 뿐만 아니라 인권과 실정법마저도 동등한 지위를 가짐으로써 규범 상호 간의 서열은 의미를 잃게 된다. 법률이나 조례에 의해서는 인권의 재확인이나 구체화만 이루어지고 인권의 창설이 이루어는 데 신중해져야 하는 이유가 여기에 있다. 따라서 시민헌장의 제정 과정에서 거기에 포함된 내용이 인권의 재확인이거나 구체화인지 아니면 인권의 창설이었는지를 숙고해 보아야 할 필요가 있다.

인권의 정치, 인권을 위한 정치

류 은 숙*

I. 시민위원 참여에 대하여

일련의 과정을 지켜보면서 서울시민 인권헌장 제정에 참여한 시민위원과 전문위원들의 노고를 많이 느꼈다. 자칫하면, 인권을 소수 정치인의 치적이나 행정의 장식물로 만들 수도 있었다. 어렵고 힘든 줄타기 과정 속에서 위기는 많았다. 시민위원들의 참여는 헌장의 정초에서 중요한 역할을 했을 뿐만 아니라 그런 '비틀거림'의 증인이 됐다. 전문위원으로 참여한 인권활동가들에게서도 비슷한 말을 들을 수 있었다. 그들은 서울시에 대한 미심쩍음과 실망으로 비틀거릴 때마다 시민위원들의 열정에 맘을 다잡을 수 있었다고 했다. 헌장 제정의 궤도 이탈을 되돌려야 할 앞으로의 과제에 시민위원들의 증인으로서의 역할을 기대한다. 여기서 증인이란, 서울시가 시민 참여를 독려했다는 알리바이의 증인이 아니라 헌장의 주인으로서 시민위원들이 추구했던 가치에 대한 증인이다. 또한 서로의 관계와 치열했던 토론을 기억해 줄 증인이며 서울시와의 관계와 사건을 복기할 증인이다.

참여란 말이 범람하고 있지만 이미 정해놓은 것에 들러리 서는

---

* 인권연구소 '창' 활동가

것 아니냐는 회의 또한 크다. 어떤 성격의 또는 어느 수준의 참여가 적정한지를 일률적으로 정할 수는 없다. 하지만 원칙에 얼마만큼 충실했는지, 구체적 맥락 속에서 그 원칙이 얼마나 지켜졌는지를 평가할 수는 있다. 이런 평가에 서울시가 헌장 제정 과정에서 보인 태도의 전반과 후반부의 격차, 시민위원들의 대응과 저항이 포함될 것이다.

그러면 무엇을 원칙으로 삼을 것이냐가 문제될 것인데, 유엔을 중심으로 개발된 '인권에 기반한 접근'을 참고할 수 있다. 참여는 '인권에 기반한 접근'의 핵심 요소 중 하나이다. 유엔의 '인권에 기반한 접근'의 일반원칙 중 참여와 관련된 내용을 요약하면 다음과 같다.

모든 사람과 모든 민족들은 그 속에서 인권과 기본적 자유가 실현될 수 있는 시민적·경제적·사회적·문화적 및 정치적 발전에 능동적이고 자유로우며 의미 있는 참여를 하고 기여할 권리를 갖는다.

참여는 프로그램의 관리 혹은 운영의 맥락이 아닌 인권적 맥락에서 수행돼야 한다. 기존의 참여는 흔히 프로그램의 이행을 활성화하고 효과를 증대하기 위한 수단으로써만 인식되거나 공식화된 범주에 국한되곤 했다. 반면에 인권에 기반한 접근은 참여를 수단인 동시에 목표로 상정한다. 권리접근에서 참여는 존엄성을 가진 존재로서 인간이 자신의 삶에 영향을 미치는 결정에 참여할 수 있는 자유와 권리를 의미한다. 따라서 참여는 적극적이고 자유롭고 의미 있어야 하며, 이런 과정 속에서 인간의 존엄성을 강화시키는 가장 중요한 수단인 동시에 추구해야 할 목표가 된다. 특히 배제되기 쉬운 소수자와 취약계층의 참여는 존엄성의 고취 뿐 아니라 차별과 배제 등을 양산하는 불평등한 권력구조를 바로잡고 이들의 저항권을 보장한다는 의미에서 더욱 강조될 필요가 있다.

인권적 맥락에서의 참여를 보장하기 위해서는 발전의 전 과정, 즉, 정책의 기획·결정·이행·평가 및 발전 이익의 향유에서 참여가 보장돼야 한다. 참여의 재구성은 중앙집중식 정책에서의 탈피를 요구한다. 탈중앙화된 의사결정과정에 기반할 때만이 의미있는 참여가 가능하기 때문이다. 참여의 방법 역시 공청회, 설명회 등 공식화된 범주를 뛰어넘어 다양한 형태로 보장돼야 한다. 가령 시위, 항의 방문 등 사람들이 자신들의 요구를 표현할 수 있는 다양한 모든 방법들을 보장할 필요가 있다. 또 의미있는 참여를 보장하기 위해서는 교육권과 정보 접근권 등을 보장해야 한다. 이러한 조건과 권리들이 제대로 보장되지 않는다면 참여가 형식적이고 전시적인 것으로 변질되기 쉽다. 결국 인권적 맥락에서의 참여란, 서로 다른 발전 주체들이 권력을 공유하고 협력하여 발전을 일궈내는 것이다.

Ⅱ. 헌장의 내용에 대하여

헌장의 내용에서 물음표가 떠오르는 부분은 대개가 기존의 인권 규범의 용례와 차이를 보이는 것들이다. 국제인권법 등에 친숙한 전문가들의 권리구조와 용어 등에 대한 접근과 시민위원들의 그것이 같을 수는 없을 것이다. 시민위원들은 구체적 삶의 현장에서 시급하고 절박하다는 문제들을 제기했고 그것을 자기들의 언어로 표현했다. 더 생생하고 공감되는 생활용어로 권리를 표현한 장점이 분명 있다. 그럼에도 다음 몇 가지에 대해서는 아쉬움을 갖게 됐다.

첫째, '사회적 약자'에 관한 장이 삭제된 점이 아쉽다.

삭제에 대한 설명은 "수많은 사회적 약자의 권리를 일일이 나열할 경우 선별 자체가 어렵고, 다른 장에서 충분히 그 내용을 녹여낼 수 있다는 의견이 다수를 점하게 되어 삭제된 것"이라 한다. 하지만 일반적인 국제인권기준들(원칙, 가이드라인 등)은 보편적 권리를 열거한 후, 구조적 요인으로 인해 권리에 취약할 수밖에 없는 개인들과 개인들의 집단을 특정하는 방식을 택하고 있다. 이미 국제적·지역적 차원에서 공인된 문서들의 숱한 예시가 있기에 선별의 어려움은 상쇄될 수 있다고 본다. 권리취약자가 처한 상황을 강조함으로써 보편적 권리들은 구체성을 갖출 수 있다. 사회적 약자 부분이 삭제됨으로써 헌장 전반이 일반론에 치우친 느낌을 준다.

둘째, 헌장에서 사용된 '안전' 개념의 소극성이다.

'재난 및 사고로부터 보호받을 권리', '보행의 안전', '폭력으로부터 안전' 등으로 구체적인 것은 좋다. 하지만 그로 인해 안전 개념이 소극적인 안전(safety)에 국한된 느낌을 준다. 영어의 안전(safety)이라는 단어는 공포와 결핍에 대한 집단적 대응 가능성을 외면하고 대체로 안보(security)개념에서 개인적인 신체적·물질적 안전만을 집어서 강조하는 경향이 있다. 반면 인간 안보(human security) 개념에서는 생존의 안전뿐만 아니라 기본적 인권, 좋은 거버넌스, 교육과 건강권 등을 포괄한다. 또한 인간 안보는 모든 사람의 상호의존성을 강조하며 사람들이 사회 속에서 어떻게 같이 살아가느냐와 관련된 예방적 조치에 관한 것이다.

이런 점을 고려할 때, 헌장에서 안전 사례의 구체적인 열거에 앞서 보다 폭넓게 안전을 사고한 인간 안보 개념을 전제했으면 좋았을 것이라는 아쉬움이 있다. 그렇게 했다면, 헌장 뒷부분에 나오는 건강권, 사회보장권 등과 연결된다는 느낌을 줄 수도 있었을 것이다.

셋째, '어르신·약자'란 용어 문제다.

노인이 아니라 존중받는 호칭으로 불리고 싶다는 요구가 많았다고 한다. 그만큼 한국 사회에서 노인의 인권이 열악하다는 현실의 반영일 것이다. 하지만 이런 호칭 자체가 관계의 불평등성을 오히려 부각시키는 것은 아닐까? 나이와 상관없이 평등한 시민으로서 상호존중해야 하는데, 나이를 위계로 한 사회적 의례를 강조하자는 방향이 얼마나 설득력이 있을지 의심스럽다. 또 이 단어로는 노인 자신이 자신을 지칭할 수가 없다. 노인의 인정투쟁과 권리투쟁이 자신을 지칭하는 말없이 가능할까? 부정적 어감을 줄이기 위해 쓴 취지를 이해하더라도, 이런 완곡어법 사용이 다른 말과 어울리지 않는다. 헌장에 같이 열거된 '아동, 여성, 장애인' 등은 누구나 지칭할 수 있는 용어이지만, '어르신'은 소위 아랫사람이 윗사람을 부를 때만 쓸 수 있는 용어다.

Ⅲ. 헌장의 파국과 시청점거 무지개농성

인권헌장을 둘러싼 말은 파국의 성격을 간명하게 보여준다. 그것은 '은', '도', '만'의 조사의 정치였다. 어떤 조사를 사용하느냐에 따라 인권에 대한 입장과 방향성이 드러났다. 즉, 1) 모든 사람'은' 인권을 갖는다, 2) 성소수자'도' 인권을 갖는다, 3) 보편적 인권을 부정하는 것은 아니지'만', 성소수자 인권은 시기상조다. 4) 이건 성소수자'만'의 문제가 아니다. 차별과 혐오는 우리 모두의 인권과 상관된 문제이므로 모두의 문제다.

이렇게 '인권의 정치'와 '인권을 위한 정치'가 맞붙었다. 나는 1)과 3)을 '인권의 정치'라 부르고, 2)와 4)를 '인권을 위한 정치'로 부른다.

'인권의 정치'는 지배의 정당성을 위한 수단으로 인권을 연출한다. 인권의 부재와 그로 인한 고통을 재생산하는 지배의 방식을 위장하기 위해 인권의 보편성을 이용한다. 반면 '인권을 위한 정치'는 그런 위장과 권리의 부재를 드러내기 위해 인권의 보편성에 의지하며, 위장된 안정이 아닌 긴장사태를 유발한다. 그런 긴장은 강요

된 침묵을 목소리로 드러내며, '그저 인간으로서의 권리'가 아닌 '구체적인 사회속의 존재로서의 권리'를 세우는 것을 정치의 과제로 제시한다.

무지개농성 과정에서 내가 일관되게 받은 느낌은 서울 시장이 이 사건을 지독히 '행정적'인 문제로 보고 있다는 것이었다. 좋은 의도를 가진 정책을 추진하려는데, 절차적으로 문제가 생겼고, 행정가로서 어느 한편의 얘기만 들어줄 수 없으니 의견을 취합하여 합의로 처리해야 한다는 것이다. 하지만 기본적 인권에 대한 침해는 합의나 다수결로 처리할 수 있는 사안이 아니다. 합의나 다수결로 어떤 개인이나 집단을 '인간 이하'로 보고 '인권에서 배제'하자고 할 수 있을까? 유엔에서는 주요인권조약에 대한 권고들에서 '인권은 여론으로 정할 문제가 아니다'란 입장을 숱하게 표명해왔다.

그런데 서울시는 보편적 인권에 대한 공격이라는 '정치적' 문제를 지독히 '행정적'으로 사고하면서, 정작 취해야 할 행정적 조치(혐오폭력으로부터의 보호조치)는 취하지 않거나 거부(서울시와 성북구청 둘 다에 해당, 추진되던 성소수자관련 사업의 거부와 중단)했다. 반면 시장 본인의 말과 행동은 지독히 정치적이었다. '동성애를 지지하지 않는다'는 발언 등 정치가로서 이후 행보(?)에 걸림돌이 될 것이기에 인권 문제를 껄끄러워한다는 정치적 메시지가 이어졌다.

반면 시청농성장에 모였던 사람들은 인권을 위한 정치, 연대의 정치를 보여줬다. 참여 당사자들이 놀라워할 정도로 저변이 넓은 연대였고, "나는 성소수자가 아니지만"이란 말이 사라진 진보된 연대였다. '나는 OO가 아니지만'이란 말로 자신의 안전한 위치를 확보해놓고 하는 연대가 아니라 '이건 우리 모두의 문제'라고 외친 연대였다. 농성의 성과를 꼽으라면, 서울 시장의 사과보다도 그런 연대를 경험할 수 있었던 충만감이라 답하겠다. 그런 경험이야말로 계속될 '인권을 위한 정치'의 초석일 것이다.

마지막으로, 농성이 마무리 될 즈음 성사된 서울시장 면담에서 내가 했던 말을 나누고자 한다.

"인권헌장 파행은 성소수자'만'의 문제가 아니다. 박 시장은 정치인으로서 민주적 공론의 장을 건강하게 유지할 책임이 있는 사람이다. 그런데 민주적 공론장에 혐오 표현과 폭력의 난입을 허용했다. '그들에게 그렇게 해도 된다', 즉, '민주적 공론장에 폭력으로 난입해도 된다'는 정치적 메시지를 준 게 가장 큰 잘못이다. 행정적 절차의 문제가 아니라 모든 시민이 주지하고 있는 정치적 문제로 인식할 것을 요구한다."

그리고 아울러 덧붙였다. "자꾸, '유감'이라는 표현을 하시는데 인권침해에 대해서는 '유감'이 아니라 '잘못했다'는 말을 해야 한다"고 했다. 이건 인권에 대한 책임을 진 모든 정치인에게 해당하는 말이다. 명백한 인권침해에 대해 유감이란 말로 책임을 회피하지 말라.

서울시민 인권헌장 제정에 대한 하나의 반성

은 우 근*

Ⅰ. 글을 시작하며

시민의 참여를 통한 서울시민 인권헌장(이하 인권헌장)의 제정은 우리나라 인권의 역사에서 초유의 일이었다. 비록 서울시장에 의한 인권헌장의 선포가 무산되었다 하더라도 그 제정을 위한 시도만으로도 한국 인권의 역사에서 아주 소중한 페이지를 기록한 것이다. 이 글에서는 먼저 인권헌장의 제정 과정에서 나타난 몇 가지 쟁점 특히 성소수자 문제와 관련하여 인권의 정치의 한계를 살펴보고자 한다. 다음으로 인권헌장의 내용 구성에서 자유권과 평화권을 보다 적극적으로 포함해야 한다는 점을 언급하겠다. 마지막으로 인권헌장의 제정 그리고 인권도시 운동에 대해 몇 가지 제안을 하겠다.

Ⅱ. 인권의 정치의 한계와 성소수자 이슈

최근 몇 년 사이에 우리는 한국의 자치단체에서 '인권의 정치'의

* 광주대학교 신문방송학과 교수

이중성을 목도했다. 그것은 이른바 5·18의 도시 광주에서 먼저 시작되었다. 2013년 8월 강운태 광주시장은 광복절 기념행사에서 광주시립소년·소녀 합창단장을 징계위원회에 회부했다. 공연 관람 당시 동석했던 광주보훈처장이 광주시립소년·소녀합창단이 남아메리카의 혁명가 체 게바라의 초상이 그려진 상의를 입고 나왔다고 지적했고, 이에 시장이 합창단장의 징계를 결정한 것이다.[1] 강시장은 광주시를 인권도시로 만들겠다는 선거 공약을 내걸었다. 이 공약에 따라 제정된 광주인권헌장 제1장 제1조 ①항은 "모든 시민은 사상, 양심, 종교의 자유가 있으며, 개인적으로나 집단적으로 의견을 표현할 자유가 있다. 특히 지연, 학연이나 언어, 연령, 성별, 학력, 정치적 견해 등의 차이에 제약받지 않고 자유롭게 자기 의사를 표현할 수 있는 권리가 있다[2]"고 명시하고 있다. 그런데 광주시장이 광주인권헌장 제1장 제1조에 명시된 인권을 가장 먼저 침해한 일이 일어난 것이다. 2014년에도 광주시가 표현의 자유를 침해한 사건이 있었다. 광주시는 "광주비엔날레 특별전 초청 화가 홍성담씨의 걸개그림 '세월오월'에 대해 사실상 전시 불허 입장을 통보했

---

1) 광주시민단체협의회는 성명에서 "당시 공연은 매우 감동적이어서 강운태 시장도 일어나 무대에서 어린 단원들과 춤까지 춘 것으로 안다"며 "그럼에도 바로 다음날 단장의 징계를 성급히 결정해 광주의 문화를 이끌어갈 어린 아이들에게 마음의 상처를 줬다"고 주장했다.
   http://news1.kr/articles/?1285282 (검색일 2015.02.22.)

2) 광주인권헌장의 관련 내용은 다음과 같다. "제1장 자유롭게 소통하고 참여하는 도시 제1조 사상 및 의사 표현의 자유와 소통의 기회 보장 ① 모든 시민은 사상, 양심, 종교의 자유가 있으며, 개인적으로나 집단적으로 의견을 표현할 자유가 있다. 특히 지연, 학연이나 언어, 연령, 성별, 학력, 정치적 견해 등의 차이에 제약받지 않고 자유롭게 자기 의사를 표현할 수 있는 권리가 있다. ② 시는 시민 개개인의 사상을 존중하고, 시민의 의사를 표현할 수 있는 집회 결사, 언론 출판, 소통의 자유를 존중하고 보장한다."

으면서도, 겉으론 표현의 자유를 존중한다고 밝히는 등 이중 플레이를 했던 것으로 드러났다." 사태가 이렇게 진행되는데 윤장현 광주시장은 당시 "시는 (문화단체를) 지원하되 간섭은 하지 말아야 한다는 차원에서 (걸개그림) 전시 여부는 광주비엔날레재단의 전문가들이 판단할 문제라며, 시가 홍씨 작품에 대해 전시 불가 방침을 정한 것을 부인하기도 했다."[3]

이런 일들이 있었지만 광주시 인권증진시민위원회나 인권옴부즈맨이 위의 두 사안에 대하여 광주시장이나 광주비엔날레 재단에 어떤 조치를 취했는지에 대해서 알려진 바가 없다. 그리고 우리 모두가 아는 바처럼 박원순 서울시장이 인권헌장 선포를 거부하는 일이 일어났다.

인권의 역사는 인권 발견의 역사라고 한 철학자가 말했다.[4] 인권의 역사는 인권의 주체가 누구이며 그들이 어떤 권리를 누려야 할 것인가라는 문제를 둘러싼 운동의 역사, 곧 누가 무슨 권리를 가져야 하는가에 대한 논쟁의 역사라는 것이다. 서울시에서 인권헌

---

3) '광주시 '세월오월 전시 불가' 공문 확인', '광주비엔날레 20주년 기념 특별 프로젝트 관련 조치 요청'이라는 공문서를 보면, 시는 2014년 8월7일 광주비엔날레재단에 행사 교부금 반환 등을 거론하며 사실상 홍씨의 걸개그림을 걸지 못하도록 압력을 행사했던 것으로 드러났다.
　　시는 이 공문서에서 "시는 광주정신의 시대적 예술적 가치 재조명을 위한 광주비엔날레 20주년 기념 특별전과 국제학술회의 사업비로 20억 원을 교부했다"며 "특별전 작품 중 걸개그림의 일부 내용이 시에 제출한 사업계획의 취지에 부합되지 않는다고 판단되므로 즉시 출연금 교부 목적에 맞게 추진하도록 조처하라"고 요청했다. 이어 "이 같은 요청 사항이 이행되지 않을 경우 이미 교부한 출연금의 일부 반환을 명할 수 있으니 착오 없길 바란다"고 덧붙였다. 시는 특별전 개막(8월8일)을 앞두고 홍씨가 8월6일 작품의 사전 검열 문제를 제기한 뒤 이 공문을 과장 전결로 보냈다. http://www.hani.co.kr/arti/society/area/660148.html (검색일 2015.02.21.)
4) 윌리엄 J 탤벗 지음, 은우근 옮김, "인권의 발견", 한길사, 2011, 12쪽, 25~26쪽 참조.

장 제정을 논의하고 그 선포가 무산되는 과정은 인권의 역사에 대한 이 간결한 정의에 아주 딱 들어맞는다.

인권은 인간이 인간다운 인간으로 살기 위해, 즉 인간의 본질을 구현하기 위해 필수적인 존재 방식 또는 존재 조건이다. 보편적 인권이란 모든 인간이 언제 어디에서나 인간답게 살기 위해서 누구에게나 **차별 없이** 마땅히 부여되어야 할 최소한의 존재 조건이다. 그러므로 자유권이 보편적 인권에 속한다는 것은 다음을 의미한다. 인간은 자유로운 방식으로 존재할 경우에 인간답게 살 수 있다는 것, 뒤집어 말하면 인간이 자유롭지 않은 방식으로 존재해서는 인간다운 인간이 될 수 없다는 것이다.

이정은은 서울시의 한계를 명확하게 지적했다. 서울시는 시민참여를 통해 인권헌장을 제정하고자 했지만, 참여의 "형식에만 급급했을 뿐 성숙된 시민들의 역량을 따라가지 못했고" "시민참여를 … 어떻게 인권행정에 활용할 것인지" 제시하지 못했다.[5] 서울시는 사실상 시민참여를 감당할 능력도 준비도 의지도 부족했다는 것이다. 이하나의 비판처럼 서울시의 태도는 결과적으로 성적 지향을 이유로 차별해도 된다는 부정적인 신호를 보낸 것이나 마찬가지다. 나아가서 "성소수자 차별금지를 명문화했다는 이유로 인권헌장을 폐기한 서울시의 행보는 그 자체로 성소수자들의 권리를 삭제하는 상징성을 지닌 것이며, 정치권이 성소수자 인권을 보호할 의지가 없다는 것을 공공연하게 선포한 격"[6]이었다. 서울시의 선례는 타 시도에서의 인권헌장 제정과 인권도시 추진에 부정적 영향을 미칠 것이다.

보편적 인권의 가장 기초적 원칙은 모든 인간이 **차별 없이** 동등한 권리를 가져야 한다는 것이다. 그러므로 보편적 인권을 승인하

---

5) 이 책 이정은의 글 참조.
6) 이 책 이하나의 글 참조.

는 것은 인간이라면 그가 누구든지 차별 없이 그 권리를 누릴 자격
이 있음을 인정하는 것이다. 아무런 합당한 근거 없이 성소수자가
(결함이 있는 존재고 보편적인 인간의 범주에 속하지 않기 때문에)
모든 인간에게 보장된 보편적인 권리를 누릴 수 없다고 공공연하
게 주장하는 것은 차별을 옹호하는 것이다. 이것은 반인권적이면서
동시에 불법이다. 차별 금지는 가장 중요한 인권 원리에 속하는 것
인데, 심각한 편견을 가진 일부가 반인권적 차별을 관철시키기 위
해 인권헌장에 제정에 참여했다. 이것은 **본질상 참여가 아니라 헌
장 제정을 조직적으로 방해하는 행위**였고, 결국 **시민의 선의의 참
여를 불가능하고 무의미하게 만들었다.** 법적으로는 조직적인 업무
방해죄에 해당될 수 있다. 차별적, 반인권적 혐오 표현은 표현의 자
유에 의해 보호 받을 수 없고 일정한 제재가 필요하다. 하지만 서
울시는 반인권적 언행과 태도에 대한 합법적 제재를 포기했다. 결
국 성소수자 혐오세력의 무차별적이고 조직적인 공격과 미온적인
서울시의 대응으로 인권헌장 선포는 무산되었다. 서울시는 성소수
자에 대한 반인권적인 혐오 행동, 즉 인권침해 행동을 용인했고, 시
민위원을 보호할 최소한의 책임을 방기한 것이다. 서울시는 인권헌
장을 제정하고 선포할 준비가 부족했다는 지적을 면하기 어렵다.

　인권헌장 제정 과정에서 우리는 반인권적 차별의식을 가진 집단
과 사람이 상당한 세력을 형성하고 있고, 그들이 불법적으로 차별
을 주장하고 혐오감을 표현하더라도 서울시장 마저도 인권 약자의
권리를 옹호하는 데 무력하다는 것을 확인했다. 이른바 인권변호사
출신의 서울시장이 차별적, 반인권적 의식을 가진 세력의 위협 때
문에 국제인권규약과 동일한 기준을 가진 인권헌장을 선포하지 않
았다는 것은 크게 실망스러운 일이었다. 이하나는 서울시가 인권헌
장 선포를 무산시킨 것은 "보편적 인권의 원칙이 현실의 표 계산과
힘의 논리에 의해 밀려난 뼈아픈 사건"이라고 규정한다.[7] 서울시장

의 인권헌장 선포 거부는 정치적인 이유 이외의 다른 이유를 찾기 어렵다. 서울시는 정치적 계산 때문에 인권헌장 제정 과정에서 혐오 발언과 폭력에 대해 단호한 태도를 취할 수가 없었다는 것이다.

Ⅲ. 서울시민 인권헌장의 내용 구성

시민헌장에서 자치단체와 국가에 대한 자유권과 평화권의 보장을 위한 요구를 보다 적극적으로 포함할 필요가 있다. 필자가 몇 년 전 광주인권헌장 논의에 참여할 당시 자유권과 평화권 등 지자체 수준에서 이행할 권한이 없는 내용은 가급적 배제하는 것이 마땅하다고 주장했던 적이 있지만, 지금은 생각이 달라졌다. 지자체와 지자체의 주민이 **국가에 대해** 적극적으로 보장을 요구할 필수적인 인권목록을 인권헌장 안에 담는 것이 바람직하다고 본다. 인권은 **보편적인 형식**을 가져야 하지만 한국의 도시에서 제정하는 인권헌장에서 언급할 **권리 목록의 내용은 구체성**을 띠어야 한다. 그 구체성은 개별 도시들의 다양한 상황, 즉 한국의 인권주체가 처한 상황에서 제기되는 구체적이면서 동시에 보편적인 권리 목록을 포함하는 가운데 실현되어야 한다.

호주 빅토리아 주 같은 예외가 있지만, 인권헌장을 채택한 세계의 대다수 도시들이 자유권 보다 주로 사회권, 즉 시 행정청에 대해 이행책임을 요구할 수 있는 내용을 담고 있는 것이 사실이다. 그런데 연방제 국가체제인 서구 여러 나라의 경우 지자체가 매우 강한 독립성을 유지하면서 민주주의의 전통이 확고하게 뿌리내리고 있다. 서구 사회에서 인종간 또는 이민자와 원주민간의 갈등과

---

7) 이 책 이하나의 글 참조.

같은 문제가 새롭게 대두하고 있으므로 그런 구체적 상황에서 제기되는 권리 요구를 인권헌장에 포함하는 것이 필요할 것이다. 그러나 역사적 경험과 사회·정치적 상황이 서구와 매우 다른 한국이나 일본의 지자체에서 만들어지는 인권헌장은 인권주체의 다른 기본적 요구를 반영하는 것이 타당하다. 만약 일본에서 히로시마나 오키나와 시민들이 인권헌장을 제정할 경우, 국가에 대해 평화권의 보장을 요구하는 것은 바람직스러운 일이 아닐까? 따라서 한국의 도시에서 채택하는 인권헌장은 한국적인 역사적, 정치적 배경에 따라 만들어져야 한다.

인권헌장에서는 자유권 가운데 개인정보권과 참여권을 포함하고 있다. 홍성수는 인권헌장 내용 구성에 대해서 "처음에 참고용으로 제시되었던 권리 목록에도 자유권에 해당하는 내용은 자세하게 담기지 않았고, 시민위원회 논의과정에서도 자유권에 대한 내용은 거의 추가되지 않았다"고 한다. 그 이유는 다음과 같다. "처음부터 이 헌장은 **서울시에 대하여** 서울시민이 권리를 주장하고 이행책임을 부과하는 것을 지향했고, 그러다보니 지자체 수준에서 할 수 없는 내용은 굳이 포함시키지 않은 것이다. 실제로, 지자체 판 헌법에 가까운 내용을 담은 〈호주 빅토리아 주의 2006 인권과 책임의 헌장〉을 제외하고, 몬트리올, 광주, 서울 성북구 등의 인권헌장은 자유권, 특히 신체의 자유에 관련한 내용은 담겨 있지 않다." 이어 "자유권에 해당하는 개인정보권은 서울시가 많은 개인정보를 취급하고 있기 때문에, 사상·의사표현의 자유는 집회·시위에 관련해서 서울시가 일부 관여하고 있는 부분이 있기 때문에 포함시킨 것"이라고 한다. 또한 자유권의 중요한 요소인 "참여권은 인권헌장의 기본적인 이념을 담고 있는 기본적이고도 중요한 내용이기 때문에, 일반원칙(제2조)에 담고, 다시 제6조, 제7조에서 구체화"했다고 언급한다.[8]

　　자유권은 자기결정권과 참여권이 핵심을 이룬다. 자유는 시민이 자신과 관련된 문제에 대해 참여해서 결정할 자유를 의미한다. 자유권의 실현을 위해서는 알 권리, 자유롭게 의견을 표명할 권리를 모두 행사해야 할 것이다. 그러므로 인권헌장 제2장에서 참여권을 비중 있게 다룬 것은 높이 평가할 일이다.

　　그런데 한국의 도시에서 사상·의사표현의 자유를 보다 적극적으로 강조해야 할 것으로 보인다. 이 문제를 지자체에 의한 자유권 침해 사례를 통해 더 살펴보자. 2015 광주비엔날레에서 '세월오월'에 대한 광주시의 전시 거부, 2015 부산국제영화제에서 '다이빙 벨'에 대한 부산시의 상영 거부 등은 **지자체가 국가 권력을 의식하여 자유권을 침해한 사례**이다. '세월오월'이 풍자한 대상이 국가 권력의 상징인 대통령이 아니었다면 광주시가 전시를 불허하지는 않았을 것이고, '다이빙 벨'이 국가 권력이 애써 책임을 회피하고 있는 엄청난 비극을 다룬 영화가 아니었다면 부산시가 상영을 거부하지는 않았을 것이다.

　　이 두 사례는 모두 지방자치단체가 국가 권력에 대한 국민의 표현의 자유를 침해한 경우에 해당한다. 국가 뿐 아니라 국가의 압도적 권력을 의식한 지방정부에 의해서도 자유권이 부당하게 제한될 수 있음을 보여주었다. 하지만 지방자치단체가 국민의 표현의 자유를 침해할 권한은 없다. 김형완이 적절하게 지적하듯이, 우리나라의 경우 중앙집중적인 권력구조 또는 중앙의 권력 지형에 대한 지자체(또는 지방)의 의존성 때문에 인권의 실질적 발전이 벽에 부딪혀 있다.[9] 즉 국가 권력이 지방자치단체의 권한을 압도하는 상황이다.

---

8) 이 책 홍성수의 글 참조.

9) 김형완, "서울시 인권보장제도의 평가와 과제", 인권도시 서울 2년 과제와 전망, 서울시 인권위원회 2주년토론회 자료집 36~37쪽 참조, 서울특별시인권위원회 주최, 2014.11.07.

다음으로 인권헌장에 평화권을 포함하는 것에 대해 간단히 언급하겠다. 서울은 군사적 요새도시이다. 서울은 지리적으로 휴전선과 매우 가까울 뿐 아니라, 서울 외곽에 수많은 치명적인 군사 무기들이 배치되어 있다. 서울에 있는 1천여 개의 지하도와 지하철은 유사시에 방공호로 변신할 요새이다. 하지만 서울에 아무리 방공호가 많아도 휴전선과의 거리가 23~45km에 불과해 북한이 핵폭탄을 사용할 경우 2차 대전 당시 히로시마와 나가사키와 비교되지 않을 정도로 참혹한 상황을 맞을 것이다. 평화가 위협 받을 때 인권이 보장될 수 없다. 전쟁이 일어날 경우 시민들의 생명은 물론 인권도 크게 침해를 받을 것이기 때문이다.

국가는 지자체 또는 지자체 주민에 속한 평화와 안전에 관한 집단적 권리를 침해하거나 또는 그에 관한 의견, 표현 등을 부당하게 억압하거나 제재할 수 있다. 하지만 서울시민들은 평화와 안전에 관한 일정한 의견을 제시할 집단적 권리가 있고 서울시장은 그 권리의 보장을 위해 노력할 책무가 있다. 따라서 시민들이 서울시와 국가를 상대로 평화롭게 살 권리를 요구하고 그것을 선언하는 것은 매우 당연한 것이 아닐까? 집단적 권리의 주체로서 서울시민은 시민의 권리 보장을 실현할 책무를 지닌 서울시와 국가에 대해 평화권의 보장을 요구할 수 있고 그것을 서울시민 인권헌장 제3장 '안전과 평화에 관한 권리'에 담아야 한다고 여긴다.

한국의 인권도시는 한국적 상황 속에서 인권의 증진을 위한 지방 차원의 모든 노력을 설계해야 한다. 이것은 곧 87년 체제로 성립되었지만 형해화되고 있는 한국 민주주의의 한계를 극복하려는 시도가 될 것이다. 이 점에서 인권의 지역화로서 인권도시는 국가 차원에서 민주주의의 진전과 심화를 담보하거나, 적어도 인권과 민주주의의 퇴행을 저지할 수 있는 보루이자 진지이다. 르페브르가 말하는 1871년의 파리코뮌에서 실현된 도시권[10]과 1980년 5월민중항쟁에서 일시적으로 성취했던 도시 공동체의 관점[11]에서 본다면, 인권도시는 인권의 모든 영역과 민주주의의 총체적 실현의 관점에서 기획·설계, 평가되어야 한다. 인권도시는 추상적, 형식적 수준에서 머무르고 있는 인권과 민주주의의 구체화를 위한 전략이 되어야 한다. 지자체에서 만드는 인권헌장의 내용도 인권의 모든 영역을 보다 적극적으로 포함해야 한다.

Ⅳ. 인권헌장 제정의 과정과 인권 원칙

한국 도시에서 지자체 인권헌장의 제정하는 방법은 두 가지가 있다. 전문위원들이 기초하거나 전문위원과 시민위원들이 합작하는 것이다. 김형완에 의하면, 서울시 인권업무 실무선에서는 애초 전자의 방법을 검토했다고 보인다. 물론 후자가 이상적이다. 이유는 인권헌장 제정의 과정에 다양한 시민들이 참여함으로써 인권학습과 교육의 기회가 되는 것은 물론 시민들은 이런 참여를 통해 인권헌장을 자신들의 작품으로 만들 것이기 때문이다. 인권헌장 제정과정에 다양한 시민의 참여를 보장한 것은 찬사를 받을만하다. 제정 과정에서 시민위원과 전문위원의 합작은 시민대표성과 전문성의 결합이라는 점에서 매우 이상적이었다. 하지만 여기에는 위험성

---

10) 르페브르의 도시권(the right to the city, 도시에 대한 권리)에 대해서는 강현수, 도시에 대한 권리-도시의 주인은 누구인가, 책세상, 2010. 21~40쪽 참고.

11) 필자는 5월민중항쟁에서 파리코뮌과 매우 유사하게 일시적으로나마 도시권의 이상이 실현되었다고 간주한다. 도시권과 관련한 언급은 없지만 5월민중항쟁에 대한 필자의 견해는 다음의 졸고를 참고할 것. "부끄러움 또는 질문하는 역사의식: 5월민중항쟁과 광주·전남 가톨릭교회", 신학사상, 제179호, 191~240쪽, 광주가톨릭대학교 출판부, 2012년 겨울.

이 내재되어 있다. 그것은 홍성수와 이하나가 지적하듯이 인권헌장의 제정에서 시민들의 인권에 대한 이해 정도의 차이가 커서 합의가 어렵다는 점이다.[12]

서울시는 9개 분야 인권단체 간담회에 인권헌장 선포 자체를 반대하거나 심지어 반인권적인 주장을 펼치는 성소수자 혐오 단체를 포함시켰다. 하지만 반인권적 **차별이 당연하다고 확신하는 사람이 차별을 배제해야 하는 인권헌장을 논의**하는 것은 부조리하다. 반인권적 고정관념과 편견, 차별의식을 가진 시민이 일정한 인권 의식을 가진 시민과 인권헌장 내용에 대해 만장일치의 합의를 이루는 것은 애초 불가능하고, 따라서 합의에 도달할 것이라는 기대가 잘못된 것이다. 결국 불가능한 합의를 통해 인권헌장을 제정하겠다는 서울시의 태도는 제정을 포기한 것으로 비판받을 수밖에 없다.

인권헌장 제정에 참여한 대다수 시민위원들이 인권헌장에 담고자 했던 것은 **특정한 성적 지향을 갖는 사람들을 우대하는 것이 아니라** 성적 지향과 무관하게, **모든 인간의 인간다운 삶을 차별 없이** 보장할 권리였을 뿐이다. 성적 소수자 차별세력은 동성애를 옹호하는 것과 성적 소수자에 대한 차별 금지를 구분하지 못하는 것으로 보인다. 인권헌장 제정 과정에서 처음에 참여한 시민들의 인권에 대한 이해 수준이 서로 다르다는 것이 상당한 문제가 될 것으로 예상했지만, 이것은 열린 마음으로 인권을 학습하고 이해하려는 자세를 가진 시민위원들의 경우에 논의와 학습 과정에서 상당부분 해결되었다고 보인다. 문제의 원인은 인권에 대한 이해와 인식의 수준이 아니었다. 그러므로 인권에 대해 열린 자세로 논의하고 학습하려는 진지한 태도를 가진 사람과 그런 태도를 애초부터 결여하고 있을 뿐 아니라 헌장 제정을 방해하려는 의도를 숨긴 사람이 함

---

12) 이 책 홍성수의 글, 이하나의 글 참조.

께 인권헌장을 논의하는 부조리한 상황을 만들지 말아야 한다.

이런 문제점들을 고려한다면, 인권헌장 제정에 참여할 시민위원에게 최소한의 기준이 필요하다. 시민위원들이 인권헌장의 내용은 물론 **제정 과정에서도 인권의 원칙을 존중하고 준수**해야 한다는 것을 충분히 납득해야 한다. 시민위원회는 적어도 반인권적인 차별의식을 갖지 않은 사람들로 구성해야 한다. 시민이 인권헌장에 담을 여러 내용에 대해 다양하고 자유롭게 의사표시를 하더라도, 국제인권규약 기준을 인정하는 시민위원들이 인권헌장에 대한 실제적 의결에 참여하도록 해야 할 것이다. 인권에 대한 이해를 위해 기꺼이 노력할 진지하고 열린 태도를 가진 시민위원들의 참여는 논의의 효율성 뿐 아니라 논의 결과의 질적 수준을 위해서도 매우 중요하다.

한편 인권에 대한 열린 태도를 가진 시민위원들을 누가 어떻게 선정할 것인가 라는 문제가 남아 있다.[13] 시민참여를 전면적으로 보장하되, 반드시 일정한 기준과 원칙을 제시해야 한다. 예컨대 시민위원이 되기 위해 일정한 학습과정에 참여하여 문경란이 언급한 팬더(PANTHER)원칙과 패널(PANEL)원칙[14]을 이해하고 동의하는 것을 전제하는 방법이 있을 수 있다. 그 원칙에 대한 동의 여부에 대해 시민들이 교차 심사하여, 최종적으로 시민위원을 확정하는 것을 고려할 수 있을 것이다.

덧붙여 단순 다수결이나 만장일치의 합의가 인권의 가치 또는 인권의 진리를 궁극적으로 보증하지 못한다는 점을 지적하고자 한다. 다수의 동의나 만장일치의 합의는 진리의 기준이라기보다는 결정의 효율성에 관계한다. 따라서 다수결이나 만장일치 합의는 정치

---

13) 시민위원 예비 후보를 먼저 선정하여 일정한 학습을 거친 후, 시민위원 예비 후보들 가운데 시민위원을 결정하는 방법도 고려할 수 있겠다.

14) 이 두 원칙에 대해서는 이 책 문경란의 글 각주 5) 참조.

적으로 이용하기에, 정치적 승패를 가르기에는 좋은 기준이다. 그
러나 이 기준으로 도덕적 진리와 선을 궁극적으로 결정할 수 없다.
역사에서 다수를 선동하거나 또는 집단적 이기주의를 관철하기 위
해 전체의 권위를 가지고 소수를 억압하는 폭력을 정당화했던 사
례를 얼마든지 찾아낼 수 있다. 인권의 가치와 인권의 진리는 다수
결이나 만장일치의 합의 이전에 타자의 인간성, 즉 인간의 존엄성
에 대한 승인과 인간 자신에 대한 진지한 반성적 성찰을 통해 발견
되는 것을 인정해야 한다.

V. 글을 마치며

　서울시민 인권헌장 제정 과정에서의 겪었던 어려움은 인권도시
가 단순히 자치단체장의 정치적 사업이 아니라, 현실적으로 많은
어려움과 커다란 갈등을 극복해 나가야 하는 운동임을 확인하는
과정이었다. 인권헌장의 선포가 무산된 것을 계기로 한국 사회에서
인권과 정치의 불안한 동거는 거의 끝나가고 있다고 보인다.
　서울과 광주의 사례들은 지난 몇 년간 자치단체장의 정치적 결
정에 의해 **위로부터** 추진되었던 한국의 인권도시 사업에서 잠재되
었던 인권의 정치의 한계를 드러냈다. 동시에 한국의 인권 또는 인
권도시 운동의 전선이 어떤 쟁점을 둘러싸고 어느 지점에 형성되
어 있는가를 확인시키는 기회를 제공했다.
　인권헌장의 제정에서 얻은 여러 값진 교훈들을 공유하고, 인권
헌장 제정을 위해 참여하고 소통하는 과정에서 형성된 유대와 공
감을 유지하고 발전시킬 방도를 찾아야 한다. 인권도시 운동에 참
여하고 있는 국내외 다양한 단체들 및 국제 인권도시들과 공조와
연대, 동맹을 강화해야 할 것이다. 인권교육의 대중적 확산과 심화

와 함께 현재까지 확보된 지역에서의 인권레짐 구축 결과를 적극 활용하여, **아래로부터의 동력을 확보하기 위해** 인권도시 운동의 새로운 전략을 수립해야 할 것이다. 인권헌장의 제정에서 자치단체의 장을 포함한 주요 책임자와 실무자도 인권원칙과 기준을 제대로 이해하고 학습하는 것이 필수적이다. 요컨대 지자체는 인권헌장을 제정하는 과정에서 만날 수 있는 어려움을 극복할 확고한 의지와 전략을 가져야 할 것이다.

숙의민주주의로서의 서울시민 인권헌장 제정

박 홍 순*

I. 새로운 숙의민주주의 방식의 시도

필자가 서울시민 인권헌장 제정과정에 시민위원회 전문위원으로 초대된 것은 아마도 마을만들기와 같은 풀뿌리시민운동의 경험 속에 담긴 어떤 '전문성'이 도움이 되기를 바랐기 때문일 것이다. 그 '전문성'은 인권에 대한 전문적 학식도 아니며 인권운동과정에서 이룬 명성도 아닌 평범한 시민들의 자발적 참여를 통해 이루어지는 마을만들기의 경험이 만들어낸 그 어떤 '전문성'이었을 것이다. 필자는 그것을 사업의 결과보다는 주민참여과정 그 자체를 중시하며 다양성의 존중 속에 합의를 만들어가는 지난한 마을의제형성의 경험을 적용해보는 것이라고 이해하였다.

인권기본조례나 인권선언, 인권관련 법률이 있음에도 불구하고 서울시가 헌장제정 시민위원회를 조직해 서울'시민' 인권헌장(이하 인권헌장)을 만들려고 했던 의의를 찾는다면 인권헌장에 새롭게 담을 내용도 내용이지만 오히려 헌장제정의 주체와 과정이 보다 중요한 것이 아니었을까 생각해본다.

---

* 서울시민 인권헌장 제정 시민위원회 전문위원, 마을만들기 전국네트워크 운영위원장

서울시의 서울시민 인권헌장제정 시민위원회(이하 시민위원회)는 기존의 방식대로 그냥 의례적으로 구성된 것이 아니었다. 기존의 대의민주주의 방식대로 시민대표를 선출하거나 전문가를 위촉하는 방식도 아니었고, 그렇다고 민주화운동과정에서 익숙해졌던 이해관계집단 내지 의견집단을 조직하고 그들의 대표성을 반영한 위원회의 구성도 아니었다. 인권헌장 제정 준비위원회는 그야말로 일반시민들로부터 시민위원 신청을 받아 여론조사할 때 많이 쓰는 비례할당추출법을 응용하여 추첨식으로 시민위원회를 구성하였다. 이러한 방식은 21세기 타운홀미팅과 같이 미국의 공공의사결정과정에서 새로운 시민참여방식을 선도하고 있는 비영리조직인 아메리카 스피크스(America Speaks)가 시도하여 호평을 받은 방식으로 대의민주주의나 직접민주주의의 한계를 넘어서는 숙의민주주의(deliberative democracy)의 방법으로 확산되고 있는 방식이다.

시민위원회는 운영기간이나 방식도 달랐다. 한국에서도 21세기 타운홀미팅과 같은 시민참여방식은 2010년을 전후하여 몇몇 지자체에서 도입되어 시도되었고 박원순 시장의 서울시정에서는 보다 일상적으로 여러 분야에 걸쳐 유사한 방식이 시도되어 왔다. 하지만 이제까지의 타운홀미팅은 대부분 단타성의 이벤트에 그치는 경우가 많았다. 그리고 비교적 단순한 사안의 우선순위 결정이나 의견수렴이 목적이었다. 하지만 이번 인권헌장 제정처럼 4개월이 넘은 긴 시간, 준비기간까지 포함하면 거의 1년이 넘는 긴 시간에 걸쳐 시장으로부터 위임받은 권한을 갖고 기본정신과 정책과 실천방안까지를 체계적으로 담는 '시민헌장'을 제정하는 일은 이제까지 전례가 없었던 일이었다.

회의 운영방식에서도 철저하게 상향식(bottom-up)방식이었고 전문위원들은 전문적 정보자료의 제공이나 퍼실리테이터 역할을 통해 시민주체의 숙의과정이 진행되도록 도왔다. 참여 시민들은 모두가 동등하게 골고루 의견을 개진할 수 있도록 배려받았으며 서로의 의견을 경청하고 조율해가면서 합의의 수준을 높여나갔다.

숙의 민주주의에서는 단지 투표나 여론조사처럼 일회적인 선호도의 확인이나 '찬, 반'을 묻는 방식이 아니라, 충분한 정보를 제공하고 상호토론의 과정을 거쳐야 진정한 시민의 의사가 형성될 수 있다고 본다. 물론 숙의의 방식은 입법부의 의사결정이나 사법부의 판결과정에서도 적용될 수 있다. 하지만 이것은 전문가들에 의한 엘리트 숙의방식이다.

간접적인 권한위임에 의한 대의민주제 방식은 의사결정과정에서 주권자들의 소외를 낳게 되고 결정의 정당성에 의문을 갖게 만든다. 반면 대중적인 숙의 민주주의 방식은 직접민주제적 장점이 결합되면서도 일시적 여론이나 왜곡된 정보의 영향을 최소화하고 숙의성을 확보할 수 있게 만든다. 그동안 시민배심원제, 참여예산제, 공론조사, 타운홀미팅 등 여러 시도가 있었지만, 이번처럼 상당한 기간에 걸쳐서 종합적 내용을 일관되게 진행한 경우는 흔치 않다.

대중적 숙의 민주주의의 과정에 참여하는 시민들은 사적 개인에 머무는 것이 아니라 '공공의 의지'를 구성해가는 주체로 성장하게 되고 그만큼 시민사회는 풍부하게 성숙해 간다. 공청회장이나 토론장에서 익숙하게 봐왔던 일방적 주장과 상대방에 대한 공격이 아니라 토론모임이 거듭되면서 옆자리에서 함께 토론하는 동료들과 얼굴을 붉히지 않고 자신의 입장을 설득해나가는 방법을 익히게 된다. 익명성의 가면 뒤로 숨을 수 없게 하는 면대면 민주주의의 학습장으로 되는 것이다.

Ⅱ. 숙의민주주의를 위협하는 밖으로부터의 위기

이러한 과정은 매우 번거롭고 공이 많이 든다. 결과와 효율성을 중시하는 기존의 행정방식으로는 쉽지 않은 일이었다. 하지만 그동안 축적되어온 시민사회의 역량과 서울시의 전문적인 행정지원이 결합하면서 이 쉽지 않은 일이 현실로 구현되고 있었다. 서울시 관계공무원들의 지원은 매우 헌신적이었다. 그들은 정말 진심을 다해 이 어려운 회의의 사무국 역할을 완벽하게 수행했다. 그렇게 열심이던 행정의 태도가 소극적으로 변하면서 약간씩 삐걱거리기 시작한 것은 4차 회의 경 부터였던 것으로 기억된다.

동성애 반대세력들이 인권헌장의 제정을 막기 위해 행동을 적극적으로 하기 시작한 시점이다. 당시 인터넷게시판, 권역별 토론회, 공청회와 같은 직접참여의 외양을 띤 형식적 행사들이 개최되었는데 이 같은 방식들은 숙의민주주의 정신을 살린 인권헌장제정 시민위원회의 본 프로세스와는 무관하게 진행된 관성적인 시민참여의 절차들이었고 이 틈을 소수의 조직된 세력들이 선동의 장으로 활용하게 되면서 전체의 판을 흔드는 지경에까지 이르게 된 것이다.

이것이 인권헌장제정의 무산을 초래한 밖으로부터 첫 번째 위기였다면 밖으로부터의 두 번째 위기는 어이없게도 박원순 서울시정부 그자체로부터 나왔다. 날로 거세져가는 동성애 반대세력들의 조직적 움직임은 점차 박 시장에 대한 정치적 공격으로 옮겨갔고 서울시는 속수무책 별다른 대응의 정치력을 발휘하지도 못한 채 결국 밖으로 향해야 할 스피커를 안으로 돌려 시민위원회에게 "합의가 아니면 헌장은 없다"라고 하며 책임전가를 하는 어처구니없는 행보를 보여줬다. 시민의 힘으로 만들고 시정부가 적극적인 실천을 담보하는 거버넌스의 '동반자'로 초대받았던 시민위원들은 어느날 갑자기 사회적 갈등의 한쪽 당사자로 전락하면서 용도폐기되었다.

첫 번째 위기를 가져온 세력들이 공격한 포인트 중 하나는 시민위원회의 대표성을 인정할 수 없다는 것이었다. 사회의 한쪽 진영에 속한 몇몇 인권운동가들이 전문성이라는 포장을 쓰고 시민위원회를 좌지우지하고 있고 오히려 인터넷, 집회시위, 공청회와 같은 시민의 직접참여방법을 통해 적극적으로 발언하고 있는 자신들의 목소리가 시민들을 대표할 수 있다는 논리였다.

하지만 이들의 주장은 전혀 사실과 부합하지도 않았을 뿐아니라 마치 시계를 20~30년 전으로 돌려 권위주의적 독재체제 하에서의 직접참여 민주주의를 주장하던 모습을 전혀 조건이 다른 오늘날 재현하는 듯한 착각에 빠지게 한다. 사실 그들의 모습은 개방된 직접참여의 공간을 독점하며 과잉대표성을 시위하는 비민주적 행태에 다름 아닌 것이다.

사실 지금 우리는 일반민주주의에서 한발 더 나아가 공정한 추첨의 방식이 선출된 대의제적 위임보다도 오히려 더 민의를 잘 대표할 수 있으며 여기에 숙의의 과정이 잘 조직될 수 있다면 사회적 신뢰와 정당성을 보다 적극적으로 확보할 수 있다는 점을 생각해 보아야 한다. 절차의 정당성은 단순히 정형화된 어떤 형식의 준수를 의미하는 것이 아니라 그 과정에서의 주체들 상호간의 인정, 신뢰의 형성을 본질내용으로 하고 있다.

두 번째 위기를 가져온 서울시가 내세우고 있는 '합의'가 의미하는 이면의 본질은 무엇일까? 진정 합의가 가능하다고 믿었고 그를 위한 현실적 노력을 기울일 준비가 되어있었을까? 아니면 정치적 반대파로부터의 공격의 예봉을 피하고 책임을 모면하기 위한 핑계가 필요한 것이었을까? 과정을 함께 하지도 않으려하고 책임도 지지 않으면서 과실만을 가져가려 한다면 사람들의 신뢰를 얻기는 어려울 것이다.

숙의민주주의의 원리에 의해 운영된 시민위원회는 야당과 여당을 나누어 대리전 양상의 세 대결을 펼치는 통상적인 의회의 모습과는 달랐다. 때문에 이해관계를 달리하는 세력 간의 주고받는 협상에 의한 합의를 끌어내는 방식으로 문제를 풀 수 있는 것이 아니었다. 내 편, 네 편으로 나누고 진영논리를 통해 세상을 재단하고 행동하는 낡은 정치의 영향으로부터 벗어나지 못한다면 새로운 거버넌스의 실현은 먼 훗날의 과제로 달아나고 말 것이다.

Ⅲ. 새로운 민주주의의 가능성을 여는 풀뿌리로부터의 노력

미완의 숙의민주주의 실험, 그렇게 아쉬워하고만 있거나 남 탓만 하고 있을 일은 아니다. 보다 성숙한 민주주의를 숙성시켜 나가려는 노력들은 인권헌장 제정과정에서뿐만 아니라 오늘도 여기저기서 많은 사람들에 의해 끊임없이 시도되어지고 있다. 특히 평범한 시민들의 생활현장에 근거한 풀뿌리로부터의 건강한 움직임들은 사이좋은 이웃관계의 형성, 공동체성의 체득으로 잇닿아 있기에 새로운 민주주의의 가능성을 열어가는 의미가 더욱 크다. 풀뿌리로부터의 이러한 노력들은 대부분 마을만들기라는 활동 속에서 움터가고 있다.

사실 마을만들기의 핵심은 시민참여의 과정에 있다. 마을만들기는 놀이터, 소공원, 골목길 등 생활환경 주변의 공용공간이나 공공시설의 설치나 유지관리와 관련하여 기존의 발상을 전환한 데서 시작되었다. 단순히 하드웨어적인, 시설의 디자인에 그치지 않고 그 과정에 이해관계를 갖고 있는 마을의 제 집단을 참여시키는, 즉 사람들 사이의 관계를 디자인하는 데 그 본질이 있다.

공용공간에 대한 관심에서 비롯된 마을만들기는 점차 마을사람들 삶의 제반 영역에 대한 관심으로 확대되었다. 보다 쾌적한 생활환경의 조성, 안전한 먹거리(생협 등), 함께 크는 아이들(공동육아, 작은 도서관 등), 함께 만드는 일자리(커뮤니티 비즈니스), 함께 나누는 소식(마을미디어), 함께 즐기는 문화(마을축제 등)에 이르기까지 삶터에서 관계만들기를 통해 사람을 세워나간다는 기본 성격이 적용된다면 그 소재에 제한이 없이 전개되고 있다.

여기서 중요한 것은 결과보다는 과정의 중시이다. 이는 곧 다양성에 대한 존중과 이해관계의 조정과 갈등중재, 합리적 의사결정과 실행과정에서의 책임분담과 같은 성숙된 민주주의의 시민적 덕성을 사회적으로 확산시켜나가는 것이고, 행정과 주민들이 공공의 문제해결에 함께 나서고 시민주도와 민간협력 방식으로 풀어나가는 새로운 거버넌스의 실천경험을 축적해가는 것이다.

최근에 들어 마을만들기운동은 지역사회에 더 튼튼히 뿌리내리고 지속가능한 생태계를 형성할 수 있는 방향으로 발전하려 시도하고 있다. 사회적 경제와의 융복합을 얘기하는 것도 그러한 흐름의 표현이다. 사회적 경제를 구성하는 요소들을 설명할 때 일반 시장경제를 구성하는 요소인 자본, 부채, 자산 외에 공동체의 공유자산과 신뢰자본이라고도 불리는 사회적 자본을 필수 구성요소로 덧붙이게 되는데 바로 이 공유자산과 사회적 자본 같은 요소가 기존의 경제영역을 품으면서도 그와는 질적으로 다른 새로운 경제를 창조할 수 있는 결정적 요소로 되는 것이다. 정치적 측면에서도 이번 인권헌장 제정과정에서 보여주었던 숙의민주주의 방식들이 대표성, 다수결, 절차적 합리성과 같은 기존의 민주주의 구성요소들을 포함하면서도 새로운 민주주의의 가능성을 보여주고 있다는 점에서 지역공동체에서의 사회적 경제와의 융복합을 지향하는 것과 닮아있다고 볼 수 있다.

　마을만들기에서는 하드웨어적 접근방식, 소프트웨어적 접근방식을 넘어서 휴먼웨어적 접근방식이야말로 마을만들기의 본질에 접근할 수 있다고 얘기한다. 정치도 경제도 따지고 보면 다 사람들이 하는 일이고 결국 그것을 운영하는 행위주체의 역량이 성숙되지 못하면 아무리 좋은 시스템도 자원도 다 무용지물이 되고 만다. 그래서 마을만들기에서는 사람만들기가 알파요 오메가라고 하기도 한다. 이제 우리 사회가 한 단계 더 나아가기 위해서는 사람들이 놀고 일하는 문화가 그만큼 성숙하게 성장해가는 것이 필요하며 그러한 희망의 가능성을 오늘날 풀뿌리에서 확인하게 된다.

　비록 결실을 다 보지는 못했지만 시민위원회의 모습은 '보통사람들의 위대함'을 보여주었고 만인주체 신뢰사회의 가능성을 열어가는 여정의 시작이었다. 지금은 모든 사람이 주인인 시대이다, 풀뿌리운동은 특정한 엘리트들이 벌이는 운동이 아니라 평범한 보통사람들, 일반 시민들이 주체가 돼서 벌이는 운동이다. 풀뿌리가 갖는 생명력과 복원력은 매우 질기고 쉽게 멈추지 않는다. 숙의민주주의 과정과 거버넌스 정신을 연습하고 확산하려는 풀뿌리의 노력은 그것이 우리 사회에 차고 넘쳐 바람처럼 물처럼 자연스러운 것이 될 때까지 끊임없이 계속될 것이다.

제4장 서울시민 인권헌장

제정 관련 자료

〈자료 목록〉

■ 서울시민 인권헌장

〈전문〉

서울은 대한민국의 수도이며 다양한 배경을 가진 수많은 사람들의 삶의 터전이자 21세기의 중요한 세계도시이다. 이러한 거대 공동체의 조화, 상생, 안전, 복리를 위하여 모든 이가 합의할 수 있는 가치기준을 마련해야 할 필요가 크다. 그것을 위해 대한민국 헌법의 기본권 원칙, 세계인권선언 및 국제인권규범에 제시된 보편적 인간 존엄성의 원칙을 적극적으로 받아들일 때가 되었다.

600년 이상의 문화 전통이 깃든 서울에 살고 있는 우리는 이 도시의 역사성과 상징성에 대한 자부심과 함께, 그것을 새로운 시대에 걸맞은 방향으로 변화, 발전시킬 권리와 의무를 동시에 자각한다.

서울은 20세기를 거치면서 수많은 어려움과 고통을 이겨내고 오늘날 자랑스러운 번영과 발전을 이룩하였다. 그러나 외적 성장과 함께 많은 사회문제가 발생하여 사람들에게 고통을 안겨 주었음을 인정하지 않을 수 없다. 우리는 이러한 도전을 극복하고 내적 성숙과 사람이 사람답게 살 수 있는 가치를 추구하는 도시상을 새롭게 정립해야 하겠다.

서울은 우리에게 단순히 주어진 공간이 아니다. 서울은 우리가 함께 나날이 만들어 가는 생활공간이다. 서울의 모든 구성원은 이 도시의 공동 창조자이자 예술가라는 자부심을 가져야 한다. 그러므로 우리는 공공성과 공동선에 기반하여 모든 거주민이 차별 없이 인간적 존엄을 보장받으며 지속가능한 발전을 지향하는 것이 인권도시 서울의 기본방향이 되어야 한다고 믿는다.

서울에 사는 모든 사람은 이웃과 함께 더불어 살아가는 삶의 자세, 공동체의 주인 의식, 그리고 스스로의 권리뿐만 아니라 타인들 특히 약자의 권리를 존중하는 정신을 재확인하고 다짐한다. 또한 서울시의 공직자는 시민의 정당한 권리를 섬기고 충족시킬 의무가 있음을 재확인하고 다짐한다. 이 같은 약속을 위해 우리는 시민들의 참여로 함께 만든 서울시민 인권헌장을 다음과 같이 선포한다.

제1장 일반원칙

제1조 서울은 시민이 함께 만들어가는 공동체이며, 시민은 서울의 주인이다.

제2조 서울시민은 서울시정에 참여할 권리와 공공서비스를 차별 없이 향유할 권리를 갖고 서울시는 이를 보장할 책무를 진다.

제3조 서울에 살거나 머무는 모든 사람은 존엄한 시민으로서 권리를 갖는다.

제4조 서울시민은 성별, 종교, 장애, 나이, 사회적 신분, 출신 지역, 출신 국가, 출신 민족, 용모 등 신체조건, 혼인 여부, 임신·출산, 가족형태·상황, 인종, 피부색, 양심과 사상, 정치적 의견, 형의 효력이 실효된 전과, 성적지향 및 성별정체성, 학력, 병력 등 헌법과 법률이 금지하는 차별을 받지 않을 권리가 있다.

제5조 서울시민은 타인의 권리를 존중하며, 모든 이들이 더불어 함께 살아가는 관용의 도시 서울을 만들기 위해 노력한다.

제2장 시민이 참여하고 소통하며 함께 만들어 가는 서울

〈자유로운 참여 함께하는 소통〉
제6조 서울시민은 누구나 서울시 행정 및 공공사안에 참여할 권리
　　　가 있고, 서울시는 이를 보장하기 위한 제도를 마련한다.

제7조 서울시민은 서울시 공공정보에 대해 알권리가 있다. 서울시
　　　는 누구나 쉽고 평등하게 서울시 공공정보에 접근할 수 있도록
　　　하며, 서울시민들 간의 정보격차 해소방안을 마련한다.

제8조 서울시민은 사상·의사표현의 자유를 갖는다. 서울시는 시민
　　　의 의사표현과 평화로운 집회·결사의 자유를 보장하기 위한 제
　　　도를 마련한다.

제9조 서울시는 서울시민의 주민자치활동 및 자원봉사활동을 적극
　　　장려하여 지역공동체를 활성화한다.

〈개인정보에 관한 권리와 의무〉
제10조 서울시민은 사생활을 보장받을 권리가 있다.

제11조 서울시민은 자기의 사적정보 처리에 관하여 자기결정권을
　　　갖는다. 서울시는 공무수행 중 취득한 개인정보를 보호한다.

제3장 안전한 서울, 건강한 서울, 살기 좋은 서울

〈안전에 대한 권리〉
제12조 서울시민은 재난 및 사고로부터 보호받을 권리가 있다. 서

울시는 재난과 사고를 예방하고, 발생 시 시민의 안전을 우선적으로 확보하며, 피해자 및 가족에 대한 심리적·물질적 안정을 위한 보호와 지원 등을 한다.

제13조 서울시민은 안전에 관한 정보를 충분히 제공받고 재난 및 안전관리 시책 수립 및 추진과정에 참여할 권리가 있으며, 서울시는 이를 보장한다.

제14조 서울시민은 보행과 교통에서 안전할 권리가 있으며, 서울시는 보행자의 안전을 우선한다. 서울시는 교통약자가 안전하게 이동할 수 있도록 사람중심의 교통체계를 구축한다.

제15조 서울시민은 신체적, 정신적, 사회적 폭력으로부터 안전하게 보호받을 권리가 있으며, 서울시는 가정, 학교, 일터, 다수인 보호시설, 지역사회 등에서 폭력을 예방하고 근절하는 제도와 환경을 조성한다. 서울시는 여성, 아동, 어르신·약자, 장애인, 성소수자, 이주민 등 폭력에 노출되기 쉬운 환경에 처한 시민을 특별히 고려한다. 서울시는 피해자와 피해·가해 가족에 대한 지원을 한다.

〈건강에 대한 권리〉
제16조 ① 서울시민은 신체적·정신적·사회적으로 건강할 권리가 있다. 서울시는 생애주기별 건강상 특성을 고려하여 시민 개개인이 건강한 삶을 영위할 수 있도록 제도와 환경을 조성한다.
② 서울시민은 질병이나 병력으로 인해 정당한 이유없이 학교나 직장 등 사회에서 불이익을 받지 않을 권리가 있다.

제17조 ① 서울시민은 자신의 건강보호와 증진을 위하여 적절한 진료와 치료를 받을 권리가 있다. 서울시는 신속한 응급의료를 포함하여 양질의 보건의료체계와 의료 환경을 조성·관리한다.
② 서울시민은 보건의료 과정에서 충분히 알고 선택할 권리가 있으며, 서울시는 보건의료기관에서 이러한 권리가 보장되도록 필요한 조치를 취한다.

제18조 서울시민은 임신, 출산, 양육과 관련하여 건강을 영위할 권리가 있으며, 서울시는 이와 관련하여 여성과 가족 및 영·유아의 건강 증진을 위한 정책을 강구한다.

제19조 ① 서울시는 주요 정신건강 위험 요인을 파악하고, 자살 등 정신관련 질환과 사고를 예방하는 정책을 마련한다.
② 서울시는 감염병의 발생과 확산을 방지하고 감염병 환자에 대하여 신속하고 적절한 보건의료를 제공 한다.

제20조 서울시민은 안전하게 먹을 권리가 있다. 서울시는 먹거리의 안전을 보장하고 올바른 먹거리 정보 제공과 시스템을 구축하는 등 시민의 영양 및 건강을 증진한다.

〈적절한 주거에 대한 권리〉
제21조 서울시민은 건강하고 안전한 주거와 생활환경을 누릴 권리가 있다. 서울시는 인간다운 주거생활에 적합한 주거환경 조성을 위해 노력한다.

제22조 ① 서울시는 주거권을 존중하는 도시정책을 수립하고, 적절한 대책 없는 강제퇴거를 금지한다.

② 서울시는 주거생활의 안정을 보장하는 주택정책을 마련하고 시행한다.

제23조 ① 서울시는 주거빈곤층 및 무주택 저소득층, 탈시설 주거 약자의 주거권 실현을 위해 장단기 계획을 마련한다.
② 서울시는 강제퇴거, 재난, 임대료연체, 폭력피해 등의 사유로 노숙 또는 홈리스 상태에 처하는 이들의 주거권 보장을 위해 노력한다.

〈사회보장에 대한 권리〉
제24조 서울시민은 인간다운 생활을 유지하는 데 필요한 사회보장을 누릴 권리가 있다. 서울시는 중앙정부와 공동으로 실업·질병·장애·빈곤 등의 상황에서 건강과 소득 보장을 위한 사회보장제도를 확충하고 시민들이 쉽게 이용할 수 있도록 지원한다. 서울시는 사회적으로 취약한 상황에 놓인 시민들의 참여와 자립에 필요한 제도와 여건을 조성한다.

제25조 서울시민은 물, 전기, 가스, 통신, 교통 등 필수적인 도시서비스를 누릴 권리가 있으며, 서울시는 이를 보장한다.

제26조 서울시는 임신·출산·양육과 어린이·장애인·어르신에 대한 돌봄과 지원 등 사회가 함께 하는 육아·돌봄 환경을 조성한다.

제4장 쾌적한 환경과 문화를 누리는 서울

〈문화에 관한 권리〉
제27조 서울시민은 서울시의 자연환경 및 역사적인 유산을 비롯하

여 문화, 예술, 스포츠 등 다양한 문화생활을 향유할 권리를 갖는
다. 서울시는 시민의 문화 활동이 충족될 수 있도록 지원한다.

제28조 서울시민은 공원, 도서관, 휴식시설, 문화시설, 스포츠시설
등 공공시설에 쉽게 접근하여 자유롭게 이용할 권리를 가진다.
서울시는 공공문화시설에 대한 시민들의 지리적·물리적·경제적
접근성을 높일 수 있도록 지원한다.

제29조 서울시민은 자연유산, 문화유산을 보전하고 가꾸며 이 과정
에 참여할 권리를 갖는다. 서울시는 시민의 의견을 최대한 반영
하여 자연문화유산의 보전계획을 수립한다.

제30조 서울시민은 다양한 문화, 예술, 스포츠 활동에 자유롭게 참
여하여 표현하고 창작할 권리를 가진다. 서울시는 시민 및 문
화·예술·스포츠 활동가들의 권리가 보장될 수 있도록 지원하며
특히, 문화소외계층을 지속적으로 지원한다.

〈쾌적한 환경에 살 권리〉
제31조 서울시민은 보다 쾌적한 환경에서 살 권리가 있다. 서울시
는 적절한 녹지와 공원을 조성하여 시민들이 쾌적한 자연환경
을 누릴 수 있도록 노력한다.

제32조 서울시민은 깨끗한 물과 공기를 마시며, 유해로운 물질과
소음에 의한 불편으로부터 보호받을 권리를 가진다. 서울시는
이를 위해 삶과 생활의 질을 향상시키기 위한 생활환경정책을
지속적으로 펼친다.

제33조 서울시민은 쾌적하고 안전하게 통행할 수 있는 보행권과 대
    중교통 이용권을 갖는다. 서울시는 걷고 싶은 거리를 만들기 위
    해 노력한다.

〈지속가능한 발전에 관한 권리〉
제34조 서울시민은 다양한 개인과 공동체의 문화적 특성을 공유하
    고 존중하며 누릴 권리가 있다. 서울시는 다양한 문화가 평화롭
    게 공존하며 발전, 실현될 수 있는 조건을 만든다.

제35조 서울시민은 지속가능한 도시 서울에 대한 권리를 가지며 서
    울시와 함께 문화유산, 자연유산, 환경유산을 보전하여 후속세
    대가 향유할 수 있도록 노력한다.

제5장 더 나은 미래를 꿈꾸는 서울

〈교육〉
제36조 서울시민은 평등한 교육의 기회를 가진다. 서울시는 시민이
    차별 받지 않고 신체적, 문화적 다양성과 경제적, 사회적 환경에
    따라 교육받을 권리가 실현될 수 있도록 지원한다.

제37조 서울시민은 자신의 발전과 행복을 위해 평생교육을 받을 기
    회를 갖는다. 서울시는 직업 및 교양, 시민참여 등의 평생교육
    활동체계를 마련하고 서울시민의 자유로운 참여와 자발적인 학
    습을 보장한다.

제38조 서울시민은 교육과정에서 정치 및 종교적 강요를 받지 아니
    하며, 독립적이고 자유로운 교육을 받을 권리를 가진다.

〈일과 노동〉

제39조 서울시민은 좋은 일자리를 가질 권리가 있으며 고용형태, 직종 등에 따른 차별을 받지 아니한다. 서울시는 이에 관한 교육과 정보를 제공하고 국제노동기준에 따라 일할 권리와 적정 복지 등을 보장한다. 서울시는 특히 노동취약계층의 일자리 확대를 위해 노력한다.

제40조 서울시는 가사노동과 돌봄노동의 사회적 가치가 정당하게 실현되도록 노력한다.

제41조 ① 서울시민은 적절한 휴식과 여가생활을 누릴 권리가 있고 서울시는 이의 실현을 위한 경제적, 사회적, 문화적 환경을 조성해야 한다.
② 서울시민은 행복한 삶을 누릴 권리가 있고 서울시는 이의 실현을 위해 기본적 생활 보장을 위한 생활임금 등과 같은 적극적 조치를 강구한다.

제6장 헌장을 실천하는 서울

〈헌장의 이행 주체와 책임〉

제42조 이 헌장에 제시된 권리는 「대한민국 헌법」 및 법률에서 보장하거나 대한민국이 가입·비준한 국제인권조약 및 국제관습법에 근거하여 실천되어야 한다.

제43조 서울시민은 이 헌장에 제시된 권리가 일상의 삶 속에서 실현되고 내면화될 수 있도록 스스로 지키고 실천할 책임이 있다.

제44조 서울시는 헌장에 명시된 권리가 행정의 전 영역에 걸쳐 완전히 실현될 수 있도록 적극적으로 노력할 책무가 있다.

〈헌장이행의 방법〉
제45조 시는 헌장의 이행을 위해 필요한 규범과 기구 등 제도를 마련하고, 인권실태조사를 통하여 종합적인 인권정책을 수립하고 시행한다.

제46조 서울시민은 스스로 인권을 지키고, 인권친화적 삶을 지속하기 위해 노력하며, 인권교육을 받을 권리를 가진다. 시는 헌장의 권리를 적극 알리고, 인권 친화적인 문화 확산을 위한 다양한 방식으로 인권 교육 및 홍보를 시행한다.

제47조 시는 행정의 집행과정 등에서 시민이 인권침해를 당한 경우 피해회복을 위한 구제절차를 마련하며, 구체적인 방법과 절차는 조례와 규칙에 정한다.

제48조 시는 헌장에 제시된 권리의 이행여부를 정기적으로 점검·평가하고 이를 공표하며, 이 과정에 시민의 참여를 적극적으로 보장한다.

제49조 시는 국내외 인권기구, 도시, 시민사회단체 등과 네트워크를 구축하여 인권신장 교류협력을 추진한다.

〈헌장의 개정〉
제50조 헌장은 헌장개정 시민위원회 구성 등 시민의 다양한 참여를 보장할 수 있는 민주적 절차와 시민의 합의를 거쳐 개정할 수 있다.

■ 인권헌장 권리구성체계 제 1·2·3안

□ 인권헌장 권리구성체계 1안

장별 분류	세부 권리	권리의 보장내용
전문	역사적 연원과 인권의 원칙, 헌장의 제정취지, 차별금지와 평등원칙, 시민의 지향점과 약속, 민주적 제정과정과 선포	
자유롭게 소통하고 참여하는 서울	사상 및 의사 표현의 자유와 소통의 기회 보장	·이념, 종교 사상의 자유 ·집회 및 결사의 자유 ·표현(언론, 출판, 사이버, 집회)의 자유 ·광장과 거리 개방
	참여와 정보 공유를 통한 시민 자치 실현	·정보소통광장 개설, 결재문서 전면 공개, 정보공개 청구 없이도 사전적·적극적 정보공개, 자치구·투자·출연기관 행정정보 공개 전면 확산, 정보공개 실태 모니터링, 정보공개 정책 시민만족도 조사 -시정 관련 정보를 투명하게 공개하더라도 언론과 인터넷에 관한 검열을 강화할 경우 참여와 정보 공유를 통한 시민 자치 실현은 요원하다.
	사생활 및 개인정보 보호	① 수집제한의 원칙 ② 정보의 질 원칙 ③ 목적 명기의 원칙 ④ 사용 제한의 원칙 ⑤ 보안 장치의 원칙 ⑥ 개방의 원칙 ⑦ 개인 참여의 원칙 ⑧ 책임의 원칙 http://browse.oecdbookshop.org/oecd/pdfs/free/9789264196391-sum-ko.pdf (참고 자료)

장별 분류	세부 권리	권리의 보장내용
	인권 문화와 민주시민 의식 함양	·인권교육 확대에 대한 내용 (공직자 대상, 고용주 및 근로자 대상, 교육기관 내 교육 등) ·인권의식 실태 조사 ·인권영화제와 같은 시민 참여형 행사의 개최
공정하고 행복한 삶을 실현하는 서울	노동을 통한 자기실현과 노동자의 권리 보장	·연공서열 및 능력 이외의 다른 조건에 의하지 않고, 모든 사람이 직장에서 적절한 상위직으로 승진할 수 있는 동등한 기회 (경제적, 사회적 및 문화적 권리에 관한 국제규약) ·시의 비정규직 사용 제한 ·실직자 재취업 교육의 현실화 ·청소년 고용시의 차별 금지 ·노동권 교육
	적절한 주거와 쾌적한 생활환경 보장	·사회적 약자의 의견을 충분히 반영한 도시개발 정책의 수립 ·대책 없는 강제 수용과 강제 퇴거 금지 ·도시 공공시설에 대한 차별 없는 접근 ·주거취약계층의 주거권 보장 위한 정책
	시민 모두에게 장벽 없는 편리한 서울	·저상버스 확대, 장애인 콜택시 증차 등을 통한 이동편의 시설 확충 ·시각장애인 및 안내견의 차별 없는 이동권 실현을 위한 교육 및 시설 구축 ·장애인, 노약자 및 임산부를 위한 환승거리 최소화 사업 시행
	쾌적한 환경과 여가시설을 공유할 권리	·옥상 및 벽면 녹화 사업 등을 통한 도심 내 녹지 확충 ·공원 및 체육시설의 제공 및 시설 내 치안 강화를 통한 여가 생활 증진
	교육의 다양성 추구 및 자유롭고 창의적인 학습권 실현	·다양한 직업 체험의 기회를 제공함으로써 청소년들의 진로 결정을 돕고, 입시 위주의 교육이 아닌 직업을 통한 자아실현의 장을 마련 ·공공 도서관의 확충을 통한 지식의 보편적 보급 확대 ·강제로 시행되는 야간 자율 학습 등을 제한함으로써 자율적 면학 분위기를 고양

장별 분류	세부 권리	권리의 보장내용
건강하고 안전한 서울	질병의 공포로부터 벗어난 건강한 생활 보장	·공중보건서비스의 적극적 홍보를 통한 보건소 등의 공중보건시설의 이용 증진, 1차 의료기관으로서의 역할 강화 및 의료사각지대의 해소 ·전염성 질환에 관한 교육을 통해 질병에 대한 합리적 인식 제고 및 무고한 피해자 발생 방지 ·공공의료서비스의 야간·휴일 클리닉 제공 ·호스피스 병상 운영 ·외국인 근로자 등 소외계층 의료서비스 지원 ·중증재가환자 및 가족 지원 ·희귀난치성 질환자 의료비 지원 ·암 조기검진 지원 ·필수 예방접종 및 감염병 예방관리 ·24시간 응급의료 상담 등의 응급의료 서비스 체계 구축 ·자살예방 시스템 구축 ·정신보건시설 및 회복귀시설 확충 ·치매 조기 검진 및 예방 등록 관리 ·치매 환자 및 가족에 대한 지원 강화 ·어린이 식생활 안전강화 관리
	학대와 폭력, 방임이 없는 가정, 학교, 직장 실현	·인권 단체와의 협업을 통한 주기적 감시 및 적극적 구제 ·청소년 전담 상담 업무를 통한 학교 내 폭력 방지 ·피해자 치료 및 재활 프로그램 운영
	시설, 교통 등에서의 안전준수 의무	
	범죄, 교통사고, 재해, 화재, 유해 식품·약품으로부터 안전	·노후한 지하철 등의 대중교통시설의 현대화를 통한 사고 방지 ·학교 앞 교통 법규 적용 강화를 통한 안전 확보 ·대형 건축물 허가 및 안전 관리 실태의 주기적 감사를 통한 사고의 사전 방지 ·관내 검찰, 경찰, 소방서 등과 공동으로 범

장별 분류	세부 권리	권리의 보장내용
건강하고 안전한 서울		죄, 교통사고, 재난 재해, 화재 등의 방지를 위한 적절한 조치를 취하여 시민의 안전을 보장
사회적 약자가 소외되지 않는 서울	인간다운 삶을 누릴 수 있는 최저 생활 보장	·중앙 정부와 공동으로 사회 보장 제도를 확립하고 매년 필요한 충분한 재원을 확보하며, 시민이 쉽게 이용할 수 있는 체계를 마련
	성 평등 및 여성의 권리 보장	·아동보육시설 및 유치원의 적극적 설립을 통한 여성의 안정적 사회 활동을 보조 ·공공기관에서의 성차에 따른 취업상의 불이익을 적극적으로 구제 ·산전후 휴가 및 육아 휴직의 이용에 관한 주기적 실태조사 실시 및 권리의 적극적 보장
	아동, 청소년, 노인이 적절한 돌봄을 받을 권리 보장	·아동, 청소년의 자기 결정권 존중 ·초중고교 친환경 무상급식 실시 ·초등학생 방과 후 서비스 확대 ·어린이·청소년 인권 조례 제정 및 시행 ·아동학대 예방센터 설치 ·아동인권 교육 ·여성·아동 안전지역연대 활성화 ·아르바이트 청소년 노동권 보호 ·학교 밖 청소년 인권보호 및 증진 ·노인 특별 보호, 주택정책 수립시 노인을 위한 금융 및 서비스 보장 ·어르신에 맞춤형 일자리 제공 ·노인장기요양보험 본인부담금 지원
	차별 없이 함께 살아갈 수 있는 장애인 권리 보장	·장애인 차별에 대한 적극적 시정 조치 ·장애인의 지역 사회에서의 자립을 위한 지원 촉진 및 취업 활동 장려 ·장애 아동 가정에 대한 적극적 돌봄 서비스 제공 및 2차적 빈곤화 방지 ·장애인과 비장애인이 공동으로 사용할 수 있는 공공 서비스 센터의 건립 및 장애에 관한 교육을 통하여 올바른 인식 함양 촉진 ·정신 지체에 관한 전문 지식을 갖춘 특수 교사의 확보 및 일반 교육 시설에의 확대 배치

장별 분류	세부 권리	권리의 보장내용
사회적 약자가 소외되지 않는 서울		를 통한 장애 아동의 학업 증진 및 사회 적응 능력 촉진
	이주민, 난민의 권리 보장	·이주민 및 난민의 취업 활동 보조를 통한 안정된 삶의 유지에 도움. ·이주민 쉼터 운영 보조 ·이주민의 의료 건강권 확대 ·통·번역 지원시스템 구축 ·외국인 교육 지원 인프라 확대 ·내·외국인 소통 및 문화 교류 프로그램 강화 ·외국인 소외계층 생활 정착 지원 강화
문화를 향유하고 존중하는 서울	문화, 자연 유산 등 보호, 발전과의 조화	·문화재 보존을 통한 역사성 확인 ·전통문화유산 활용 및 관광 자원화 ·한양 도성 정비, 북한산성 보수·보존, 풍납토성 복원 ·문화유산 종합보전대책 추진
	민간 문화 활동 장려	·소외계층 문화활동 지원 (문화 바우처 증정 등 지원) ·시민 문화예술 활동 지원 (문화예술인, 단체, 동아리 등 지원)
	다양한 문화와 정체성 존중, 특정 문화 강요 금지 등	·성적 지향에 의해 차별받지 않을 권리 ·문화적 다양성 존중
	국내외 인권 증진에 노력하고 기여하는 서울	·국제 인권 네트워크 구축 ·시민사회와의 인권정책 협의회 구성·운영 ·지방자치단체 인권도시협의회 구성·운영
헌장의 이행	헌장의 실천 주체와 범위	
	정책과 제도를 통한 이행	·공무원 인권 교육 강화 ·인권 자료실 ·인권 법률 상담 서비스 제공 ·인권실태조사 실시 ·헌장 이행보고서 정기적 발간
	헌장의 개정	

□ 인권헌장 권리구성체계 제 2안

장별 분류	세부 권리
전문	- 한강의 기적 대한민국의 눈부신 성장, 수도서울은 세계 도시로 발돋움 - 서울은 대한민국의 빛과 그늘 투영 - 성장중심으로 인한 인간 존엄성의 경시와 홀대, 시민은 객체로 전락 - 시민 없는 국가, 다양한 특성이 사라진 무개성의 도시공간//국가란 무엇이고, 주인은 누구인가라는 근본적인 자성과 회의 - 인권에 대한 경시는 곧 민주주의이 후퇴, 재난과 부패로 나타나 - 이제 사람중심인 서울, 시민이 행복한 서울, 미래 세대에게도 희망이 되는 지속가능한 서울을 실현해야 - 서울시인권헌장의 제정은 시민이 주인이고, 시민의 삶과 생명, 안전이 우선하는 사람중심의 서울을 만들기 위한 사회계약의 선포 - 세계를 품는 글로벌 선진도시, 인권도시 서울을 실현
사람이 중심인 서울, 기본적 안전을 위한 시민의 권리	- 안전에 관한 권리(소비자, 범죄, 폭력, 산재, 재난, 이동권, 교통, 식품, 신체, 사생활보호) - 건강에 관한 권리(영양, 식량, 보건, 위생, 의료, 출산 및 모성보호) - 주거에 관한 권리(주거기준, 전기, 가스 및 식수공급 등 에너지와 상하수도, 주거환경, 균형개발, 강제퇴거금지) - 공공서비스에 관한 권리
사람이 행복한 서울, 더 나은 미래를 꿈꾸는 시민의 권리	- 교육에 관한 권리(교육기회, 접근성, 다양성, 인권과 평화, 민주시민양성) - 사회보장에 관한 권리 - 일과 여가에 관한 권리(노동, 일자리) - 공공 및 개인정보에 관한 권리(행정 및 공공정보 공유, 접근권, 인터넷평등) - 지속가능한 발전에 관한 권리(온실가스, 생물다양성, 미세먼지, 숲, 자원의 공유, 환경) - 참여에 관한 권리(도시운영 참여, 사회적 경제, 소통, 주민자치, 민관협력 가버넌스)
따뜻한 도시공동체	- 개인의 권리(종교, 표현의 자유, 연대와 집회, 정치적 권리, 이동의 자유, 재산권, 법의 지배)

장별 분류	세부 권리
서울, 누구나 존엄하고 평등한 시민의 권리	- 관용과 사회통합에 관한 권리(여성, 이주민, 소수자, 사회안전망, 문화적 다양성) - 사회적 약자의 권리(노인, 아동, 장애, 비정규, 경제적 취약계층) - 도시유산과 전통보호에 관한 권리(문화, 자연유산)
헌장의 이행을 위한 약속	- 세계인권선언 및 국제인권규약, 헌법에 기반 - 존중, 관용, 연대의 핵심가치 - 권리주체와 책무주체 명시 - 이행방법 및 주류화(제도 포함) - 적용범위 - 기 타

□ 서울시민 인권헌장 구성체계 제 3안

장별 분류	세부 권리
전 문	과거에 대한 성찰과 미래에 대한 열망 제시, 서울시는 시민이 함께 만들어 가는 작품
자유롭게 소통하고 참여하는 서울	1. 사상 및 의사 표현의 자유와 소통의 기회 보장 2. 참여와 정보 공유를 통한 시민 자치 실현 ▶ 공공 및 개인정보에 대한 권리, 연대와 집회, 정치적 권리 ▶ 도시운영 참여, 사회적 경제, 소통, 주민자치, 민관협력 가버넌스 ▶ 행정 및 공공정보 공유, 접근권, 인터넷평등 3. 사생활 및 개인정보 보호 4. 민주 시민 의식 함양
기본적 복지와 안전을 실현하는 서울	1. 안전에 관한 권리 ▶ 소비자, 범죄, 폭력, 산재, 재난, 이동권, 교통, 유해 식품·약품, 신체, 사생활보호 2. 학대와 폭력, 방임이 없는 가정, 학교, 직장 실현 3. 시설, 교통 등에서의 안전준수 의무 4. 주거에 관한 권리(적절한 주거기준 및 쾌적한 생활환경, 전기, 가스 및 식수공급 등 에너지와 상하수도, 주거환경, 균형개발, 강제퇴거금지) 5. 질병의 공포로부터 벗어난 건강한 생활 보장 ▶ 영양, 식량, 보건, 위생, 의료, 출산 및 모성보호 6. 공공서비스에 관한 권리

장별 분류	세부 권리
누구나 존엄하고 평등한 서울	1. 개인의 권리(이동의 자유, 재산권, 법의 지배) 2. 관용과 사회통합에 관한 권리 ▸ 여성, 이주민·난민, 소수자, 문화적 다양성, 사회안전망 ▸ 다양한 문화와 정체성 존중, 특정 문화 강요 금지 등 3. 사회적 약자의 권리 ▸ 아동, 청소년, 노인이 적절한 돌봄을 받을 권리 보장 ▸ 차별 없이 함께 살아갈 수 있는 장애인 권리 보장 ▸ 비정규직, 경제적 취약계층 ▸ 시민 모두에게 장벽 없는 편리한 서울(장애인, 시각장애인 등 이동권) 4. 사회보장에 관한 권리
문화를 향유하고 존중하는 서울	1. 문화, 자연 유산 등 보호, 발전과의 조화 ▸ 도시유산과 전통보호에 관한 권리(문화, 자연유산) 2. 민간 문화 활동 장려 3. 국내외 인권문화 증진에 노력하고 기여하는 서울
더 나은 미래를 꿈꾸는 서울	1. 교육에 관한 권리 ▸ 교육기회, 접근성, 다양성, 인권과 평화, 민주시민양성. 자유롭고 창의적인 학습권 실현 ▸ 실직자 재취업 교육 현실화 2. 일과 여가에 관한 권리 ▸ 노동을 통한 자아실현, 노동자 권리보장 3. 지속가능한 발전에 관한 권리 ▸ 생물다양성, 온실가스
더불어 살아가는 따뜻한 서울 (도시에 대한 권리)	1. 시민들의 대안적 공간을 만들어갈 권리(서울시 마을운동) 2. 도시 상징물, 기념물, 지명, 공공디자인에 대한 권리 3. 모든 서울시민이 서울시의 공공공간과 기본적인 사회서비스에 대해 의사결정할 권리 4. 쾌적한 환경과 여가 시설을 공유할 권리 ▸ 숲·자원의 공유, 미세먼지
헌장의 이행	1. 세계인권선언 및 국제인권규약, 헌법에 기반 2. 존중, 관용, 연대의 핵심가치 3. 권리주체와 책무주체 명시 ▸ 헌장의 실천 주체와 적용범위 4. 이행방법 및 주류화(제도 포함) ▸ 정책과 제도를 통한 이행 5. 헌장의 개정

■ 제1~2차 시민위원회에서 제시된 515개 권리목록

□ 제출의견 현황 : 총 515개 (1차 319개, 2차 196개)

계	515개				
전 문	13개				
일반원칙	소계	평등, 차별금지	배려, 질서존중	인권 보호, 증진 의무	기타 (청렴 등)
	44개	13개	9개	12개	10개
참여, 소통, 개인정보	소계	참여, 소통	개인정보	기 타 (내부고발자 보호 등)	
	51개	38개	7개	6개	
안전, 건강 사회보장	소계	안전, 건강	적절한 주거	사회보장	기타(출산, 육아 등)
	83개	47개	13개	14개	9개
사회적 약자	소계	사회적약자 일반	사회적 약자 : 특정계층		
	83개	23개	60개		
문화, 환경, 지속가능 발전	소계	문화, 체육	환 경	도시계획, 건축, 교통	기타 (동물과 함께 살 권리 등)
	60개	19개	21개	13개	7개
교육, 일	소계	교 육	일과 여가	기 타	
	98개	53개	37개	8개	
헌장의 이 행	소계	구 제	기타(개정, 효력 등)		
	12개	3개	9개		
기 타	소계	운영 관련	헌장 형식	위 권리목록 분류 어려운 사항	
	22개	2개	5개	15개	
인권정의	49개				

□ 시민위원이 제시한 권리목록 현황

분 야	세부 권리
전 문 (13개 의견) ※ 2차 10개	○ 1차 회의 1. 보편성, 항구성, 독립성, 불가침성 2. 서울시민으로서의 애향심, 자부심, 정체성을 가지도록 해야 함 3. 500년 전통의 서울, 한강의 기적, 세계적인 도시 서울 ○ 2차 회의 1. 인권헌장제정 절차, 제정목적과 방향 2. 전문이라는 단어 대체 논의, 남녀노소 이해하기 쉬운 우리말 표현 권장 3. 서울의 역사성, 상징성 4. 평화로운 삶(남북관계 등) 5. 전문에 세계인권선언과 대한민국 헌법에 영향을 받아 제정되었음을 명시 6. 인권은 상대를 배려하고 상대와 함께 길을 걸어가는 것 7. 공중도덕을 배우는 것 의무화 8. 천부인권에 관한 내용 9. 모든 시민은 법 앞에 평등하고, 보호받아야 함 10. 행복추구권
일반원칙 (44개 의견) ※ 2차 13개	〈평등과 차별금지, 인간의 존엄성〉 ○ 1차 회의 1. 소수자 차별금지를 포함해 누구나 차별받지 않아야 함 2. 평등(차별 및 역차별 방지) : 나이, 국적, 인종, 재산 등 3. 서울 시민은 지위 구분 없이 평등할 권리를 가짐 4. 미디어에서 차별받지 않을 권리(개그 프로그램에서 외모 비하, 성소수자 등) 5. 미디어, 공적서류에서의 차별 금지(외모, 지역) 6. 주민으로서 지역에 대한 차별적 이미지·시선·편견, 인종주의·민족주의 편견 없애야 함 7. 서울에 주소가 없어도 차별받지 않음(서울에 살지 않아도 서울에 사는 사람과 비슷한 권리를 누려야 함) 8. 평등을 강조(모든 시민은 평등하다)

분 야	세부 권리
일반원칙 (44개 의견) ※ 2차 13개	○ 2차 회의 1. 재산/경제력에 따른 블평등 문제를 해소하는 문제가 시급하고 그에 기여할수 있는 헌장이 되면 좋겠음. 최저선이 아니라 기준선을 정하는 방식으로 접근하는 것이 필요. 각 가정의 사정을 적절히 살펴 실질적 지원이 가능한 방향으로 헌장이 제정되기 바람 2. 인간의 존엄성에 대해 명시, 단 존엄하게 죽을 권리에 대해서는 논란(인정시 자살 방조 효과), 돌봄을 받을 권리 중요, 돈 걱정 없이 치료받을 수 있는 권리(긴급의료시스템, 무상의료시스템) 3. 직업에 따른 차별, 선입견이 없어져야 함. 4. 공정한 인권 보장을 위한 홍보와 교육이 필요함. 5. 인권에 대한 교육을 균등하게 받을 수 있는 권리의 보장. 〈타인에 대한 배려, 질서 존중〉 ○ 1차 회의 1. 관심과 배려(주위, 생활) 2. 서울시민은 서로를 존중하며 서로의 권리가 피해를 받지 않도록 최선을 다해야 함 3. 내가 행복하고 싶으면 질서를 먼저 지켜야 함. 내가 존중받고 싶으면 남을 먼저 존중해야 함. 내가 먼저 질서를 지킴으로써 기준을 만들고 공감, 소통으로 이어질 것임 4. 인권 헌장의 내용이 사회 누구나 공감할 수 있고 사회 질서를 무너뜨리지 않는 선에서 만들어졌으면 좋겠음. 인권 헌장이 또 다른 갈등을 일으키지 않았으면 함. 5. 타인에게 피해를 주는 행위 금지(길거리 가래침 뱉음, 자동차를 버스정류장 앞에 주차하는 것, 길에서 담배 피는 것) 6. 기본 질서를 회복해야 함 (기본적인 것이 지켜지는 세상) 7. 위기 상황에서 노약자가 배려되는 에티켓이 지켜지는 세상 ○ 2차 회의 1. 타인에 대한 배려 : 버스정류장에서 음식물쓰레기 버리지 않기 2. 예절교육, 공중도덕 바르게 알기, 예절, 공중도덕에 대한 시민 대상 교육실시

분 야	세부 권리
일반원칙 (44개 의견) ※ 2차 13개	〈인권의 보호와 증진을 위한 서울시의 의무〉 ○ 1차 회의 1. 서울의 상징성, 대표성에 부합하는 타 시도에 대한 의무 2. 서울시의 의무뿐만 아니라 서울시의회, 기업, 시민사회의 책임 부여 3. 민관협력 거버넌스로 서울시 교육청 포함 4. 여러 부분에서 서울시 등 지도층에서 모범을 보이는 것 자체로 해결될 만한 부분도 꽤 될 것임 5. 국가, 지방자치단체, 공공기관 등 시민의 인권을 보장하고 증진할 수 있는 인권행정에 대한 의무를 규정, 시민들의 참여 보장 6. 힘없는 사람을 생각하는 공무원이 될 것 7. 시민은 공직자에게 제 법령 지침을 준수하라고 요구할 권리가 있으며, 공직자는 준수할 의무가 있음 8. 인권에 대한 의무 주체(공무원)가 권리 주체(시민)의 의견을 충분히 들어줘야 함 ○ 2차 회의 1. 공무원이 지켜야 할 의무를 안 지킬 경우 패널티 부과 2. 서울시의 의지와 다짐 천명 3. 국제 인권규약이 보장하는 경제·사회·문화적 권리를 인정하고 법과 정책 마련 4. 헌장이 서울시에 정책적 의무를 지울 수 있는 효과적 방안 명시 〈기타 의견〉 ○ 1차 회의 1. 청렴한 도시에서 살 권리 2. 교육과 일에 대한 권리는 중요한 가치이므로 일반원칙에 포함 3. 일반원칙(본문)에는 다음 내용들이 들어갔으면 좋겠음. 자유롭게 소통하고 참여하는 가운데 시민이 주인인 도시, 행복한 삶을 실현하는 가운데 미래가 있는 도시, 사회적 약자와 소수자와 함께 하는 도시, 쾌적한 환경과 안전한 도시, 문화를 창조하고 연대하며 계승 발전하는 도시, 세계 속의 서울에서

분 야	세부 권리
일반원칙 (44개 의견) ※ 2차 13개	세계 인권 발전에 기여하는 도시 등 4. 서울시민 혹은 외국인의 정의 추가 5. 서울시에게 사람들이 도움을 청하고, 도움을 서울시가 줄 권리 6. '도시에 대한 권리' 등과 같이 용어도 어렵고, 설명한 권리목록 내용들이 다소 어려움 7. 소개한 권리 목록이 전체적으로 괜찮음 8. 서울에서 시민의 복장의 자유 (자유롭게 복장을 착용하고 이에 대해 차별받지 않을 권리) ○ 2차 회의 외국인의 정의 추가시 다국적 뿐만 아니라 외국인 노동자도 포함, 외국인 노동자가 서울 생활 정착을 위한 안내 서비스 지원 공공기관에서 인권관련 행정업무시 행정편의보다는 인권보장 목적에 맞게 업무지원
참여, 소통, 개인정보 (51개 의견) ※ 2차 19개	〈참여, 소통〉 ○ 1차 회의 1. 관공서에서 지역주민과 소통할 의무(송파구 싱크홀 : 고층건물 건축허가시 송파구민과 소통하지 않음) 2. 도움을 필요로 할 때 시민이 정책이나 규정에 대한 수정·보완 요구할 권리 3. 민원에 대한 즉각 반응 4. 자신이 사는 지역에 대해서 알 권리 5. 시 행정에서 담당공무원이 실명을 밝혀야 함 6. 집회, 시위의 자유 더욱 보장 7. 문화재 관련, 도시재생과정에서 시민들의 참여할 권리를 높여야 함(선유도 공원 개발, 남대문 복원과정에서 시민참여 보장 안됨) 8. 학교의 공공성 향상. 학교 운동장 개방 안 함. 아이와 함께 가도 개방 안 해 줌 9. 세대간, 계층간 사회통합 10. 서울시민은 서울시책에 대해 알 권리가 있음 11. 민주적 집회 시위 문화 정착 12. 시정운영 투명성 위해 정보 접근이 쉬웠으면 함

분 야	세부 권리
참여, 소통, 개인정보 (51개 의견) ※ 2차 19개	13. 소통의 문화 조성. 의사 소통 할 수 있는 공동체, 기구 등의 대화창구 마련 14. 이해당사자가 직접 참여하여 정책 만들 수 있는 제도 필요 15. 시민참여에 대한 사후 보완 필요. 단기간이 아니라 장기간으로 참여하면서 의견을 지속적으로 보장할 수 있는 제도적 보완 필요 16. 시민들이 서로 소통할 수 있도록 지자체에서 이를 중간에서 네트워크를 잘 해줄수 있도록 노력 17. 이웃끼리 서로 소통하는 마을공동체 사업 확장 18. 소통이 원활히 되는 시스템 구축. 기존의 시스템이 망가졌으면 그것을 고치고, 민간이 감시하고 관리할 수 있는 시스템 새로 마련. 기득권을 버리고 시스템을 바꾸면 신체권, 학대, 방임 등 문제 해결 19. 가족이 최고다 식이 아니라 각 개인이 주체가 되어 시민들의 공동체가 되기를 희망 20. 내 생각이나, 의사, 문제점, 억울함 등을 표현할 수 있는 권리가 시민들에게 분명히 인지되었으면 함 21. 노인이나 사회적 취약계층의 정보접근권 22. '사상, 의사표현의 자유'에서 '사상'이 너무 포괄적임. 제약되어야 할 부분은 없는지 검토 23. 헌장제정 홍보 확대 ○ 2차 회의 1. 물적 지원도 중요하지만 인권적 문화(서로 편안하고 신뢰할 수 있는 시민 문화)와 정서적 유대 만들어 내는 것도 중요(좋은 이웃을 가질 권리 또는 좋은 이웃이 될 권리), 인권헌장을 만드는 이유에 포함시켜도 좋으 2. 교육과정, 특히 학교에서 '나이와 관계없이' 의견제시 할 때 의견이 존중 될 수 있는 환경조성(어리다고 의견이 무시되지 않도록) 3. 세대 간 소통이 원활하게 될 수 있도록 소통창구가 마련 4. 개인의 청원권 보장이 더 잘 이루어질 수 있도록 관련 제도 보장 5. 사상의 자유 필요함. 하지만, 우리사회의 현실을 고려할 때, 무한정 인정하는 것은 고민해 봐야 함.

분 야	세부 권리
참여, 소통, 개인정보 (51개 의견) ※ 2차 19개	6. 민원에 대한 즉각 반영은 현장에 불필요, 지금 얘기하면 지금 해달라는 것인가? 현재 7일 이내 민원인에게 답해줘야 하는 것이 있으니 현재 있는 제도로도 충분. 즉각 답변이라는 용어를 오해할 수 있음. 7. 담당공무원 실명 밝히는 것도 불필요, 이미 이뤄지고 있음 8. 학교 운동장 개방 현장 반영 불필요. 공공시설 아무 때나 사용할 수 있게 해달라고 떼써서는 곤란. 학교운동장 사용 신청서 미리 내면 기관장 허락 받고 사용할 수 있음. 홍보를 잘 해서 사용에 불편이 없도록 하는 것 필요. 9. 취약계층이 실제 무슨 서비스를 받을 수 있는지 정보를 모르는 것이 문제, 정책은 있지만 정보가 없어서 활용하지 못하는 부분 있으니 취약계층, 한부모, 수급자 등이 쉽게 누릴 수 있도록, 접근하기 쉽도록 해줘야 함. 예를 들면 한부모 파악되어 있으니, 이들이 정보를 잘 알 수 있도록 정보를 알려주는 등 통보 필요. 내용을 모르면 검색도 어려움. (이들에게 정보를 어떻게 알려줄 수 있는지는 또 생각해봐야) 10. 집회시위 앞에 '건전한' 추가해서 건전한 집회시위가 되도록. 11. 세대간, 계층간 사회통합 외에 지역간 사회통합도 필요. 12. 소수의견도 존중받을 권리(다수가 소수의 의견을 무시하지 않는 문화, 예 : 자사고 존폐문제에서 소수의 의견도 존중) 13. 도로 등 안전이 필요한 공간에서 시민들이 의견이나 문제점을 바로 알릴 수 있는 행정절차 마련과 시정이 바로 될 수 있도록 조치 14. 시위에 대한 폭력적인 진압을 금지 15. 매스컴의 편파보도에 대한 시정이 필요 〈개인정보〉 ○ 1차 회의 1. 용역업체에 주민 개인정보 노출하지 않기 2. CCTV 설치, 활용에서의 인권침해 최소화 필요 3. 사이버 공간에서 악플, 욕설, 명예훼손이 없어야 함(시민보안관 활성화) 4. 공공장소에서 스마트폰 활용에 있어 무분별한 SNS상의 유출에 대한 제도적 보호 5. 잊혀질 권리 보장. 자기 결정권 중요

분 야	세부 권리
참여, 소통, 개인정보 (51개 의견) ※ 2차 19개	○ 2차 회의 1. 공공정보에 대한 접근권(행정처분, 예산 처분, 담당자 명기 등)이 더 확보 2. 또한 공개된 정보를 활용해 시민들이 더욱 참여할 수 있는 구조 만들어야 함 〈기타 의견〉 ○ 1차 회의 1. 자원봉사(세대간의 소통 등) 2. 종교의 자유 3. 공익제보자 및 내부고발자 보호 4. 정확한 근거자료가 있어서 인권교육을 반대할 수 있는 권리 ○ 2차 회의 1. 성실한 납세에 대한 사회적 공감대와 캠페인. 탈세 방지 및 교육 2. 기부문화 확산, 모범납세자의 날, 칭찬릴레이 등 이벤트
안전, 건강, 사회보장 (83개 의견) ※ 2차 42개	〈안전, 건강〉 ○ 1차 회의 1. 아이를 안심하고 맡길 수 있는 권리 2. 위협받는 먹거리 안전에 대한 민·관 공동대응 필요(인식 제고 등) 3. 자살 방지 4. 교사나 공권력에 의한 폭력이 없어야 함. 5. 학교 안전 실질화(교문 닫는다고 범죄 안 없어짐) 6. 학교보안관 제도 실질화 7. 유해식품으로부터 안전보장 8. 안전한 보행을 위한 보도블럭, 보행도로 안전하게 유지, 관리 9. 시민의 안전과 근로자의 안전을 위해 지하철 2인 승무제 시행 10. 시민의 안전을 위해 서울시 운전 관련 종사자의 정년을 두었으면 함 11. 안전한 보행을 위해 횡단보도를 수평하게 만듦 12. 안전한 환경에서 살 권리 보장. CCTV나 신호등 체계 등 보완 13. 건강과 안전에 관한 중요사항 들은 언론의 주관적 관점이나

분 야	세부 권리
안전, 건강, 사회보장 (83개 의견) ※ 2차 42개	정보에 휩쓸리지 않도록 지자체가 정확한 정보 전달 14. 지역사회에서 폭력이 없는 환경 조성 15. 언어폭력으로부터 보호받을 권리 16. 피해자 가족이 보호받을 권리(피의자는 숨겨지는데 피해자는 노출되는 문제 해결) 17. 안전에 관한 권리, 세월호를 보면 안전 불감증이 심함. 아이들은 어른들이 안전하게 보호를 해줘야 함. 동네 지역아동센터 같은데도 소방시설이나 안전 펜스 이런 것도 없고, 저소득층 아동들이 너무 열악한 환경에서 생활, 안전에 관한 것이 큰 문제가 아닌가라는 생각이 듦 18. 안전에 대한 내용 강조 필요. 중요 순서로 올리는 등 검토 필요 19. 안전에 대한 권리에 대해 각 분야별로 구체적 규정 20. 충분히 진료받고 치료받을 권리(진료시간 너무 짧음) ○ 2차 회의 1. 안전 차원의 점검 필요 2. 작업장, 공원 곳곳에서 앉을 권리 3. 반려묘, 반려견 안락사 문제, 존엄하게 죽을 권리 등 기존의 법률이 다루지 못한 내용 더 구체적으로 포함 4. 안전관련 조항에서와 같이 '보호' 라는 단어가 시민의 수동적 자세를 나타냄. 시민이 능동적으로 참여할 수 있도록 관련조항의 내용을 보강. 예를 들면 시민이 주체적으로 소방교육을 받을 권리 등의 내용 5. 세월호 사건 등 사회적으로 이슈가 된 사건들에 대한 피해자, 피해자 가족들에 대한 정신적 지원 등 관련 제도 마련 (치유센터 지원 등) 6. 서울시에서 거주하는 외국인의 피해상황 시 긴급 지원할 수 있는 관련 제도가 마련될 필요 있음 7. 정신건강 보장 8. 서울시 지하철 근로자의 인권 보장. 지하근무가 과중하며 지하에서 취침을 함. 취침만큼은 지상에서 하도록 해야 한다. 중금속, 미세먼지, 전자파 등이 심각. 9. 안전한 먹거리에 동등하게 접근할 수 있는 권리 10. 싱크홀 등을 보니 예전에 만들어진 공공시설에 대한 이야기

분 야	세부 권리
안전, 건강, 사회보장 (83개 의견) ※ 2차 42개	가 되었으면 함. 11. 보행자 권리 : 인도에 해놓은 주차 (안전권, 이동약자 이동권) 12. 인공호흡기 부착한 자는 보호자 동의하에 인공호흡기 뗄 수 있도록 하는 것도 환자 권리라고 생각함 13. 방치된 아이들이 보호받아야 할 권리도 챙겨야. 결손가정 아이 들이 유해매체에 노출되거나 하는 상황. 14. 아동관점에서, 부모 뿐 아니라 아이들이 안전하게 보호받을 수 있는 것 필요. 15. 유해식품으로부터 안전보장, 더 강화해서 위반시 선진국수준으로 처벌받도록 해야. 한 번 적발된 사람은 다시는 동종업 못하도록. 16. 안전과 관련된 기업의 관리감독 더 강화해야. 17. 의료보건시설 종사자에 대한 인권 및 안전 존중 문화 18. 고층건물의 긴급대피를 위한 연결통로 설치 19. 종합병원의 검사비, 진료비가 너무 비쌈. 충분히 검사받고 진료 받아야 하는 권리가 있음에도 불구하고, 종합병원에서는 의사 대면시간도 너무 짧음. 특히 병실이 부족하다는 이유로 돈이 없어도 다인실이 아닌 2인실, 1인실로만 들어가야 함. 환자의 인권이 필요. 20. 환자의 인권을 제대로 보장해주는 기관이 있어야 함. 21. 병원 이용 시 적절한 지침서가 필요. 삼성병원과 서울대병원의 경우에는 환자들에게 비교적 상세한 안내가 이루어지고 있음. 이런 메뉴얼이 개인병원에도 있어야함. 내가 돈을 내고 이용하는 의료혜택이므로 어떤 진료를 어떤 식으로 받고, 어떻게 처방을 받고 앞으로 어떻게 처치를 해야 하는지 제대로 알 권리가 있음. 의사의 우월적 지위에 환자가 종속되는 느낌이 많음. 의사가 환자에게 지시만 하는 것이 아니라, 환자가 돈 내고 의료혜택을 제대로 받을 수 있도록 제대로 된 지침이 필요. 22. 생명을 보호받을 권리 23. 폭력과 재난에서 보호받을 권리 24. 성폭력으로부터 안전할 권리를 보장 25. 위험 요인 발생 시 소송까지 가지 않고 해결할 수 있는 시스템이 필요 26. 건물 신축 시 위험을 예방할 수 있는 시스템을 갖추어야 함

분 야	세부 권리
안전, 건강, 사회보장 (83개 의견) ※ 2차 42개	27. 질병이 완치될 때까지 학교나 직장에서의 불이익 처분이 없도록 함 〈적절한 주거〉 ○ 1차 회의 1. 홈리스 문제 해결 2. 원룸, 고시원 등 열악한 주거환경에 대한 대책 필요(인허가 강화 등) 3. 적절한 주거 공간 마련 4. 공공임대 주택 확대, 이에 대한 정보 공유 5. 임대주택 가격이 불안정함. 임대주택 임대료가 주변시세에 따라 인상되지 말아야 함 6. 주거권이 꼭 들어갔으면 함. 법으로는 재산권이 주거권보다 우위에 있다고 들었음. 사회적 약자들은 기본적으로 잘 곳도 불안전함. 우선은 살 곳이 있어야 하니까 채권자의 재산권보다 채무자의 생존권이 더 소중하다고 생각함. 7. 사람답게 살기 위한 주거 및 주거환경 필요. 서울시의 적극적 보장 8. 세입자의 안정적 정주에서 정주라는 용어 어려워서 풀어쓰면 좋겠음 9. 세입자 관련 소유자 인권도 포괄적으로 언급해야 함 10. 의자, 쓰레기통, 물을 누릴 수 있는 권리 ○ 2차 회의 1. 환경오염으로부터 자유로운 주거권 보장 2. 적절한 주거 관련, 기초수급자 1인 가족에게는 임대주택 신청 시, 상대적으로 다인가족에 비해 점수가 낮게 되어 있음. 한부모 가족 대상 전세자금대출 지원제도의 경우, 현재 7천만원 대출받으면 2배 상응하는 집을 구할 수 있도록 되어 있는데, 개인적으로는 7천이 아니라 3천이 필요한데 그럴 경우 6천만원 짜리 집을 구해야 하는 상황. 6천만원 짜리 집은 서울 내에 없음. 임대주택도, 대출제도도 제도는 있지만 실질적인 도움을 받기 어려움. 주거권 보장을 위한 정책은 있지만 실제로는 활용할 수 없음. 3. 서울시도 베를린시(아이를 가진 가정은 주거권을 더욱 보장)

분 야	세부 권리
안전, 건강, 사회보장 (83개 의견) ※ 2차 42개	처럼 외국인에게도 보장되는 복지 제도가 더욱 완비되었으 면 좋겠음 〈사회보장〉 ○ 1차 회의 1. 사회보장권 관련 최저생활의 의미와 범위나 기준을 정할 필 요 있음 2. 한부모 가정이라 환경적으로도, 경제적으로도 취약한 상황이 었음. 몸이 아파서 일을 못했는데 동사무소나 정부 기관에서 도움을 구하고 싶어도 그런 서비스가 없다는 답변. 사회적 약 자에게 더 구체적인 도움을 줄 수 있는 시스템이 있어야 함. 3. 사회보장에서 너무 기본적인 것만 되어 있고, 자립까지 책임 질 수 있는 지원이 안 됨 4. 기초 노령연금 수급에 대한 관리감독 5. 꼭 필요한 사람이 지원받을 수 있어야 함(필요없는 사람이 생 활보호 대상자가 되거나 필요한데도 못되는 경우가 있음) 6. 기초연금 관련 생활은 어려우나 부양의무자가 도움을 줄 수 없는 상황 등에 대한 고려 부족 ○ 2차 회의 1. 저소득층 기본 실태조사가 안 되어 있고 실태조사를 할 인력 도 안 되는 상황이 문제. 통·반장을 활용하든 기초 데이터를 확보, 축적해야 저소득층 지원의 근거자료가 될 수 있음 2. 일률적 기준이 아니라 각 가정의 상황에 맞는 지원이 이루어 질 수 있도록 지자체에 의무를 지우는 별도의 조항을 명시 3. 입양 절차의 복잡함. 입양된 아이의 관리가 잘 안 되고 있음. 입양기준 자체가 어렵고 까다로워 졌음. 현재 국내입양은 늘 지 않고, 해외입양 절차가 더 많이 까다롭게 바뀌어서 어려 움이 있다. 4. 사회적 약자에 구체적인 도움 줄 수 있는 시스템 있어야 함. 한부모 모자, 부자가정이 있는데, 모자가정 경제적으로 독립 해야하는데 실제 할 수 있는 일이 허드렛일임. 전문직을 배 울 수 있는, 자격증 딸 수 있는 기간 동안 경제문제 해결이 안 됨. 역시 제도는 있지만 쓸 수가 없는 것. 부자가정의 경 우 엄마 역할을 해줄수 있는 인력 지원되면 좋을 듯. 조손가

분 야	세부 권리
안전, 건강, 사회보장 (83개 의견) ※ 2차 42개	정에서 돌봄, 학습 등을 아이들에게 지원하여 이들이 아이를 잘 키울 수 있도록 5. 차상위계층, 소외계층에 대한 기준을 명확히 할 필요가 있음. 기초수급자 중에서는 형편이 꽤 괜찮은 사람들이 많은데도, 차상위계층보다 혜택을 많이 받음. 차상위계층을 사람이 주관적으로 평가하기 때문에 실제 형편과는 괴리가 있음. 중랑구의 경우 차상위계층에게도 맞춤형주택 혜택이 있는데, 기초수급자와 한부모가정만 혜택을 받고 있음. 차상위계층에게는 혜택에 대한 안내 연락도 없음. 기초수급자와 차상위계층 간 차별이 있음. 복지혜택에 대한 명확한 기준과 안내가 필요. 6. 쌀을 배급받는 노인분들이 날짜에 관계없이 (꼭 일정한 날짜가 아니라) 동사무소 연락해서 받을 수 있어야 함 7. 기초생활수급자, 차상위 계층에 포괄되지 못하나 생활이 어려운 사람도 사회보장의 혜택을 받을 수 있도록 더 넓은 보장의 폭이 있어야 함 8. 전기, 가스, 수도 등 생활에 필수적인 것의 경우 요금체납을 이유로 함부로 끊는 것은 문제임. 실사후에 실시해야함. 〈기 타〉 ○ 1차 회의 1. 먹거리 평등에 관한 권리가 있었으면 좋겠음. 제가 병원 아이스크림 가게에서 일하는데, 조금 비싸서 어르신들이 오셔서 금액만 물어보시고 못드시고 가시는 경우가 있음. 맛있고 건강한 음식을 사회적으로 힘든 사람들, 돈이 없어서도, 먹을 수 있는 권리가 있었으면 좋겠음 2. 양질의 공공서비스라는 말은 추상적, 구체적 내용으로 서술 필요 3. 가족 내에서도 존중받아야 할 인권 4. 출산, 육아를 위한 일은 형식적으로만 존재함 5. 서울시에서 행복한 가정을 이룰 수 있도록 지원 ○ 2차 회의 1. 젊은 사람들이 큰 부담 없이 결혼할 수 있는 권리. 주거, 결혼 비용, 육아 부담으로 결혼을 못함 2. 직장 다니는 임산부의 임신 보호 및 휴식 보장. 대중교통 출퇴근이 어렵고 업무 배려가 없어 유산율이 높음.

분야	세부 권리
안전, 건강, 사회보장 (83개 의견) ※ 2차 42개	3. 혼인과 결혼으로 생활 형태를 제한하지 말고 생활동반자 관계를 인정해서 혼인과 동일한 혜택을 부여해야 함. 4. 여성 뿐 아니라 남성의 양육도 보장할 수 있는 제도를 마련
사회적 약자 (83개 의견) ※ 2차 36개	〈사회적 약자 일반〉 ○ 1차 회의 1. 사회적 약자가 차별받지 않고 취업할 권리(일반 중소기업 장애우 채용안함) 2. 차상위 계층 등 소외계층이 보호받을 권리(다문화가정으로 많은 예산 쓰임) 3. 소외계층이 공공서비스 이용할 권리 4. 아동, 청소년, 여성, 노약자, 장애인, 문화적소수자, 경제적 약자, 이민자 등 사회적약자에 대한 권리보장 5. 동사무소에 사회적 약자 배치 6. 사회적 약자라는 용어는 특정집단을 대상화하는 차별적 요소가 있어 다른 표현으로 바꿨으면 함. 모두의 권리 증진으로 하되, 사회적 약자는 특별한 고려 7. 누가 사회적 약자인지 세부적으로 구분되어야 함 8. 관용이란 용어의 특성상 계층 차별의 성격을 가짐.(가진 자가 베푸는 아량, 시혜성 등) 9. 사회통합 관련 통합목적의 불분명성, 정책시행과정에서의 일방성 10. 사회적 약자, 소수자라는 말 자체가 모호. 보다 명확하게 바꿀 필요 (반대의견) 소수자에 대한 나열이 필요한지, 혹은 서울시민이라고 두루뭉술하게 가야하는지 논의가 필요 11. 긍정성을 가진 용어로 바꿀 필요 있음(사회적 약자 → 사회적 주체, 아동·청소년·노인에 대한 돌봄 → 최저생활이라는 사회적 보장 차원에서 수용 가능) (반대의견) 장애인의 삶 개선(탈시설 자립생활/이동권)을 위해서는 이 개념이 더 유용하게 사용될 수 있음 12. 소수자 권리 보장을 따로 뺄 것이 아니라, 일반적 차별금지 방식으로 서술하고 차별금지사유를 서술할 필요 13. 차별금지사유를 너무 확대시킬 경우, 공감대 형성 어려울 수 있음

분 야	세부 권리
사회적 약자 (83개 의견) ※ 2차 36개	14. 서울시가 소수자들도 자신들의 가능성을 표현할 수 있고, 그런 것들이 차별받거나 무시당하지 않는 공간이었으면 좋겠음 15. 관용과 사회통합에 다문화 포함 ○ 2차 회의 1. 사회적 약자를 사회복지체계에 넣자 2. 성소수자, 노숙자와 같은 사회적 논쟁이 많은 내용은 제외하고 보편성 추구 (반대의견)우리 헌법에도 국가인권위원회법에도 소수자 보호 조항은 포함되어 있음. 이미 마련되어 있는 기준위에 더 많은 권리 기준을 만들어 내는 것이 헌장의 목표 3. 인권담당부서와 사회적 약자가 연례적으로 만날 수 있는 자리가 만들어지도록 규정 또는 그러한 내용 포함 4. 사회적 약자에 대한 정의, 서술해주면 명확해질 듯. 인간은 누구나 차별받지 말아야 하고 등의 내용을 나열하고 정의. 사회적 약자를 독립적인 카테고리가 아닌 다른 일반 카테고리에 포함될 수 있도록 해야. 5. 사회적 약자도 등급이 있는데, 등급에서 소외된 사람들에게 법적 지원 필요. 당뇨 3급을 2급으로 조정했더니 제공받는 서비스가 달라진다(토지공사 월세 30만원 지원금, 지역에 따라 지원받는 내용도 달라지고) 사회적 약자에 대한 형평성, 균형 필요. 6. 이미 동사무소에 전담 공무원 있으므로 동사무소에 사회적 약자 배치하자는 안은 잘 이해안감 7. 사회적 약자 모호한데 장애인, 여성, 성소수자 등으로 제시해야 함. 8. 동사무소에 취약한 사람들을 도울 수 있는 인권 업무 담당자 배치 〈사회적 약자 : 특정 계층〉 ○ 1차 회의 1. 70~80대 어르신이 미디어에 접근할 권리 또는 정보에 접근할 권리(동사무소에서 통장 통해 정보전달 필요) 2. 고령화 시대가 되고 있는데 노인이 살 수 있는 공간이 있어야

분 야	세부 권리
사회적 약자 (83개 의견) ※ 2차 36개	함. 실버타운은 너무 비싸고 노인들만 모아 놓는 것은 좋지 않음 3. 독거어르신에 대한 복지 증진을 내용에 포함 4.. 급속하게 고령사회가 되어 치매환자가 급속히 늘어남. 사회 복지에 더 투자되어 최후의 삶까지도 인간답게 살 수 있도록 보장되어야 함 5. 노인의 자존감과 품위 : 초안에는 돌봄밖에 없는데 그게 아니라 품위와 자존감을 가지고 여생을 보낼 권리 6. 고령화사회에서 노인들이 공공서비스를 공정하게 안내받고 쉽게이해, 손쉽게 이용할 수 있는 서비스 필요 7. 한국에 사는 외국인도 인권존중 받아야 함 8. 실효성 있는 다문화정책 마련(다문화 정책에 따른 역차별 고려, 실질적 지원제도 마련, 접근성 등, 세월호 사고여파 고려) 9. 다국적어 홍보 서비스 자료 제작(결혼이민자들이 초기 정착기때 자치구와 시에서 이용 가능한 서비스를 다국적 언어로 제작하여 각 가정에 직접 배달) 10. 이민자에게도 사회적 권리와 책임을 공유할 수 있는 기회 제공 11. 다문화 정책에서 오히려 역차별 느낌. 다문화 지원은 많은데 청소년 지원은 부족 12. 장애등급 폐지 13. 장애인 재판정 기준 자비부담 등급이 3급에서 5급, 이의신청의 기회가 1번 밖에 없어 불합리함 14. 장애인 보행권 보장(식당의 문턱, 저상버스도 사람 많은 경우 이용 곤란한 경우 많음. 장애인 택시의 경우에도 출퇴근 시간 등 피크 타임에는 전혀 이용못하는 경우 많음. 지하철도 리프트 부재의 경우 있음) 15. 장애인에 대한 호칭 관련, 과거 일부 단체를 통해 장애우라는 표현이 사회적으로 널리 퍼짐. 그러나 정작 장애계에서는 장애인이라는 표현 선호, 장애인/비장애인 등 당사자가 원하는 호칭 사용 16. 아동, 청소년이 자신의 생각을 말할수 있는 권리 17. 사회적 약자 목록에서 아동·청소년 분리(아동·청소년 부문 신설) 18. 아동노동금지

분 야	세부 권리
사회적 약자 (83개 의견) ※ 2차 36개	19. 성소수자에 대한 권리 20. 성소수자, 성적 지향에 따른 차별금지 21. 소수자에 대한 혐오가 엄격히 다뤄지는 서울시였으면 함 22. 장애인·빈곤 노숙인 등에 대한 재활지원 및 의식제고 필요 23. 여성, 성소수자, 이주민에 대한 안전 보장(범죄방지) 24 여성 가정폭력 피해자를 위한 보호소와 공공임대주택 마련 25. 1인 여성가구에 대한 지원체계 마련 26. 노숙인의 권리 보장 27. 가정형편이 어려운 학생에 대한 특별보호 28. 사회적 소외자, 고아들의 문제에 대한 인권적 관심 29. 임산부에 대한 적절한 돌봄. 임산부 좌석에 대한 실효성 있는 대책 30. 임산부 카드에 대한 홍보 31. 임산부를 사회적 약자로 명시 32. 소수를 차별하는 용어에 대하여 유의했으면 좋겠음. 소수를 보호하는 것은 결국 다수를 위한 것이기도 함 ○ 2차 회의 1. 아동, 청소년이 자신의 생각을 말할 수 있는 권리 특정할 필요성에 대한 반론제기 2. 성소수자를 특정해서 차별금지 조항을 넣는데에 대한 찬반 논란(반대의견) 특정하지 않고 전체적인 차별금지 조항 3. 고아, 부랑인 등이 차별받지 않고 살아갈 사회적 배려가 필요 4. 취약계층이 아니더라도 어르신 관련 일자리가 너무나 제한되어 있음 5. 여성 관련하여 육아휴직 일과 가정 양립에 관한 실질적인 정책이 마련되길, 선택이 아닌 강제적 의무 시행조항 마련 6. 여성 안전 보장 외에 성소수자, 이주민은 특별하게 위험에 노출된게 아닌데, 왜 안전보장을 해야 하는지에 대한 반론. 아동의 안전보장도 되어야 함 -) 사회적 약자. 특정계층에 대한 보호에 대한 것을 고민 해보자. 범죄 방지라는 것은 폭력만을 이야기 하는 것은 아닌 것 같다. 대한민국의 실정을 모르는 이주민이 모르기 때문에 생길 수 있는 범죄의 노출 등이 있으니, 이해가 되는 부분도 있음 7. 독거 노인 주기적 관찰, 독거노인 잘 보호받을 수 있도록 행

분 야	세부 권리
사회적 약자 (83개 의견) ※ 2차 36개	정기관이 찾아가야 함 8. 치매 어르신 방문케어 서비스 홍보. 방문케어 서비스 등급을 확대해서 독거노인이 보호 되도록. 9. 어르신은 다른 것보다 외로움을 해결해주는 것이 가장 큼. 아들이나 딸이 이 외로움을 풀어줘야. 자녀들이 모실 경우 상속법의 2배 주도록. 손자 등은 취직 시 가산점 줘야 함 10. 고령화사회에서 어르신의 외로움이라는 내용은 다른 제정의 원들도 공감, 구체적인 방안은 가족이 없는 분들 포함해서 고민 필요. 11. 다문화정책 관련 역차별 받는 느낌. 일반가정 아이들 받는 지원 너무 없음. 상대적으로 다문화는 풍족. 다문화 지원을 없애야 한다는 것 아니라, 다문화가족 아닌 가족에 대해서도 취약한 부분 지원받을 수 있어야 한다는 내용 있어야 함. 12. 청소년 인권조례 등 이미 아동에 대한 내용, 조례 등 많이 있는데 또 필요한가? 13. 성소수자에 대한 차별 금지? 어떤 차별을 받는가? 14. 아동노동금지? 어떤 노동을 하는지 잘 모르겠음. 내용이 구체적으로 들어가면 좋겠음 15. 노숙인의 권리보장은 무조건적인 것은 곤란함. 있는 프로그램도 참여하지 않는다고 들었음. 어느 정도 선에서 보장이 되어야지 무조건적인 것은 안된다고 봄. 16. 새터민을 위한 인권보장(차별금지 내용)관련 내용이 추가 (남한 문화, 언어 등 적응할 수 있는 서울시의 적용프로그램 실시) 17. 장애인 유형에 따라 장애인 주차구역 사용을 제한 예) 신체적 장애가 아닌 한 장애인 주차구역 사용을 제한 18. 어르신께서 지하철 이용시 사용방법 홍보부족으로 지하철 이용시 어려움을 겪고 있음. 자원봉사자를 통해 돕도록 지원 19. 장애인 시설의 건축, 유지가 비장애인의 관점으로 이루어지는 경우가 많음. 예를 들어 장애인 시설임에도 휠체어가 접근할 수 없도록 만들어진 경우도 있음. 이런 시설의 경우 장애인 이용자가 미리 검토할 수 있는 제도를 마련. 20. 탈북자임을 당당히 밝힐 수 있는 사회적 환경 및 노동조건 21. 가정에서 쫓겨난 청소년 성소수자들이 경제적으로 자립할 수 있는 방법이 없음. 부모님의 동의를 받아야 하는 법적 환

분 야	세부 권리
사회적 약자 (83개 의견) ※ 2차 36개	경이 문제가 될 수 있음 22. 결혼이민자가 가족관계증명서에 기재가 될 때, 국적 취득 전 맨 아래에 기재가 됨. 외국인 등록이 구청까지만 존재. 행정 처리를 위해서는 구청에 반드시 가야 가는데, 주민센터에서 해결할 수 있었으면 좋겠음. 국공립 보육제도에서도 차별개선. 다문화 가정에서는 불안정한 가정이 많으므로 심리치료 가 필요한 경우가 많음. 장기체류하는 외국인이나 이주민에 게 국민과 동등한 혜택을 주어야 한다. 사회적 약자라는 용어를 사용하지 않았으면 좋겠음. 23. 사회적 약자를 일반과 특정으로 나누는 것이 적절하지 않은 것 같음. 성소수자를 특정계층으로 포함시키면 안 됨. 24. 공공시설이나 학교에 장애인 이동권이 더욱 보장될 수 있도 록 시설을 만들었으면 좋겠음 25. 장애인이 탑승할 수 있는 고속버스(저상버스) 도입 26. 결혼이민자(다문화가정)들이 한국에 빨리 적응하기 위해 의 무적으로 필수교육시간(언어, 가정폭력 대응 등)을 두어야 함. 27. 감정노동자의 인권 보장이 필요함. 28. 어르신 : 기초연금 상담할 때 보면, 어르신들의 표현 방식 등 에서 언성이 높아지고, 언성이 높아지면 싸움이 되는데, 이런 것을 대변하거나 완충할 계층이 필요함
문화, 환경, 지속가능 발전 (60개 의견) ※ 2차 28개	〈문화, 체육〉 ○ 1차 회의 1. 전통문화와 관련된 내용 담아야 함 2. 청소년 놀이문화 양성(게임 말고는 할 것이 없음. 놀이와 운 동할 수 있는 기회를 많이 줘야 함. 예를 들어 아파트 안에 탁구장 같은 놀이 공간) 3. 서울시민 모두가 문화적 자산임을 기억하고, 서울시민이 창 작할 권리 보장. 문화적 시설에 접근할 권리 보장. 특히 장애 인이 문화적 시설을 이용하기에 매우 부족하므로 이에 대한 접근성 보장 4. 문화 소외계층에게 보다 문화활동을 체험할 수 있는 기회 정 책적 보장. 국영수와 같은 학과 수업이 아니라 이외 다른 문 화활동 보완 5. 소외계층, 저소득층에게 문화나 학습에 대해서 기회를 제공 해줄 수 있는 권리가 있었으면 좋겠음

분 야	세부 권리
문화, 환경, 지속가능 발전 (60개 의견) ※ 2차 28개	6. 서울시민은 모두 예술가이므로, 예술가로서 권리와 관련된 시설들에 접근할 수 있도록 했으면 좋겠음. 특히, 장애인들이 이용할 수 있는 시설이 매우 부족하므로 이에 대한 접근성이 보장되기를 바람 7. 문화적 예술적 활동, 이익 부가적 가치를 보호받을 권리를 가짐. 서울시민들의 창작할 권리도 보호 8. 예술가를 위한 복지의 권리 9. 문화적 다양성에 대한 개념 문제 : 각자의 정체성을 인정하는 경우(캐나다), 모두 동화하는 방식(미국) 중 서울은 무엇을 선택할 것인가 10. 스포츠선수의 투명하고 공정한 심판을 받을 권리, 스포츠 단체의 구성원으로서 의견을 말할 수 있는 권리 11. 학교 등 공공의 체육시설을 무료나 저렴하게 사용할수 있도록 조치 12. 사회체육시설 활성화 ○ 2차 회의 1. 서울시의 전통문화유산을 시민 전체가 보존하고 발전시키자는 내용을 넣어야 함 2. 구, 동 내에 있는 어린이 도서관, 작은 도서관들이 활용도가 낮음. 차라리 아이들이 좋아하는 게임을 이용한 건전한 게임센터를 만드는 게 더 좋을 것 같음. PC방 같은 개념이 아니라 아이들이 건전하게 놀 수 있는 게임을 위한 여가공간을 만들어주는 게 어떨까. 3. 게임을 만드는 안정된 기반을 만들고, 아이들도 함께 참여해서 게임을 만들 수 있는 환경을 만듬 4. 4세 미만의 유아들이 들어갈 수 있는 보육시설이 너무 부족. 시립, 구립 어린이집이 더 많이 늘어나야 할 필요가 있음. 5. 종교 강요 또는 종교를 이유로 성적취향에 대해 비난을 하지 않았으면 좋겠음 6. 공연예술문화의 활성화가 필요함. 시나 정부에서 공연예술문화에 대한 관심이 높기는 하지만 실질적으로 대중이 접할 수 있는 시간대나 공간상의 제약으로 접근성이 떨어짐. 또한 배우들이 설 수 있는 무대가 적어 시에서 지원해 줄 수 있는 부분은 없는지 고민이 필요함.

분 야	세부 권리
문화, 환경, 지속가능 발전 (60개 의견) ※ 2차 28개	7. 학교운동장 뿐만 아니라 공공기관이 보유한 공지를 주민이 활용할 수 있도록 하는 방안이 필요함(접근성을 제고해야 함). ex) 학교운동장, 강당, 놀이터 등등 〈환 경〉 ○ 1차 회의 1. 공원을 늘리자 2. 아파트 공원화 3. 아파트 단지별로 가로수 길 맑은 공기 4. 서울 전지역이 평등하게 쾌적한 환경에서 살 권리 5. 애완동물, 경적 등의 소음을 줄여 쾌적하게 살 권리 6. 층간 소음 같은 것을 포괄하려면 공중도덕에 대한 내용이 들어가야 함. 다른 사람들이 쾌적한 환경에서 살 권리도 존중해야 함(권리에는 의무가 수반되어야 함). 쾌적한 환경을 '공유'할 수 있는 권리라고도 표현할 수 있겠음 7. 공동주택 층간소음 심각하지만 적극적 해결책은 없음(공동주택에서 문화와 행위 규정, 공용지·주차장에서 불쾌감을 주는 행동 등 타인에게 피해되는 행동 금지) 8. 길거리 흡연 금지 ○ 2차 회의 1. 남산(국립극장에서 N타워 가는 길)에서 쓰레기 문제로 관광버스만 올라갈 수 있게 함. 모두에게 전면개방이 힘들다면 노인들에게 만이라도 개방해 주었으면 함. 노인들의 추억회상이나 여가휴식을 위해 올라갈 수 있게 해줬으면 함. 2. 남산의 경우 걷기 어려운 노인은 비장애인이라고 도보이용을 해야 하고, 도보로 이동할 수 있는 장애인은 장애인이라고 특혜를 받는 경우가 허다함. 3. 대중교통 이용 시에는 음식물, 음료수, 껌 등의 섭취 금지해야 함. 4. 길거리에 휴지통이 너무 없음. 깨끗한 환경을 위해서는 휴지통을 더 많이 설치해야 할 필요가 있음. 5. 흡연구역과 금연구역을 더 명확하게 구분할 필요가 있음. 흡연자들이 쉽게 접근할 수 있는 곳에 구역을 확정 시켰으면 함. 6. 흡연자들이 흡연구역을 찾으러 다녀야만 한다면 그것 역시

분 야	세부 권리
문화, 환경, 지속가능 발전 (60개 의견) ※ 2차 28개	인권의 문제에 걸릴 수 있음. 흡연자들을 위한 구역을 어느 정도로 설정해야 하는지에 대한 고민을 해야 함. 7. 일조권을 누릴 수 있는 시설, 기회 보장 8. 소음에서 자유로울 권리. 도로변 주거지역에 방음벽 설치 9. 피곤한 시민이 편히 앉아 쉴 수 있는 권리. 길거리에 벤치도 　　없고 그늘도 없어서 커피숍 안가면 쉴 데가 없음 10. 풍성한 가로수 길을 걸을 권리(자동차 위주로 되어 있고 보 　　행자 위주의 환경 조성이 안 되어 있음.) 11. 애완동물의 관리소홀로 이웃주민에 피해주지 않도록 배려 12. 서울시에 노는 땅 시민들의 휴식공간으로 공원조성 13. 차량 정차시 매연이 나오지 않도록 냉난방시설이나 시동을 　　끌 수 있도록. 〈도시계획, 건축, 교통〉 ○ 1차 회의 1. 건축 구조에 대한 적절한 규제는 하되, 다양하고 창의적인 디 　　자인을 장려할 수 있는 제도 필요. 2. 시에서 특정지역을 특화하는 규정으로 인식되는 이미지 만듦 3. 거주자의 안전대책을 고려한 건축허가 4. 지속가능한 발전 관련 발전에 비해 소외되었던 유지와 보수 　　등에 대한 고민도 필요 5. 개발이 아닌 자연친화적 도시 설계 6. 도시미관, 주거환경을 위해 재건축을 빨리하자 7. 외진 곳의 불편한 교통 개선 8. 해외에선 주차장이 없으면 차량 판매 불허, 화물차 차고지 등 　　록제 같은 것이 필요 ○ 2차 회의 1. 재건축을 빨리 하자는 조항은 한 쪽의 주장이며, 민사적 내용 　　이므로 인권에서 논할 사항 아님 2. 한국에서 오래 거주하는 경우 교통·문화·환경시설 이용시 일 　　반시민과 마찬가지의 기준에서 입장료 할인혜택 마련(ex.학 　　생, 노인, 영주권자 등) 3. 도시를 마음껏 걷고 누릴 수 있는 권리.(보행권을 보장) 자동 　　차에 의해 서울이 장악되었고 인도를 자동차가 점거하고 있

분 야	세부 권리
문화, 환경, 지속가능 발전 (60개 의견) ※ 2차 28개	음에도 단속이 없음 4. 주차 공간 확보. 불법주차 때문에 위험하고 너무 혼잡 5. 시민의 미감(미적감수성)을 해치지 않고, 공공성과 공간(장소) 의 맥락에 기반 한 도시(환경)를 접할 수 있는 권리 〈기 타〉 ○ 1차 회의 1. 빈터에 집을 짓지 않아도 될 권리 2. 동물과 함께 살아갈 권리 3. 전기료와 상관없이 밝은 곳에서 살아갈 권리 4. 다른 사람들과 다른 생활패턴을 가진 사람을 서울시가 제도 적으로 존중해줘야 함 (요즘은 야간버스도 다니기도 하지만, 누군가에게는 새벽이 활동시간 일 수 있다는 사실을 존중해 줬으면 함) ○ 2차 회의 1. 전기료와 상관없이 밝은 곳에서 살아갈 권리는 복지분야로 이동 2. 언어 감수성을 보호 받을 권리. 잘못된 언어에 의한 오염이 많음 3. 흡연 : 쓰레기통이 있어야 함. 금연자 들이 늘어나면서 흡연 자들이 갈 때가 없음. 거리에 쓰레기통 특히, 재떨이가 있었 으면 함. 흡연구역이 너무 적음. 담배의 세수도 많은데, 흡연 자들을 위한 정책도 필요하지 않은가?
교육, 일 (98개 의견) ※ 2차 43개	〈교 육〉 ○ 1차 회의 1. 인권교육 한 과목으로 강화 필요 2. 서울시민 누구나 인권교육 받을 권리. 시민인권교육 필요 3. 아동, 청소년 인권교육 의무화(폭력 재생산 방지) 4. 존중감, 나와 타인을 존중할 수 있는 교육(인권교육) 5. 유아교육 교사 포함 전체 교육과정의 교사에 대한 인권교육 6. 청소년 인권교육으로 인권기초 마련 7. 시민 인권강사 양성과정 프로그램 필요. 세대별 강사 배출해 야 하고, 또래 강사도 필요할 것임 8. 학생인권에 대한 내용 포함

분 야	세부 권리
교육, 일 (98개 의견) ※ 2차 43개	9. 교육에 대한 내용이 꼭 들어가야 할 것 같음. 어렸을 때부터 타인에 대해 배려하는 의식이 필요. (노인, 여성, 한부모 가정 등을 놀리거나 소외하는 문화, 계급이 형성되어 있고 그것으로 차별하는 것을 부끄러워하지 않는 문화는 문제임). 교육은 인권 헌장에서 강하게 어필되어야 한다고 봄 10. 유치원부터 대학생, 시민까지 단계별로 세부적 교육계획 11. 인성위주의 교육, 평생교육 12. 이웃과 함께 시민성을 키울수 있는 토론 교육 13. 동등한 교육기회 보장(강남과 타 지역의 차별이 없어야 함) 14. 공교육의 정상화 15. 청소년 수련시설 등의 확보(서울 안에서의 수학여행 프로그램 운영 등) 16. 학교내 왕따 문제 해결 17. 학교에 학부모의 참여 충분히 보장 18. 평생학습권과 관련해 의무교육과 연결시켜 사고할 필요 있음 19. 군 입대전 선행적인 인권교육 20. 학생인권, 교권 모두 중요하고 각각 인권보장 21. 평등한 교육의 기회, 자사고 특목고 폐지, 장애인과 같은 소수자 등 다양한 계층을 포괄하는 교육교육을 받는 것도 계급이 나뉘듯 나눠지는데, 의무교육 기관에서 구분하지 않고 같이 교육을 받을 수 있었으면 좋겠음. 특목고, 자사고 같은 것의 폐지(특목고 자사고는 이미 대학 등록금 이상의 등록금이 필요하고, 교육과정에서부터 계층과 차별이 발생함) 22. 타인의 인권존중하는 사회분위기 23. 아동 청소년 인권 관련, "하지마라" 통제 심한 사회, 책임지고 자율적 판단력 확보할 수 있는 교육권 보장 24. 사립 종교학교 교사 채용시 특정종교로 제한 없애 다양한 종교적배경을 가진 교육자로부터 교육받을 권리 보장 25. 글로벌 도시 위해 시민에 대해 다문화 감수성 교육 26. 유아기부터 모든 교육 교사에 대한 인권교육 필요 27. 다문화가정과 같이 소외될 수 있는 시민들이 생기지 않는 교육 필요 해당국가의 언어와 문화도 지속적으로 교육 28. 아동과 청소년들이 보호될 수 있는 환경 조성. 학교밖 청소년들이 학교로 돌아갈 수 있거나 대안학교와 같은 공간을 보장하여 일탈되지 않도록 관심을 기울여야 함. 중고등학생들

분 야	세부 권리
교육, 일 (98개 의견) ※ 2차 43개	이 자유롭게 출입할 수 있는 교육공간 부족 29. 학생들이 교복이나 교과서 등 여러 선택들을 직접 할 수 있 　　도록 보장 ○ 2차 회의 1. 나이 제한 없이 교육에 대한 기회 균등 배분(아이를 낳고 취업 　을 하려면 일자리가 제한되어 있음. 간호사가 되려고 준비했 　던 사람이 나이가 많다는 이유로 실습에서 제외되면서 피해를 　입는 경우도 있음. 이런 일은 분명히 금지될 수 있어야 함) 2. 틀린 개수만큼 학생에게 부적합한 벌을 주는 문제에 대해서 　는 반드시 대책 마련 필요 3. 일본, 미국, 중국, 한국 등 국가별로 아이들에 대한 교육방법 　이 다름. 우리나라의 경우 교육 방향에 대한 제고가 필요. 일 　등주의보다는 사람됨됨이에 대한 가르침이 필요. 시민교육이 　나 도덕교육 등 인성교육과정이 필요함. 또한 직업교육에 대 　해서도 관련하여서도 보강이 필요. 4. 교육과 관련하여 유년기, 청소년기에 감각교육이나 경험교육 　에 대한 권리가 제시되어야함. 5. 학교이외에도 인성교육에 대한 교육기관이 더 마련될필요 6. 다문화 가정 아이들에 대한 교육 지원. 다문화 가정의 아이들 　이 한글 습득을 못하고 취학해서 학업에 어려움을 겪음 7. 다문화 가정 아이들에 대한 교육 기회·조건·결과의 실질적 　평등 8. 교사, 보육교사, 학부모, 조부모 등 인권교육 9. 주입식 아닌 어릴적부터 학교 학습시간에 토론학습이 잘 이 　뤄질 수 있으면 좋겠음. 국영수만큼 중요하게 토론학습을 하 　고, 건전한 시민으로 자랄 수 있도록. 10. 인권교육은 아무리 강조해도 지나치지 않음. 인성교육이라 　는 애매한 말 보다는 인권교육으로. 권리보다는 의무가 중요 　하다. 다른 사람의 권리를 존중하는 의무 11. 인권교육은 하되 개별과목으로까지 만드는 것은 반대 12. 세대별 강사배출에서 또래 강사는 바람직 하지 않음 13. 사립학교 교사 채용시 학교설립의도 고려할 필요(종교적 배 　경 고려하지 말자는 견해에 대한 반론) 14. 교과서, 교복까지 학생이 선택하는 것은 교권침해라고 생

분 야	세부 권리
교육, 일 (98개 의견) ※ 2차 43개	각함. 15. 인성교육이 유치원에서부터 꼭 필요함. 16. 인권교육 학교 과목 편성하든, 주 1회 하든 그런 것 보다는 가정내에서 교육이 잘 돼야 하. 가정이 출발점. 17. 청소년 성소수자 학교 내 따돌림, 자살 등이 있음. 청소년 성소수자에 대한 인권교육은 학교에서 필요함. 18. 기간제 교사 처우 개선 19. 학교에서 고3을 기간제 교사에게 맡기는 경우가 있는데, 학생들의 교육권 등의 관점에서 볼 때, 바람직하지 않은 것 같음. 서울시가 학생들의 목소리가 더욱 반영되는 도시가 되었으면 좋겠음. 20. 평생교육, 직업교육에서 나이가 많아서 교육을 받지 못하는 연령 차별을 받지 않아야 함 21. 외국유학생들이 한국어가 충분하지 않은 상태에서 학위를 취득하는 경우가 많은데 이러한 경우 국내 학생들이 받을 수 있는 교육의 질이 떨어질 우려가 있음. 이에 대한 대책이 필요함. 22. 대학에서 학생들의 안전한 수업권 보장(정규수업 시간, 교수의 폭력, 성희롱 등) 23. 학교시설의 정비 필요. 24. 장애인, 영재 학생이 특수교육을 받을 권리의 보장과 그로 인해 차별을 받지 않을 권리 보장. 〈일과 여가〉 ○ 1차 회의 1. 파견근로자의 퇴직금 관계에서 불이익이 없도록 해야 함(1년을 채우지 않은 채로 옮기도록 해서 퇴직금을 못 받게 되는 문제) 2. 비정규직이 일은 더 많이 하는데 월급은 적게 받음. 비정규직, 정규직이라는 용어 개선, 정규직 제지 수단 마련, 비정규직이라 해도 열심히 일하는 사람에게 일 할 수 있는 환경 마련, 정규직 전환될 수 있도록 해야 함 3. 관공서에서 일자리 창출이라는 명목으로 앞장서서 비정규직을 양성하는 문제 4. 정규직, 비정규직을 구분해서 대우하지 말아야 함. 직장내 정

분 야	세부 권리
교육, 일 (98개 의견) ※ 2차 43개	규직, 비정규직 비공개 5. 비정규직, 경제적 취약계층 권리 관련 공공기관에서 이들에 대한 차별 사례가 많음. 이들 기관부터 차별을 없애야 함 6. 장애인의 비정규직 폐지 7. 비정규직 취약계층 일자리가 없음. 우선적인 일자리 취업 보장. 8. 3년 비정규직 종사자로서 민원인에 의해 계약기간 보장받지 못하는 가슴 아픈 현실을 시정하길 바람 9. 적당히 일하고 쉴 수 있는 권리 10. 지나친 근로를 하지 않을 권리 11. 여가를 즐길 권리 12. 건강한 수면 보장 13. 기업구성원에게 행복하게 휴식할 수 있는 휴식권 보장 14. 생활임금제 시행(문화, 의료, 주거 등 기본권의 전제조건이 되는 경제 빈곤의 해결) 15. 서울시는 각 분야 노임단가를 최소한 지켜야 함 16. 감정노동자(백화점 점원, 전문 상담원 등)들의 인권보장. 정신상담 받을수 있도록 함. 감정노동자가 견딜 수 있는 한계가 있어야 함. 17. 존중받으며 일할 수 있는 일자리, 휴식이 있는 일자리를 늘리자 18. 장애인, 신용불량자 등 사각지대에 있는 사람들에게 빈곤 탈피를 위한 직업교육제공, 적성소질에 맞는 교육 제공 19. 3D 업종 종사자 인권보장 20. 아르바이트생 인권 보장(가운 갈아입거나 할 장소가 없고, 구석진 곳에서 갈아 입는데 그 곳에 CCTV 설치되어 있음) ○ 2차 회의 1. 고용에서도 이력서에 학력, 학벌, 가족재산, 가족학력 등을 기재하는 문제, 그에 따라 차별하는 문제를 다룰 수 있어야 함. 표준이력서(학력 기재 안 한 양식) 적극적 보급 노력 2. 백화점, 마트 등에서 일하는 분들의 작업환경 개선 3. 일자리 관련하여 취업정보, 창업정보 접근방법에 대한 홍보 보강 4. 직장 안에서 어버이교육관련 시설 마련도 필요함. 5. 일과 여가 부분과 관련하여 주말이나 늦은시간에는 업무(24

분 야	세부 권리
교육, 일 (98개 의견) ※ 2차 43개	시간 마트 등) 제한이 이루어질 수 있었으면. 6. 기업 구성원의 휴식권이 보장되고, 요구되어질 수 있는 기업 문화가 이루어질 수 있도록. 또한 노동자에 대한 고용주(기업인)의 노동인권 의무교육이 이루어 질 수 있도록 제도적 기반이 마련될 필요. 7. 감정노동자에 대한 정서적 치유 8. 일자리 창출을 위한 구청 별로 있지만, 구인업체가 구청으로 연락을 하지만, 적지 않은 기업이 악덕업주인 경우가 있음. 4대보험이 없고, 퇴직금도 없고, 다쳤을 때도 개인의 돈으로 치료하게 함. 9. 알바에서 비정규직, 비정규직에서 정규직으로 전환되는 곳 경험해보니, 비정규직이 생기면서 근로조건이 너무 악화됨. 비정규직은 감시와 감독, 정규직의 부당한 요구에 거절할 수 없는 상황. 10. 자녀가 있는 부모는 여전히 일하기가 쉽지 않음. 출산 후 직장에 복귀할 수 있는 여건을 더 개선하기 위해 사회적 여성 인프라를 확실하게 구축해야함. 11. 중소기업들도 여성 복지를 보장하고 싶지만 실제적으로는 어려움이 많음. 정부의 도움이 절실히 필요. 12. 국적과 인종에 따라 차별받는 사회적 분위기를 변화시켜야 함. 동일노동 동일임금을 포함 13. 명예퇴직자분들이 양질의 일자리를 찾기가 힘듦. 사회적 경험이 축적되어 있음에도 사회에서 활용되지 못함. 이 분들의 노하우를 중소기업, 학교 등 사회 여러 분야에서 활용하는 방법을 찾아야 함. 14. 건물 건축 시 건물 관리 노동자의 휴게실 설치를 의무화함 15. 중소기업 근로자에 대한 노동기본권 보장이 실질화 되어야 함(대기업 근로자와 비교한 차별) 16. 업을 시작하는 사람에 대한 권리가 보장되어야 함. 지적재산권의 보장범위가 넓어져야 함. 17. 특수계약직 근로자의 노동기본권 보장. 〈기 타〉 ○ 1차 회의 1. 돈을 지불하면 판매자에게 함부로 대해도 된다는 개념을 없

분야	세부 권리
교육, 일 (98개 의견) ※ 2차 43개	애야 함 2. 또, 치매 노인 임종을 보면 인간이 마지막에 정말 존엄성 있게 돌아가실 수 있어야 함. 이런 점에 대해 많이 생각하고 준비할 수 있는 문화여야 함 3. 서울시가 육아휴직 사용에 모범이 돼라(양육차별, 부성차별) 4. pc방, 룸까페, 키스방 등에 아이들이 무방비 노출되는 것도 청소년의 인권문제로 접근 5. 청소년도 부모 동의없이 안전하게 일할 수 있는 여건 마련 6. 송파구 3모녀 자살사건을 보고, 젊고 일할 수 있는 사람에게 일할 권리 보장 ○ 2차 회의 1. 청소년이 부모 동의없이 일할수 있는 권리는 바람직 하지 않음 (반대의견) 아동 청소년의 자율 관련해서 다양한 의견 있을 수 있음 2. 직장 안에 있는 어린이집을 오로지 해당 직장인들에게만 열어주지 말고, 외부 사람들에게도 개방해 줄 필요가 있음.
헌장의 이행 (12개 의견) ※ 2차 2개	〈권리목록 관련 리스트〉 ○ 1차 회의 1. 긴급구제신청 제도 신설 2. 인권침해에 대한 구제를 실질적으로 또 폭넓게 규정해야 함 3. 인권헌장의 개정에 대한 구체적 절차나 조건 등 규정 4. 인권침해에 대한 구체적인 구제 인권헌장에 명시 5. 모니터단 구성을 통한 매년 이행점검과 평가 6. 법률적인 조례를 비롯한 실천수단 7. 상호간 신뢰바탕으로 적극적 이행 8. 인권이 제도를 통해 꼭 보장되도록 해야 함. 국민이 관심을 갖고 사명감이 우러나게 할 수 있는 제도여야 함 9. 헌장의 이행 부분에서, 이것이 상징적인 헌장인지 실질적인 이행의 계획이 나오는 것인지, 어디까지 효력을 미치는지 등의 적용 범위가 명확하지 않음. 인권 침해가 벌어졌을 때 어떻게 해소할 것인지 검토 10. 헌장을 만든 이후에 이행에 대해서는 조례를 추가로 제정할

분 야	세부 권리
헌장의 이행 (12개 의견) ※ 2차 2개	필요 ○ 2차 회의 1. 시민들도 함께 인권헌장을 이행하고 실천하자는 내용을 추가 (권리가 있으면 의무도 함께 있음을 강조) 2. 인권에 대한 보장과 함께 의무에 대한 규정도 함께 존재해 야 함
기 타 (22개 의견) ※ 2차 2개	〈운영 등 일반적 건의〉 1. 회의 시간을 평일 주간대로 하는 것은 직장인과 학생 등 참여 를 어렵게 해, 결국 참여의 기회 공정성을 보장하지 않는 것임. 2. 참여자들이 인권에 대한 이해를 높일 수 있게, 동영상 등 참 고할 만한 자료 등이 비치되었으면 좋겠음. 〈헌장 형식과 관련된 의견〉 ○ 1차 회의 1. 누구나 쉽게 이해가능한, 번역이 용이한 단어나 문장 사용(접 근성 용이) 2. 기존의 인권헌장이 추상적이고 실효성이 없는 것 같음 3. 시의 약속에 관한 장을 별도로 신설(광주인권헌장처럼 권리 아래 바로 의무를 넣는 방식 지양) 4. 전문의 명칭을 관행적으로 전문이라기 하기 보다 머리글 등 새로운 명칭 부여(국어학자 등 자문 검토) ○ 2차 회의 1. 분량이 너무 많아 다 담을 수 있을지 의문 - 세계인권선언 등 국제 인권규범 참조하여 비슷한 분량으로 제 정, 단 권리를 포함한 배경과 근거 제시 필요 〈위 권리목록으로 분류하기 어려운 권리목록〉 ○ 1차 회의 1. 국가의 안녕이나 국민의 애쓰는 분들의 권리보장(국가유공자, 소방공무원) 2. 인간에 대한 기본적 이해부터 세밀하게 하기(인간의 심리이 해, 교육 및 치료) 3. 인식이 안 좋은 특정 단어(계모 등)에 대한 개선 필요

분 야	세부 권리
기 타 (22개 의견) ※ 2차 2개	4. 이기적인 님비현상에 자신의 권리뿐만 아니라 시민의 책무 (사회소외계층에 대한 서비스를 하는 단체가 오는 것을 주민이 반대하여 이사할 수 없음)임을 인식 6. 지역이기주의 극복(님비현상) 7. 갈등이 있을 때 두려워하기 보다 변화의 계기로 삼아야 함 8. 행정소관 충돌시 서울시가 중앙부처와의 조정할 의무가 있음. 9. 공직자의 권한을 지켜주자 10. 전력이 낭비되지 않도록 가로등이 일몰일출을 지키도록 함 11. 지하철 무임승차는 계층별, 소득별로 차이를 두도록 함 12. 국기게양은 당일날 새벽에 합시다 13. 서울시 공무원 채용에서 인권을 보장할 수 있는 인재를 발탁할 수 있도록 시험제도를 바꾸었으면 좋겠음. 14. 작년부터 면접에서 인적성을 반영하도록 시행하고 있는데, 실제로는 형식적인 부분이 있는 것 같음. ○ 2차 회의 1. 서울시민의 날(10월 28일)을 국제적인 행사로 홍보, 많은 시민들이 참여할 수 있도록 준비해야
인권에 대한 정의 (49개 의견)	1. 인권은 유언장 2. 인권은 적당히 쉬고 일할 권리 3. 인권은 태양이며 권리 4. 인권은 약자 5. 인권은 너와 나 시민의 행복 6. 인권은 편안함 7. 인권은 호흡 8. 인권은 소외받지 않는 것 9. 인권은 등대 10. 인권은 이해와 공감이다 11. 인권이란 모두에게 주어지는 행복한 권리이다. 12. 인권의 인간의 도리이다 13. 인권은 인정이다 14. 인권은 사람다움을 인정하는 것이다 15. 인권은 인간의 권리이다 "서울시민 김은숙입니다" 16. 인권은 산소이다 17. "어느 누구나 동등하게 누려야 함"

분 야	세부 권리
인권에 대한 정의 (49개 의견)	18. 인권은 많은 사람들의 공감이다. 19. 인권은 같음과 다름을 인정하는 것 20. 인권이 보장되는 사회는 소통이 잘 되는 사회 21. 인권은 행복한 삶의 가치 22. 인권은 사람이 최소한 누려야 할 권리(나는 병원에서 일을 하는데, 치매 환자에게도 인권이 필요하다고 생각한다) 23. 인권은 아는 만큼 보인다이다 24. 인권은 타인에 대한 관심에서 비롯하는 것이다 25. 인권은 사람이 살아가는 데에 기본적인 권리다 26. 인권은 행복이다 27. 한부모 가정으로 살다보니 인권에 대해 특별히 느껴지는 문제들이 있다. 인권은 누구나 기본적으로 누려야 할 권리이고 사회적 갈등이 없는 상태이다. 28. 인권은 자기 생각의 작품이라고 생각합니다. 자신을 철학을 담은 작품 29. 인권은 존중받을 권리 30. 인권이 가깝고도 먼 권리이다. 인간이라면 당연히 누려야할 권리이지만, 일상생활에서는 잘 느끼지 못하고 존중 받지 못하는 권리인 것 같습니다. 31. 인권은 사람답게 인간답게 행복하게 사는 것 32. 인권은 역지사지 33. 인권은 인류 전체를 위한 권리이다. 인권은 가해자 피해자를 가리지 않고, 모두에 적용되고 확대되어야 할 권리, 사회적으로 인정 받아온 인간이라는 것이 확대되어 온 것처럼 축소되어서는 안된다. 34. 인권이란 인간의 기본적 권리 서울시민 누구나 차별받지 않고 행복한 삶을 추구할 수 있는 권리 배우러 왔습니다. ^^ 누구나 다 공감할 수 있는 보편 타당한 의견들로 만들어지길.... 35. 인권은 공기이다. 36. 내가 사는 삶의 문제, 37. 성소수자 인권활동, 인권은 당연한 권리 38. 함께 어울려서 살아갈 권리, 용산구 주민으로 교육권에 관심 있음 39. 한사람 한사람 존엄하게 인정받을 권리, 강남주민으로 연장자 여성 3인중 한사람

분 야	세부 권리
인권에 대한 정의 (49개 의견)	40. 행복추구권이다/ 서울시민은 행복을 추구할 권리를 가진다
	41. 다양한 목소리가 제대로 기록되어 모든 시민의 가슴에 남도록
	42. 사회복지사로서 소외되 소수가 존중받는 사회, 아동청소년의 목소리가 인정되는 권리
	43. 인권은 모든 사람이 억울하지 않은 사회
	44. 인권은 빛이다 - 어둡고 보이지 않는 곳을 비춰줄 수 있음
	45. 인권은 평등한 것이다 - 근로자 인권
	46. 인권은 나무다 - 가꾸지 않으면 죽음
	47. 인권은 공정하고, 공평해야함. 숲을 봐야지, 나무를 보면 안된다.
	48. 인권은 모든 인간들이 다양성을 인정받고 존엄성을 누릴 권리
	49. 인권은 존재하는 것에 대한 사랑, 좁은 문을 열어주는 것

■ 시민위원에게 제공한 인권헌장 Q & A

Q1. 인권이란?

〈답 변〉

⇨인권은 누구나 차별 없이 인간으로서 존엄과 가치를 존중받고 누릴 수 있는 보편적인 권리를 말합니다. 여기에는 기본적 자유, 안전, 존엄한 삶, 평등한 인격체로서 사회에 참여할 수 있는 모든 권리가 포함됩니다. 현대 인권기준의 출발점이라고 할 수 있는 세계인권선언 제1조는 "모든 사람은 태어날 때부터 자유로우며 그 존엄과 권리에 있어 동등하다"고 규정합니다.

⇨인간다운 삶에 대한 기준과 조건은 폭넓고 다양하기 때문에, 인권을 어디까지 보장할 것인가는 사회적인 논의와 실천을 통해 구체화해야 합니다. 이렇게 인권의 의미를 파악하고 확장해나가는 데 있어서 주목할 점은, 역사적으로 권리를 갖지 못한 사람들이 가장 마지막으로 사용해온 언어가 인권이었다는 사실입니다.

Q2. 인권과 복지는 어떻게 다른가?

〈답 변〉

⇨사회복지란, 좁은 의미로는 개인이 스스로 생활을 지탱할만한 소득을 얻기 어려울 때 국가와 사회가 최소한의 생활을 보장하는 것입니다. 더 넓게는 최저생활 보장과 주거·보건의료·고용·교육과 같이, 개인이 한 사회의 구성원으로서 적절한 삶의 질을 누리

며 살아가는 데 필요한 사회정책과 서비스를 아우르는 것입니다.

⇨인권은 사회보장, 주거, 보건의료, 고용, 교육을 아우르는 넓은 의
미의 사회복지를 인간으로서 누려야 할 보편적인 권리로서 포괄
하며, 이를 보장할 책임은 국가에 있습니다.

⇨사회복지에 대한 인권적 접근은 사회복지의 각 영역을 기본적 권
리로 인정하고, 평등권, 알 권리, 참여, 책임과 같은 인권의 기본
원칙을 사회복지의 모든 영역에 적용하는 것을 말합니다.

Q3. 서울시민 인권헌장 제정의 근거와 필요성?

〈답 변〉

⇨서울시민 인권헌장은 서울시 인권조례와 민선5기 서울시장 공약
에 근거해 제정됩니다.

- 서울시 인권조례 제12조 : 시장은 인권을 존중하는 가치를 구현하
고 지속 가능한 인권도시를 만들기 위해 서울시민 인권헌장을 제
정하여 선포한다.

- 민선5기 서울시장 공약 : 서울시민 권리헌장 제정위원회 설치

⇨서울시민 인권헌장이 제정되어야 하는 이유는 아래와 같습니다.

- 천만 서울시민과 서울시가 함께 지키고 보호해야 할 인권에 대한
가치와 규범을 마련합니다.

- 서울시의 주인이자 권리를 향유할 당사자인 시민의 참여와 소통
을 통해 제정됨으로써, 시민의 주체성을 강화합니다.

- 인권 현실을 성찰하고 인권비전을 공유하여 지속가능한 인권도시
를 만들어갈 토대를 마련합니다.

Q4. 국내외 인권헌장 제정 사례?

〈답 변〉

⇨지방자치단체 차원에서는 캐나다의 몬트리올이 대표적인 사례로 꼽힙니다. 유럽 연합에서는 2000년에 〈도시에서의 인권 보호를 위한 유럽 헌장〉을 제정했고, 유럽 내 350개가 넘는 도시에서 이 헌장을 비준한 상태입니다.

⇨국내에서는 2012년에 광주광역시가 최초로 인권헌장을 제정했고, 2013년에는 서울 성북구에서 주민인권선언을 제정했습니다.

※ 서울시 홈페이지내 인권헌장 페이지 참조

http://gov.seoul.go.kr/archives/56992

Q5. 다른 사례와 달리, 서울시민 인권헌장이 갖는 특징은?

〈답 변〉

⇨서울시민 인권헌장이 갖는 근본적인 차이점이자 특징은, 처음부터 끝까지 시민이 직접 참여해 주도적으로 헌장을 제정하고 선포한다는 점입니다.

⇨서울시민 인권헌장은 150명의 시민이 참여하는 시민위원회에서 직접 만듭니다. 이 위원회는 시에서 사전 검토하거나 접촉하지 않고, 오직 시 홈페이지에서 자발적으로 신청을 받아 추첨을 통해 구성하였습니다. 모두 1,570명의 지원자를 자치구별로 구분하고, 나이와 성별에 따라 인원을 고루 배분해 공개 추첨함으로써 균형있고 투명한 상향식 선발과정을 거쳤습니다.

⇨헌장 조문 또한 전문가가 미리 만든 안을 검토만 하는 것이 아니라, 시민위원 전원이 참여하는 공식 회의를 통해 처음부터 끝까지 직접 작성해나갑니다. 원탁토론과 분과별 논의를 통해 인권의

목록을 제시하고, 권리별로 분류하고, 분과별 세부 사항을 검토
하여 모두가 함께 헌장을 구성합니다.

Q6. 인권헌장 제정 시민위원 역할과 활동 기한?

〈답 변〉

⇨ 인권헌장 제정 시민위원은 2014년 8월 6일부터 오는 2014년 12월 31
일까지, 서울시민 인권헌장을 제정하는 모든 과정을 주도합니다.

⇨ 활동기간 동안 5차례의 공식적인 전체 회의와 분과별 회의를 통
해 인권헌장을 작성하고 보완해나감으로써, 최종안을 확정하고
직접 선포합니다. 시기별 활동과정은 아래와 같습니다.

인권목록 마련 (8월) -〉 권리별 분류, 분과 구성 (9월) -〉 분과별 기
초안 작성, 보완 (9-10월) -〉 인권헌장 기초안 작성 (10월) -〉 인권
헌장 최종안 의결 (11월) -〉 인권헌장 선포 (12월)

Q7. 시민위원 이외의 일반시민들의 의견 수렴방법은?

〈답 변〉

⇨ 서울시는 시민위원회 활동이 보다 효과적으로 이루어질 수 있도
록, 아래와 같이 온라인과 오프라인에서 다양한 의견을 추가로
수렴하고 있습니다.

○온라인

- 다음(Daum) 아고라 서울광장에서 7.28~8.29까지 「서울시민이 누릴
권리, '인권헌장' 함께 만들어요」를 주제로 의견수렴 중

- 서울시 시민제안 사이트 천만상상오아시스 내 테마제안 코너에서

8.1~8.31까지 「나에게 필요한 인권은? 내가 생각하는 인권은?」을 주제로 의견수렴 중
- 서울시 홈페이지 내 인권헌장 시민의견수렴 게시판 상시 운영 중

○오프라인
- 9월~10월 2차례 권역별 토론회 개최 (강남/강북)
- 9월초 인권헌장 공모전 개최
- 11월초 문화행사를 겸한 인권콘서트 개최 시 의견수렴 예정
- 11월 중순 인권헌장제정 시민공청회 개최 예정

Q8. 시민위원을 무작위 추첨을 통해 선정하였는데 그 이유 및 위원회 운영의 전문성 확보방안은?

〈답 변〉

⇨서울시민 인권헌장은 시민이 직접 제정하는 것이므로 다양한 시민의 참여기회를 보장하는 것이 중요합니다. 그래서 별도의 자격요건이나 제한 없이 인터넷을 통해 지원을 받았으며, 위원회가 시민 일반을 고르게 대표할 수 있도록 지원자 1,570명을 1차로 지역별, 연령별, 성별로 분류한 뒤 무작위 공개 추첨으로 150명을 선발하였습니다. 이렇게 구성된 시민위원회에는 실제로 10대 고등학생부터 70대 노년층까지, 직업과 관심사 등이 특정 영역에 치우치지 않는 다양한 시민들이 참여하고 있습니다.

⇨이와 별도로, 전문성과 현장경험 등을 보완하기 위해서 인권단체와 학계 등에서 초빙한 인권전문가 40인이 위원회 활동을 적극 지원하고 있습니다.

〈전문위원 및 테이블 의견〉

Q9. 사상, 의사표현의 자유에서 사상은 어떤 의미인가? 제약되어야 할 부분은 없는가?

〈답 변〉

⇨'사상'은 정치나 사회에 대한 주장이나 견해, 세계관을 뜻하는 말입니다. 이러한 사상을 스스로 판단하고 결정할 자유는 제한 없이 보장되어야 하고, 타인에게 구체적인 해악을 끼치지 않는 한 그 사상을 표현하는 데도 원칙적으로는 제약이 없어야 합니다. 다만, 그 사상을 실현함으로써 타인의 권리를 침해하게 된다면 그 행위를 제약할 수는 있을 것입니다.

Q10. 사회적 약자 혹은 소수자라는 표현을 쓰는데, 소수자의 정의는 어떤 것인가? 수가 적으면 소수인가? 사회적 약자와 소수자는 같은 것인가?

〈답 변〉

⇨국제법에서는 주류 집단과 인종·종교·언어가 다르고, 고유의 정체성으로 강한 유대감을 갖는 사람들을 '소수자(minorities)'라고 말합니다. 대부분 수적으로도 소수이지만, 남아프리카 공화국의 흑인처럼 수적으로 다수인데도 사회적 차별을 받는 '소수자'인 경우도 있습니다. 국제법상 소수자 권리 보호 의무는 소수자가 고유의 문화적 특성을 유지하면서 정치, 경제, 사회 모든 분야에 차별없이 참여할 수 있도록 보장하는 것입니다. 한편 '사회적 약자'나 '취약집단'이라는 개념은 인종·종교·언어적 특징과는 관계없이 사회적 차별을 겪는 모든 사람을 뜻하며, 이들에게는 차별금지와

평등의 원칙에 기초한 특별한 관심이 필요합니다.

⇨국내에서는 사회적 약자와 소수자가 구분되지 않는 경우가 많습니다. 두 단어 모두 수가 많거나 적은 것을 떠나, 편견 때문에 사회적으로 배제되거나, 정치적 대표성과 사회경제적 자원을 동등하게 배분받지 못하는 사람들을 뜻하는 말로 사용되곤 합니다.

⇨누가 사회적 약자나 소수자인지는 정해져있는 것이 아니라, 구체적인 사회적 맥락에 따라 달라질 수 있는 상대적이고 유동적인 개념입니다.

Q11. 헌장 선포 후 실질적인 이행계획은? 헌장이 말하는 인권 침해가 벌어졌을 때 해결방법과 효력을 미치는 범위는? 추가로 법제도가 필요하지는 않은지?

〈답 변〉

⇨서울시민 인권헌장은 법률과 조례처럼 법적인 구속력을 갖지는 않습니다. 그러나 서울시의 주인이자 권리 향유자인 시민이 직접 제정하여, 권리보장의 책무를 갖는 서울시와 함께 맺는 사회적 협약이므로, 향후 서울시가 행정전반에 인권적 가치를 담아내도록 만드는 중요한 지침이 될 것입니다.

⇨또한 인권헌장 자체에 '헌장의 이행' 부문을 따로 구성해두어 더욱 실효성을 갖도록 할 예정입니다. 이 외에도 시에서 헌장을 이행하기 위한 공무원 지침을 별도로 마련하고, 헌장이 제정된 이후에도 시민위원들이 참여하여 헌장 실천 여부를 살피는 옴부즈만으로 활동할 계획입니다.

⇨시민인권보호관을 운영하여 실제로 벌어지는 인권침해 사건을 접수하고 구제 방안을 찾을 것입니다.

Q12. 인권헌장이란 무엇인가?

〈답 변〉

⇨서울시민 인권헌장은 서울시민이 기본적으로 누려야 하는 인권
의 내용과 그것을 실현할 서울시의 책무를 담는 규범입니다. 여
기에는 적절한 주거와 직업, 대중교통, 안전, 의료, 복지, 교육에
대한 권리, 시 행정에 참여할 권리 등 서울 시민이 누려야 할 기
본적인 권리의 내용과, 이러한 권리를 보장하기 위한 서울시 행
정에 관한 전반적인 사항이 담길 것입니다. 천만 서울시민을 대
표하는 150명의 시민위원이 공식 회의와 토론회, 기타 다양한 과
정을 통해 참여와 소통, 합의를 바탕으로 헌장의 모든 내용을 직
접 작성합니다.

Q13. '서울시민 권리선언'과 '서울시민 인권헌장'은 무엇이 다른가?

〈답 변〉

⇨서울시민 권리선언은 현 박원순 서울시장이 2011년 10월 시장후
보로서 발표한 것으로, 서울시 행정의 목적은 존엄하고 행복한
삶을 누릴 시민의 권리를 보장하는 데 있다는 의지를 담고 있습
니다. 선언의 후속조치로는 서울시민 권리헌장제정 위원회 설치
를 제시하였습니다.

⇨서울시민 권리선언은 인권에 관한 중요사항을 10개조에 나눠 담
은 완결된 선언문이었습니다. 반면 서울시민 인권헌장은 시민의
인권보장에 필요한 사항을 폭넓고 구체적으로 담을 예정이며, 시
민이 직접 참여하여 인권의 가치와 규범을 만든다는 점이 중요한
특징입니다.

Q14. 국가의 법률을 통해서도 국민(시민)의 인권을 보장할 수 있는데 굳이 인권조례를 제정했는가?

〈답 변〉

⇨지방자치단체에서 별도의 인권조례를 제정하는 이유는 크게 아래 두 가지로 볼 수 있습니다.

⇨첫째, 인권은 헌법과 법률이 이미 보장하고 있지만, 지방자치단체 조례를 제정하면 인권의 중요성을 재확인할 수 있고, 국가 뿐 아니라 지방자치단체 차원에서도 인권을 보장할 임무가 있음을 확실히 밝힐 수가 있습니다.

⇨둘째, 지방자치단체가 인권을 보장하기 위해 무엇을 해야 하는지를 구체적으로 정하고, 그 임무를 실천하도록 제도적으로 강제할 수 있습니다. 헌법과 법률이 있다 하더라도 지역에 따라 조건과 상황이 다르기 때문에 일률적으로 규정하기가 어렵습니다. 적절한 인권조례를 별도로 제정함으로써 공무원 인권교육 실시, 인권 담당부서 설치, 인권위원회 설치 등 지역의 상황에 맞는 구체적인 방안을 마련할 수 있습니다.

Q15. 왜 소수자의 인권이 더 중요한가?

〈답 변〉

⇨차별금지와 평등은 인권의 가장 기초적인 원칙입니다. 모든 사람은 존엄한 인간으로서 대우받고 평등하게 권리를 누릴 수 있어야 합니다. 사회적 약자나 소수자는 편견과 차별을 겪는 당사자이기 때문에, 이들이 평등하게 권리를 누릴 수 있도록 보장하는 적극적인 조치가 필요합니다.

⇨인간존엄과 자유, 평등, 정의는 민주주의의 기본 원리입니다. 민주주의가 제대로 작동하려면 모든 사람이 동등한 입장에서 논의에 참여하고, 다양성을 존중받을 수 있어야 합니다. 하지만 다수결 원칙에 입각한 대의제 민주주의에서는 사회적 약자나 소수자의 권리가 희생될 가능성이 있습니다. 권력과 자원을 적절히 나눠 갖지 못하여 정치과정에서 제대로 대표성을 보장받지 못하기 때문입니다. 민주주의가 정당성을 얻기 위해서는 소수자의 기본적 권리를 보장하고 정치과정에서 참여기회를 넓히기 위한 보완적인 노력을 기울여야 합니다. ·

〈추가 질문 : 9.5 전문위원 4차회의〉

Q16. 인권과 권익은 어떻게 다른가 ?

〈답 변〉

⇨인권은 인간으로 살아가는 데 근본적으로 중요한 권리들을 뜻하지만, 권익은 권리와 그에 따르는 이익으로서 제도적이고 법적인 권리와 생활상의 개인적인 이익을 포괄하는 개념입니다. 인권은 윤리적 보편타당성을 특징으로 하는 가치규범으로서 한 사회의 실정법에 앞서는 것입니다. 따라서 모든 권익이 인권에 등치되지는 않습니다. 어떤 권익이 인권에 포함되는지 판단하려면 인간의 삶에 본질적으로 중요한지, 윤리적 보편타당성이 인정되는지를 질문해보아야 합니다.

Q17. 사회적 약자 권리 보호로 인해 역차별이 초래되는가?

〈답 변〉

⇨권리를 평등하게 누리지 못하고 편견과 차별을 겪는 사람을 사회
  적 약자라고 한다면, 사회적 약자의 권리 보호는 특별한 혜택이
  아니라 잘못된 상황을 바로잡는 것입니다. 균등한 기회를 제공하
  여 차별을 없앨 수 있는 경우도 있지만, 쉽게 해소되지 않는 뿌리
  깊은 차별을 겪는 사회적 약자에게는 보다 적극적인 조치가 필요
  할 수 있습니다. 목적에 맞는 합리적인 조치를 취한다면 역차별의
  가능성은 줄어들고, 사회의 다양성과 평등이 증진될 것입니다.

Q18. 시민은 권리의 주체인 동시에 책임과 의무의 주체인가?

〈답 변〉

⇨모든 사람은 권리의 주체인 동시에, 타인의 권리를 존중할 책임
  이 있습니다. 내가 차별당하지 않을 권리를 갖는다는 것은 나 이
  외의 모든 사람이 나를 차별하지 않을 책임을 갖는다는 뜻이며,
  나 역시 다른 모든 사람을 차별하지 않을 책임이 있다는 것입니
  다. 단, 인권은 보편적인 권리입니다. 다른 사람의 인권을 존중했
  기 때문에, 의무를 이행한 대가로 부여받는 것은 아닙니다.

■공청회 파행에 대한 서울시 인권위원회의 입장

서울시 인권위원회는 2014년 11월 20일 서울시민인권헌장 제정을 위한 공청회가 폭력과 위력이 난무하는 가운데 무산된 것에 대해 개탄한다. 오늘의 이 같은 사태는 우리 사회가 그동안 어렵게 쌓아온 인권과 민주주의에 대한 중대한 도전이 아닐 수 없다.

서울시 인권헌장 제정에 반대하는 세력은 공청회 개회 전부터 욕설과 구호를 외치는 등 공청회 개최 자체를 방해했으며, 단상의 발표자 명패를 팽개치면서 사회자와 발표자들이 접근하지 못하도록 완력을 썼다. 급기야 사회를 맡은 박래군 서울시인권위 부위원장의 멱살을 잡는가 하면, 장내 정리를 호소하는 문경란 서울시 인권위원장의 마이크를 빼앗고 힘으로 밀어붙이기도 했다. 이번 공청회는 서울시가 시민인권헌장을 제정하기 위해 공식적으로 마련한 행사로 이들의 행태는 명백한 공무집행 방해죄에 해당된다.

그동안 서울시민인권헌장제정 시민위원회는 다섯 차례에 걸친 전체회의와 두 차례의 시민토론회, 아홉 차례의 간담회 등을 거치면서 의견을 조율하고 합의를 이끌어 내기 위한 최대한의 노력을 기울여 왔다. 때로는 의견충돌에 따른 격론이 벌어지기도 하였으나, 초지일관 진지하고 성숙한 토론을 통해 상당한 의견접근에 이르렀다. 이견을 좁히지 못한 극히 일부의 쟁점에 대해서도 합리적 의견개진과 토론을 통해 해결하고자 마지막까지 진력을 다하고 있다. 이날 공청회도 성숙한 토론문화를 통해 최종합의를 이끌어내고자 하는 시민적 노력의 일환으로 마련된 것이다. 오늘 공청회를 무산시킨 일부 세력의 언동은 그간의 노력을 부정하고 무위로 돌리는 것이다.

주지하다시피 오늘날 모든 사람들로부터 인권이 보편적 가치로 존중받기까지에는 숱한 도전과 난관이 있어왔다. 인권은 단 한 사람도 예외 없이, 모두 존엄한 존재이며, 누구도 차별 받아서는 안 된다는 원칙에 대한 확인으로부터 출발한다. 우리는 이 위대한 인류의 고귀한 원칙이 폭력에 의해 부정되거나 훼손되는 것을 좌시할 수 없다. 차별과 혐오를 공공연히 조장하는 반인권적 주장은 대한민국이 가입한 유엔 규약과 협약에 위배될 뿐만 아니라 대한민국의 헌법정신까지도 부인하는 것으로, 이는 관용의 범위를 넘어서는 것이다. 인류가 힘겹게 성취한 인권의 보편적 가치를 되돌릴 수 없다는 것은, 온 인류가 합의한 대원칙이다. 나아가 반기문 유엔 사무총장의 발언과 같이 "모든 곳의 모든 인권을 지키는 것이 우리의 의무"이기도 하다.

오늘 공청회가 폭력적으로 무산된 것은 명백히 폭행·협박 및 위력에 의한 공무집행방해죄에 해당하는 만큼 서울시는 일부 난동자에 대한 법적 추궁 등 엄정한 대응을 강구하여야 할 것이다. 서울시 인권위원회는 인권이 부정됨으로써 우리 사회가 다시금 야만과 광기, 증오와 폭력으로 얼룩지는 사회로 돌아가는 것에 대해 단연코 반대한다.

2014년 11월 21일
서울특별시 인권위원회

■ 제6차 시민위원회에서 발표한
서울시민 인권헌장 제정에 대한 서울시 입장

먼저 서울시민 인권헌장 제정에 참여해 주신 180인의 서울시민 인권헌장 제정위원님께 진심으로 감사를 드립니다. 여러위원님의 열정과 헌신에 힘입어 서울시민 인권헌장(안)이 제정되고 있습니다.

그동안 2차례 권역별 토론회, 공청회, 9차례의 시민단체 간담회, 인권콘서트, 그리고 다음아고라, 서울시 홈페이지 등 온라인 게시판을 통해 다양한 시민의견을 수렴하였으며 이를 통해 시민이 공감하고 합의할 수 있는 인권헌장을 제정하려고 노력해 왔습니다.

그럼에도 불구하고 공청회가 무산되고 강남북 토론회가 비정상적으로 개최되는 등 현재 헌장의 일부 미합의사항에 대한 사회적 논란과 갈등이 번져가고 있는 실정입니다. 서울시는 공청회 과정에서 벌어진 극단 행동에 대한 유감을 표한 바 있으며, 공청회 파행 과정에 대한 책임을 절감하고 있습니다.

여러분 모두 잘 아시다시피, 서울시민 인권헌장은 서울시민대표인 여러분이 만드는 사회적 약속이자 협약입니다. 서울시는 인권헌장이 시민의 축제처럼 만들어지고 공표되기를 희망하고 있습니다. 하지만 안타깝게도 사회적 갈등이 확산되어, 시민의 삶 속에서 헌장의 가치가 공유되어 수용성을 높여야 하는 헌장 제정 목적이 실현되기 어려운 상황에 직면하고 있습니다.

따라서 서울시는 오늘 마지막 6차 회의를 통해 표결방식이 아닌 시민위원님들의 합의를 통해 헌장안이 도출되길 간절히 바라고 있습니다. 표결방식은 헌장의 정신과 취지에 어긋나고 또 다른 갈등의 시작이라고 생각하기 때문입니다.

오늘 6차 회의에서 합의안이 만들어지길 간절히 희망하며 만일 오늘 합의안이 도출되지 않을 경우엔 12월 10일로 예정된 선포식을 연기하고 향후 시민사회의 다양한 의견을 더욱 광범위하게 경청해 나갈 예정입니다. 서울시는 어떠한 경우에도 합의된 사항에 대한 이행계획을 수립해나가고, 그동안의 과정을 충실히 기록하여 우리의 현재를 확인하는 등의 노력을 해나갈 것입니다.

오늘 마지막까지 최종 합의안이 나오도록 최선을 다해 주시리라 믿고 그동안 보내주신 열정과 헌신적인 노력에 다시 한번 감사드립니다.

■ [보도자료] 서울시민 인권헌장 제정에 대한 서울시 입장

서울시는 그동안 서울시민인권헌장제정에 참여해 주신 180분의 서울시민 인권헌장제정위원들이 보여주신 열정과 헌신에 진심으로 감사를 드립니다. 서울시는 쉽지 않은 논의 과정에서 사회적 합의를 만들어내려는 위원들의 노력을 기억하고 있습니다.

그동안 강남·북 토론회, 공청회, 9차례의 시민단체 간담회, 인권 콘서트를 통해 다양한 시민들의 의견을 청취해 왔으며, 온라인상으로도 다음 아고라, 천만상상오아시스, 서울시 홈페이지 등을 통한 의견수렴 등 시민이 공감하고 합의할 수 있는 인권헌장을 제정하려고 최선의 노력을 다해 왔습니다.

그러나 공청회가 무산되고 강남북 토론회가 비정상적으로 개최되는 등 헌장의 일부 미합의 사항에 대한 사회적 논란과 갈등이 확산되어, 시민의 삶속에서 헌장의 가치가 공유되고 이를 통해 수용성을 높여야 하는 헌장제정 목적이 실현되기 어렵다는 현실적 한계에 직면하였습니다. 서울이라는 도시 속에서 사람들의 삶을 보듬고 서로 살필 수 있는 가치와 약속을 만들려는 노력이 일부 쟁점으로 인해 사회적 갈등으로 확산되는 것을 막고자 최선의 합의 과정을 만드려는 노력이었다고 생각합니다.

이에 서울시는 사회적 합의를 도출하기 위한 최선의 노력과 아울러, 시민위원회 위원장 등 위원회 관계자분들에게도 합의를 도출하기 위한 설득작업을 몇차례 추진한 바 있습니다. 그리고 이런 맥락에서 인권헌장 6차회의에서도 시민위원들께 합의안 도출을 촉구한 바 있습니다. 기본적으로 서울시민 인권헌장은 사회적 약속이자 협약이기 때문입니다.

따라서 서울시는 지속적으로 사회적 갈등을 야기시킬 우려가 있는 표결형태의 처리방식에 대해서는 명백하게 반대의사를 표명하고 합의방식을 진지하게 고려해주실 것을 요청하였습니다. 하지만 6차 시민위원회에서 일부 미합의 사항에 대한 표결처리가 마지막에 이루어졌습니다. 따라서 기간을 연장해서라도 최선의 합의를 촉구한 서울시로서는 헌장의 표결처리에 대해최종적으로 합의에 실패한 것으로 판단하고 있습니다.

향후 서울시는 이 과정에 함께한 분들, 그리고 이 문제에 관심이 있는 분들의 의견을 경청할 생각입니다. 인권의 한걸음 한걸음이 수많은 사람들의 지속적 노력과 긴 시간 속에서 만들어져 온 것임을 믿기 때문입니다. 서울시민들의 인권이 향상 될 수 있도록 좀더 지속적으로 노력해 나갈 것입니다.

2014. 11. 30.

서 울 특 별 시

■인권헌장 확정이후 시민위원회 전문위원 성명서

서울시민 인권헌장 확정에 부쳐

마침내 서울시민 인권헌장이 시민의 손으로 마련되었다. 서울시민 인권헌장(이하 인권헌장)은 전 과정에 걸쳐 시민이 직접 참여하고, 주도하여 만들어 냈다는 점에서 일찍이 유례를 찾아 볼 수 없는 일대 사건이다. 2014년 11월 28일은 대한민국 시민권의 역사에 빛나는 쾌거로 기록될 것이다.

2014. 11. 28. 오후 7시부터 시작된 인권헌장 제정시민위원회(이하 시민위) 제 6차 회의는 4시간의 토론 끝에, 50개 조항에 달하는 인권헌장을 최종 채택하였다. 시민위는 5차에 걸친 회의를 통해 이견 없는 45개조항은 '전원일치'로 통과하고, 이견이 제출된 나머지 5개 조항에 대해서는 '표결에 의한 합의'로 각각 확정하였다. 반대 의견이 제출된 5개 조항에 대해서도 표결을 거쳐 압도적 다수가 원안을 지지하였다. 만장일치이든, 표결이든, 시민위원 모두는 상호 존중에 입각한 관용과 인내심을 발휘하여, 합리적이고 이성적인 토론 끝에 인권헌장에 합의, 채택에 이른 것이다. 요컨대 서울시민인권헌장이 헌장제정시민위원회의 합의로 의결, 채택되었음은 누구도 부인할 수 없는 사실이다.

사실 서울시는 마무리단계에 이르자 상식적으로 납득하기 곤란한 태도를 드러냈다. 인권헌장제정을 위한 공청회가 일부집단의 위력으로 난장판이 되었음에도 최소한의 질서유지와 신변보호를 위한 공권력투입에 미온적이었으며 엄정한 사후적 대응도 하지 않았다. 서울시는 사회적 논란이 있는 한 인권헌장을 수용할 수 없다고 하는 등 이치에 닿지 않는 요구를 했으며, 인권헌장을 최종 채택하는 제6차 시민위에서 "미합의 조항에 대해서는 표결불가"를 공개표명하기까지 했다. 이에 시민위원들이 거세게 반박하면서 표결에 의한 의결방식을 채택하자 사회자의 마이크를 빼앗고 의사진행을 방해하기까지 하였다.

제정위원 모두는 인권헌장 제정을 위해 오늘에 이르기까지 굳은 사명감과 자부심으로 임해왔다. 그 이유는 박원순 시장이 인권변호사로 활동해왔을 뿐만 아니라, 시장으로 선출된 이후에도 "시민이 시장"이라는 슬로건에서 보이듯 시민주체의 인권도시 실현에 대한 그의 의지를 기대했기 때문이다. 그런데 민주적 원칙에 충실한 절차와 과정을 통해 확정된 인권헌장을 단지 논란이 있고, 만장일치에 이르지 못했다는 이유로 용도폐기하는 일은 있을 수 없는 일이다.

서울시는 시민위원회가 확정한 인권헌장을 예정대로 선포함으로써, 애초의 약속을 지켜야 한다. 시민위원들이 헌신적으로 만든 인권헌장을 물거품으로 만듦으로써, 그동안 추진해온 시민참여행정에 반하는 우를 범하지 않길 바란다. 그동안 인권기본조례 제정, 인권위원회 설립, 인권담당관 신설, 시민인권보호관제도 신설, 공무원 인권교육 확대강화 등 서울을 진정한 인권도시로 만들기 위한 서울시의 노력이 결코 전시용에 그치지 않음을 스스로 증명해 보이기 바란다. 인간존엄성을 존중하고 이를 서울 시민의 일상적

생활원리로 정착시키려는 선한 노력들은 결코 후퇴될 수 없는 일
이다.

2014년 11월 30일
서울시민 인권헌장 제정 시민위원회 전문위원

■ 서울시민 인권헌장 제정 시민위원회 성명서

서울시는 11월 28일 확정된 '서울시민 인권헌장'을 선포해야 합니다!

2014년 11월 28일 서울시민 인권헌장 제정 시민위원회는 만장일치와 압도적 다수의 표결을 통해 '서울시민 인권헌장'을 확정했습니다. 서울시가 공개추첨을 통해 뽑은 150명의 시민위원들과 전문위원들은 이 헌장을 만들기 위해 지난 8월부터 4개월에 걸친 6차례의 본회의 및 각종 토론회를 통해 충분한 토론과 논의를 거쳤습니다. 그 결과 이 날 각 분과에서 합의된 45개 헌장 조항은 만장일치로, 분과에서 이견이 제출된 5개 미합의 조항은 시민위원회의 민주적인 표결을 통해 압도적인 다수로 통과되었습니다. 서울시민 인권헌장은 내용 구성부터 미합의 내용 결정방식, 그리고 최종안 결정에 이르기까지 모두 합리적인 토론과 민주적 절차에 따라 확정되었습니다. 이제 서울시는 애초의 약속대로 시민이 만든 인권헌장을 선포하고 이행해야할 책임이 있습니다.

그런데 11월 28일부터 서울시가 헌장 제정에 보여준 태도는 너무나 믿을 수 없고 충격적인 것이었습니다. 마지막 회의 때 서울시는 느닷없이 시민위원회에게 '미합의조항에 대해서는 표결 불가'라는 입장을 표명하면서 '사회적 갈등'을 방지하기 위해 '전원합의'할 것을 요구했습니다. 하지만 그곳에 모인 100여 명의 위원들이 한 사람의 이견도 없이 만장일치를 하라는 것은 사실상 인권헌장을 만들지 말라는 이야기입니다. 도대체 어떤 정책과 법률이 만장일치로 이루어집니까? UN이 제정한 세계인권선언도 당사국 모두의 만장일치로 의결되지 않았습니다. 역사 속에서 인권을 한 걸음 진전시켜온 다양한 법률도 입법 당시에는 다수결을 통해서 제정되었습니다. 물론 누군가의 인권을 '합의' 혹은 '다수결'로 정한다는 것은 굉장히 꺼림칙한 일이지만, 시민위원회는 합의를 통해 헌장을 제정해야 하는 특성상 불가피하게 표결을 통한 합의 방식을 채택했습니다. 여기에 인권 조항을 '만장일치'로 결정하라는 서울시의 주문은 비현실적일 뿐만 아니라, 한 명의 반대자라도 있으면 누군가의 인권이 침해되어도 상관없다는 반인권적인 처사이기까지 합니다.

그럼에도 서울시는 시민위원회가 자신들의 제안을 따르지 않자 무력으로 사회자의 마이크를 뺏으려 했고, 표결처리하는 과정에서도 원안에 찬성하는 인원보다 반대하는 인원을 먼저 셌음에도 불구하고 반대인원의 합산을 고의적으로 지연시키는 등 회의진행을 방해하기까지 했습니다. 게다가 회의 이후 들려온 충격적인 소식은 서울시가 '서울시민 인권헌장'을 '합의 실패'라는 명분으로 폐기하겠다는 것이었습니다. 이 소식에 시민위원들은 분노와 배신감을 감출 수 없었습니다. 45개 조항에 대한 만장일치, 그리고 미합의 5개 조항에 대한 압도적 다수결 통과가 어떻게 '합의 실패'입니까? 서울시는 이에 대해 한편으로는 '만장일치가 아니'라고 말하면서 다른 한편으로는 '정족수 미달'이기 때문에 무효라고 주장하는 등 앞뒤도 맞지 않는 반박을 구사하면서 시민위원들의 헌신과 인권헌장 제정의 의지를 깡그리 무시하고 있습니다.

시민위원들이 한가해서 헌장제정에 참여한 줄 아십니까? 강의를 마치고 온 학생, 퇴근하고 온 직장인, 아기를 데리고 온 주부, 휠체어를 타고 온 장애인 등, 다들 각자의 생업과 학업으로 바쁜 가운데 오로지 제대로 된 인권헌장을 만들어 보고자 어렵게 시간을 쪼개어 장기간 회의에 참여해온 것입니다. 서울시가 마음에 안 든다고 제멋대로 인권헌장을 폐기할 것이었다면, 도대체 시민위원은 왜 뽑았으며, 인권헌장은 왜 만든다고 했습니까? 그동안 시민위원들이 주말과 금요일 저녁을 반납해서 참여한 6번의 회의 시간을 이토록 허사로 만들 수 있습니까?

서울시는 시민위원회가 확정한 인권헌장을 예정대로 선포함으로써 애초의 약속을 지켜야 합니다. 150명의 시민들과의 약속도 못 지키는데 도대체 무슨 공약을 지킬 수 있단 말입니까! '시민이 시장'이라는 서울시의 슬로건이 무색하지 않게, 그리고 서울시가 진정한 '인권도시'로 거듭날 수 있게 11월 28일 확정 통과된 서울시민 인권헌장을 공포하고 책임감 있게 이행해주십시오! 인권을 이루어온 역사는 언제나 갈등과 투쟁으로 점철되어 있었습니다. 사회적 갈등이 두려워서 인권을 향한 발걸음을 후퇴시키는 것은 애초에 인권을 보장할 의사가 없었다는 것이나 마찬가지입니다. 게다가 시민들이 이성적 토론을 통해 합의한 내용마저도 당초 약속과 달리 폐기하는 행동은 인권과 민주주의에 대한 유린이라고밖에 할 수 없습니다. 과연 박원순 시장이 진실로 인권변호사 출신 시장이 맞는지, 공인으로서 이렇게 함부로 말 바꾸기를 해도 되는지 묻고 싶습니다.

우리 서울시민 인권헌장 제정위원회 시민위원은 서울시가 12월 10일 세계인권의 날에 서울시민 인권헌장을 선포할 것을 강력하게 촉구합니다.

서울시민 인권헌장 제정 시민위원회 일동

■ 박원순 시장의 사과문 (2014.12.10.)

　최근 '서울시민인권헌장' 제정과정에서 벌어진 일들로 인해 시민여러분들과 '서울시민인권헌장' 제정시민위원님들께 심려를 끼쳐드린 점 머리 숙여 사과 드립니다. 아울러 서울시가 시민위원회와 끝까지 함께 하지 못한 점 가슴 아프게 생각합니다. 좀 더 신중하고, 책임있게 임해야 했음에도 불구하고 그러지 못했고, 논의 과정에서의 불미스런 일들에 대해서도 제 책임을 통감합니다. 이번 일로 인해 제가 살아 온 삶을 송두리째 부정당하는 상황은 힘들고 모진 시간이었음을 고백합니다. 그러나, 한편으론 제 자신을 돌아보는 시간이었습니다. 시민운동가, 인권변호사 경력의 정체성을 지켜가는 것과 현직 서울시장이라는 엄중한 현실, 갈등의 조정자로서 사명감 사이에서 밤잠을 설쳤고, 한 동안 말을 잃고 지냈습니다.

　'서울시민인권헌장'은 법률과는 달리 시민들이 자발적으로 만들어가는 사회적 협약이자 약속이니 만큼 서로간의 합의 과정이 중요하다고 생각했습니다.

　서울시는 '서울시민인권헌장' 선포하는 자리에 함께하지 못했습니다. 합의를 이끌어 내기 위해서 시민위원님들이 보여주신 헌신적인 과정을 잘 알고 있습니다. 하지만, 이런 노력에도 불구하고 엄혹하게 존재하는 현실의 갈등 앞에서 더 많은 시간과 더 깊은 사회적 토론이 필요하다고 생각했습니다.

　선택에 따르는 모든 책임을 묵묵히 지고 가겠습니다. 그리고 제가 서 있는 자리에서 현존하는 차별을 없애기 위해 노력해 가겠습니다. 모든 차별 행위에 맞서 '차별 없는 서울'을 만들겠다는 '처음 마음'에는 변함이 없습니다.

'모든 국민은 인간으로서의 존엄과 가치를 가지며 차별을 받아서는 안 된다.'는 헌법정신을 지켜가기 위해 더욱 더 노력하겠습니다.

앞으로 더 어렵고, 더 많은 시간이 걸릴 수 있지만, 상호신뢰의 원칙을 가지고 논의와 소통의 장을 계속 열고 서울시가 할 수 있는 방안을 모색해 가려고 합니다. 보내주신 관심과 걱정에 다시 한 번 진심으로 감사드립니다.

■ 무지개공동행동 서울시청 점거농성 마무리 성명서

당신의 인권이 여기에 있다
- 6일간의 서울시청 점거농성을 마무리하며

우리는 어디에 있는가

우리는 지금 대한민국 서울 시청 로비에 와 있다. 박원순 서울 시장이 서울시민 인권헌장 제정 과정에서 보여준 성소수자 차별발언에 대한 사과와 인권에 대한 입장을 듣기 위해서였다. 그는 시민이 만든 서울시민 인권헌장을 일방적으로 거부했고, 한국장로총연합회와의 간담회에 가서 공개적으로 "동성애를 지지하지 않는다."고 발언했으며, 서울시민 인권헌장 제정과정에서 성소수자 혐오세력들이 저지른 폭력과 혐오 발언을 방치했다. 특히 서울 시장이라는 선출직 공무원이 국제인권기준과 헌법에서 정하고 법률에 규정된 성소수자 차별금지라는 인권의 원칙을 공개적으로 버림으로써 사회적 약자의 인권을 무시할 수 있다는 메시지와 혐오폭력을 허용할 수 있는 근거를 만들었다는 점에 대해 심각하다고 판단했다.

공론의 장에서 성소수자의 존재 자체가 죄악이라는 혐오발언이 아무렇지도 않게 행해지는 현실 앞에서 우리는 한탄했지만 더 이상 가만히 있을 수 없었다. 이제 행동해야 한다! 성소수자만이 아니라 우리 모두가 혐오에 맞서 싸워야 한다는 것을 서울시청 점거라는 행동으로 보여줬다. 우리의 삶은, 우리의 사랑은 바로 차별과 혐오가 익숙한 대한민국 한가운데에서 벌어지기에 우리의 싸움도 여기서 시작될 수밖에 없음을. '성소수자에게 인권은 목숨이다'라는 절박한 마음으로 이곳에 왔다.

우리는 누구와 있는가

우리가 서울시청 점거농성을 무사히 할 수 있으리라 생각하지 못했다. 들어가자마자 끌려나올 수 있다고도 생각했다. 하지만 우리는 행동하지 않을 수 없었다. 우리도 밟히면 악하고 소리 지를 수 있는 사람이라는 것을 보여줘야 했기 때문이다. 우리의 분노를 보여줘야 했기에 행동하지 않으면 안 되었다. 다행히도 우리의 점거농성은 아프고 고통 받는 많은 사람들이 모이는 장소가 되었다. 농성장은 성소수자라서 차별과 억압을 감내해야했던 순간들을 동료들과 나누는 공감의 장이었고, 개인의 서사를 넘어 우리 모두의 서사를 만들어가는 장이었다. 그리고 그 이야기를 듣고 나누는 많은 시민들을 만났다. 그렇게 우리는 누구와 함께 있음으로써 주는 따뜻함을 느꼈다. 우리가 싸워야할 이유를, 우리가 사랑해야 할 이유를 다시 한 번 알게 되었다. 농성기간 내내 넘쳐나는 사람들과 음식들 사이, 웃음 사이로 우리는 우리의 힘을 확인했다. 저녁마다 벌어지는 축제의 장, 삶의 이야기들은 우리가 어떻게 싸워야할 지를 어렴풋이 깨닫게 해주었다. 우리는 진지하게 싸우면서도 웃음과 노래를 잃지 않을 것이다. 한국의 성소수자 운동에 있어서 가장 중요한 의미는 광범위한 지지를 받고 연대를 확산했다는 것이다. 하루 만에 인권, 장애, 여성, 시민사회, 노동, 소수자 등 300여개의 단체의 지지연명을 받았고, 시장면담과 사과를 요구하는 직접 행동을 벌였다. 차별에 저항하여 1000만 인구가 있는 대도시이자 수도인 서울의 시청을 점거하는 한국 성소수자 운동의 용기 있는 직접 행동에 전 세계 성소수자들과 연대자들의 지지의 목소리 등 국제적인 성원이 끊이지 않았다.

우리는 어디에 왔는가

농성기간 동안 시청에서 사람들은 인권의 원칙을 확인했고 그것은 종소리처럼 서울시청 밖으로 번져나갔다. '인권은 합의의 대상이 아니다. 성소수자의 존재가 찬반의 대상이 될 수 없는 것처럼 존재를 가지고 찬반을 논하는 것은 모욕이다. 함께 싸우고 행동할 때 차별과 폭력으로부터 안전해질 수 있다.' 우리가 확인한 이 원칙을 우리는 우리의 삶 속에서 계속 가져갈 것이다.

어제 서울 시장은 무지개 농성단과의 면담에 응했다. 이후 서울시가 밝힌 입장에 대한 여러 아쉬움과 비판에도 불구하고 다음은 명백한 성과이자 서울시가 책임져야 할 내용이다.

먼저 농성 5일째 박원순 서울시장은 우리의 요구 중 하나였던 무지개 농성단과의 면담에 응했으며, 성소수자인권단체와 시민사회단체 대표 6명과의 면담과정에서 "제 책임이고 잘못이다"라는 말로 사과를 표명했다.

"여러분이 입은 마음의 상처에 대해서 미안하게 생각하고 어떤 표현을 요구하더라도 제가 하겠습니다."라고 언급했으며, "이 자리는 여러분들이 겪었던 마음의 상처를 위로하고 제가 죄송하다는 말을 하는 자리", "어떤 오해나 발언에도 불구하고, 어떤 시민도 차별이나 불이익을 당할 수는 없는 것"이라는 점을 분명히 했다. 또한 "제가 여러분들이 겪는 어려움을 해결할 수 있는 일들을 실무적으로 찾아보도록 하겠다"는 의사를 밝혔다. 이와 같은 발언은 그간의 농성 과정을 통해 이끌어 낸 중요한 성과이며 향후 이 발언에 대해 서울시는 책임 있는 행보를 보여야 한다.

둘째, 서울시는 공식 보도자료에서 "농성의 원인을 제공한 것에 대해 깊은 유감을 표명"한다는 애매모호한 표현으로 정리했다. 이러한 내용의 표현은 흡족하지도 충분하지도 않다. 무엇보다 그는 서울시민들이 만들고 12월 10일에 선포한 서울시민 인권헌장을 선포하는 의무를 이행하는 것을 거부했다. 그러기에 우리의 요구와 싸움은 계속돼야 한다. 우리는 서울시가 서울시민 인권헌장의 내용을 이행할 수 있도록 계속 요구할 것이다. 또한 공공 기관인 서울시가 혐오세력에 대해서는 인권의 원칙에 따라 대처하도록 요구할 것이다.

이에 대해 우리는 서울시가 향후 논의의 자리를 만들어나갈 것을 약속한 점을 중요하게 평가한다. 오늘 오전 담당자와의 면담에서 우리는 시장이 면담에서 밝힌 대로 "진정성 있는 조치를 취하라"는 지시를 했다는 사실을 확인했으며, 이를 위해 성소수자인권단체와 만나 논의하고 계획을 세우기로 약속했다. 서울시는 약속을 지켜 앞으로 성소수자 인권 보장과 혐오 방지 대책을 세우고 실행해야 한다. 또한 다시는 선출된 공직자가 성소수자에 대한 차별 금지 원칙을 깨지 않는 시금석이 되어야 할 것이다.

우리는 어디로 갈 것인가

우리는 이번 싸움에서 확인했던 우리 모두의 힘과 인권의 원칙을 이어갈 것이다. 우리의 시청 점거 농성이 오늘 마무리된다고 끝나는 것이 아니다. 우리의 투쟁은 이제 시작이다. 성소수자에 대한 혐오세력은 단지 성소수자만을 공격하는 데 그치는 것이 아니라 인권의 가치를 바닥에 팽개치며 다른 사회적 약자를 공격할 것이기 때문이다. 이주민, 장애인, 빈곤층... 우리는 이렇게 확대되는 인간 존엄성에 대한 모욕을 방치할 수 없다. 최근 몇 년간 확대되고

있는 혐오세력의 발흥으로 우리 사회가 그동안 세워온 인권의 원
칙과 제도를 뒤로 돌리도록 하지 않을 것이다.

 차별금지법 제정 반대 등 성소수자 인권을 부정하고 차별을 정
당화하려는 시도를 멈추지 않고 있다. 성북구 '청소년 무지개와 함
께 센터' 주민참여예산 사업 무산, 성소수자를 차별하는 최이우가
인권위원이 되고 국가인권위원회법에서 성적 지향을 삭제하려는
개정 운동 등을 보고만 있지 않을 것이다. 그 싸움에 여기 모인 우
리는 그 싸움에 함께 할 것이다.

2014년 12월 11일
성소수자 차별반대 서울시청 농성 6일차

무지개농성단 참가자 일동

■ 시민사회단체와 각 당의 성명서 목록

[논평] 참여연대 (2014.12.1.)

[성명서] 지구지역행동네트워크 (2014.12.1.)

[논평] 정의당 (2014.12.1.)

[성명서] 16개 여성단체 (2014.12.2.)

[논평] 민주노총 (2014.12.2.)

[성명서] 공익인권변호사 공동성명 (2014.12.3.)

[성명서] 25개 장애인단체 공동성명 (2014.12.3.)

[성명서] 녹색당 소수자인권특별위원회 (2014.12.4.)

[성명서] 노동당 성정치위원회 (2014.12.6.)

[성명서] 민주사회를 위한 변호사모임 (2014.12.7.)

[성명서] 전국공무원노동조합 (2014.12.8.)

[입장] 인권·시민·사회단체 공동요구안 (2014.12.9.)

[성명서] 건강권실현을 위한 보건의료단체연합(건강사회를위한약사회 건강사회를위한치과의사회 노동건강연대 인도주의실천의사협의회 참의료실현청년한의사회), 건강과대안 젠더와건강팀 (2014.12.10.)

[입장] 무지개공동행동 '6일간의 서울시청 점거농성을 마무리하며' (2014.12.11.)

안경환	서울시민 인권헌장 제정 시민위원회 위원장, 서울대 법대 명예교수
문경란	서울시민 인권헌장 제정 시민위원회 부위원장, 서울시 인권위원회 위원장
정재은	서울시민 인권헌장 제정 시민위원회 시민위원
이하나	서울시민 인권헌장 제정 시민위원회 시민위원
임인자	서울시민 인권헌장 제정 시민위원회 시민위원
홍성수	서울시민 인권헌장 제정 시민위원회 전문위원, 숙명여대 교수
이정은	서울시민 인권헌장 제정 시민위원회 전문위원, 성공회대 연구교수
염형국	서울시민 인권헌장 제정 시민위원회 전문위원, 공감 변호사
김형완	서울시민 인권헌장 제정 시민위원회 전문위원, (사)인권정책연구소 소장
이나라	행동하는성소수자인권연대 운영회원, 성소수자 차별반대 무지개행동 집행위원
이준일	고려대학교 법학전문대학원 교수
류은숙	인권연구소 '창' 활동가
은우근	광주대학교 신문방송학과 교수
박홍순	서울시민 인권헌장 제정 시민위원회 전문위원, 마을만들기 전국네트워크 운영위원장

공익과인권 25
서울대학교 법학연구소 공익인권법센터 / 서울대학교 인권센터

서울시민 인권헌장

초판 1쇄 발행 2015년 11월 20일
초판 2쇄 발행 2016년 01월 29일

대표편집 문경란·홍성수

펴낸이 한정희
펴낸곳 경인문화사
등 록 제10-18호(1973.11.8)
주 소 경기도 파주시 회동길 445-1
전 화 (031) 955-9300   팩 스 (031) 955-9310
홈페이지 http://kyungin.mkstudy.com
이메일 kyunginp@chol.com
ISBN 978-89-499-1164-9 93360
정가 22,000원